U0879690

福建省新建本科院校重点学科“作战指挥学”建设项目

警察指挥与战术(本科)专业系列教材

警务作战指挥学实训指导

黄子坚 著

合肥工業大學出版社

前　言

2006年6月,福建警察学院申报的福建省新建本科院校重点学科"警务作战指挥学"建设项目获得批准,为高质量地完成该重点学科建设项目,并从源头上加强公安队伍学科理论建设,提高人民警察的执法水平和战斗力,同时满足"警察指挥与战术(本科)专业"的教学训练需要,我们组织了一批理论功底深厚、公安实战经验丰富的公安院校教师和实战部门指挥员,在长期研究与实践的基础上,吸纳了"军队作战指挥学"研究的传统经验和最新研究成果,结合我国法律规定和警察长期执法作战的宝贵实践经验,编写了一套"警察指挥与战术(本科)专业"的专业系列教材,供开设"警察指挥与战术专业"的本科公安院校专业学生和各级在职人民警察指挥员教育培训使用。这本《警务作战指挥学实训指导书》就是其中的一种。

这套教材以马列主义、毛泽东思想、邓小平理论、"三个代表"重要思想、科学发展观和习近平新时代中国特色社会主义思想为指导,依据国家法律、法规和公安工作的有关规定,总结历史和现实的工作经验教训,吸收了国内外有关方面的研究成果,参考了军队、公安、武警、政法院校有关教材和资料,为适应新形势下的公安工作和培训人民警察的需要,特别是为提高警察执法作战的战术水平,增强公安队伍战斗力而写成的。

这套教材在内容上力求突出专业特色,力求从理论与实践的结合上阐明本专业各学科及相关学科的基本理论、基本知识、基本技能。既注重对公安工作的路线、方针、政策进行较全面的论述,突出基本原理、基本知识在公安工作中的应用,又注重以改革、创新的精神,严肃认真的科学态度,深入系统地进行实践验证和理论创新,同时着力加强对人民警察在执行公务中应具备的基本战术技能进行训练与培养,做到理论正确,体系科学,系统完整,技术成熟,重点突出,专业特色鲜明,符合实战需要,具有很强的针对性、实用性和可操作性,为公安队伍培养合格的(本科)专业人才,为提高公安民警战斗力服务。

在编写这套教材过程中,我们组织了部分专家、教授和公安实战一线指战员对教材编写提纲和内容进行了多次论证、审议,2018年10月又组织部分专家、教授对该教材进行审核、定稿。

我国公安工作改革和发展的实践,为形成独特专业学科体系和编写这套教材奠定了坚实的基础，而这套教材的出版发行，又填补了公安教育警务作战指挥学的学科建设和警察指挥与战术（本科）专业教材建设的空白，开创了公安教育的新领域，对促进发展与完善公安教育知识、技能体系，改革公安教育结构和教育培训方法，突出公安教育的独特特色，提高广大公安机关指挥员和民警的战斗力，均具有重大的作用和深远的意义。

由于编写这类（本科）专业的系列教材涉及学科门类与知识体系众多，错漏之处在所难免，敬请读者批评指正。各地在使用该系列教材的过程中，如发现有不当之处，应以党中央的方针政策和现行法律、法规为准。

福建警察学院警察战术系

警察指挥与战术本科专业教材编写组

2019 年 3 月

编者说明

为适应人民警察执法活动的需要，加大打击各种严重暴力犯罪的力度，完成福建省新建本科院校重点学科"作战指挥学"建设项目，形成较为完善的"警务作战指挥学"的学科理论体系，同时满足"警察指挥与战术（本科）专业"的教学训练要求，我们在公安部相关部门的大力支持下，编写了一套公安工作与专业教学急需的系列教材，供开设"警察指挥与战术（本科）专业"的公安院校和各级在职人民警察指挥员教育培训使用，这本《警务作战指挥学实训指导书》就是其中的一种。

该教材在编写过程中，始终贯彻理论联系实际，为公安教学与公安实战服务的原则，突出警察指挥训练的基础理论和知识体系的系统性、科学性与创新性；突出实战针对性、应用性和操作性。在内容的确定上，力求依据国家法律、法规及公安工作各项勤务的规定，准确阐述警务作战指挥训练的基础理论，揭示警察指挥训练活动的基本规律与应用方法，着重解决指导和进行警务作战指挥训练活动的基本方法问题及从指挥训练角度提高警察战斗力效能的问题，具有很强的理论创新性、专业系统性和实战应用的指导性。

《警务作战指挥学实训指导书》一书由福建警察学院警察战术系黄子坚教授独著并负责全书统稿。本教材在写作过程中，得到了公安部领导和有关业务部门的关心与支持，特别是得到了许多实战一线指战员的直接帮助，对教材提出了审改意见。在编写教材时，还参阅了公安、政法、军队、武警的有关教材和资料。在此，向被引用的有关教材、资料的编著者表示衷心的感谢。

《警务作战指挥学实训指导书》是警察指挥与战术专业的主干学科教材，力求反映当前公安工作发展并满足警务实战现实需要，注重解决公安教育训练中存在的实用性不强，训练方法、手段落后和培训质量不高等问题。但目前国内外尚未有同类的教材可供参考。故创新力度较大，困难多，编者受理论和实践条件及水平所限，书中难免有疏漏、不妥之处，敬请读者批评指正。

编　者

2019 年 3 月

目　录

第一章 警务作战指挥训练概述

警务作战指挥是警察指挥员及其指挥机关对所属警力的警务实战及与执法作战有关的警务行动进行的特殊的组织领导活动。

警务训练是最直接的执法战斗准备，是生成和提高公安队伍战斗力的根本途径，是公安机关最具活力和创造力的实践活动，在队伍建设中居于先导性、基础性和战略性地位。

警务作战指挥训练是公安机关各级各类训练的重要组成部分，是检验警务实战新手段、新力量、新战法的有效载体，是历练思想、提升能力、推动建设的重要支撑，是培养造就公安指挥人才，提高各级指挥机关及其指挥员的指挥能力的核心环节和基本路径，是实现公安工作跨越发展，引领警务实战化建设向纵深发展的必然要求。

党和国家领导人历来高度重视公安工作，2017 年 5 月 19 日，习近平总书记在会见全国公安系统英雄模范立功集体表彰大会代表时指出："和平年代，公安队伍是一支牺牲最多、奉献最大的队伍，提高警务实战教官水平，提高民警素质、促进规范、高效执法，从而减少流血牺牲、降低伤亡。"公安部部长赵克志也提出"要紧紧抓住领导干部这一'关键少数'和基层一线民警这一执法主体，针对执法实践中的突出问题不断增强执法培训和实战训练的针对性、实效性"的要求。认真贯彻落实上述讲话精神，坚持把公安教育训练放在公安工作全局来谋划，置于优先发展战略地位来推进，作为队伍建设关键环节来把握，对于培养正确执法和打赢现代执法战斗需要的高素质指挥人才，具有十分重要的意义。

警务实战指挥能力是公安机关战斗力的核心素质。作战指挥训练既是时代的要求，也是一种提升指挥员能力的有效方法，更是一种针对警务实战的规律、特点及可能发生的变化而开展的实践活动。一段时间以来，公安机关不同程度地存在练兵不练官、官兵训练不同步、官兵训练内容脱节等问题，严重违背了警务指挥训练和公安实战的基本要求。部分公安基层指挥员缺乏科学的警务作战指挥理论指导，运用现代警务实战指挥方法和手段的意识不强，对日新月异的高新科技知识、高科技警用技术装备的了解与运用不足，其指挥水平仍停留在"粗放管理型""老旧经验型"，难以胜任激烈对抗条件下的现代警务实战现场指挥。指挥员是作战方法和体制编制的创造者，警务活动的组织者和实践者，是战斗力生成中最积极、最活跃、最具有决定意义的能动主体，是形成、巩固、提高和引领新质战斗力发展的重要资源和推手。警务实战是由指挥员和参战民警共同完成的，两者是相辅相成的关系。在许多情况下，指挥员的作用是其他任何东西无法替代的。因此，只有突出实战背景下的指挥训练，以实战需求为准则，以履职使命为牵引，聚焦打赢的要求，做到官兵同步练、练同步，才能把警队训练成兵强将更强，整体战斗力更加综合平衡的团队。

历史经验告诉我们，公安领域的竞争，说到底是人才的竞争、教育训练的竞争。当前，维护国家安全和社会稳定工作面临的形势依然严峻,公安机关面临的压力挑战和承担的繁重任务前所未有。同时,随着现代科学技术的飞速发展,一些信息化高新技术装备大量应用于警务作战指挥领域,对指挥人员以及公安指挥机关工作人员应具有的素质和能力提出了更高的要求。摸索是所有成功方法中最笨的一种,而最好的方法是学习、借鉴、训练。因此,必须把握好警务作战指挥训练及改革的"方向盘",注重顶层设计,强化高位推动,坚持问题意识,突出需求导向,以警务实战化为引领,做到书剑双修,学用兼擅,把补齐公安指挥员能力素质短板作为当务之急,加强警务作战指挥训练研究,切实深化作战指挥训练开拓创新。

第一节　警务作战指挥的特点及要求

一、警务作战指挥的特点

作战指挥是世界上最复杂的领域之一,但它也具有自身的特点与规律,绝不是像风一样无从把握。人类普遍的社会实践已经证明,越是复杂的事物越要依靠本质要素来判断,越是复杂的事情在进行研究和判断时,越应该回归本质。本质性的要素往往是最简单的东西。研究探讨警务作战指挥的特点,有助于更好地开展作战指挥训练,做到有的放矢,事半功倍。

警务作战指挥的特点大体可以概括为以下六点。

(一)战机稍纵即逝

警务作战对象多系亡命之徒,手段凶狠残忍,行动隐蔽,其作案时间短且影响面大,如持枪杀人案、爆炸案、持枪抢劫案等,警察如案发后不能及时到达现场,战斗对象就可能利用现代化交通工具逃之夭夭。因此,战斗行动往往任务紧急,决策要求高,组织指挥战斗时间短促,战机不易捕捉且稍纵即逝,战斗实施难度大。对各级指挥员的瞬间决断能力和临场指挥艺术均是一种无形的、巨大的考验。

(二)战斗形式多变

指挥员往往同时运用或交替使用围捕、设卡、设伏、搜捕、追捕、袭击、盘查、清查、巡逻等战斗形式。战斗形式多且转换快,要求指挥员必须随机应变。

(三)独立自主性强

执法战斗行动有时是大范围跨地区战斗,警员或警队(组)单独在一个方向独立承担侦查、设伏、搜索、设卡、盘查等任务,要求一线指挥员要在分散独立的状态下,充分发挥主观能动性,善于借助天时、地利,独立自主地完成战斗任务。

(四)谋略要求较高

在战斗行动中,对一线指挥员的职责要求是:既要制服战斗对象,又要保护群众及自身安全,做到有胆有识,有勇有谋。而任何成功的战斗,都出自指挥员高超的计谋、周密的方案和高效的经营(注:此经营非商业经营,系公安基层指挥员和办案民警常用的词汇,如"经营"某案件,特指追踪、调查、运作、侦办某个案件,摸清其犯罪脉络,锁定犯罪证据,待时机成熟时一网打尽)。一着不慎往往满盘皆输。因此,要求一线指挥员要有较高的谋略策划水平。

（五）协同联系困难

一些大型的跨地域警务作战行动，往往参战单位多，建制复杂，队员之间素质差异大，通信工具各成体系，情报信息形成孤岛，给指挥协同带来一定困难。要使战斗行动达到协调配合、步调一致，避免误伤，必须做大量强有力的细致的沟通协调工作。

（六）法律规范严格

政策、法律性强是执法战斗行动区别于一般军事战斗的显著标志。在警务实战中，对战斗目标的勘察、行动，从手段到方法，从行动程序到实施过程等，都有严格的政策、法律规定，战斗行动的指挥与实施不能超越政策、法律的界限。因此，必须牢固树立政策、法律观念，严格执法、遵法，按照政策、法律要求处置战斗行动中遇到的各种问题。

二、警务作战指挥的基本要求

（一）知己知彼

“知已”，就是指挥员要了解自己一方的全部情况，如与战斗行动有关的社情、地形、道路、周围环境，执行任务警员的思想作风、体能状况、家庭情况、作战能力等情况，均应做到一清二楚。“知彼”，就是要了解有关战斗对象及犯罪嫌疑人的一切情况，如战斗对象的体貌特征、现处于什么位置、有何防卫手段等。

多渠道、多层次获取大量情报信息是指挥战斗行动的首要条件。指挥员必须用一切手段尽最大努力获取战斗目标的情报信息，并及时对各种情报信息进行“去粗取精，去伪存真，由此及彼，由表及里”的周密分析，才能得出比较准确的敌情判断，从而定下正确的行动决心。

（二）周密筹划

周密筹划，谨慎从事，才能提高作战指挥效率。现代条件下，许多战斗对象和黑恶势力团伙往往拥有现代化的杀伤武器和先进的交通工具，与其做斗争不失为一场高智能、高效率、高水准的你死我活的较量，行动中计划不周，谋划不当，一着不慎就可能造成流血牺牲和难以挽回的损失。因此，情况越紧急，越不能鲁莽从事。作战行动前应审慎思考，周密计划，不放过每一个微小细节，重视搞好各项战斗保障，才能达到预期作战目的。

（三）反应灵敏

指挥员要根据敌情、地形和环境条件的变化，审时度势，快速反应。众所周知，犯罪案件如果不能在现行阶段或案发后短时间内及时破获，随着时间的流逝，侦破难度将不断加大，甚至很可能事倍功半。所以，反应灵敏是战斗行动和组织指挥的重要前提，要做到传递信息快，定下决心快，调整部署快，指挥处置快，才能不失战机，先机制敌。

（四）积极主动

战斗行动由于情况多变、警力分散，靠一成不变、按部就班的指挥，往往难以奏效。必须积极获取变化中的信息情报，主动与上级、友邻、群众沟通联系，注重与参战队员保持不间断的连续联络和协调，指挥员才能取得作战指挥的主动权。

（五）沉着果断

沉着果断是战斗行动对指挥员素质的客观要求。果断是指挥员坚定性的表现，当条件成熟，战机形成时，就要果断下决心。沉着是对指挥员应变能力的检验。当战斗情况没有发生根本变化，即使遇到某些困难和挫折也不要惊慌失措，要坚决贯彻既定决心。

当情况有了重大变化时，不能僵化呆板，要力避被动，灵活应变，出奇制胜，才能有效地实施指挥。

（六）简要直接

“简要”，就是传达任务和下达命令简明扼要。“直接”，就是减少指挥的层次，确保指挥的集中性和时效性。

简要直接是对作战指挥的基本要求之一。命令、指示要清楚，作战意图不能含糊不清、模棱两可，战斗指令不能产生歧义，否则容易导致执行任务的警员无所适从、贻误战机甚至造成重大失误和伤亡。当然，简要直接不等于简单马虎，简化指挥程序不等于不要指挥程序。有时由于案件紧急，可以采取边开进，边了解案情，边下达命令，边组织协同的方法来实施指挥，以利于提高指挥效能。

（七）善用计谋

计谋就是谋略设计。它是指挥员机智灵活素质的体现。战斗有不确定性和偶然性，是充满欺诈的活力对抗和谋略比拼。只有在战斗决策、力量使用、战术战法中“谋”高一筹，才能确保立于不败。现代执法作战，谋略将成为最强有力的制胜法宝之一。高超的谋略不仅是知识和能力的体现，更是一种科学思维方法和灵活指挥艺术的有机统一体。象征着蛮力的马耳斯战神将逐步退出历史舞台，即将闪亮登场的是代表智慧的雅典娜女神，“诡道”之术表现得更加频繁、自然。施佯用诈，隐真示假，构成了一个双向传导的信息循环公式。

灵活的指挥员能主动设想许多圈套使战斗对象就范。许多成功的战例证明，善使计谋，用兵灵活，往往使战斗对象防不胜防。要圆满完成战斗任务必须做到敌变我变，抢先施变，在战斗对象意想不到的时间、地点，用其意料不到的战斗方式夺取作战胜利。

（八）合理冒险

合理冒险就是指挥员在进行风险决策时，要有合理的取胜依据，要胜算大于风险。如果我们掌握了可靠的情报信息，对各种行动措施做了充分准备，对各种可能出现的情况做了应变准备，那我们就可做到胜算大于风险。许多超出常规的行动方案，看上去似乎有许多冒险之处，但它可以出乎战斗对象的意料，达到“攻其不备，出其不意”的目的。值得注意的是，合理冒险不等于孤注一掷和侥幸取胜，任何出奇制胜的结局都是建立在充分准备、随机应变基础之上的。

第二节　作战指挥学与指挥训练

一、指挥与作战指挥

指挥是战斗力诸因素中最关键的因素。指挥，是战斗行动的“灵魂”，是作战力量的控制器，是决定战斗胜败的决定性因素。

警务作战指挥，定位于警察执法领域对警务实战的指挥层次，着重研究与警务实战相关的特殊组织领导活动，研究探索警务实战的指挥规律和方法。其核心任务是根据敌情和我方情况，及时正确地定下作战决心，并坚定圆满地实现作战决心。

自然界的法则和人类进化的结果表明，谁能把力量集中起来使用，然后在一个点上释放出来，谁就能赢。语言是我们人类最独特的武器，它可以让我们人类广泛协作，也可以在需要的时候把人群的力量集中起来运用，这就是人类战胜其他物种，成为万物之灵的根本原因。经济，通过市场的机制来整合和加强人的力量；制度，通过组织的机制来整合和加强人的力量；文化，通过符号传播的机制来整合和加强人的力量。而警务作战，则需要通过强力高效的组织指挥，将警队中每一队员的精神作风之力、谋略思想之力、体能技能之力、武器装备之力、人员物资之力、地形环境之力等诸多力量形成合力，并根据具体的战斗需要加以科学组合，使之最大限度地释放出来，巧妙地作用于战斗过程之中，进而夺取警务实战的胜利。

据统计，1992 年至 2001 年，美国有 29 名警察因训练事故死亡，但这一代价换来了警察在执法行动中的低牺牲率。近年来，美国警察的非正常死亡率呈下降趋势，目前仅为万分之五点七。与之相比，我国警察虽然在训练中造成的伤亡较少，但在执法行动中付出的代价却很大。2002 年以来，全国因公牺牲的民警每年均在 350 人以上，负伤数千人。平均死亡率为万分之二十以上，大大高于美国。这从一个侧面反映出一些公安机关在警务实战培训上存在缺陷。牺牲是民警最大的付出，但不是民警的最高奉献。民警的最高奉献是胜利。作战指挥的最高境界是取得战斗的胜利。警务作战指挥的根本目的，在于统一意志，统一行动，最大限度地合理使用警力，发挥战斗力功能，有效保存自己，力争达成“不战而屈人之兵”，以最小的代价赢得执法战斗胜利。

二、警务作战指挥学

警务作战指挥学是研究警察执法作战指挥规律和方法的一门学科。

2018 年 1 月 30 日，教育部发布了《普通高等学校本科专业类教学质量国家标准》（以下简称新《国标》），涵盖普通高校本科专业目录中全部 92 个本科专业类、587 个专业。这是我国发布的首个高等教育教学质量国家标准。在新《国标》本科专业“警察指挥与战术”专业目录中，警务作战指挥学被列入其中 6 门专业必修课程之一，足见警务作战指挥学的专业地位和重要性。

警务作战指挥学作为公安院校“警察指挥与战术”专业的专业主干课程，直接为培养和提高学生的指挥决策能力服务，是一门应用性、实战性、操作性很强的课程，在公安本科专业课程体系中具有重要地位。

警务作战指挥学的教学与训练，必须坚持以“贴近警务实战，服务公安基层一线为目的，以法律为准绳，以对抗为核心，以打赢执法战斗为目的，实施法律、战术、技术、体能、心理、指挥六位一体的综合教学训练”的原则；遵循循序渐进的原则；遵循学、练结合、边学边练的原则；遵循不断创新与时俱进的原则；遵循实事求是的原则。为此，我们在警务作战指挥学课程教学计划中，安排了约三分之一的指挥实训内容。

经过十多年的警务作战指挥学课程教学训练，在总结经验、不断完善的基础上，我们对警务作战指挥学的训练方式、方法进行了大胆的探索尝试和改革创新。一是在教学训练的方法上，以符合实战需要为宗旨，重点强化案件条件与战场环境的适应性，着力加强战术设计与情报分析、风险评估、决策指挥和组织实施战斗的实战能力训练。二是强化教学训练过程的全程、全方位质量控制，构建一个教学训练内容与教学训练方法一体化的、多元结构的、适合公安战术人才培养目标的教学训练组织管控体系。通过设计明晰的多元化教学训练组织结构，增强教学训练过程的计划性、科学性、完整性和针对性，突出创新性、实战性、应用性和可操作性，使受训学员能够系统掌握警务作战指挥学的基础知识和应用理论，掌握具体的组织指挥方法。三是在警务作战指挥学课程教学实训中，强调实训标准要高于实战、严于实战、适度超前，走在实战前面，勇于担当警务实战的探索者和开拓者，真正起到训练引领实战的创新和先发作用，为公安机关输送大批具备巧妙的谋略意识、高超的战术设计能力、精湛的决策指挥艺术和娴熟的组织实施战斗本领，对党忠诚、能文能武、机智勇敢、执法严明的高素质人才。

三、警务作战指挥训练

作战指挥训练有狭义和广义之分。狭义的作战指挥训练，指的是学习、研究作战指挥基本原理、基本规律，熟悉和掌握作战指挥基本程序、内容、方法、手段的一系列训练（教学）活动。广义的作战指挥训练，指的是为了培养造就指挥人才和提高指挥员、指挥机关的作战指挥能力，而进行的关于作战指挥理论、作战指挥技能以及相关理论知识和技能的一系列训练（教学）活动。

警察作战指挥学是近年来发展较快的一门公安新兴学科，也是一门应用性极强的学科。从目前情况看，在警察作战指挥学科建设和发展过程中，不可避免地要面临三大挑战。一是如何在高起点、高质量的建设过程中，坚持面向、服务公安机关，直面公安基层一些偏颇、陈旧的执法理念的挑战。二是要直面公安实战指挥水平不高、应对不利的挑战，进一步规范人民警察特别是公安基层一线指挥员的执法操作与战术应用，提高其谋略本领、组织指挥水平和查缉、打击各种犯罪的能力，提升公安队伍的执法战斗指挥效能和整体战斗力。三是直面社会转型期严峻治安形势和各种严重暴力犯罪、高科技犯罪的挑战，为增强和提升社会治安综合治理水平提供理论支撑和操作模式，切实发挥作战指挥学科前沿性、开创性、可操作性强的特点。

因此，作战指挥训练的主要任务，是直面上述三大挑战，培养和造就高素质的警务指挥人才，增强各级公安指挥机关的各级领导及其指挥员的决策指挥能力，提升其组织施训水平，探索适应新时期的训练新途径，发展创新战法，实现公安队伍综合战斗力的飞跃。

第三节　作战指挥训练的特点及要求

警务作战指挥训练是公安实战化建设的重要内容。警务作战指挥作为警务行动的大脑和灵魂，关系到整个行动的成败。如何完善实战化背景下的指挥训练，提高训练的质量，增强公安队伍的战斗力，是目前实战训练的当务之急。

一、警务作战指挥训练的特点

警务作战指挥训练的主要内容，是以作战指挥理论和技能为主干，以相关学科知识为支干而构成的综合知识体系。由此，决定了警务作战指挥训练具备了自身的突出特点。

（一）对抗性

对抗，是指挥训练最基本的形式和核心。现代警务实战本身就充满了致命的冲突、激烈的对抗和巨大的风险。警务作战指挥活动是敌我双方的心理博弈和终极较量，作战指挥是全过程、全方位呈现对抗性的典型代表。对抗性是由执法作战指挥的本质特征决定的。可以毫不夸张地说，没有对抗就无所谓作战指挥。作战指挥活动本身就是一种人类的高级对抗活动。谁在对抗中夺取主动和优势，谁就能笑到最后。

对抗是最贴近实战的训练，也是推进作战指挥训练深入发展的必由之路。一代武学宗师李小龙曾说："一个未经对抗训练的格斗搏击者就好像一个没有下过水的游泳者。"加强对抗训练是提高指挥能力的有效途径。只有在近似实战的高强度、大风险、复杂多变的困难条件下，进行实警实装对抗训练，才能真正练指挥、练谋略、练战法、练协同，最大限度地缩小训练与实战的差距，做到战训一致、训用一致。

（二）谋划性

警务实战对指挥员的职责要求是：既要制服战斗对象，又要保护群众及自身安全，做到有胆有识，有勇有谋。任何成功的执法战斗，都出自指挥员精妙的谋划和严密的组织。因此，要求指挥员要有很高的谋略策划水平。

提高指挥能力是警务作战指挥训练的出发点和落脚点，也是检验指挥训练质量和效果的唯一考量。决定指挥能力高低的最主要指标是决策水平。决策是执法战斗的中心环节，是决定战斗成败的关键一环。执法战斗决策，概括地讲就是指挥员的思维谋划能力，是指挥员依据上级作战意图与指令，综合分析我情、敌情、地形、社情、天候等案情环境及法律适用，集思广益、精心设计、择优选择战术战法的谋划过程。正所谓"运筹帷幄之中，决胜千里之外"。从某种意义上讲，谋划能力是指挥员的核心素养。

谋划性是作战指挥训练的根本特性之一。谋划的重要性决定了指挥训练的重点必然要放在开拓思维深度和强化谋划应变训练上。谋划性是区分警务作战指挥训练和警务战术训练层次高低的首选指标。抓住了谋划性这一特点，就把握了警务作战指挥训练的根本，也有助于防范指挥训练陷入低水平重复、简单模仿的恶性循环。

（三）实战性

实战性主要体现在以下四个方面。

1. 训练内容"实"

实战化指挥训练必须贴近公安实战，"像打仗一样训练"。只有经过身临其境的严格的实战训练，才能更好地培养和树立战胜对手的信心和胆气，克服恐惧感，练就敢于进攻、敢于胜利、压倒一切困难的大无畏精神。因此，要围绕指挥员的能力要求，以实战案例为素材开展训练和考核，切实解决训练内容不贴近实战需求、不贴近本地实情的问题。

2. 训练形式"实"

作战指挥训练要立足于当前社会治安背景下打击犯罪的实战需求，依据公安机关所担负的执法作战任务种类，融入“教、学、练、战”一体化思想，着眼“能打胜仗”的核心能力和“谋求全胜”的实战标准，注重结合运用作战指挥基本理论解决实训中的具体问题，一切训练科目都围绕实战的形式来开展，增加实践环节如作业、编组演练、仿真对抗和实警演习等所占的比重，大力开展形式灵活、脚本多变的，有较强针对性的模拟训练，特别是实地指挥训练考核采用实情、实景、实地、实兵的形式，给受考者带来身临实战的气氛、压力和紧张感，力求在近似实战的环境条件下摔打锤炼和提高受训者的指挥能力、应变技巧，切实掌握警务实战指挥本领。

3. 模拟警情“实”

训练考核工作要突出实际，彰显实效，就必须紧扣本地的实际警情来开展。围绕当地当前的社会治安形势特点，紧扣群体性事件、毒品、扫黑除恶、电信网络诈骗、涉枪涉暴、暴恐等警情来选取训练考核的案例，通过参考人员亲身体验、相互交流、观摩对比，使之对公安机关面临的问题挑战有了清醒的认识，并积累大量的现场指挥经验。

4. 考核成绩“实”

为了使每个受训者都能考出自己真实的能力水平，要坚决杜绝漏题和透题的现象发生，加强对考核内容、形式和评分标准的审阅把关。坚持“三公”原则，确保考核成绩能够真实反映受训者的水平。

(四)时代性

人类发展已进入高度发达的信息化社会。在这一特定的历史时期，警务作战指挥训练也必须与时俱进，紧跟时代发展的节拍。警务作战指挥训练的时代性，主要体现在以下三个方面。

第一，当前，各类违法犯罪的互联网特征日益凸显，网络空间的对抗和较量日趋激烈。面对警力不足，案件多发的现状，如何以现代化指挥方式和高科技指挥手段提升侦查办案、应急处突效率，是公安机关亟待解决的现实课题。故此，警务作战指挥训练必须尽快适应社会经济和信息技术迅速发展的新变化、新特点、新要求，强化公安大数据信息平台和警务指挥自动化平台建设，促进智能化指挥在警务实战及训练中的落地、应用，向技术要战斗力，不断创新公安机关侦查打击、预警防范的模式和战法。

第二，作战决策指挥的前提是警情信息的分析研判和深度挖掘。信息主导成为制胜的关键。没有情报信息的支撑，作战指挥便成为无源之水、无本之木。信息时代的飞速进步更加剧了指挥对情报信息的依赖度。为此，警务作战指挥训练要遵循“以信息化为龙头，以科技化为手段，以智能化为载体”的原则，以训练并提升公安指挥机关各级领导及其指挥员的信息素养为抓手，进一步促进信息思维与指挥能力的碰撞、融合、联动及升华。

第三，以“四侦一化(刑侦、网侦、技侦、视侦和公安信息化)”为支撑的公安合成指挥作战，是当前乃至今后相当长一段时期的主流趋势，是情报引领指挥，信息服务实战的真实写照。麻省理工学院的彼得·圣吉说：“未来是不可知的。你战胜竞争对手唯一的方法，就是比他学得更快，学得更好。偶然成功的时代已经结束。”打赢执法战斗比的是成功的时间成本、能力指数和稳定性。而只有通过系统的科学训练，才能最终带来成功。因此，警务作战指挥训练要勇立潮头，积极探索建立以聚合“侦察情报、快速响应、指挥协调、综合保障”等多种作战力量的指挥控制体系，突出抓好公安合成作战指挥训练，闯出一条新形势下综合运用传统方法和现代科技信息技术手段攻坚克难、巧训苦练、提高公安队伍整体战斗力的训练新路。

二、警务作战指挥训练的要求

（一）强化互动

互动训练，是调动教和学两者积极性的有效方法。强化互动有利于促进教学相长，增强教学活力，提高教学效果。

互动训练中应注意的问题有如下两个方面。

1. 要充分调动受训者的积极性。互动训练就是要使教学主体作用与指导作用结合起来，使受训者真正认识教学的意义，在训练中要善于运用新的学术成果，激发受训者求知欲和学习兴趣；要善于启发和“设疑”，促进受训者开动脑筋积极思考。

2. 要充分发扬民主。教官在态度上，应尊重学员的意见，发动学员献计献策，对于学员中有创新性的意见要主动吸取，以丰富教学内容；在组织上应选好骨干，必要时加以培养，发挥他们的助手作用；在方法上，要灵活运用互帮互学等教学方法，坚持评教评学制度。

（二）因人施教

因人施教，就是针对学员的不同情况，提出不同的教学训练要求，采取不同的教学训练方法。

因人施教中应注意的问题有如下两个方面。

1. 抓住主体，熟悉受训者的情况。由于每个人的文化水平、基础、接受能力、学习态度等不同，带来的学习进展也不可能相同，所以教学训练中必须根据教学实训大纲的要求和大多数人的水平，设置教学训练内容，选用教学训练方法。

2. 针对个别，采取有效措施。由于受训者的个性特点、个别差异，教学训练中必然会出现两头冒尖，这就要有区别地提出不同的要求。对基础好的受训者，充分发挥他们的潜力，让其能“吃得饱”；而对基础较弱的受训者，要耐心帮助，多给他们锻炼的机会，最后使施训的内容能让他们“吃得了”。

（三）注重启发

启发诱导，就是提出问题，给受训者留有思考的余地，以提高他们分析问题、解决问题的能力。

启发诱导中应注意的问题有如下几个方面

1. 要精心设置训练内容。不仅讲授示范要清晰明白，更要注意给受训者留有思考的余地，有目的的提出问题，采取“教问学答”“学问学答”“学问教答”等形式启发受训者深入思考。

2. 要充分利用形象教学。教学中尽可能地使用图表、实物、模型、实验、演示、示范和电化教学等形象化手段，诱导受训者形象思维和联想，从而使抽象的内容变成看得见、摸得着的东西。

3. 要让训练具有灵活性。做到一种地形多种情况，一种情况多种方法，迫使受训者“生疑、质疑、释疑”，动脑筋，想对策。发现问题应运用正误对比、讨论等方法让受训者自己纠正并加以反复练习。

（四）精讲多练

精讲多练，就是在教学训练中用较少的时间把问题讲深讲透，用较多的时间进行实际练习的方法。

精讲多练中应注意的问题有如下几个方面。

1. 要处理好“少与多”的关系。精讲，就是以简明精练的语言，深入浅出、通俗易懂、准确生动地把问题讲深讲透，使受训者易学、易懂、易记、易用。精讲应以能否使受训者弄懂弄通为标准；多练是指在精讲的基础上，以主要的时间让受训者练习，以熟练掌握所需的指挥技能。

2. 要突出重点和难点。指挥训练内容广泛，决定了训练不可能面面俱到，对重点的科目内容要讲透、练熟，对难点的内容要舍得花时间讲。

（五）循序渐进

循序渐进，就是由易到难、由简到繁、由低到高、由浅入深的方法。

循序渐进中应注意的问题有如下几个方面。

1. 训练计划要安排合理。一般按照先技术后战术、先理论后作业（操作、练习）、先基础后应用的顺序合理计划。

2. 训练内容要连贯有序。注重各科目、各内容的前后连贯和新旧技能的联系，使已学过的技能成为学习新技能的基础，使新技能成为原有技能合乎逻辑的发展。

3. 训练方法要层次分明。分步细训，要逐个内容、逐个技能地进行讲解、示范和练习，使受训者扎实地掌握技能，提升水平。

（六）拓展创新

军事行动缺乏有效理论指导的例子并不鲜见。而战争史上过去一切的失败教训，用法国大战略家安德烈·博富尔的话来说，都可以归纳为两个字——“太迟”。俄罗斯军事理论家斯里普琴科在其《未来战争》一书中说：“军人的主要任务从来就是对未来战争进行全面准备，但由于种种原因，他们所准备的往往是过去了的战争。”总结以往的警务实战，我们可以发现：战斗的胜利首先是思想的胜利、理论的胜利，执法战斗的胜负首先不是在战场之上，而在战场之外，在临战之前。作战理论落后于公安实战，缺乏先进警务战斗指挥理论的引领的落伍者，必定是执法战斗中的牺牲品和淘汰者。

建设世界一流军队就要顺应大势，主动求变，做世界新军事革命的先行者。我们常说，一流的军队总是在设计战争、谋划战争、引领战争。近年来，美军每发动一场战争，便创造一种新的作战理论。而当其他国家开始纷纷研究、效仿这一作战理论时，他们便又另辟蹊径、另谋新策了。这启示我们，战争只有摆脱陈旧观念束缚，既看到他人都能看到的，又想到他人都没有想到的，才能真正成为战争规则的制定者，让敌人在我们所设计的战争模式下与我作战。

胜利总是向预见到未来战斗特性变化的人微笑。成功的天平总是青睐哪些比别人更快、更敏锐地觉察客观世界的变化，深刻认识战斗指挥的特点、规律，准确把握现代执法战斗制胜机理，并利用变化的条件去创新战法的指挥员。当前，犯罪方式和作案手段花样翻新，层出不穷，各类智能犯罪、网络犯罪等新型犯罪不断涌现。在神奇的高科技魔方面前，似乎哪一种戒律都有遭遇到被翻转的可能，哪一条禁忌都面临着被颠覆的境遇。指挥员若还顾“忌”重重，不敢越“忌”半步，无异于自捆奔向胜利的手脚。相反，一旦无所顾“忌”，破“忌”出新，那么收获的可能将是意外之喜。因此，在指挥训练中，必须深刻把握现代执法战斗形态的发展演变规律，主动适应公安信息化、现代化的发展潮流，以“挖坑见底、吹糠见米”的探索精神，打破束缚，独辟蹊径，强化战法研究，拓展思路，大胆求变，以战法创新引领训练，领跑未来。

“战法”是对敌之策、博弈之法、对抗之谋、作战之魂。好的战法能抵千军万马。成熟管用的战法，往往蕴含着先进的作战思想、超前的练兵理念，预示出未来警务实战的发展方向。没有战法的牵引，训法就可能偏离正确的方向；没有训法支撑，再好的战法也可能只是一种想法。知道仗怎么打，才明白兵怎么练。从这个意义上讲，战法研究水平的高低，直接关系到指挥训练水平之优劣。战法牵引训法升级，训法助推战法转化。战法研究要根植于指挥训练，指挥训练同样需要战法创新来牵引。指挥训练要摒弃旧思路，切实改变把“将”当“兵”练的训练内容和方式，要紧扣形势的变化和实战需要加大战法研究。以战法研究和创新为引领，将指挥训练的前沿理论与公安实践有机结合起来，主动探索和思考警务实战的新变化、新趋势，把握指挥员实战能力建设的新需求，构建战术与装备、信息与指挥、指挥与技术高度融合的合成训练思路，拓展多警种、网上网下协同行动的指挥训练体系，使警务指挥训练紧跟形势的发展轨迹而不断发展完善。

第四节　作战指挥训练方法

科学高效的训练方法，是提升作战指挥训练成效的重要条件。在作战指挥教学训练具体实践中，可根据训练内容、训练对象、训练条件和训练要求，选择切合实际的训练方法。

实战化训练是一项庞大的系统工程，既包括技术层面的训练，也包括战术层面的训练，还包括指挥层面的训练；既包括实战化理论训练，也包括实战化实践训练；既有单警训练，又有小组训练，还有联合训练。训练内容涉及的专业领域十分广泛，这必然要求有多种实战化训练方法与之相适应，也必然要遵循循序渐进、因材施教的训练基本规律，经历一个由基础到应用再到综合、由单个到小组再到联合、由体能到技术再到战术最后到指挥的过程。因此，探寻实战化训练方法可根据具体训练内容的特点，采取由高级到初级、由应用到基础、由联合到单兵逆向需求分解的方法进行，以形成科学的对应公安实战能力生成的训练方法体系。

一、对分训练法

理论学习是执法作战指挥训练的基本方法之一，目的是使受训人员了解所训内容的理论知识，提高其理论素养，为应用训练打下良好的理论根底。作战指挥理论学习具有系统性强、知识点多、教学容量大、实践要求高等特点，且较为重视学生专业技能的学习和警务实战应用能力的提升。传统“填鸭式”的教学模式，已经无法满足公安教育训练培养高素质人才的需要。

“对分训练”是我国原创的一种新型教学训练模式，被誉为“魔力训练”。这种教学模式强调学生的自主学习和独立思考，并通过师生、生生间良性互动、观点交流、思维碰撞和辩论解疑，有助于拓展学生的思辨能力与探究意识，增强其独立发现问题、分析问题和解决问题的能力，提升教学训练效果。

（一）“对分训练”之“对分”的内涵

“对分训练”除了字面意义上的训练时间师生对半分配外，还应该具备权责、中心、输出、考核等含义上的对分。

1. 时间“对分”

“对分训练”的时间对分：把教学时间一分为二，一半留给教师讲授，一半留作交流讨论。传统讲授式教学，教师主导，学生被动学习，难以主动参与知识构建、尝试问题解决，无形中禁锢了求异思维和创新意识。与之相对，研讨式教学模式具有开放、自由、活泼、合作、以学生为本等特点，对于激发学习热情，唤醒探究意识大有裨益。但有时也容易产生系统讲授过少，讨论跑题，讨论的重点、难点及深度、广度等难以掌控，知识获取过于碎片化，问题导向过于随意化等问题，不利于学生全面系统地掌握训练内容。“对分训练”则汲取了上述两种教学模式的长处，既有教师的讲授引导，又兼顾研讨交流，满足了学生全面发展的需求。

2. 权责“对分”

“对分训练”通过教学过程的“对等”性变革，重新定位了师生权责。“对分”模式下，知识的掌握和能力的提高既需要老师的教，更要靠学生自身的学、思、悟、练。师生成为互动性命运共同体，成为达成教学目的、提升学习效果的同一战壕的合作者。教师、学生有各自的职责、任务、权限、角色和定位。教师起到传授、引导、启发、组织、点拨、激励等作用。学生则带着问题主动参与，自我规划、自我掌控，独立学习，完成作业并展开小组讨论、交流。师生都有了自己对等的权利和义务。师生在各自所拥有的可支配教学时段内，都能够作为主体并更加积极有效地投入到教学活动中。在训练讨论中，学生成为主宰教学活动的主角，逐渐从讲授阶段的“要我听，促我学”到内化阶段的“我爱学，我要悟”，再到讨论互动过程的“我要展示及分享”，达到真正意义上的教学相长和平等，实现了权责对分。

3. 中心“对分”

“对分训练”在“教师中心”和“学生中心”以及“以教为主”和“以学为主”理念之间取得了平衡，将具有威权特点的东方教育和强调自主学习的西方教育有机融合，将“以学生在训练教学过程中收获成长和实现能力提高”作为贯穿整个教学的主线和核心。具体体现为下述三点。一是将教师提问让位于鼓励学生通过学习发现问题，以“亮、考、帮”的形式自主提问及相互考问，充分调动挖掘学生的自主性和内在潜力，注重素质发展，显得更为尊重学生。二是充分彰显学习者的主体地位，让学生认识到学习是自己的事，学习是个人素质、层次提升的内在需要。三是通过独立完成作业及参与训练讨论，促进理解深化，实现能力提升。达成“师本位”与“生本位”的对分。

4. 输出"对分"

教育心理学研究表明，能够清晰表达并顺畅输出的知识才是真正内化吸收的知识。要教别人首先自己要学通弄透。同学之间能够传帮教、取长补短是一种高层次的互助学习境界。"对分训练"改变了传统的教师单向输出模式，为学生互学互助互教创立了良好的输出平台，有利于学生成长为知识的"发现者"和"传授者"。它使学生不仅善于发现、解决问题，敢于表达困惑和见解，还学会合作沟通，通过流利的口头表达以增强自信。学生在讨论交流中质疑辩论、解决问题、提出观点、相互评价甚至有所创新发现的过程，就是一种知识、智慧的闪光和输出。而为了有高质量的输出，也为了更好地展示自我，往往会倒逼学生自觉钻研，进行深度学习和创造性学习，加速内化吸收，以便带着"充分准备的头脑"进入训练研讨。通过输出"对分"，较好地改变了传统教学模式中学生被动等待、兴趣不高、囫囵吞枣、得过且过等诸多弊端。

5. 考核"对分"

"对分训练"考核侧重学生平时学习的投入情况和努力过程，课程考试实行过程性考核(平时作业成绩)与终结性考核(期末考成绩)各占一半的做法。过程性考核注重考查学生在训练上表现出来的理解能力、信息查阅和分析能力、训练参与深度、完成作业的努力程度、沟通合作能力、书面和口头表达能力、创新能力等。过程性考核根据作业的完成质量评判打分。例如，某门课程共布置 10 次作业，则每次作业满分为 5 分，共 50 分。平时作业成绩在课程总成绩中分值比重的增加，有利于督促学生加强平时学习的努力程度，克服长期以来存在的期末考试"突击复习、临阵磨枪、考后忘光"的沉疴痼疾。

期末考试的评分权归教师，过程性考核的打分权利则交给学生，实现课程考核评价权力的"对分"，也是"对分训练"的一大亮点和创新。评价能力是一种高端的综合能力。通过"对分训练"教学，将整个课程成绩一半的评价权下放给学生，这是锻炼提高学生自我评价能力和评价他人能力的重要抓手。具体操作时，先由教师给出作业的参考答案和评判标准，把每次作业的得分栏分为"自我评判得分、小组交互评判得分和教师评判分"三栏；然后由学生对照参考答案和评判标准给自己打分，接下来将本讨论组同学的作业交由另一讨论小组评阅，经讨论小组集体协商后确定分数，实现小组间的互换评分；小组交互评判得分完成后，要与作业者本人见面，若学生本人对作业分数有异议，可提请教师介入评判；最后将全班的所有作业收齐，交由教师综合衡量、统筹把关后，得出教师评判分即作业的最终得分。从我们近三个学期实施"对分训练"教学的作业评判情况来看，经过两至三轮的操作后，小组交互评判得分和教师评判分就愈发接近，这说明学生的评判准确性和评价能力是值得信赖的。

（二）"对分训练"的训练思路及技术路径

1. 突出学生中心，着眼终身学习

如何让学生学会自主学习、自觉训练，养成终身学习、训练的习惯，形成"爱学一会学一享受学习"的良性循环，是指挥训练亟待解决的一大问题。"对分训练"教学模式通过"时间"及"权责"等教学要素的对分，突出了学生中心。"对分训练"以激发学生学习兴趣和发掘其内在自驱力为主要切入点，通过内化吸收、完成作业和讨论交流等教学方式，能最大限度地调动学生的自觉性和主动性，充分发挥其想象力和创造力。在学习方式上，真正实现了从

“接受学习”到“发现学习”、从“机械学习”到“意义学习”的转换，学生的学习效能感得到提升。

2. 注重平时学习，强调过程评价

“对分训练”强调对平时学习过程的考核评价，要提升平时作业成绩在总成绩中的分值占比。在整个学期，学生的深层学习、理解性学习、创新性思考一直在持续进行。每名学生平时的作业成绩取决于个人学习态度、努力程度、思考深度、解疑能力和创新水平，较好地提升了成绩考评的客观性、稳定性和准确度。通过分数这一指挥棒，引导鼓励学生注重平时的学习积累和思维锻炼，不断提高作业的完成质量。

3. 加强交流互动，提升综合能力

教学训练的核心目的不只是传授新知识，更重要的是要教会学生用研究、批判、创造的眼光与态度对待现有知识，最终实现人类知识总体在学科前沿处的延伸与新生。为此，“对分训练”通过以下三个方面进行持续改进。

第一，通过自主学习、自主搜集和利用学习资源，有效地促进学生生成知识、内化吸收，掌握系统的知识结构体系，在独立思考、发现问题、产生思想困惑、形成个性化的学习体验过程中，培养和提升自主分析问题、解决问题的能力。

第二，把互动交流放到训练上，学生带着问题和强烈的求知欲望参与讨论。交流讨论中，先是通过个人头脑风暴，让学生在一种无拘无束、自由奔放的创造性氛围中，独立思考、诱导启发、萌发灵感，找到解决某个问题的办法，然后是集体头脑风暴。同学们以小组形式集中在一起，就某个问题展开讨论，多提方案建议，相互启发、相互补充，捕捉思维的灵光，往往可以产生出许多有创见的思想火花和大胆的设想。在教学训练中，针对讲授中、案例中和学生提出的问题，由学生应用所学知识，放开思路，分组讨论，大胆分析，提出自己的见解与解决方案。通过小组讨论、合作学习，使同学们学会理解、尊重他人，学会借鉴他人视角，提高情商，培养同学之间团结协作的能力；在互相启发、批判质疑中，促进深化理解，孕育创新思维。

第三，一直以来，我们都有“规避冲突、言谈审慎”的文化传统，导致部分学生趋于保守内向，一定程度上影响了学生口头表达能力的锻炼提高。“对分训练”教学模式不但要求学生能完成书面作业，更重要的是挖掘内在潜力，激发学生自我实现的成就动机，为学生在众人面前口头发言搭建一个平台，要求学生完整准确地表达出自己的学习感悟与独到的创新见解。小组讨论发言鼓励学生抛弃顾虑，大胆释放自我，勇于弘扬个性，培养和增强人际交往能力，使学生获得认知、情感、态度、思维、人格、价值观等要素。

(三)“对分训练”尝试与创新

依据“警察指挥与战术”专业的培养目标和育人要求，结合公安实战需求，作战指挥“对分训练”教改实践也必须有所创新和发展。因此，要在教学训练的主要环节上把好关，在教改的关键节点上下功夫。

1. 精讲主线，举一反三

学习、创新的最高境界是用理论去验证理论。“理论之树常青。”理论功底是否扎实，决定了学生毕业后的发展潜力与工作后劲。对于警务作战指挥教学来说，必须坚持理论教学与实战训练并重。要通过教师在训练上的理论剖析、哲学思辨和创新引导，充分彰显课程的理论魅力，用理论魅力触动学生的情感和意志，用理论精华蕴化学生的心田和人格。

教师讲授的精髓在于精讲和留白。“对分训练”教学通常只要求教师纲要式地讲授作战指挥学所属章节的主干框架与基本原理、内在逻辑、操作程序和未来发展趋势，紧抓作战指挥的逻辑主线，突出教学训练的重点和难点，着眼思维启发，注重举一反三。对于一些学生可以从图书馆找到和教材上容易看懂的部分及某些需要通过深入内化、思考后才能想通弄懂的问题存而不论，留待学生自己课后去查找、填补、思辨和探究，为学生创造出适当的空白地带，为其课后自由思考、激发创新预留一定空间。

2. 自主学习，内化提高

自主学习并独立完成作业是连接训练讲授与讨论的核心环节，是对分成功的关键，是实现单纯学习向思考创新飞跃的根本依托。“对分训练”要求学生通过文献查阅、问题研析、查漏补缺和延展阅读，在全面深入地内化吸收的基础上独立完成作业并提出“亮、考、帮”。“亮、考、帮”是“对分训练”作业的组成部分，是其创新点之一，也是训练讨论能顺利开展的重要前提。

学生在听课、复习、读书、完成作业过程中，不仅加深了对教材内容的理解、吸收、归纳和掌握，还会冒出发散性、创造性的思考。因此，要求每位学生总结出学习过程中自身感受最深、受益最大、最欣赏的内容，称为“闪亮亮”。把自己弄懂了，但是觉得别人可能存在困惑的地方用问题的形式表达出来，用来挑战别人，称“考考你”。把自己不懂、不会的地方提炼出来，在讨论时求助同学，叫“帮帮我”。每次作业的成绩（总分 100 分）由作业完成质量得分占 65 分，“亮、考、帮”占 30 分（其中“亮、考、帮”各 10 分），卷面整洁美观度及错别字（出现 1 个错别字扣 1 分，扣完 5 分为止）占 5 分。通过上述作业评判制度的改进，促使学生不但要努力完成好作业，还要深入思考，融会贯通，有所创新，争取在“亮、考、帮”环节上得高分。此外，通过手写作业，督促学生提高文字功底，练好字，养成卷面美观整洁的良好习惯。

“对分训练”对教师布置作业有较高的要求和讲究，主要有以下三点。一是作业难度要呈梯度性。具备相当挑战性和难度的作业题应占一定比例，以便让学生经过思考和钻研，获得自我实现的成就感。二是作业应具备适度的开放性和灵活度，留给学生个性化的发挥空间和思考余地。三是作业要具有实践性，体现时代性，着力增强学生的实际应用能力和多元化社会认知，培养其社会责任与担当，在实践中获得真知。

3. 讨论交流，引领创新

“对分训练”课堂讨论主要是针对作业中存在的问题特别是“亮、考、帮”展开。经过多维思考、智慧拼接、灵光聚合，共同解决问题并推出本组的“闪亮亮”。同时，各组之间相互用自己组的问题拷问其他组，本组无法解决的问题可以请教其他组。小组讨论尚未解决的问题可进行全班交流。最后，由教师进行答疑解惑、凝练升华、引领创新，得出全班的“亮、考、帮”，并进一步归纳梳理出知识点与逻辑脉络。通过上述小组讨论、班级交流等生生、师生互动的合作式学习方式，有助于培养学生的训练主人翁意识和探索精神，提高学生的包容弹性和团队合作意识。

传统教学是“教师讲、学生听”，重点在“讲”，过分注重教学者的主体作用，管教不管学，只要完成教授就算完成任务，却不顾及学员是否学到知识、学有所获。教师在讲台上滔滔不绝，学生听得云里雾里，形成上面热血澎湃、激情无限，下面死气沉沉、反应迟钝的情境。学生的角色大多是听讲者或知识的接受者，近乎出于被动的地位，其职责是“认真听讲”。“对分训练”教改新尝试，对教学最基本、最重要的“教学、训练、考核”三个环节进行全面改进，教师的“教”注重激发兴趣、启发思维，将学生的学习融入教师的讲授当中，变“独唱”为“合唱”，有利于促使学生学习质量的有效提高；学生的“学(练)”将其由“幕后”转为“台前”，而教师由“台前”转为“幕后”，从“授人以鱼”到“授人以渔”，强调积极主动，探索求真。学生积极参与讨论和分析，互相之间展开激烈争辩，既可以从自己和他人的正确观点、做法、决策和选择中相互学习与借鉴，也可以从承受的错误中学习进步，增长才干；课程的“考”关注学习过程，共同参与。从灌输知识走向引导创新，充分发挥学生的主体作用，让作战指挥教学训练充满睿智的争鸣、理智的思辨、愉悦的生机和鲜活的探索，使学生在内化吸收、思悟分享过程中开拓思维，提升能力。使训练教学更为高效，能更好地满足作战指挥教学训练以质量提升为核心的内涵式发展要求，是一种经济、实用的教学训练新方法。

二、战例研讨法

战例研讨法是一种将战斗理论形象化教学、谋略思维与决策指挥训练、战法研究及经验总结有机结合的教学训练法。此法具有鲜活生动、直观具体、针对性强、易于接受、贴近实战、训练效果较好等特点，是联结警务实战和公安教育训练的桥梁与纽带，是学习、借鉴国内外对抗性执法经验，穿越时空换位思考，今昔对比领会精髓，实践运用创新发展，深化对警务实战指挥理论的消化理解吸收，增强感性知识的有效方法。

哈佛大学之所以能够培养出智能不凡的人才、干才和雄才，非常重要的一点就在于它在教学中开创和使用了崇尚实践、去虚求实的案例教学方法。哈佛大学有 5 万多个教学案例，这些案例全部取自于社会实践。它们有真实的时间、地点、人物和情节。学生通过对这些来自实践的复杂而鲜活的案例的分析、思考和讨论，拉近了教学与实践的距离，使课堂教学与社会实践得到了最佳的结合。例如，在哈佛商学院，它强迫学生必须去分析和讨论 800 多个商界案例，要求学生从“老板”的角度去思考有关问题。商学院对学生成绩的评定，有一半取决于学生在课堂上对案例讨论时的发挥。为了取得好成绩，课堂上常常是你争我抢，互不相让，正是这种课堂知识传授与实际案例分析的紧密结合以及课堂参与程度与成绩评定的挂钩，最大限度地调动了学生学习和思考的积极性。在哈佛的课堂上，重视的是学生参与的程度和积极性，重视的是学生得出结论的思考过程，而不是能否得出正确答案——在哈佛课堂上是没有唯一正确答案的。

加强战例研讨法训练，有利于从公安基层一线大量真实客观的执法案例中积淀知识、启迪思维、总结经验、吸取教训、对照检查、学深悟透，切实改善目前学生中普遍存在的动手能力不强、实战操作技能较差的现状，进一步促进“实战教学化、教学实战化”以及两者的深度融合，提高公安教育训练的实战含量。陶行知先生说过：“知识有真有伪，思想与行动相结合而产生的知识是真知识，真知识的根是安在经验里的，从经验里发芽抽条开花结果的是真知灼见。”我们要用自己的经验做根，以这经验发生的知识做枝，然后别人的知识方才可以接得上去，别人的知识方才成为我们知识的一个有机组成部分。警务实战具有危险性高、复杂多变和难以预测等特点。通过研究尾随式战例（已发生的战例），既可在战例“原型”的启发下，领悟执法作战指挥的得失和玄妙，以弥补作战指挥经验的不足，又可总结反思、举一反三、活学活用，自行创设实验式战例（人为设计的战例）来深入探索执法战斗指挥的特点及规律，认真汲取警务实战中存在的不足和经验教训，引发受训者的创造性思维，激发创新思维，研究新战法。因此，加强战例评析训练，有利于吸收和借鉴前人的作战指挥经验，增强实战中发现问题、分析问题和解决问题的能力，培养锻炼透过现象看本质的敏锐洞察力和思维深度，提高对战斗指挥规律、原则的认识和把握。

战例研讨训练可根据情况采用战例介绍、分析研究、分组讨论的形式与步骤进行。

（一）战例介绍

战例介绍通常由教官或请参加过该战斗的同志介绍。可利用 PPT 结合图表、战斗现场和过程的视频介绍，也可在图上或沙盘上进行。

战例研讨训练中，一要精选真实、完整、适用、经典且具有讨论、研究、反思余地的战斗战例；二要注意选择能够真实反映民警在一线执法活动中存在的问题和薄弱环节，容易引发讨论和思维碰撞，可提供分析和反思的案例；三是案例的层次、类型力求多样，能够以小见大，举一反三，可从多视角、多维度、多侧面地剖析问题。要以国内战例为主，又要适当选用国外警察执法战斗的典型战例；既要以现代战例为主，也要选用有价值的古代战例；既要有处置成功的正面案例，也要有失败伤亡的反面典型；既有微小袖珍案例，又有大案要案；既可以是亲历参与的案例，也可以是警务实战中的疑难案例；既要选择已有确切答案的案例，也要选择存在明显缺憾但却值得探讨交流、辩论争议、尚无定论的案例。

介绍时，必须把战斗的历史背景、时间、地点、对抗双方企图、敌我双方态势、决心部署、力量对比、装备情况、详细经过等弄清楚，熟记有关数据。介绍战斗经过时，尽量结合讲解一些当时现场的重要情况及其细节或战斗故事，以增强实战感和生动性，但切勿牵强附会，言过其实。介绍过程中，可着重指出其中较为明显的失误及经验教训。

（二）分析研究

战例介绍完成后，通常由教官指导学生按战例中的战斗过程，在地图或沙盘上，对战例中的问题展开逐个分析研究。通过多角度地分析案例，培养受训者的知识迁移、思维拓展与观察能力，然后由学生写出或谈出研究战例的心得体会。最后由教官归纳小结。小结中应明确哪些经验是现代条件下用得着的或可以借鉴的，哪些是带局限性的或非常规做法的。

在分析研究过程中，要特别注重引导学生加强对失败教训的总结、反思。知胜知败，方能百战不殆。错误是伟大的导师，要使自己变得聪明，就必须向错误和挫折学习。毛泽东同志多次告诫部队，“失败是成功之母”，训练作战应“详举战例”，特别要“引证不良战例以为鉴戒”。他在 1956 年党的八大召开时曾说过这样一段话：“我是犯过错误的。比如打仗，高兴圩打了败仗，那是我指挥的；南雄打了败仗，是我指挥的；长征时候的土城战役是我指挥的，茅台那次打仗也是我指挥的。”正是因为我军众多指挥员坚持以这种“不贰过”的态度总结得失，打一仗进一步，才取得了辉煌的战绩。有人说：“胜利有一百个母亲，失败却是孤儿。”由于种种原因，一些指挥员对失败的战例研究得不够，有的对自己“走麦城”的经历讳莫如深，失败的代价并没有转化为财富。反观美军，他们一直把败仗或失误作为反面教材，朝鲜战争和越南战争虽然时间已过去了几十年，直到今天，美军仍然没有停止对这两场战争的总结和反思。对研究战争而言，那些用鲜血和生命换来的"血色财富"，往往比胜利的经验更能触动思想，更能催人猛醒，更有利于查缺补漏、警醒未来。研究败仗，是为了从失败中学会打胜仗。只有敢于直面败仗，善于总结败仗，才能让一个个败仗成为通往胜利的桥梁。

在分析研究中，要注意克服回避失败，绕开疑难问题和对战斗失误教训轻描淡写的倾向，研究败仗需要睿智的头脑、求实的精神和科学的态度。如果没有敢于负责的魄力、直视问题的胆略、探求真相的决心和无私无畏的勇气，就很难深入下去，取得"真经"。加强败仗研究，不能把眼光盯在昨天，更要在平时的训练和演习中，注意运用失败这块"磨刀石"来砥砺警队，让受训者在与强手过招的失败中，反思教训，寻找对策。今天演习场上的败者，很可能是明天公安执法战场上的赢家。通过实战训练对抗中的"求败"，换取未来战场上的"求胜"，是一支警队走向强大的必然选择。

(三)分组讨论

理越辩理明。组织小组或分队展开不同形式的集体讨论，既能加深对战术知识和警务作战指挥规律的理解，又能加强对警务决策指挥的灵活应用，同时也有利于增进同学间的了解，做到取长补短，相互学习，共同提高。

战例研讨教学训练是一个包含有疑难问题的实际情境的具体描述，为确保教学实践过程的有序进行，在开展分组讨论前，学生要针对教师给出的案例，认真阅读理解，搜集、熟悉相关背景材料及其内容，有重点地进行梳理分析，善于从错综复杂的案例情况中，寻找问题，发现线索，并根据案例提供的情况，拟订方案，确定计划，编制初稿，撰写总结，拟好提纲，准备发言讨论。

讨论为锻炼提升学生思维和分析判断能力提供了良好的平台与机会。通过充分的讨论交流和观点碰撞，有利于培养思辨能力，克服视觉盲区，树立全局观念，提升谋划水平和思维层次。讨论过程中，学生要开动思维，设身处地地进行观察、思考，学会运用换位判断、综合考量，提高应对复杂多变现场情况的能力。要围绕战例开展分组研讨，要求从情报信息分析、现场风险评估、临场战术运用和决策指挥实施等方面对战例进行深层剖析，找出规律，汲取营养。教师要适时引导学生去讨论、去思考、去选择、去决策，使讨论层层深入，有序推进。

经典的案例散发着浓郁的知识芳香和沁人的理论魅力，好比是通往成功道路的转折点，在这个转折点上，教师要做的就是正确引导学生走向正确的道路，获取知识的真谛和有益的经验。当学生在讨论、思考、争辩案例过程中出现迷惑、冷场时，教师应及时启发，活跃学生思维，热烈现场氛围，使每个学生都能积极主动地进入自己的角色和案例的真实环境中。在学生考虑和讨论的方向偏离案例教学目标时，教师须根据课堂实际状况，及时适当引导、调整、控制节奏，使学生的思考、讨论和争辩在案例教学范围内，以获得应有的教学效果，达到理解并掌握战术原则、指挥规律的目的。对于学生在讨论过程中存在的错误观点和问题，教师不可轻易地直言否定或急于驳斥，要想方设法充分调动学生思考的主动性、积极性。对于不够完善的观点，可以用较为适当的方法引导学生悟出正确的道理，使其更加积极地投入讨论、争辩当中。对于错误的观点，应循循善诱，旁敲侧击，让学生通过自己的思考得出正确的结论。此外，要加强讨论的有序组织，既要严肃认真，又要民主活泼，使讨论者畅所欲言；既要鼓励学生提出疑难问题，也要防止过多议论战例故事情节，使讨论脱题；既要注意对事不对人，又要强调战术原则的灵活应用，防止死搬硬套。

讨论结束后，要求学生及时总结在案例教学训练过程中倾听、阅读、讨论、分析过程中存在的问题和收获体会，并形成书面报告。“学而不思则罔，思而不学则殆。”经过讨论后，如果不深入思考、总结，就容易停留在表面。总结的过程，就是不断发现问题和解决问题的过程，就是对案例适用理论上的收获。总结既可加深对理论知识的理解，又能够身临其境地了解到理论应用于实践的全过程，因而有利于学生掌握执法战斗决策时的思路和方法，增强公安实际工作能力。

在一些重点、疑难案例教学过程中，当学生独立完成总结报告后，可采用选派学生代表上台发言、全班辩论、教师点评的教学形式。此处，教师的点评指导，要重点放在引导学生寻找正确的分析思路和对关键点的多视角、多维度观察上，而不是用自己的观点影响学生。教师对案例的总结点评中，不要轻易对结果或争论下结论，而是重在对学生们的分析进行归纳、拓展和升华。

三、想定作业法

想定作业法是指依据设想的敌我双方的情况，演练战斗决策与组织指挥的一种训练方法。作战指挥对抗训练想定作业，即由施训者提供一个设想的案件情况、作战环境背景、对抗态势、各自企图、处置实力（包括武器装备、通信、交通等实力要素）及执法战斗发展情况，然后要求受训者根据上述给定条件，结合训练科目、问题和目的，自行拟定作战谋略、战术战法、行动步骤、警力编成、战斗部署、战斗实施等一系列实战操作方案，形成处置决心并据此实施组织指挥。受训者独立完成各自的处置方案后，可进行分组讨论和小组辩论，集思广益，进一步诱导、开发、补充、完善方案。

认知心理学的研究表明：很多人在分析问题时，并不是为了找到真相，而只是为了给自己一个满意的答案。而只有当你不满足于第一个蹦到脑海里的答案，不满足于大家都认为对的答案，多问一个“为什么”，就具备了“第二层思维”。用与众不同的第二层思维去思考，就会更接近真相，从而在人群中脱颖而出。我听过这样一句话：“如果人人都理解你，你该是有多平庸。”归纳：观察现象，提出问题，通过第二层思维思考，得出结论；演绎：从结论出发，提出一系列的预测，通过搜集经验、事实和证据来验证理论的正确性。在警务战斗指挥中，具备第二层思维尤其重要。因为第一层思维的人对同一个事件都有相同的看法，得出了同样的结论。而第二层思维的人则必须比群体共识想得更加深入、更强有力，才能获得意想不到的收获。高明的指挥员，就是在一次次的“归纳和演绎”中由点到线，由线到面，化繁为简，洞察天机，看透本质，直落本根，棋高一着，见敌所不能见，超前料敌，早早地把胜利收入囊中。

想定作业训练的目的，是通过想定把受训者引入设想的复杂战斗现场，使其运用所学的知识和技能，研究探讨新战法，限时解决设定的“现实”问题。从某种意义上说，作战指挥训练最重要的恰恰就是谋略思维、组织指挥及应变能力训练。动作训练是训练，思维和指挥训练是更高层次的训练。想定作业法虽说是纸上谈兵，但这种高度贴近实战的假想训练，对于受训者思路开拓，增长智谋，熟练掌握处置突发事件的基本程序和战法，都具有十分有益的实战价值。

想定作业在指挥训练中的运用非常广泛，形式多样，其有特殊的内涵和外延，常用的有文字想定作业、现地想定作业、沙盘想定作业、图上想定作业、电脑想定作业。既可作简单的口头想定（可用于指挥员基本指挥能力的训练，尽可能地根据课程内容和训练科目拟成公安实战中常遇到的问题，让学员讨论：怎样决策？在某种情况下应如何正确指挥？依法处置？），又可作较复杂的想定（一般用于针对重大暴力案犯的战斗方案设计与指挥组织实施）；既可以对想定情况作一次性下达，又可以逐步下达，采用推演的方法。此种方法，要求在编写想定时，在基本想定中有计划地预留出推演的内容，循序渐进地增加难度或改变情况，不断补充想定，使受训者能根据新的情况，及时做出判断，并进行处置，以锻炼和提高受训者随机应变、灵活运用战术的能力。此种想定常用于模拟对抗演练，既可以在地图上、沙盘上操作，又可以在现地进行。

想定作业具有不受天候、场地的限制，简便易行，节约人力、物力，可以反复练习等优点。想定作业中，要坚持理论指导训练，训练服务实战的教学原则，使教学训练贴近公安实战，以对抗为核心，突出实用性、针对性。

在处置各类暴力突发事件中，各种意外情况会突然发生，面对突如其来的危险，要有矛盾"瞬间转化"的思想准备和快速应变的制敌之策。在临战状态下，必须及时反应，果断决策，沉着冷静，采取科学的指挥方式、机智的谋略和灵活的战术战法，及时有效地打击犯罪，减少不必要的伤亡。因此，在设计想定作业时，必须优先考量是否有利于开发受训者的智力和提高其决策指挥能力，是否能通过想定作业训练，学会灵活运用战术战法，快速准确地分析判断并展开应急处置。通常情况下，教师在给定假想情况时，要做到明暗结合、真伪并存、虚实相间、若隐若现、错综复杂。给受训者提供条件时，一般要分批次、小剂量地间接性透露。为了增加作业和对抗训练的难度，甚至可以故设迷阵、施放烟雾、模棱两可、含而不露、顾左右而言他。尽量给受训者出难题、使绊子、增压力，逼迫其开动思维、激发灵感、去伪存真，不断提高指挥素养和谋略水平。

四、模拟推演法

模拟推演法，通常是在想定作业完成后，由各作业小组轮番上阵，对本组的处置方案进行推演。训练展开时，可按训练问题的顺序和战斗的发展过程，对受训者逐次给出新的情况并逐步加以演练。其中，可由受训者扮演相应的角色（也可轮流扮演），设身处地地分析并解决战斗中所面临的问题，提升其自主分析、快速决策、高效指挥的能力。

模拟推演应提前准备模拟地图、沙盘或示意图、图片、挂图、现场录像、多媒体课件等显示作战环境及作战条件的教具。模拟推演重在通过训练，使受训者加深对战术原则的理解，训练思维的发散性、灵活性，打破思维局限，创造性地提出适应作战环境的有效战法或新型战法，提高设计与选择适用战法的能力。

模拟推演训练本身就是一个不断发现问题、分析问题、拓展思路、解决问题、找出失误原因、磨合指挥协同、持续改进完善和探索新战法的过程。训练过程中，模拟对抗双方可以就双方行动的优劣和效果进行点评，在行动关键之处及遇到疑难问题时还可通过小组讨论交流或求援其他组来解决。

研判、决策和战斗部署是警务指挥的核心内容，也是衡量指挥员指挥水平高低的重要标准。从当前情况看，一些基层指挥员的指挥理论知识功底较为薄弱，主要体现在：一是部分指挥员对研判的内容和要求不清楚，研判目的不清晰，有时把给定的情报信息重复一遍视为研判，有的研判时抓不住重点和要点；二是习惯于“拍板式”指挥方式，决策上定下的作战决心不够科学合理，不能扣紧现场情势定下战斗行动的目标，有时往往把目标定得太高、太大，导致可操作性不够强。在缺乏助手、参谋的情况下，面对突发重特大警情和现场不断上报的大量战场信息，无法快速判断、整合有效的信息资源，并作出行之有效的处置决策和战斗部署。特别是面对一地多点、一地多波次、多地多点的暴恐袭击，指挥员往往跟不上现场变化的应对要求做出科学的工作部署，面对劫持人质事件中嫌疑人提出的需求，在时间非常紧迫的情况下，个别指挥员表现出无所适从、思维单一、方法匮乏、决断犹豫，甚者放任事态恶化而置之不顾；三是战斗部署不周密，用警不尽合理，运用公安科技手段的意识不够强，围绕警力素质和装备水平确定战术战法的理念还有待进一步强化；四是风险预判不够，对战斗行动可能面临的困难和危险认识不足，应对突发情况的思维和方法需要增强。

习近平主席在视察南部战区时强调，“各级指挥员要带头加强学习，加强军事斗争实践锻炼，大兴战争和作战问题研究之风，增强打赢现代战争实际本领”。从公安对敌斗争的角度上看，警务实战，主要打的是将；公安训练，关键还在练官。公安指挥员作为实战训练的组织领导者、警务实战的决策指挥者，一定要强化分析判断能力，为提升指挥能力打好基础。警务实战具有情况复杂、云波诡谲、风险性高等特点。加强模拟推演训练，有助于提高指挥员的预见性和临场应变能力，做到研判有超前性，决策机敏果断，战斗部署弹性灵活，应对方案多样有效。

五、虚拟仿真训练法

虚拟仿真法是根据警务实战教学训练内容和训练目标要求，结合专业特点、战术背景与行业特色，运用现代虚拟现实技术和仿真技术，为受训者人为创设一种贴近真实作战指挥环境，即对执法战斗警情发生与发展的情境、地形、过程的虚拟再现，提供一体、一致、互动、对抗的更有针对性和价值的高度仿真环境，使受训者在接近真实的作战条件下，扮演某种作战指挥角色，体验逼真的战场感受与战斗压力，并对不断变化与发展的警务作战指挥态势和战场问题进行动态分析与决策，以达到获取知识、增强实战经验、提高战斗指挥技能的目的。

(一)虚拟仿真训练法的特点

虚拟仿真训练法是集情境教学法、模拟训练法、实践教学法、案例教学法等多种教学训练方法的优点于一身，采用现代化教学训练手段，注重受训者身心发展规律，有助于提高受训者战术意识与指挥技能的高效训练方法，减少安全事故和训练伤亡。通过严格、险恶、贴近实战的虚拟仿真训练，能够检测出受训者技战术运用的准确性和临战决策指挥的有效性，为警务作战指挥能力的提高提供了支撑平台和宽阔空间，也为支持警务作战指挥方式、方法、手段的不断发展创新提供了取之不尽的源泉与动力。

虚拟仿真法的主要特点有如下几点。

1. 学生主体

按照认知学习理论的观点，人的认识不是外界刺激直接给予的，而是外界刺激与人的内部心理过程相互作用产生的。建构主义认为，学习者要想完成对所学知识的意义建构，最好的办法是让学习者到现实世界的真实环境中去感受、去体验，即通过获取直接经验来学习。与传统的教学训练模式的教师为中心的满堂灌单向教学，学生被动地接受知识的模式相比，虚拟仿真训练法在教学训练过程中，教师作为教学训练的引导者、项目任务的布置者、规则及评判的考评者、学生行为表现的观察者等角色，重在使学生成为教学训练的主体参与亲身体验，以分角色演练产生的时间、信息和进程压迫感，有效激发学生思维，充分挖掘学生潜能，感受和领悟训练中潜在的道理并尝试解决问题，变被动学习为积极主动学习、创造型学习，达成训练效果的最大化。

2. 贴近实战

虚拟仿真法在教学训练过程中，根据公安教育要"面向实战、贴近实战、服务实战"的要求，贴近警务实战，紧密围绕教学训练任务和公安实际工作，创设沉浸式训练场景，通过把教学训练的重点、难点融入训练活动的各个环节中，使课程知识点通过虚拟的执法战斗情境展示给学生，使得学生在一个高度仿真的实践情境中自主地学习公安专业知识，有力拉近了"战"与"训"之间的距离，切实达成了战训合一，极大培养、锻炼、提高了学生的实战技能和指挥本领。

3. 可重复性

任何专业技能都需要反复练习和实操，才能真正熟练掌握和运用。训练的可重复性可以帮助学生集中攻克各种技能的难点和关键节点，更好地掌握警务实战指挥的要领和细节。经过反复练习、强化和体验刺激，还可以在规范技术训练的基础上增强学生的战术意识；通过印象的加深和实战经验的积累，建立条件反射，使学生在复杂多变的临战条件下，能够对随时可能突发的意外情况快速展开风险评估和分析判断，在瞬间做出下意识的有效应对，使处变不惊、从容应对成为一种习惯。

(二)虚拟仿真训练法的应用

虚拟仿真训练可在实验室条件下进行，训练的组织与实施不受时间、地形和气象条件制约，分布式训练仿真系统甚至使不同地点的参训人员共同参与训练。一些高难度、高危险性的实战项目也能方便快捷地进行实操、实训，使得训练的组织更加简便，针对性更强，安全性更好，省时、省力、省钱、易行，促进了训练效能的极大提高。正是由于虚拟仿真训练的巨大优势与潜力，世界主要发达国家都高度重视建模与仿真技术的发展。目前，虚拟仿真技术在警务作战指挥与公安实战训练中的应用主要包括四个方面。

1. 作战虚拟仿真

作战虚拟仿真可分为实地警情演练、现场实验、沙盘作业、图上作业、执法战斗对策、计算机模拟等几种类型。采用虚拟现实技术不仅为研究公安执法战斗提供了科学的方法，使研究的进程更加逼真、更加接近于警务实战。实现作战过程的仿真模拟，而且使研究的结果更加可信，从而有利于提高警务实战指挥艺术和作战技能。计算机作战模拟是把对抗的全过程结构组成和大部分规定事先编入计算机程序，然后用计算机语言描述战斗过程，并用计算机进行处理的一种新型模拟方法。

2. 武器装备仿真

武器装备训练是训练人员掌握武器装备操作和战术运用的主要手段，计算机仿真在武器装备训练上的研究和应用开展较早，技术也相对成熟。装备训练仿真的主要载体是各类训练模拟器和系统，如手枪训练模拟器、指挥模拟训练系统等，通过虚拟作战环境和模拟作战流程让训练人员快速掌握宝贵的操作技巧和作战经验，逼真的视觉、听觉甚至运动感受还能使训练人员获得真实的操作体验。

3. 指挥训练仿真

警务实战指挥训练的主要对象是公安机关各部门长、科所队长和警务参谋等人员，训练内容主要包括地图标绘、警力分工与部署、战斗组织与协调、情报综合与分析等专门的业务技能和流程。因此，很容易有针对性地设计具体的作战场景，高效、便捷地提高受训人员的业务素养。

4. 合成作战仿真

随着互联网＋、大数据时代、信息化社会的到来，违法犯罪智能化、专业化、团伙化和高科技的特征日益凸显，传统的侦查模式与手段已无法适应现实斗争的需要。公安合成作战顺应全面深化公安改革的大趋势，以“大部门、大警种”的新格局为基础，在统一的处置目标和计划下，通过各警种、各部门之间的密切配合，互相支援，形成合力，充分发挥整体作战优势，达到“1＋1＞2”的最佳警务效果，实现警力的无增长改善，为新形势下的公安工作提供了新思路和新方法。

合成作战应用平台建设以网侦、刑侦、技侦、视侦和公安信息化“四侦一化”为核心，以大数据云计算、视频智能分析等技术为支撑，以实现多侦同步上案，多库联侦串并，人案关联侦查，多手段合成作战为目标。战场上没有灵丹妙药，我们只能尽量提供逼真的训练环境，才能逼迫受训者拿出勇气，想出对策。合成作战仿真通过网上巡查、视频追踪、轨迹联查、案件串并等工作，及时进行综合研判，形成指向性明确的情报线索，点对点下达作战指令，发现侦查措施不全不细的情况，指令一线单位补充侦查，结果及时反馈，将以往基层部门反映的“死信息”转化为“活情报”，有效提高了监视、侦察、跟踪的虚拟仿真训练沉浸度和构想度，增强了受训者的侦查破案能力。

（三）虚拟仿真训练法的步骤

1. 创设虚拟情境

根据教学训练内容、要求和目标，结合巡逻盘查、追缉抓捕、处置群体性突发事件、自杀危机干预、人质谈判、应对暴力袭警、现场警卫、纠纷调解等真实警情，创设贴近警务实战氛围，具备强烈视觉和听觉冲击力，生动、具体、形象的虚拟情境。让学生在身临其境的沉浸式仿真场景中，通过不同岗位、各类角色的扮演，了解和体察各种岗位、角色的职责、担当、感受、体验和想法。虚拟情境既可以是依据教学训练需要加工后的案例情境再现，也可以是真实或经典案例的重演；既可以是运用计算机虚拟现实技术呈现的真实案例的视频影像资料或仿真训练中拍摄的训练视频，也可以是现场布置的模拟某一警情并由情显人员扮演的"真人秀"。

2. 虚拟仿真训练

在虚拟仿真演练中，一定要制造逼真的实战氛围，努力营造出具有干扰效果和突发情况的仿真情境，使学生产生一定的压力感和紧张度。训练的重点，是要让学生在事先不知情的情况下，学会在模拟真实警务实战环境下的正确决策指挥和复杂警情时的处置应变，提高其感觉器官的感知力、注意力以及反应的灵敏性、准确性，强化其在警务执法行动中的安全理念、法律意识、程序意识和战术意识，培养提高情绪控制能力、心理适应能力和抗挫意志力，顺利完成技能迁移。

3. 反思分享交流

训练后的反思分享交流，是整个训练过程的重要环节。通过回顾训练内容和过程和反思不足，有利于挖掘个人深层次的行为体验和心理感受，加深对训练的认识，促进学生对自我认知、情绪、精神、行为等方面积极的思考与领悟。分享交流有助于同学之间信息、情感的传导，相互取长补短，增进彼此信任和理解，加深团队协作，促成良好心理品质的形成。如果条件允许，还可通过影像记录器材对教学训练过程进行实时记录。通过对影像记录的回放，能更准确、更全面地掌握和客观评价学生的训练表现，学生也能够更深刻地了解自己以及其他同伴在训练中的状况和水平。

4. 撰写训练小结

训练的最后阶段，要求每位受训者独立撰写出训练小结并上交。训练小结可以作为训练成绩的构成部分，占一定分值。训练小结的主要内容，一是联系警务实战和公安工作实际，总结本次教学训练中的优点与收获，归纳出一些带有规律性的原则和方法，举一反三，进一步加深对训练内容、要求、步骤、重点和难点等知识点的领悟，实现实战认知从感性到理性的飞跃，使训练效果得到进一步的升华。二是对训练过程中存在的疑惑和暴露出的弱点进行深入反思和分析，尤其是实战中容易忽视、易犯的问题，要揪住不放，重点剖析，从新的角度再次思考，认真吸取教训，从而避免下次犯同样的错误。

六、对抗演练法

对抗演练是两个受训单位或一个受训单位的对抗双方，在一个导演机构的组织协调下，互为对手，互为条件，按照相互对应的训练课题和各自的编制装备、战斗理论，以模拟交战的方式所进行的战斗指挥演练。其目的是加深对犯罪分子、犯罪嫌疑人和战斗现场环境的研究，检验战斗技能、决策指挥和协同意识等，培养灵活快速的反应能力，提升受训单位的应急处理突发事件的能力。

对抗演练是作战指挥训练中对抗性最强的高级训练形式。它是非常贴近实战的教学训练方法。演练时，要将所要解决的训练问题、战斗指挥关系与矛盾展示给受训方，并由角色扮演者现场处理所要解决的训练问题；演习结束后，全体人员进行评议，分析各方处理是否得当，并提出更好的建议。对抗训练不是简单地把训练问题和内容串起来，而是根据警队担负的任务、教学训练目的，训练场地、器材保障等条件有重点地加以选择、组合，如采取"红蓝对抗”“双盲”等实景对抗，以突出检验性、应用性、考核性及实战性，并通过对抗训练发现失误，改进不足，获取经验教训。习近平总书记2014年在新疆考察时，曾嘱咐参训民警：“训练很重要，一定要按实战化坚持下去。”实战化对抗训练是检验受训者能力的试金石，是促进公安队伍战斗力提升的最佳办法。教师在制定对抗演练计划时应周密细致，通盘谋划，要充分考虑案件性质、战斗类型、战斗规模、战斗地幅、训练要求、技术装备、场地器材、训练设施、受训人员素质结构等诸项因素，因地、因情、因人施教，以提高受训学员辅助决策、组织指挥、协同配合水平，达成服务警务实战的目的。

对抗训练内容与训练方式虽与模拟推演法紧密相连，但其训练的侧重点不同。它是模拟推演法的升级和深化。对抗演练法重在通过训练，检验在战术原则指导下，提出战法的适用性，检验具体战术方法在战斗行动实施中的可靠性、有效性。其训练重点在于验证战法实施过程中具体行动协同的是否有效和在不断变化的对抗情景中各个阶段行动的现实效果。因此，应特别注意把握训练的重点，精心安排训练过程，使对抗演练真正收到实效，并可作为预案储存，以备日后相似案件发生，便于启动预案采取应急处置措施。

（一）对抗演练的训练思路及方法

对抗训练具有仿真性、针对性、竞争性、灵活性等特点。对抗演练的总体思路，可以按照以下顺序展开。

1. 收集案例，实地调研

演练前，必须收集整理近年来公安基层警队的各类执法战斗。开展对抗演练，需要大量来源于警务实战一线的翔实案例。脱离实战案例的纯粹理论研究和训练，容易偏离方向，会导致训练陷入泛化、盲目和空洞的死循环。但与此同时，对抗演练又不能只局限于案例本身，或者只局限于案例的时空特性，机械、全盘地照搬照抄案例的表象，则是一种变相的“纸上谈兵”。只有吃透案例，善于举一反三，活学活用，才能充分发挥案例应有的价值。另外，还可组织受训者到驻地附近的公安基层警队实地调研，现场考察了解其实力情况、训练现状和指挥水平，发现并找出其中存在的问题和薄弱环节，以便受训者在对抗训练前，能对当前警队的装备设施、指挥水平和应急处理突发事件的能力有一个较全面的直观把握，为后续的针对性对抗训练奠定基础。

2. 归纳分析，找出问题

在制定对抗训练方案前，要组织受训者对近期各类警务实战战例进行梳理和归纳，分析提炼出训练问题。切实弄清哪些是信息壁垒、情报分析、风险评估存在的问题，哪些又是临场应急、决策指挥、协同沟通等处置不当导致的问题。进一步明确哪些是通过加大警力投入可以解决的问题，哪些是通过对抗训练、提升指挥能力可以解决的问题。只有发现问题和症结所在，找准主攻方向和突破口，才能做到心中有数、统一思路、有的放矢。

3. 研究对策，针对训练

在受训者对公安基层警队作战指挥总体情况有所把握的基础上，组织开展分组研讨。通过头脑风暴，集思广益，充分发挥思维的发散性、灵活性和创造性，启发创新，研究对抗训练方案，然后开展有针对性的对抗演练，验证指挥处置的可操作性和实效性，提高训练水平和应急处置能力，使警队的整体战斗力不断上台阶。

对抗演练前，教官应事先准备好场地、器材以及模拟战例情景、组织模拟演练的计划方案；同时依据训练对象人数、战术素质等条件，做好模拟训练阶段情景显示和模拟角色任务区分安排，确定演练分组次序，宣布演练要求，然后按计划组织实施，以确保对抗演练的顺利、安全。

（二）对抗演练注意事项

对抗演练就是要通过设危局、险局、残局，培养受训者全面观察、把握战机、快速应变的瞬间决断能力，提高战术素养、战斗技能和指挥谋略水平，使警察能够根据临战情况的不断变化，综合运用灵活机动的“诡道”，果断做出决断——“做什么”，并选择能取得最佳处置效果的方法和技巧——“如何做”，练就摆脱困境，化险为夷的绝活。

1. 力求“先胜后战”

要把握“先为不可胜而后胜”的战斗原则，即先要使警方利益不受损失或尽量少受损失的前提下，再求败敌之策；先确保民警人身安全的情况下，再寻求反击制敌之策。只有在战斗中尽可能地先行确立自己的不败地位，才可能进一步寻求制服对方的办法。成功的指挥员正是如此，他们仅在于确有信心，确信其胜利的成果足以应付失败的后果时，才甘冒风险。而战场上的失败者，不能正确计算其成功与失败的风险。因此，他们不但在失败时失败，甚至他们在得到胜利时，由于不知道如何对待其胜利，因此也失败了。对这些人来说，一次误打误撞的胜利，也许比完全没有胜利还要糟糕。成功者的战斗经常和他们的成功是一致的，从而形成一种既定的模式。每一次胜利，都为下一次胜利奠定了基础，他们在有计划的方针指引下不断向前迈进。相反，失败者的胜利却是偶然的、纷乱的，是无法与其努力相提并论的。失败者也许比成功者更能赢得胜利，但他们的胜利价值较低，或者毫无用处。因为他们的成果不能积累，没有形成连贯的模式。相反，他们的失败倒可以形成一种模式。

2. 把控对抗强度

实情实景实警实装的对抗演练，具有投入较大且风险性较高的不足，为了提高训练效益，降低训练风险，在采取此种训练方法之前，可运用计算机模拟仿真对抗训练法，练战术、练指挥、练协同、练处置流程，为实警实装对抗演练奠定基础。

对抗演练中，要注重防止因对“对抗强度”控制不当而发生训练事故。对抗演练前，应事先准备好场地、器材以及模拟战例情景、组织模拟演练的计划方案。同时，要依据训练对象、人数、战术素质等条件，做好模拟训练阶段情景显示和模拟角色任务区分安排，确定演练分组次序，宣布演练纪律、要求，然后按计划实施对抗演练。

3. 严格要求，公正公平

严训出精兵，严师出高徒，严将练劲旅。训练前，教官要讲清“严是爱，松是害”“平时多流汗，战时少流血”“学为用，练为战”的道理，使学生自觉以实战需要为标准，一丝不苟，严肃认真，不怕苦、不怕累，敢打敢拼，勇于攻坚克难，心甘情愿地在训练中从难从严磨炼自己。训练中，要严抠战斗细节，严格规则标准，培养学生过硬的战斗作风和意志品质。

最后，要对整个训练过程进行及时、公正、合理地裁决、点评、总结，以利提高对抗效果，培养边学边练，边总结边进步的良好习惯。总结时应以掌握战术原则内容，灵活应用战术战法为主线，注重归纳训练的基本特点、基本方法、基本规律，重点分析实战操作中存在的问题，总结训练的具体效果对队伍战斗力提高的实际作用，并对每一技战术运用进行全面的评价，发现其优势和弊端，从而在实战中加以控制和利用。

综上所述，通过对分训练法、战例研讨法、想定作业法、模拟推演法、虚拟仿真训练法、对抗演练法等训练方式，有利于探索建立形成一整套针对各种复杂战斗情况的公安指挥训练体系，并将之贯彻到具体训练中去，为“打赢”执法战斗提供充分的体能、技术、战术、心理、智能、谋略储备，在训练中不断提高谋略运用意识、实战对抗能力、指挥协同能力、快速反应能力，提升公安队伍的整体战斗力。

七、基层见习法

基层见习法是指有计划地安排学生轮流到公安基层一线或警务实训基地担任适当的执法角色，在基层民警和教官的直接指导下亲自体验并参与执法战斗指挥与处置的一种训练方法。其组织形式一般为：分组分工——指定责任人——分配任务——具体操作——民警辅导——总结反馈——角色轮换——总结反馈。

基层见习法通过真实执法现场的实战操作与锻炼，有助于学生的能力培养与提升。此处所讲的能力，不光只是简单的实战操作能力、动手能力，更应该是基层民警和指挥员的综合职业能力和专业素养。其具体内容主要包括四个方面：知识（与本职相关的知识领域）、态度（动机、动力情感领域）、经验（公安执法活动及其相关领域）、反馈（评估、评价领域）。以侦查专业学生为例，其能力模块的主要内容至少应包含发现犯罪线索的能力，还要有较强的侦查意识和职业敏感性，具备主动摸排侦查线索的能力；有追踪、缉捕犯罪嫌疑人的能力；有较强的战术谋略和侦查指挥、协调能力，尤其是重大案件的侦查破案能力；有收集、固定、分析、使用实物证据的能力；有讯问犯罪嫌疑人的能力；有追赃、追逃能力；等等。

第二章 作战指挥思维实训

思维训练是指通过系统的思维训练方法提高受训者看待、分析、解决问题的能力。常见的思维训练包括对逻辑思维、抽象思维、逆向思维、哲学思维、法治思维、辩证思维、创新思维、发散思维、聚焦思维、战略思维、系统思维、历史思维、变向思维、理性思维、数据思维、信息思维、容错思维、底线思维等思维的训练。警务作战指挥思维训练，是作战指挥训练的基础，是熟练掌握公安工作基本规律和作战指挥方略的根本。作战指挥训练必须按照新时期公安教育总目标的要求，着力培养学生的创新意识、创新能力、创新精神，教会学生掌握学习的方法和分析解决问题的思路与对策。

警务实战训练可以划分为三个层次。体能和技术训练为基础层面，战术训练为中间层面，思维、决策和谋略训练为高级的尖端层面。如果说强大的身体对抗能力和娴熟细腻的技术是“TNT 烈性炸药”的话，那思维和高级谋划则相当于执法战斗领域的“核爆”。从警务实战训练的现状来看，比较重视的通常大多是体能、技术训练，再高一个层次的战术层面的训练则相对比较粗糙，而更高层面的思维和决策训练则少之又少。总结公安实战的经验教训，我们发现，如果平时只重视体能、技术方面的培训而忽略战术和指挥思维训练，在面对复杂的突发警情和紧急状况时，就容易手忙脚乱，出现“有力不知往哪使”的现象或是一味硬拼死打的“莽夫”。只有抓住思维训练这一龙头，以思维训练引领、带动战术、技术训练，才能有效打开警务实战水平的提升空间。

在对抗激烈、瞬息万变的警务实战中，思维和谋划也是战斗力。作战思维好似看不见、摸不着，但却是一种没有子弹和枪管的隐匿武器，往往会杀敌于无形，拒人于千里之外。具备强大思维能力的一方，容易看清对手的意图，将对手处于自己的严密算计之下，可以像操控扯线木偶一般，轻易地欺骗、算计和把控对手，从整体上处于领先和优势地位。武器装备的差别可以通过采购配备得到弥补，思维和指挥素质的差别却是用钱买不来的。思维是战斗指挥层面最本质的东西。一支警队真正的“杀手锏”其实就在这里。一条锁链，最脆弱的一环决定其强度；一只木桶，最短的一片决定其容量；一个人，思维（素质）最差的一面决定其发展。拿破仑说：“这世界上有两种决定性力量，刀枪和思想，从最长久的效果来看，思想决定了刀枪。”思想有多远，我们就能走多远。恩格斯在《致康·施米特》的信中提出：“只有清晰的理论分析才能在错综复杂的事实中指明正确的道路。”跳出“庐山”看“庐山”、站在“山巅”看世界，才能看得清、看得远、看得全。没有思维谋划和一流的人才队伍作支撑，是走不远的。战斗是器物的较量，更是创意灵感的比拼。1972 年慕尼黑奥运会前，主办方曾邀请心理专家预测可能发生的恐怖事件。专家设想了一种“创意”：恐怖组织凌晨爬进奥运村绑架以色列运动员，结果不幸而言中。但由于这种观点当时被视为异想天开，因而没有引起重视，最终导致9名人质全部被害。美国反恐过程中也曾邀请好莱坞编剧提出创意，然后启发筛选，发展成反恐战法，增强了反恐行动的针对性。

思维层次决定人的眼光、境界和进步空间。思维连贯性、敏锐性和创新性决定指挥员的判断力、洞察力、前瞻性和决策准确性。警务实战指挥中的许多东西，需要指挥员的思维、认识达到相当的境界和层面时，才能无师自通、恍然大悟。否则，即便你殚精竭虑、苦苦挣扎，努力想避免实战指挥中各种各样的错误，其结果可能还是令人失望的。思维是控制战斗胜利的核心密码。警务作战指挥的核心要素是指挥思维、作战谋划和决策智慧：在战前的预先思考推断、提前设计作战方案及谋略应变。掌握了思维这一制高点，便能在打击犯罪中占据高地，争取主动权。指挥员是执法战斗的灵魂，其组织指挥素质强、研判决策水平高，就能极大增强整个队伍的战斗力。反之，就容易吃败仗，甚至遭受伤亡和损失。转变思想观念，是提升战斗力的前提。受限于按编招警政策，公安基层警力不足的状况短时间内难以得到明显改变。这决定了我们必须向指挥能力建设聚焦，向素质要警力，要战斗力，把对增加编制警力的过高期待，转移到推动警务实战指挥训练转型升级的现实努力上来，真正实现警务指挥训练的内涵式良性发展。

战斗是博弈，千古无同局。在急速发展变化的新时代，真正的威胁是我们的头脑，是警队的“本领恐慌”。解决这种威胁的支点就在我们的思维中。托尔斯泰说过：“知识只有靠积极的思维得来而不是靠记忆得来的时候，才是真正的知识。”指挥思维训练是学生指挥能力培养的起点，是学生由书本走向公安实战和就业的接口，是学生提升思维品质，学会探索研究，养成热爱思考、终生学习的良好习惯，培养开拓创新精神和提高综合素质的重要平台。从训练覆盖面和实战训练需求看，公安基层科、所、队的指挥员及民警是最需要指挥思维训练的。指挥思维是生成警察潜在战斗力的基础要素，这种内化于心、外化于行、固化为魂的能力必须通过科学的训练才能真正形成，并在警务实战中转化为现实战斗力。

总体来说，人们一般有三种思维方式。一是理性思维，好比做算术题，“3＋3＝6”；二是感性思维，对“1＋1＝10”不会很惊讶（用的是计算机的二进制算法），已经可以化不可能为可能了；警务作战指挥既是一门科学，更是一门精深的艺术，形同佛家的灵性思维，可以创造“0＋0＝∞”（圈内的“0”加上圈外的“0”恰恰就是无穷大“∞”），能够化不可能为奇迹，化腐朽为神奇，制敌于无形。法国心理学家爱德华·德·波诺认为，思维作为一种技能，是可以通过直接传授后，经过教育习成和努力训练获得的。指挥思维训练通常可分为四个阶段，分别是无意识加无能力阶段、有意识加无能力阶段、无意识加有能力阶段、双有阶段。这也充分体现了受训者从一个“初段菜鸟”，一步步成长为一个能独当一面的、初步具备指挥素养的合格民警的过程。只有多管齐下，循序渐进，走好这四步，才能算是过硬的指挥思维训练。

以下，重点介绍几种常用的指挥思维实训方法。

科目一 《现场研判与决策指挥训练》

实训指导书

Ⅰ 〔训练提要〕

一、训练科目

现场研判与决策指挥训练。

二、训练内容及步骤

1. 在讲解评析典型战例的基础上，教师给出一个公安实战现场模拟案例并进行理论提示；

2. 学生写出个人研判结论及依据；

3. 分组研讨，写出发言纲要；

4. 各组选派 2 名辩手并明确各自分工；

5. 开展研讨辩论，最后总结评分。

三、训练对象及人数

警察指挥与战术专业本科生，一个区队 50 人，按学号分为 10 个小组，每个小组 5 人进行研讨辩论。学生学习过战术基础理论，掌握一定的战术知识和辩论技能，但实战经验较为欠缺。

四、训练目的

1. 了解对分训练中研讨和辩论比赛的基本程序和要求。

2. 掌握组织实施对分训练的方法。

3. 通过训练，提高学员警务实战能力(包括现场快速研判能力、决策能力、应急指挥能力、合理处置和应变能力等)；提升组织指挥水平、口头表达能力和辩论技巧。

五、训练方法

对分训练法(案情介绍、理论提示、分组研讨、评比竞赛并做课后讲评)。

六、训练地点

警务作战指挥实验室。

七、学时分配

本次实训共 2 学时(90 分钟)，具体分配如下：

1. 案情介绍(5 分钟)
2. 理论提示(5 分钟)
3. 个人研判(10 分钟)
4. 分组研讨(30 分钟)
5. 辩论准备(5 分钟)
6. 辩论发言(30 分钟)
7. 讲评小结(5 分钟)

八、训练要求

1. 开动脑筋,勇于创新,大胆发言。
2. 严格训练、严格要求,认真完成训练任务。
3. 评分要公开、公正、公平。各组组长、评委要合理给每位学生(组员)、辩手打分。

Ⅱ 〔训练进程〕

一、案情介绍(5 分钟)

[基本案情] 2018 年 8 月 12 日 16 时许,一名暴恐分子作案后携一支长管猎枪驾车逃窜,两名特警驾车尾追至一分岔路口,发现其弃车而逃。弃车地点的正西和西南方是居民地,东北方是偏僻山区(如图 2-1 所示)。问:如何判断其潜逃方向?怎样实施快速追捕?

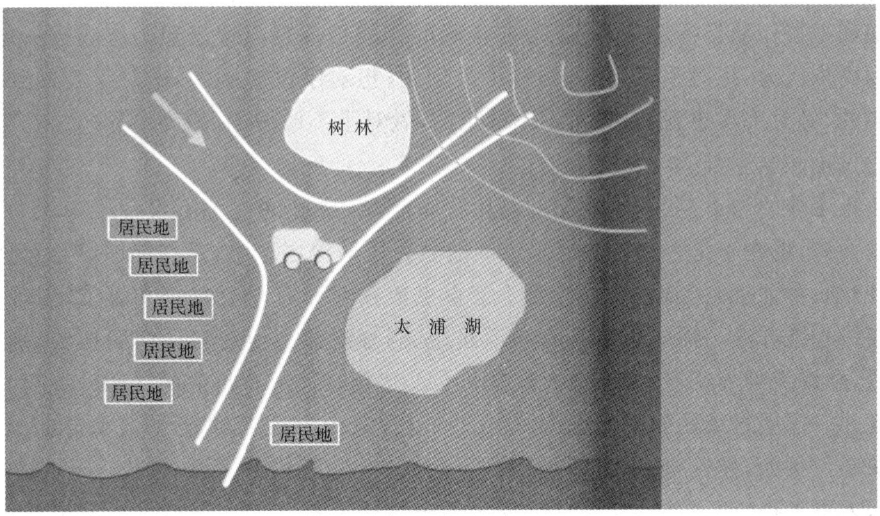

图 2-1 "8·12"追捕战斗地形略图

二、理论提示(5 分钟)

(一)厘清思考、思维、思想三者之间的区别与关系

"思考"意味着要开动脑筋,而且有了明确的思考主题(思考什么),是认识的起点。"思

维”是在表象、概念的基础上进行分析、综合、判断、推理的方法和认识活动的过程。“思想”是指认识的成果，表现为文字语言或意识形态的信息，具有信息属性。思想不仅仅是概括和总结了实践经验，更重要的是它对实践经验、实践活动及实践成果的批判性反思、规范性矫正和理想性引导。现代诗人顾城说：“人可生如蚁而美如神。”这句话可理解为：生活琐事纷繁，人在其中难免卑微渺小，如同蚂蚁，觅食奔走；然而，思想、精神，或者信念，却是可以像神一样飘逸，自由飞扬，因而也就美丽无限！思想与生命一样，也是一种秩序。但生命会终止，而思想会因传承而永恒，并将秩序传递下去。因此，思考、思维、思想不仅属性不同，还体现了时序关系：起点——过程——终点，并且具有因果关系：种子——培育——果实。值得提出的是，思想的形成并非一朝一夕之功，必须经过理论——实践（实战）——理论的多次反复循环、提炼锻造和验证的曲折过程。

（二）强化思考，训练思维，勇于创新

“人类教育正愈来愈倾向于为一个尚未存在的社会培育新人”，一家国际研究机构最近做出的这一科学预见提醒我们，致力于打造具有强烈未来意识、超前思维品格、非凡创造能力之“新人”，这已成为公安指挥训练必须思考的问题。

作战指挥思维的过程，实质上就是指挥员、民警通过对战斗现场情报信息进行以制止犯罪为目的的分析加工和控制处理过程。“分析加工和控制处理”包括战斗现场情报信息收集甄别与分析研判、定下决心与方案选优、战斗组织指挥与实施控制等方面。这一过程是指挥思维训练的重点内容和关键环节，是对指挥规律和原则的综合运用，是打赢战斗的根本保障。“文无第一，武无第二。”作战指挥思维训练的根本目的，就在于通过训练，进一步强化和促进受训者深入、全面、客观地展开思考，学会分析、综合、判断、推理等科学思维方法，进而逐步认知和把握作战指挥规律，最终形成正确的作战指挥观点或思想。作战指挥思维的层次由低到高依次为：想对手想到的，做对手做到的；想对手没想到的，做对手没做到的；想对手没做到的，做对手没想到的；想对手不敢想的，做对手不敢做的（最高境界）。

（三）开拓深层思维，学会综合分析

在信息爆炸的当下，在竞争激烈的高阶指挥领域，决胜的关键不仅在于知识的多寡、勤奋的程度如何，更在于是否具备深层思维的能力。所谓深层思维，是指能够综合运用推理预测、联想归纳、辩证批判等思维方法，善于把重点放在对原有对立差别和思维定式的突破上的一种高级思维方式。深层思维具有高屋建瓴、洞察规律、重点突出、简明扼要、别出新意、晶莹通透、全局视野等特点，是未来大数据和人工智能时代最有价值的认知升级与自我精进的思维模式。深层思维就如同心底迸发出的一道智慧光芒，透彻我们的灵魂，给人以启迪和顿悟的快感。例如，你发现“王者荣耀”游戏让无数人沉迷其中、无法自拔，于是你通过深层思维的深入思考得出“人类常常被自己发明的东西所控制”这个结论，并且发现类似的还有很多：人类发明了酒却会被它灌醉；发明了钱币却会因它利欲熏心……于是你推测“人类发明了人工智能，最后可能会被它控制”。深层思维，就是在一次次的“归纳和演绎”中由点到线，由线到面，化繁为简，洞察天机，看透本质，直落本根。例如，2017 年 6 月，江西省广昌县城郊的高速公路承建公司账务室被撬，5 万多元现金被盗。勘查现场后，民警只提取到几个烟头。嫌疑人是民工，还是当地居民，抑或是流窜作案？侦查员老谢经过分析，提出了自己的看法：嫌疑人应该是一名安徽籍民工，年龄在45岁左右，家境较贫困，性格内向孤僻，自由散漫，门牙缺损，有点神经质，脾气暴躁。"你说的是陆某?!"高速公路承建方的负责人脱口而出一个名字。经传唤陆某，进行讯问，陆某承认了其伙同他人盗窃的事实。在此，谢警官就属于深层思维。他从烟头上有"渡江"字样，这是安徽省独有的一种历史悠久的廉价烟，2～3元钱一包，味道苦、冲，深受体力劳动者喜爱。由此推断，嫌疑人系安徽籍民工，家境贫困。烟头吸得极短，且上面有一个微小的缺痕，牙印痕迹很深，说明嫌疑人性格内向孤僻，门牙有缺损。烟灰随意播撒，表明其平时生活自由散漫，个人教养差。烟头直接摁在地板上灭烟，可见其脾气暴躁〈曾润华．谢烟客破案记[J]．现代世界警察，2018，(2).〉。

深层思维必须"五度俱全"。五度是指高度、深度、锐度、长度和温度。高度，是要站在国家战略、全局发展和家国情怀的"高度"去分析思考问题；深度，是指通过思考提出新理念、进行新概括、总结新方法，有思想冲击力、深邃洞见性和理论独创性；锐度，就是不回避问题和困难，直面矛盾和不足，敢于碰硬，锐意开拓；长度，就是有一定的信息量和足够的研究成果，确保思考分析和情报挖掘充分到位；温度，就是以人民为本，站在人民的立场，怀着强烈的爱民、忧民、为民、惠民之心，从最广大人民的利益为出发点和落脚点来想问题、做决策、办事情，达成科学态度与人文关怀的完美融合，实现社会效益与执法效果的双赢。

1. 深层思维的原则

(1)无限析分原则

即万事万物均是可无限解析和详细划分的，对于优势与劣势、机遇与挑战也是如此，要不断降低各个因素的层级，直至找到弹性更小、更为本源的基础层级用于决策分析。

(2)同一差别原则

即任何优势与劣势、机遇与挑战的差别都是暂时的、相对的、可变化的，而同一则是永恒不变的，决策者要站在同一性的立场上，更为灵活和有效地利用二分法去解决现实中的具体问题，而不是被固有的对立差别所钳制。

(3)续断异术原则

即任何优势与劣势、机遇与挑战都有持续和一过的区别，应加以区别处理，持续性的元素更有利于战略的制定，而非持续性的元素则更适合于战术的策划。

2. 深层思维的要领

深层思维是一个以情报信息为基础的挖掘推导过程，应遵循以下要领：

(1)多源互印

即保证信息来源的多元性，重视信息间的相互印证。

(2)启利合义

即揣摩对方意图，以利益为根本，以道义为补充。

(3)有无双观

即考虑问题，顾及有形、无形两个方面，肯定物质能力的决定作用，重视精神因素对事件进程的影响。

(4)动中取质

即着重于对事物变化的观察，体会其中实质。

(5)指向明确

即思维推理的目的在于找出针对某一问题在某一条件集合下的解决方案与备选策略，而不是罗列出事件的所有可能。

(6)层级推进

即任何事物和事件都是多种因素相互影响、相互制约的结果，不可以一两个信息而做断言，基于某一信息的推理，在没有其他信息佐证和逻辑串联的情况下，切莫孤立推进太远。因此，要从动力(本源、企图)、社会(环境)、行为和心理四个维度展开分析思考，并重视信息的整合串联，实现整体层级推进。

3. 深层思维分析方法

(1)单向分析法

即遵循无限析分原则，逐步降低命题层级，找出对抗博弈中最为关键、弹性更小、更为本源的基础元素，在更基础的元素中界定自身优势。

(2)互变分析法

即任何优劣势的对立不是静止的，而是互变的。要善于抓住易道变化中阳极转阴、阴极转阳两个重要拐点时机，制定适宜的策略，在不引人察觉的情况下，占据有利位置，借助阴阳更始的力量，乘势而上，攫取利益于将来，达到事少而功多的效果。

(3)融明分析法

即任何优劣势的对立不是绝对的，而是融通的。要善于发现优势中的潜在劣势、劣势中的潜在优势这两个重要的切入点，以此制定策略，则无须等待优劣势的更替，击穿时空，见效于当下。

总之，通过深层思维训练，关键要克服少数指挥员中存在的“三拍现象”，即临战决策时豪情满怀，信心爆棚，“一拍”脑袋“就这么定了!”;行动时胸有成竹，敢闯敢干，大言不惭，“一拍”胸脯保证“按我说的办，没问题!”，用“豪气”和盲目自信来撑场面;执法行动出现失误和伤亡时“一拍”大腿“悔不当初、追悔莫及”。这样的指挥员看似敢于在复杂情况面前决绝果断拍板，实则是不动脑筋，既无实地勘察，也无细致推断和科学论证，上情不明，下情不清，心中无数，片面武断，不用数据说话，遇事只凭脑袋“灵光一闪”，心血来潮搞决策，导致了战斗风险系数的增加。

看不到的危险才是最大的危险。指挥员在思维上、决策中，务必时刻谨记科学决策的重要性，以翔实精准的数据分析为基础，保持敬畏之心，尊重客观规律，尊重客观实际，战斗行动前要依托“公安智能网络平台”和“警务大数据”建设来实现执法行动的科学化、规范化，注重周密思考、科学论证、及时应变，慎重行事，才能为打赢奠定扎实基础。

(四)本次训练的三个重点

1. 情报信息分析的要点?

2. 地形、时间、社情、天候的判断及理由?

3. 对方逃窜意图的分析研判及推论。

三、个人研判及分组研讨(40分钟)

先由学生独立完成个人研判作业，然后按一个区队50人，分为10个小组，每组各5人进行研讨。

四、辩论准备(5 分钟)

各组指点负责人并推选出 2 名辩手,安排各自角色,准备辩论发言。

五、辩论发言(30 分钟)

1. 教师宣布比赛规则、要求及评比得分标准(详见表 2-1);
2. 评委、选手及观众(学生)就位;
3. 辩论发言;
4. 评委评分。

表 2-1　对分训练成绩评定表

姓名：　　　　学号：　　　　成绩：

序　号	评分项目	评分标准		分　值	成绩评定得分		
					个人	小组	教师
1	个人作业(65 分)	情报信息分析的要点		10			
		地形、时间、社情、天候判断		15			
		对方逃窜意图的分析研判		15			
		“闪亮亮(亮)”		10			
		“考考你(考)”		5			
		“帮帮我(帮)”		5			
		卷面整洁度及错别字		5			
2	小组发言(20 分)	次数		4			
		时长		6			
		质量	言之有物、言之有理	2			
			触类旁通、旁征博引	2			
			思路清晰、逻辑性强	2			
			简明扼要、一针见血	2			
			分析透彻、要点齐全	2			
3	参与辩论(15 分)	代表所在小组参与辩论		10			
		积极为辩手出谋划策、撰写辩论文案、提供智力支持等		5			
总计分数							

备注：

1.“亮、考、帮”是“对分训练”个人作业的组成部分。要求每位学生在作业训练中总结出学习过程中自身感受最深、受益最大、最欣赏的内容,称为“闪亮亮”;把自己弄懂了,但是觉得别人可能存在困惑的地方用问题的形式表达出来,用来挑战别人,称“考考你”;把自己不懂、不会的地方提炼出来,在讨论时求助同学,叫“帮帮我”。

2. 评分表先由学生个人对照参考答案和评判标准给自己打分，接下来将本讨论组同学的作业交由另一讨论小组评阅，经讨论小组集体协商后确定分数，实现小组间的互换评分。小组交互评判得分完成后，要与作业者本人见面。若学生本人对作业分数有异议，可提请教师介入评判。最后将全区队的作业收齐，交由教师综合衡量、统筹把关后，得出教师评判分即作业的最终得分。评价能力是一种高端的综合能力。通过“对分训练法”，将成绩的评价权下放给学生，是锻炼提高学生自我评价能力和评价他人能力的重要抓手。

3. 每个研讨小组选出一名小组长，由小组长负责组织讨论并做好研讨记录。小组发言评分栏中，发言1次得2分，依此累加，最高封顶6分。发言时长每30秒计1分，依此累加，最高封顶6分。小组研讨结束后，由小组讨论确定每名小组成员的小组发言成绩。

4. 总成绩是由个人研判作业、小组讨论发言和参与辩论三大块成绩相加构成。目的在于完成好个人作业的基础上，鼓励学生积极参与讨论、辩论，开拓思维，激发创新。

六、讲评小结(5分钟)

(一)教师结合训练内容、训练目的集中讲评

1. 冒险有时需要勇敢，但勇敢并非赌博；

2. 如果方向错了，停下来就是前进；

3. 战斗决策需要快、准、细、实。

从本案情况分析，警察应先检查所弃车辆，若车况良好——主动弃车。主动弃车有两种可能：一是准备逃向山区；二是故意用诈，造成警察判断失误。经过综合分析，向山区潜逃的可能性大。因居民地一般道路条件较好，而山区道路一般车辆较难通行，且时值盛夏，罪犯携长管猎枪，居民地人多眼杂，不易藏匿，道路上人车较多，行踪容易暴露。

从其逃窜心理分析，一般害怕遇见人。而山区地形复杂，山高林密，人烟稀少，较易藏匿。但兵不厌诈，也不排除罪犯利用警察的上述思维，反其道而行之，将警察引向山区，而自己向居民地逃逸。因此，在罪犯主动弃车的前提下，警察可先行向山区追捕，追击过程中要注意观察，并不时向路人打听情况，一旦发现追捕方向有误，应立即返身向居民地追击。

若检查发现车辆因车胎、故障等原因无法驾驶——被迫弃车，说明其还是想往道路通行条件较好的居民地逃跑，并用猎枪在路上实施劫车后继续驾车逃窜，以便快速摆脱警察的跟踪。警察可利用罪犯徒步逃跑速度上的劣势，快速驾车向居民的方向追击，力争赶在其尚未实施劫车前制服之。万一是向山区逃窜，警察在追出居民地一段距离后发现不对，可返回向山区追击，以车追人，也有一定胜算。反之，若一开始就向山区追击，而罪犯是向居民地逃跑并劫车成功，则警察发现追错方向后再返回，就可能延误战机，造成更大的被动。

(二)表扬训练过程中的好人好事

(三)提出存在的问题，说明解决的方法

(四)布置课后练习，宣布下次课的内容及所需装具

(五)将学员交由学员区队长带回，清理训练现场

七、实训总结与思考

(一)启发互动，拓展思路

对分训练通过积极运用启发式、引导式、指导式等多种教学训练方式，大力开展研讨、辩

论、上台演讲等形式的教学互动，让学生成为课程学习的主体，激发学生自觉学习、主动思考的积极性和敢于创新、大胆想象的创造性，努力培养和提高学生发现问题、分析问题和解决问题的能力。

在课堂上表现是学生实现发展自我的有效途径。人作为高级动物，有思维，有创造能力，有表现的欲望。如果能满足学生的表现欲望，那么，这种欲望的产生就会促使他们自觉自愿地不懈努力、不懈打拼、不懈追求，直到取得成功。学生在老师的问题引导下，会积极动脑思考，积极参与教学训练，表现、展示最佳的自我。

（二）自我监督，挖掘潜力

学生不应该是一个有待去装满的杯子，而是一盏有待于点亮的灯。对分训练的目的，一是通过探讨训练问题去点亮他们的好奇心，去点亮他们的智慧。二是通过学生的独立思考和评阅自己的作业，为学生打开一扇自由进出的门，让学生养成自我监督、自我评价、自我反思和终身学习的良好习惯并形成良性循环。

（三）改进考核方式，注重过程评估

以往，我们通常倾向于以最终的考试成绩来评价、判断学生。而发展型评估就是我们在学生的平时学习、训练及发展中，不断地去发现学生的存在问题，及时帮助、促进其改善，并给其不间断地评估。众所周知，如果我们只采用总结性评估的话，那只有期中或期末考试时，才能发现学生的问题，再改变就为时太晚了。发展型思评估注重过程评估，有利于让学校变成一个更优秀的学校，让老师变成更强大的老师，让学生变成更出色的学生。

（四）贴近公安实战，提高应用能力

在公安实战中，创造力、批判性思维、合作能力、沟通能力、跨文化的技能等都是非常重要的。因此，在对分训练中，必须贴近公安实战，结合公安基层一线的实际，将所学知识和公安工作中真正需要和东西有机融合，在实战训练中不断探索战术战法及作战指挥规律，才能锻炼和提高学生的实际应用能力。

科目二　《围捕战斗数据思维训练》

实训指导书

Ⅰ　〔训练提要〕

一、训练科目

围捕战斗数据思维训练。

二、训练内容及步骤

1. 在讲解评析典型战例的基础上，教师给出一个公安实战现场模拟案例并进行理论提示；

2. 学生写出个人研判结论及依据；

3. 分组研讨，写出发言纲要；

4. 各组选派 2 名辩手并明确各自分工；

5. 开展研讨辩论，最后总结评分。

三、训练对象及人数

警察指挥与战术专业本科生，一个区队 50 人，按学号分为 10 个小组，每个小组 5 人进行研讨辩论。学生学习过战术基础理论，掌握一定的战术知识和辩论技能，但实战经验较为欠缺。

四、训练目的

1. 了解对分训练中研讨和辩论比赛的基本程序和要求。

2. 掌握组织实施对分训练的方法。

3. 通过训练，提高学员警务实战能力(包括现场快速研判能力、数据思维能力、决策能力、应急指挥能力、合理处置和应变能力等)；提升组织指挥水平、口头表达能力和辩论技巧。

五、训练方法

对分训练法(案情介绍、理论提示、分组研讨、评比竞赛并做课后讲评)。

六、训练地点

警务作战指挥实验室。

七、学时分配

本次实训共 2 学时(90 分钟)，具体分配如下：

1. 案情介绍(5 分钟)
2. 理论提示(5 分钟)
3. 个人研判(10 分钟)
4. 分组研讨(30 分钟)
5. 辩论准备(5 分钟)
6. 辩论发言(30 分钟)
7. 讲评小结(5 分钟)

八、训练要求

1. 开动脑筋，勇于创新，大胆发言。

2. 贯彻“面向实战、贴近实战、打赢实战”的训练思路，以能力生成为训练目标，以警务需求为训练导向，以服务实战为训练根本。严格训练、严格要求，认真完成训练任务。

3. 评分要公开、公正、公平。各组组长、评委要合理给每位学生(组员)、辩手打分。

Ⅱ 〔训练进程〕

一、案情介绍(5 分钟)

［案情设定］ 2017 年 8 月 23 日，大雨。13 时 30 分，4 名长期在外地流窜作案的持枪歹徒抢劫银行后，向人地生疏的小朱庄方向(详见图 2－2，图中三角点处为案发处，圆点处为小朱庄)徒步逃窜，小朱庄及其周边系丘陵地，沟壑交错，乡村道路曲折，窑洞、涵洞较多，杂草灌木丛生。从案发至当日 17 时，歹徒逃跑的距离约为多少公里？应如何设置围控方案？

图 2－2　“8 · 23”追捕战斗地形略图

二、理论提示(5 分钟)

一段时间以来，经验思维、感性思维在警务实战中比较常见。少数指挥员习惯于模糊推理，大致归纳，较少进行严谨的数据计算和实证研究。随着数据收集、存储、分析技术的突破性发展和公安合成作战指挥平台的建立，指挥员可以更加方便、快捷、动态地获得作战对象相关的数据资料，相应地，指挥思维方式也应该从感性思维转向以尊重事实、推崇理性、全面系统、强调精确、注重细节为主要特征的数据思维，学会用数据决策、用数据指挥。例如，一些狡猾的贩毒嫌疑人会先将毒品放在某隐匿处，然后到另一处和吸毒人员交易，收到钱后，才会告诉吸毒人员的放置地点。当贩毒嫌疑人被民警抓获后，拒绝承认犯罪事实。这时，用传统的方法破案难度较大。这时，可开拓思维，先通过大数据调取贩毒嫌疑人的活动轨迹，再对毒品包装物上的DNA进行检验，然后调取相关通话信息，完整的证据链便产生了。最终可依此完成对贩毒嫌疑人的零口供起诉。

西方发达国家流行一句名言："除了上帝，任何人都必须用数据说话。"目前，随着公安指挥信息化的不断推进，警队指挥员也正在出现向专家、工程师化发展的趋势。在现实情况中，少数警队指挥员信息意识不足，数据思维欠缺，不太注重对战斗数据的计算、分析和运用，只知术之为术，不知数中有术，与现代警务实战高效指挥、快速响应、科学处置、精确打击的要求格格不入。

成功总站在善算的一方。粟裕大将有一个观点："打仗就是数学。"他之所以被人们誉为常胜将军，一个重要的原因正是得益于精于计算、长于谋划，做到"知彼知己"，每战都是"先胜而后求战"。著名的黄桥之战，就是在他对各种作战数据精确计算下取胜的。俄罗斯一篇描写车臣战争的报告文学《连队消逝在天际》写道："如果军事指挥员的判断错了，胜利的希望就变得渺茫，这时只能靠浴血奋战的士兵来力挽狂澜。"减少士兵的牺牲，避免战斗的失败，指挥员的会算、善算、精算至关重要。欲胜之要在于算。在信息化条件下，信息优势高度依赖于数据优势。现代执法战斗的高节奏、快速性要求指挥员必须在极其有限的时间里，对大量的情报资料和多种方案进行准确的定量分析和计算，找出最巧攻略，选出最佳对策，实施最优指挥。因此，迅速扭转重术轻数的弊端，注重警务作战指挥中的快速算法，养成用数据说话、用数据决策的习惯，已成为亟待解决的紧迫课题。

当然，警务实战决策指挥中的"算"不仅仅局限于数据的计算，还有其更广泛的意义，比如缉捕谋略的设计、战术战法的选择、地形及气象条件的推算、舆论人心的争取等。例如，著名的诺曼底登陆和一江山岛战役，皆是因为对气象条件的精确计算才保证了战争胜利。无数事实告诉我们：只有善计算、算到位，打仗才能有胜算。

数学最大的魅力，就是把复杂问题的本质揭示清楚。数学为人们提供理性训练，引导人们深入思考与生存，做出复杂的决定，走向"真实生活"。历史和现实告诉我们：只有科学的数学化工具，才可能长久地将人类思想成果精确地传承下去，并且不断得到改进和提升。警务作战指挥领域，充满了大量的数量计算。计算，是打开未知事物的钥匙和密码，是探索事物奥妙、认知把握客观规律的强大工具。掌握了先进的科学思维和计算模式，必将在公安指挥训练和警务实战应用中发挥出巨大的威力。

（一）计算逃跑距离，制定围控方案

围捕战斗过程通常是：

警方：接警—抵达现场—封控—搜捕（追击）—打扫战场

敌方：作案—快速逃窜—隐藏—暴露—顽抗—被擒或击毙

追捕围控时，要根据任务、案情、敌情、我情、地形、气候等条件，加以权衡，计算可能的逃跑距离，选出最佳围法，并综合运用设卡与设伏相结合、着装与便衣相结合、明岗与暗哨相结合、观察与巡逻相结合、堵截与搜索相结合等多种围控战法，形成明暗相辅、动静结合、点面一体、多层紧密的封锁控制圈。

1. 计算方法

当缉捕对象位置、逃跑方向、方式不明时，用"三圈围控法"计算。

围控圈半径＝案犯逃跑速度×(案发时间＋警察到位时间)。

第一(近)围控圈的设置，是以案发现场为圆心，以案犯徒步逃跑的速度(约6公里/小时)乘以案发时间(从案发到接警)加上警察到达现场所需时间之和为半径所包含的区域；

第二(中)围控圈的设置，是以案犯乘低速交通工具(自行车、拖拉机)的逃跑速度(约15公里/小时)来计算的；

第三(远)围控圈是以案犯乘高速交通工具(摩托车、汽车)逃跑的速度(约80公里/小时)来计算的。

2. 实际计算中的注意事项

(1)计算结果应根据当地地形、道路条件、天候情况加以修正。

(2)在市郊野外和人口稀少地域时，通常只设置内、外两道包围控制线。内线应依托有利地形地物，尽量将罪犯控制在最小范围内。外线应控制主要通道和路口，防止罪犯外窜。

(3)在城镇和居民区等复杂地域，应组成三道包围控制线，意在扩大包围纵深，实行交通管制，疏散无关人员，防止误伤和现场情况复杂化。

3. 实例分析

以上述的案情设定为例，按正常徒步速度6公里/小时计算，从案发到17时共有3小时30分，可走20公里左右。但因雨天路滑，歹徒人地生疏，道路曲折，泥泞难行，加上白天逃窜，害怕遇见人，有时要边跑边藏，故逃跑距离大打折扣。据此推算，歹徒逃跑的距离约为10公里。

围控方案：

(1)按正常徒步速度6公里/小时计算，从案发到17时共有3小时30分，(6公里/小时×3.5小时)可走近20公里。但实际情况比理想状态要打折扣，歹徒可能的逃跑距离为10公里左右。故以案发地点为圆心，以10公里为半径，设置第一道围控圈。

(2)考虑到案犯可能抢夺或租用低速交通工具(自行车、拖拉机)实施逃窜。按逃跑速度约15公里/小时来计算，3.5小时的逃窜距离为15公里/小时×3.5小时＝52.5公里。以案发地点为圆心，52.5公里为半径，设置第二道围控圈。

(3)若歹徒乘坐高速交通工具(摩托车、汽车)逃跑，速度约80公里/小时)；3.5小时的逃窜距离为80公里/小时×3.5小时＝280公里。以案发地点为圆心，280公里为半径，设置第三道围控圈。

采取穿插、搜索、巡逻、待击等战术，动静、明暗、快慢、虚实、奇正相结合，广泛发动群众，一旦发现目标，武力打击与威慑攻心并举，将歹徒一网打尽。

(二)其他实战应用

[实战案例]　2019年1月14日20时30分许，犯罪嫌疑人侯某(男，48岁，福建省永泰县人)到仓山区建新镇江边村其前妻黄某(双方于2018年11月离异)暂住处，与黄某及其男友邹某发生争执。嫌疑人侯某持刀将邹某捅伤并逃离现场。逃窜途中，嫌疑人侯某在红江路捅伤1人并抢夺一辆电动车，随后又在浦上大道等路段持刀捅伤多人后，从浦上大桥跳入乌龙江后失踪。福州指挥中心迅速调集特警和附近派出所民警到现场封控围堵，仓山分局潘宣彬局长到场指挥。截至当日24时，犯罪嫌疑人仍在搜寻中。目前，公安机关正组织水

警、巡特警、武警等力量全力追捕犯罪嫌疑人。警方的协查通报请各单位接此通报后(图 2-3),发动群众提供线索,结合日常工作摸排布控,注意沿乌龙江水域、岸边巡查。截至 15 日凌晨 5 时 40 分,20 位伤员中除 1 人(邹某)因伤势过重死亡、1 人因伤势过重濒危外,其余 18 人均已完成抢救或治疗(福州男子持刀捅死前妻现男友,逃窜途中再捅伤 19 人[N]. 福州新闻网,2019-01-15.)。

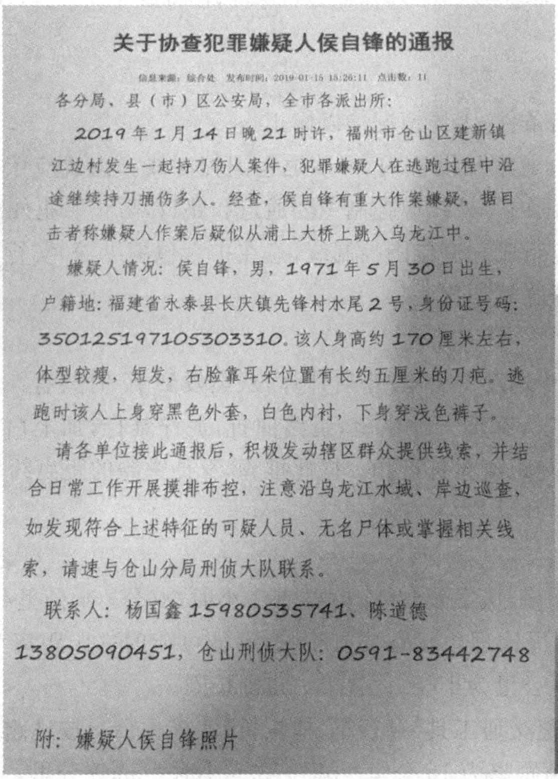

关于协查犯罪嫌疑人侯自锋的通报

信息来源：综合处　发布时间：2019-01-15 15:26:11　点击数：11

各分局、县(市)区公安局，全市各派出所：

2019 年 1 月 14 日晚 21 时许，福州市仓山区建新镇江边村发生一起持刀伤人案件，犯罪嫌疑人在逃跑过程中沿途继续持刀捅伤多人。经查，侯自锋有重大作案嫌疑，据目击者称嫌疑人作案后疑似从浦上大桥上跳入乌龙江中。

嫌疑人情况：侯自锋，男，1971 年 5 月 30 日出生，户籍地：福建省永泰县长庆镇先锋村水尾 2 号，身份证号码：350125197105303310。该人身高约 170 厘米左右，体型较瘦，短发，右脸靠耳朵位置有长约五厘米的刀疤。逃跑时该人上身穿黑色外套，白色内衬，下身穿浅色裤子。

请各单位接此通报后，积极发动辖区群众提供线索，并结合日常工作开展摸排布控，注意沿乌龙江水域、岸边巡查，如发现符合上述特征的可疑人员、无名尸体或掌握相关线索，请速与仓山分局刑侦大队联系。

联系人：杨国鑫 15980535741、陈道德 13805090451，仓山刑侦大队：0591-83442748

附：嫌疑人侯自锋照片

图 2-3　关于协查犯罪嫌疑人的通报及嫌疑人照片

该案发生后,现场周边地域的居民受到一定程度惊吓,有些人甚至不敢出门。他们生怕遇见跳江后又游上岸的嫌疑人。生要见人,死要见尸。只要嫌疑人一天没消息,这种恐慌就难以彻底消除。

犯罪嫌疑人侯某跳江后生死情况计算与判断,可分下列几步进行。

1. 入水速度计算

据现场测算,浦上大桥桥面距离江面的高度约为 23 米(受潮汐影响,江面高度有起伏)。假设犯罪嫌疑人侯某体重约 65 公斤,则其坠江后冲击江面时的即时速度 Vt 可通过下式计算:

$$Vt^2 = 2gh = 2 \times 9.8 \times 23 = 450.8(\text{米/秒})^2$$

$$Vt \approx 21 \text{ 米/秒}$$

2. 对比分析

美国旧金山的金门大桥开放近 80 年来，有 1500 人从桥上跳下。从 67 米高的桥面上跳下 4 秒后，自杀者会以每小时 120 公里约(33 米/秒)的速度冲落海面。因此，跳下去的基本都不是淹死而是被水拍死。如此高的人气和 98%的高致死率让它有了“自杀圣地”的称号。

从上述浦上大桥坠江后冲落江面时的即时速度 Vt 的计算结果可以看出，犯罪嫌疑人侯某跳江时，接触江面时的瞬间速度还是较大的。但嫌疑人落水时正值冬季，衣着较多较厚，在一定程度上能减轻高速入水时对身体的伤害。

3. 综合研判

(1)水温

2019 年 1 月 14 日，福州天气：阴，北风 2 级，全天气温 12～18℃，体感温度 13℃，相对湿度 77%。在这种温度情况下，人一旦从高处落水后，体温与水温相差较大，人的身体会瞬间受到寒冷刺激而收缩。同时，身体的热量会迅速大量散失。研究表明，人体产热过程和散热过程是在脑的体温调节中枢的精确调控下进行的，从而保证了体温的相对稳定。科学家发现，掉进冰水的人，最先的生理反应是皮肤血管强烈地收缩，那么皮肤的血流量就减少，皮肤就会变得苍白，以减少身体的散热量，同时全身的肌肉不断地发抖，以增加产热量，防止身体体温下降。如果当体温下降到 22 摄氏度时，脑电波就没有了。

(2)水性

不会游泳者，入水后会因害怕而胡乱挣扎，最关键的是不懂得用嘴呼吸，入水后鼻子自然停止呼吸，只能把头皮露出来，就会狂喝水而憋死。水性好的会游泳者，进入水之后，懂得闭气，知道调整姿势使身体向上撑出水面，把嘴露出来呼吸，睁眼，看一下情况，然后用力向岸边游。

(3)落水姿势

落水姿势对跳江后的生死有较大的影响。人入水后，会受到水的反作用力。高度越高，落水时速度越大，与水面撞击的作用力也就越大，人体受到的力也就越大。当受力达到一定程度，人体就会因为承受不住那样大的力而受到破坏，导致伤亡。所以，人此时受到的伤害程度与人落水瞬间和水面的接触面积有关，接触面积越大，比如是水平横卧着拍到水面上，受的总作用力就大，伤害也就越大；接触面积越小，如果像专业跳水运动员一样竖直栽入水中，受的总作用力就小，受到的伤害也相对较小。因此，就算在不高的地方跳下水去，也要有技巧，要像冰棍一样竖着跳，两脚要交叉并拢。此外，重要部位如头部等也应当在落水时避免与水面接触。当然，有专业入水装备的除外。

(4)坠江高度

前不久，有人从约 40 米高的南京长江大桥跳下去自杀，刚从水里救起来时还清醒，后来没抢救过来。目前世界高空跳水且无伤的最高纪录是美国一个名叫乔·伊根的男子在佛罗里达州东部的马丁县展览会上创造的，他当着无数观众的面，从一个 24.4 米高的跳台上纵身跳入了底下一个至少 5.5 米深的圆形水池中。专家称，高空跳水的跳台通常不能超过 24.4 米——这是在不会对人体造成伤害的情况下，所能达到的最高跳水高度。其实，世界最高跳水纪录的高度高达61米，不过那名跳水者也因此摔断了脊梁骨。从高处跌落加溺水，主要有两方面伤害，一是高处跌落伤，除了体表软组织损伤外，还有内脏伤。内脏伤有相应位置的疼痛，出血等阳性表现。软组织损伤局部可以一眼看到红肿等。二是溺水主要是肺脏损伤，重者会导致大出血。

(5)其他因素

除上述影响因素外，犯罪嫌疑人侯某坠江处的江水深度及坠落地点是否有桥墩或其他突出江面的硬物或石块，入水部位及角度等诸多因素，均可能对警方判断其下落及生死情况产生影响。

4. 策划

策划是一切警务实战行动的发起点，以情报信息和资料收集为基础，进行演绎推断和形势分析，权衡利害与可行性，在充分策算之后，制定出切实可行的计划，包含实施分目标、工作分解和策略组合。策划是战斗意图能否实现的关键，决定着行动的成败，而策算又是策划的核心部分，是决策者的能力高低直接体现。这里的“谋算”并不只是单纯的数理运算，而是指对所获取信息的整合与权衡；“决策”则是结合信息演绎与谋算的结果，进行抉择，并做出具有针对性的作战计划，为解决实战问题提供指导。

(1)嫌疑人仍存活并藏匿某处

若嫌疑人运气、水性均极好，跳江后身体无大碍并顺利潜游到江岸边，趁夜暗逃窜或藏匿在某处。通常情况下，此种可能性不大，但也不能完全排除。

(2)嫌疑人已死在江中

假若嫌疑人已经溺水身亡。溺水是人在游泳时或者失足落水时发生的严重意外伤害，一般6～7分钟就可因呼吸心跳停止而导致死亡。一般来说，人体静止在水中是会自动浮起来的，因肺部含大量气体，皮下有脂肪。会溺水只是因为人落水后拼命挣扎，乱摆动身体和四肢，肺部进水窒息而死。如果溺者死时肺部还有较多气体且皮下脂肪较厚，则死后会较快上浮；如果溺者死前因剧烈挣扎，肺、胃肠道等被水充满而导致浮力下降，则死后会先行下沉。有一种溺死，称为干性溺死。这是一种因为死者突然入水，声门痉挛，导致急性窒息死亡。此种溺亡，溺液可不进入肺、胃、气管。虽然极少见，但也存在这种可能性。

溺水者死亡后，不是马上上浮，必须等到细胞死亡水肿，大量的水以游离形式或是结合水形式进入人体，且体内的细菌分解产生大量腐败气体，导致尸体密度小于水的密度，尸体腐败、膨胀到某种程度，使得受到的浮力大于重力时，才能上浮到水面。浮出水面的时间要视现场的具体情况、腐败进度和死前有没有吃什么特别的东西等情况综合而定。地形复杂的水域需要3～7天。如果水底有东西卡住了尸体，情况就比较难说了。还有一种可能，就是尸体腐败充满膨胀气体浮出江面后，尸体膨胀部位的组织被鱼咬破或因其他原因破裂而导致气体泄漏，江水充入膨胀部位，致使尸体密度大于水的密度，这样，尸体浮出江面后又会很快沉入水中。另外，江底的暗流、潮汐也会把尸体冲到别的地方去，也是不得不考虑的因素之一。

5. 后续情况报道(训练最后阶段才介绍，以免影响、干扰学生的思维训练过程)

2月4日，农历大年三十下午，家住乌龙江畔的笔者到浦上大桥桥下附近的乌龙江堤坝边，亲眼看见十多名民警一直坚守在江边堤坝上。此时，离“1.14”案发已有21天，但嫌疑人侯某始终不见踪迹。估计沿江一带及下游堤坝仍有众多民警昼夜不离地值守。

2月6日，农历正月初二，福州公安局发布通报，2019年2月6日上午8时10分，“1.14”案件乌龙江江面搜捕队在湾边大桥水域发现一具男尸，法医勘验为溺水死亡。经公安局DNA鉴定比对，确认系“1.14浦上伤人案”犯罪嫌疑人侯某(福州警方通报:“1.14浦上伤人案”犯罪嫌疑人确认溺水死亡[N]. 海峡都市报，2019-02-07.)。

2月6日下午开始，福州朋友圈就在传:浦上大桥伤人案的嫌犯找到了。历时23天，市民一直悬着的心终于可以放下了，可以过好春节了。日夜辛苦守候在寒风凛冽的江边的民警同志们也终于可以回家睡个安稳觉了。图2-4是福州市公安局的案情通报。

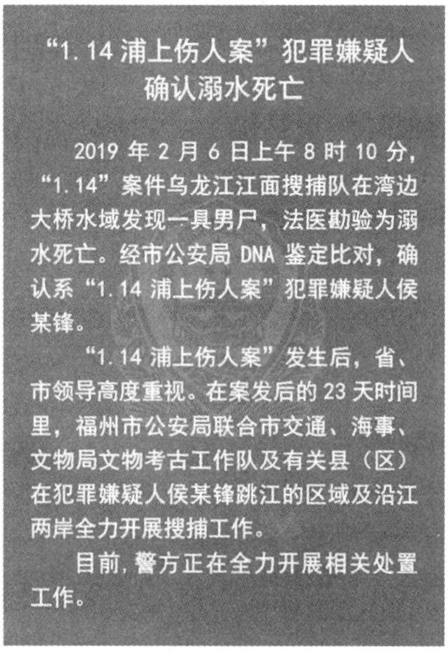

“1.14浦上伤人案”犯罪嫌疑人确认溺水死亡

2019年2月6日上午8时10分，“1.14”案件乌龙江江面搜捕队在湾边大桥水域发现一具男尸，法医勘验为溺水死亡。经市公安局DNA鉴定比对，确认系“1.14浦上伤人案”犯罪嫌疑人侯某锋。

“1.14浦上伤人案”发生后，省、市领导高度重视。在案发后的23天时间里，福州市公安局联合市交通、海事、文物局文物考古工作队及有关县(区)在犯罪嫌疑人侯某锋跳江的区域及沿江两岸全力开展搜捕工作。

目前，警方正在全力开展相关处置工作。

图2-4　福州市公安局的案情通报

三、个人研判及分组研讨(40分钟)

先由学生独立完成个人研判作业，然后按一个区队50人，分为10个小组，每组各5人进行研讨。经过上述综合研判后，每位同学都会得出结论。最后，教师先不急于给出答案，而是组织开展分组研讨，让每位同学各自得出的结论进行交流互动，展现分析过程，阐述得出结论的理由，经过观点交锋，共同提高。

四、辩论准备(5分钟)

各组指点负责人并推选出2名辩手，安排各自角色，准备辩论发言。

五、辩论发言(30分钟)

1. 教师宣布比赛规则、要求及评比得分标准(详见表2-2);

2. 评委、选手及观众(学生)就位;

3. 辩论发言;

4. 评委评分。

表 2-2 对分训练成绩评定表

姓名: 学号: 成绩:

序号	评分项目	评分标准		分值	成绩评定得分		
					个人	小组	教师
1	个人作业(65 分)	情报信息分析的要点		10			
		地形、时间、社情、天候判断		15			
		对方逃窜意图的分析研判		15			
		“闪亮亮(亮)”		10			
		“考考你(考)”		5			
		“帮帮我(帮)”		5			
		卷面整洁度及错别字		5			
2	小组发言(20 分)	次数		4			
		时长		6			
		质量	言之有物、言之有理	2			
			触类旁通、旁征博引	2			
			思路清晰、逻辑性强	2			
			简明扼要、一针见血	2			
			分析透彻、要点齐全	2			
3	参与辩论(15 分)	代表所在小组参与辩论		10			
		积极为辩手出谋划策、撰写辩论文案、提供智力支持等		5			
总计分数							

备注(略)

六、讲评小结(5 分钟)

思维是指人的大脑对客观事物的间接的概括的反映。故思维具有间接性、概括性和理论性的特征。恩格斯说:“一个民族要站在科学的最高峰,就一刻也不能没有理论思维。”同理,在警务作战指挥领域,思维也具有十分重要的地位。

(一)突破思维定式,启发创新思维

在作战指挥思维训练过程中,应鼓励学生敢于突破思维定式,养成辩证与动态、定性与定量、精准和创新的思维习惯,培养其提出问题、发现问题、解决矛盾、破解难题的能力与素质。如果一种思维方法不能解决问题,可以换一种思维方法。也许就会“柳暗花明又一村”,

取得突破性的成效。

(二)加强系统分析,培养精进思维

系统分析是一种研究方略,它能在不确定的情况下,确定问题的本质和起因,明确行动目标,找出各种可行方案,并通过一定标准对这些方案进行比较,帮助指挥员在复杂的问题和环境中做出科学决策。系统分析不仅仅是一种思维方法,更是思维的精进。因此,培养和提升思维层次,一要善于见微知著、一叶知秋,从现象洞察本质,把握规律;二要学会举一反三、触类旁通,做到由此及彼、灵活运用。三要化繁为简、直达本根,抓住关键环节和主要矛盾。

(三)培养务实、加一和精准思维

执法战斗的目的是"保存自己,打击犯罪"。这就需要在思维训练中明确和突出务实、"加一"、精准的思维方向。

1. 务实

务实是指思维要始终坚持从战斗现场实际出发,做到因敌、因时、因地、因己地选择、形成扬己抑敌的各种战法,以保证实现上级意图、达成行动目的。

2."加一"

"加一"是指对所掌握的情况进行超量估势,把处置的难度和危险程度提高到一个更高的层次来考虑,摒弃单凭表象盲目行动的错误做法。只要执行战斗处置任务,那么,在任何时候都绝不可掉以轻心。例如,在控制嫌疑人时,应"加一"考虑其是否携有多种凶器,注意加强观察,做好防范戒备,控制接近距离;当进入暗处时,则要"加一"考虑暗处是否可能存在被灰色目标偷袭的隐患等。这种"加一"的战术思维在应对当前的突发恶性袭警和个人极端暴力犯罪,即前一秒是当事人,后一秒就变成了穷凶极恶的暴力犯罪分子的突然袭击中尤为必要。

3. 精准

所谓精准,是指对客观事物的深入分析、理性判断和准确归纳。为此,既要具有丰富的联想思维能力,又要具有足够的发散思维能力,同时还要具有集中思维的能力。如果不具备这三种思维能力,作战指挥决策就有可能缺乏针对性、全面性、可行性。思维能力越强,研判情报信息能力也就越强;研判思维能力越强,研判情报信息的质量就越高,就能够从不同的角度、不同的方面对所采集的信息进行分析研判,找出产生问题的深层次原因,正确预判其发展变化趋势,较好地为领导提供决策的依据,为侦查破案提供可靠的线索,为预防事态恶化提出可操作性的措施。正是有了这种精准思维的前提,才能保证处置行动的"精度"和"准度",做到精确抓捕、精准打击,准确执行上级意图,保证一次性成功制服犯罪,提高行动效率。

(四)大力强化作战指挥思维训练

作战指挥思维活动是一种对信息处理、交换、分析并择优决策的特殊活动,对行动现场信息的搜集、传递、判断、使用、反馈等一系列信息处理活动的质量高低直接决定着思维效率的高低。

头脑只有处于时刻生生不息的运动之中才能克服思维的阻碍,保持和提高思维的流畅性。通过经常有意识地锻炼,可以使思路开阔,在似乎没有办法的地方找到解决问题的办法。富有创造力的大脑就像人的身体素质,勤于用脑跟勤于身体锻炼一样可以使大脑越来越发达,思维能力越来越强。有形战法体现无形的战术,无形的战术则是战术思维活动的结果。任何人均非天生就具备对事物进行准确思考、判断的能力,更多的是要通过后天的学习和锻炼获得。

科目三 《警队反袭击战斗想定作业》

实训指导书

Ⅰ 〔训练提要〕

一、训练科目

警队反袭击战斗想定作业。

二、训练目的与意义

暴力袭击警队是一种突发性强、伤害后果严重且恶性程度较大的犯罪。反袭击战斗,是公安机关防范和打击以突然袭击方式暴力攻击警队的一种防控型执法战斗样式,也是危险性、复杂性和不可控性最大的警务实战战斗样式之一。探索研究反袭击战斗的特点及规律,找到针对性强、可操作性好、简便实用的反袭击解决方案并加强有针对性的训练,对提升警队反袭击战斗指挥能力,增强战斗力,有效保护民警人身安全,快速打击袭警等严重暴力犯罪活动具有重大的现实意义和实战价值。

三、训练提出的现实背景

21 世纪以来,虽然和平与发展是时代的主题,但是世界并不和谐安宁,我国仍面临多元复杂的安全威胁和挑战。恐怖主义、分裂主义、极端主义“三股势力”威胁上升。“台独”分裂势力及其分裂活动仍然是两岸关系和平发展的最大威胁。近年来,公安机关和人民警察成为境内外各种敌对反动势力的主要攻击目标之一,抹黑警察,挑拨、割裂警民关系已成为其攻击党和政府的常用伎俩和惯用手段。同时,警察执法活动和工作生活中也时刻面临陷阱、圈套、诱惑等严峻考验。如果不能从巩固执政党地位,确保国家安全和社会稳定的高度来认识维护公安机关和警察自我保护等问题,正好上了敌对势力的当。

近年来,袭击公安派出所和公安分局的暴力案件时有发生。2018 年 8 月 6 日 7 时许,四川省眉山市仁寿县张某与他人发生纠纷,将对方杀害后逃跑。当日 10 时许,凶手张某驾车突然冲进富加镇派出所,对办事群众进行冲撞,随后开枪打伤一名群众并持刀追砍现场人员。所长王涛和值班人员紧急应对处置,开枪将犯罪嫌疑人张某击伤制服(后送医院抢救无效死亡)。在与犯罪嫌疑人搏斗中,所长王涛和辅警廖弦受重伤牺牲,4 名群众不同程度受伤(伍力,付真卿,张立东. 眉山仁寿县两名警察为保护群众英勇牺牲[N]. 四川日报,2018-08-10.)。据初步统计,类似的突袭警局的案件还有不少。又如,2011 年 7 月 18 日,十几名暴徒暴力突袭新疆和田市纳尔巴格街派出所,疯狂打、砸、杀、烧,造成一名武警和一名协警牺牲,两名群众被害〈李微敖. 和田和喀什恐怖袭击案[J]. 财经,2011,(8).〉。这不禁让人想起十年前震惊全国的"上海 7.01 特大袭警惨案"。2008 年 7 月 1 日,犯罪嫌疑人杨佳携带单刃剔骨刀、锤子、喷雾剂、防尘面具等作案工具,在上海闸北公安分局办公大楼门口抛投了 8 个燃烧瓶纵火,刺伤大门保安并成功引开警卫后闯入办公楼,持刀行凶,直接导致现场 6 名民警牺牲、2 名民警轻伤、1 名民警和 1 名保安员轻微伤。而就在同年 6 月 12 日至 23 日,杨佳来沪居住在距离芷江西路派出所仅 20 米的某旅馆,使用望远镜反复观察派出所的防备情况。后因该派出所防范十分严密遂放弃袭击,随后将偷袭目标转移至防范不太严密的闸北公安分局办公大楼(杨洁,顾文剑,王嵬,等. 警方首次披露 1 年前盘查杨佳时录音资料[N]. 东方早报,2008-07-08.)。上述情况一方面警示我们,少数犯罪分子依然十分嚣张且穷凶极恶。同时,这也从一个侧面表明,派出所并非牢不可破、无懈可击,一些地方还存在监控死角和防御漏洞,公安基层警队防范暴力突袭及应急处置能力亟待加强、提升。

近年来,警方在指挥处置袭击警队暴力突发案(事)件中存在效率低下、反应滞缓的问题。究其原因,主要为:处置预案不完备;信息素养不高;现场缺乏统一指挥调度;缺少严格、标准的执法作业流程。最终导致基层民警对处置程序不明确,无所适从。

(一)加强预警评估,完善预案

信息社会的飞速发展,人流、物流和信息流日益激增,犯罪区域化、智能化、动态化、暴力化愈加突出,警务理念和公安指挥方式也必将面临重大变革。

居安思危、常备不懈的精神准备和"实战无小事"的警务理念,既不是矫情,更不是杞人忧天,而是一种真正的发展理性,是一种战略清醒的表现。"忧则兴,预则立。"如果没有强烈的忧患意识、危机意识、使命意识,不远眺变幻莫测的战斗风云,不思考前方可能遇到的坎坷和危险,不提前作好应对各种困难的充分准备,仍抱有"歹徒都怕警察"的幻想,盲目轻敌,早晚是会吃亏的。

因此,各级公安机关和基层警队要根据警务作战指挥的原则和要求,制定并完善各类反袭击战斗处置预案,加强预警评估,做到"一级处警"和"就近处警""分类处警"相结合。

战场上,百密犹有一疏,再充分的侦察,再周密的预案,不可能没有漏洞。警察在处置突发事件中,随时可能遭遇"死亡点名",随时都面临着生命和意志的挑战。人生最大的障碍就两个字——如果。人们总在说,如果时光可以倒流,我将会如何如何……如果我要不那么做就该如何如何。战场很残酷,一个判断做出,错就是错,不允许重复,不允许后悔,死者不可复生,亡国不可复存。这就要求指挥员加强科学评估和临战判断力,不打无把握之仗。指挥员在确定行动的方式、方法前,对可能遇到的危险进行超前评估,有助于确定问题的范围和事态的严重程度,确定所需的武器装备器材及后勤保障规模;有助于个人防护等级和设备的选择;有助于制定正确的战术战法。

(二)施计用谋,提升"能战度"

所谓领导,就是领航与导向问题;所谓指挥,就是部署与组织实施。执法战斗中,指挥是重中之重。用谋不足,判断失误,决策失当,最终与战斗目的背道而驰,与执法行动也是南辕北辙。部分公安基层一线指挥员在这方面吃的亏不少。

对指挥员而言,执法战斗终极的对抗是智慧的较量、谋略的对抗。执法作战实践一再昭示:先谋后战,谋而后胜,仍然是普遍的真理。谋略素养高的指挥员,在认知上具有良好的整体性、选择性、辩证性和深刻性,在思维上具有良好的开阔性、敏捷性、独立性和直觉性。施计用谋,运筹帷幄,要求现场指挥员能够对暴力对抗的复杂和瞬息万变的情况进行科学分析、综合、概括和判断,正确区别事态缓急,善于抓住全局性、方向性的问题,科学决策,把握战斗主动权,实现"致人"而不受制于人,战胜对手,而不被对手所战胜。谋略的基础是分析判断,在知己知彼的基础上,要善于深挖细作,不放过任何蛛丝马迹,通过各种侦察和技术手段,敏锐地发现战斗现场的问题,及时发现对方的反常心理并加以利用。通过制造声势、声东击西、避实就虚、隐真示假等多种手段,让对方忙中出乱、慌不择路,为我方的战斗行动扫清障碍。

先哲说:"取智不如取势。"谋取优势,胜敌于无形,是执法战斗指挥的最高境界之一。作战的过程也就是指挥的过程,作战的同时只有积极主动、灵活机智地实施指挥,准确把握时机,善于识别和顺应战场大趋势,才能使作战得以持续正常进行,从而获取最大化的作战效益。

"能战度"是一种衡量短时间内快速、高效释放战斗力的指标,如何提高公安机关在处置各类警情中的"能战度",是长期困扰和亟待解决的问题。突发事件的特殊性,表现在时机、任务、方式、指挥、环境等方面。例如,发生突然,安全威胁的时间、方式、地域具有随机性和偶然性,警方的行动方向、任务、地域存有极大的不确定性;准备仓促,不动则已,动则至急,警情就是命令,时间就是生命,必须闻警而动,从事件发生到赶赴现场,几乎没有准备时间;火速机动,提高"能战度",强调的是在与时间赛跑中化被动为主动。因此,要尽快建立健全集法律条文、处置规程为一体的常见警情处置规范及其标准作业规程,设计严格、科学的接处警操作流程,让基层民警切实掌握知道在各类情况下接处警的规范要求"是什么"、应该"做什么"及"做好"的标准。以便在不断提升执法水平的同时,更好地保护一线民警的合法权益,进而不断激发民警的工作热情和主观能动性。

(三)巧用战术,多元制胜

从某种意义上说,警察就是一个与危险打交道的职业。危险包括可预见危险和不可预见危险、可控危险和非可控危险、感受危险和真实危险等。例如,人往往对感受危险特别在意,而真实危险往往被忽略,乘飞机的感受危险很大,但是真实危险小(出事的概率只有六百万分之一)。执法战斗中最大的危险,则在于指挥员明知有危险却不知道危险到底在何方。因此,警察特别是基层一线指挥员必须熟练掌握处置各类警情的战术,学会应对危险的技巧,既要敢于斗勇,更要善于斗智,做到以术取胜,以智取胜。

(四)善于应变,出奇制胜

警察优秀与否,一看理论功力,二看实战操作,三看随机应变。关注全局,才能把握主动。“明者见危于无形，智者避险于未萌。”如何“见危”“避险”？关键是“见事要早”。真正的智慧不只在于洞察眼前的一切，更在于预见即将发生的事。事不谋远，难成其大。毛泽东同志说：“没有预见，就不叫领导。”正如摩根索说的，“对于那些试图根据以往的经验和目前的迹象来判断未来的人来说，世界事物充满了意想不到的东西”，只有具备超前性的战略思维，才能有超前的战略指导、战斗准备和战略预置。纵观警察执法战斗，许多失利和伤亡都是没有做到这一点而造成的。战略思维是实践的思维，其超前性思考必须具有过程的连贯性和全面性，而不能回避或跳跃必须经过的阶段和必须考虑的要素，特别是对己方不利的情况。单凭想象和愿望去遥测未来，那样就会陷入一厢情愿的错误。

法国社会心理学家托利得提出：测验一个人的智力是否属于上乘，只看脑子里能否同时容纳两种相反的思想，而无碍于其处世行事。这就是托利得定理。这一定理告诉我们：思可相反，得须相成。因此，在执法战斗中，如果对抗无法避免，即使没有必胜的把握，指挥员也要考虑先发制人。避实击虚，出奇制胜。

四、反袭击战斗训练思路

袭击警队暴力事件往往事发突然，各种意外、险恶情况都有可能出现，一旦应急处置不及时，对策措施不得当，警方可能会遭受意想不到的伤害和损失。将面对突如其来的危险，要有矛盾“瞬间转化”的思想准备、完备周密的战斗预案、机智灵活的现场指挥和快速应变的制敌之策，采取适当的谋略手段和战术战法，做到沉着冷静、快速反应、果断决策、高效应变，才能以最快的速度先发制敌，打击犯罪，减少不必要的伤亡。

反袭击对抗训练想定作业，即由施训者提供一个设想的案件情况、作战环境情况及处置实力（包括武器装备、通信、交通等实力要素）情况，然后要求受训者根据上述给定条件，设想实战中各种可能出现的风险和不利情况，力争将困难和最坏情况想全想透，然后据此自行拟定作战谋略、战术战法、行动步骤、警力编成、战斗部署、战斗实施等一系列实战操作方案，形成处置决心。受训者独立完成各自的处置想定作业方案后上交，教师根据下列“想定作业评分表（详见表 2－3）”对照打分，得出每位受训者的想定作业成绩。

表 2－3　想定作业评分表（总计 100 分）

序　号	评判项目	评判要点及标准	分　值
1	战斗信息	情报、地形简要分析	6 分
2	依据情报、作战意图、自设实力条件所形成的战斗方案	基本方案（情况未变的主方案）	10 分
		预备方案（预计情况最可能变化的应变方案）	8 分
		应急预案（最坏情况出现的应急方案）	6 分
3	战斗企图、决策	谋略要点、战术方法、指挥编成、警力编成、任务区分	每要点 4 分，共 40 分
		行动部署、实施程序、协同要点、信号规定、行动方式	
4	战斗准备	警力人数、警械武器、防护装具、指挥器材	每要点 2 分，共 16 分
		机动工具、保障物品、准备时限、开进时间	

（续表）

序　号	评判项目	评判要点及标准	分　值
5	战斗实施	接敌行动	5分
		应急处置行动	5分
		事后处置与善后工作	4分

五、学时分配

本科目安排2个学时(90分钟)，具体分配如下：

1. 案例简介(5分钟)
2. 理论提示(5分钟)
3. 思维训练(10分钟)
4. 想定作业(70分钟)

六、训练地点

警务作战指挥实验室。

七、训练要求

1. 开动脑筋，勇于创新，大胆发言。

2. 坚持“面向实战、贴近实战、打赢实战”的训练思路，以能力生成为目标，以警务需求为导向，以服务实战为根本，严肃认真、严格要求，认真完成训练任务。

3. 评分要公开、公正、公平。各组组长、评委要科学合理打分。

Ⅱ 〔训练进程〕

一、案例简介

教师选取典型袭击警队案例展开剖析。

二、理论提示

当前，治安形势严峻，违法犯罪事件高发，对社会稳定构成极大威胁；执法环境不容乐观，对警察执法形成巨大压力。警察时刻面对着多种类、严重性、多发性的违法犯罪的挑战。警察执法面临阻碍、反抗甚至暴力袭击的风险很高，种种妨碍执法的“无理取闹”行为，被处罚者的不理解，对民警的辱骂殴打、肆意报复等现象更是屡见不鲜。一方面，暴力抗法、袭警是对执法民警权益的严重侵害、对警察权威的蔑视与挑衅，更是对社会治安秩序的直接冲击。另一方面，阻碍执行职务的行为加剧了执法环境的恶化。2015年公安机关查处阻碍执行职务案件数达到31763件。2008年至2012年公安民警因执法执勤时遭遇犯罪分子暴力袭击负伤 5450 人，占同期负伤民警总数的 32.4%，年均达 1090 人(王殿学．公安部:过劳死成民警牺牲首因袭警为负伤主因[N]. 南方都市报，2013－04－03:22.)。据统计，全国范围内公安机关受理的对民警的投诉中 70%属于恶意投诉，其余 30%的投诉中也有部分不能查实〈冯勇，王继常．浅谈警察执法权威的缺失与重塑[J]. 公安教育，2014(5):35—36.〉。这表明当前警察执法工作中遭遇着巨大阻力甚至暴力威胁，对民警的生命健康、警察权威构成严重威胁，加剧了执法风险。在执法实践中，公众不理解、不信任、不配合现象突出，冲突时有发生，加重执法成本，增加警察执法风险。例如，2017 年上半年，江苏省共发生阻碍民警执法案件 357 起，导致民警轻伤 11 人、轻微伤 145 人(新华网．“110”三十年成长记[EB/OL]．[2017－09－21]．http://news.xinhuanet.com/mrdx/2016—01/10/c_134994849.html.)。阻碍执法案件依旧多发，给执法工作造成极大困难，个别执法对象在执法民警已出示警官证后仍提出要求查看“执法证”等无理要求，妄图刁难执法民警，依赖其所谓的“权利”来逃避法律责任。公民权利受法律保护，但权利不是逃避处罚的工具，公民在面对警察执法时应予以配合乃是公民义务，寻求救济可在事后及时投诉、复议等，而不是当场阻碍、反抗执法。权利和义务是同时存在的，不能只行使权利而拒绝承担义务。

(一)民警自我防范要点

广大民警要牢固树立“预防第一、有备无患”的安全防范理念，提高警惕，增强风险意识，最大限度地发挥自身的主观能动性，增强对周边反常现象的敏锐感知力，掌握在执法行动中应对突发危险的应变招数及应急自救、互救方法，强化情报信息预警，变“被动的事中(后)控制”为“主动的事前防范”。

安全防范理念属于心理学的研究范畴，虽然它主要指的是看不见、摸不着的思想上的高度重视和精神上的积极准备，其存在与否或强弱，却能通过实实在在的实际行动真实地表现出来。具体在警情处置或执法行动过程中，警察的安全防范理念就是防患未然和随机应变，防患未然突出的是“超前预警”，随机应变强调的是“视情灵动”。因此，民警自我防范理念的培养与训练应包括战术意识(思想力)和思想指导下的行动(行动力)两个部分。

1. 人防

人防是指通过人力进行安全防范。通常是利用人员巡查、执勤、站岗等措施来观察和探测风险，发现妨害或破坏安全的目标，并及时采取有效行动以延迟、阻止、消除危险。在人防、物防和技防中，人是最重要的且起着主导作用的因素。加强人防，最关键的是提升人的综合素质。民警最可靠、最有效的保护者正是自己。在错综复杂、诡谲多变的执法行动中，远水解不了近渴，第一时间保护自己最为重要。

(1)自我防范

自我防范主要包括以下几个方面。一是对自身生命和身体安全的防范，既要避免无谓受伤，更不能无谓牺牲。二是言行举止的自我约束和规制，做到遵章守法，依法行事，修身慎独，不留把柄，让他人特别是别有用心者无缝可钻。三是加强自身心理防范。我国警察占全国总人口的比例约为 1.4‰，远低于世界上其他国家特别是西方发达国家，我国每名警察承担的工作量是其他国家警察的 3 倍〈侯海东．警察反恐执法困境与对策研究[J]. 新疆警官学院学报，2016(4):10－14.〉。由此可见，警察具有高负荷、高风险、高应激、高压力、高伤亡等突出的职业特点。众多警察心理健康状况的调查研究也表明，我国警察心理健康状况不容乐观，普遍低于正常人群体。因此，提高情商，学会调适情绪，保持良好心态，培养过硬的临战心理素质，才能增强应急应变能力。四是保管、看护、控制好自己的警械、武器，防止丢失、被抢。

(2)防范他人

防人之心不可无。防范他人，一要注意防范他人或执法对象的软暴力，如“过激”的挑衅言语，“难听”的辱骂脏话，“出格”的肢体威胁，“甜蜜”的诱人圈套，“险恶”的致命陷阱，“猖獗”的暴力袭击等，避免或降低执法对象的违法犯罪言行对社会公共安全的威胁和对民警生命安全的侵害。二是防范执法对象“情绪失控”可能带来的伤害。民警在执法过程中，要注意观察对方表情、情绪的细微变化，提前预判其后续动态，密切防范其心理变态或情感发飙可能带来的攻击举动，避免成为他人情绪失控的牺牲品。三是对防范灰色目标的“群体攻击行为”。从众心理、法不责众的思维惯性，容易导致围观人群铤而走险。因此，要时刻提防围观人群的情绪、身体动态和人员流动情况，加强执法协同配合，防止被孤立包围，避免成为群情激愤之下众人的发泄、围攻或群殴的对象。四是防范不法拍摄。随着自媒体时代的到来，警察执法被投放到公众视野中，容易吸引公众围观，时常有好事的围观者用手机拍摄执法过程，有时甚至干扰和严重阻碍民警的正常执法。关于围观者能否拍摄的问题，2016 年 7 月 26 日公安部举办全国公安机关规范执法视频演示培训会，要求民警执法时，面对群众围观拍摄，在拍摄不影响正常执法的情况下，民警可以口头劝阻，告知拍摄者自行删除，严禁外泄，否则造成严重后果将承担法律责任。同时，民警应注意规范执法行为，自觉接受监督。不说过头话，不做过激事，不得强行干涉群众拍摄、夺取拍摄器材或强行要求删除。但对恶意性拍摄，民警应及时“亮剑”，明确告知并制止以下拍摄行为：过分贴近警察面部，带有挑衅性的拍摄行为；拍摄过程中反复向警察发问或故意滋事谩骂，以监督为名逃避处罚的；拍摄行为影响到人民警察正常履职且经警告后拒不改正；拍摄后故意歪曲事实、恶意传播的。若恶意拍摄者不听从公安民警口头制止，公安民警应当根据《公安机关人民警察现场制止违法犯罪行为操作规程》的有关规定，根据情势分别采取口头制止、徒手制止、使用警械制止，并依法将其传唤至所在公安机关处理，依法追究其相应法律责任。可见，“镜头下的执法”时代已来临，民警的执法过程会得到更广泛的传播、关注，涉警舆情的发生频率与影响力与日俱增，这时刻考验着公安机关应对舆论风险的能力。

(3)防范凶器

一要注意执法对象手上持有的物品，如雨伞、钥匙、水笔、箱包、拖把等可用于当作攻击武器的随身物品；二是对执法对象暗中藏带的小刀、螺丝刀甚至枪支等具有较强杀伤力的攻击性武器的戒备与提防。三是加强对现场周边物品的观察与防范，如现场路边的砖头瓦块、玻璃碎片、停放的自行车、园林的围挡，墙角的树枝、木棍、锄头、铁锹，灶台的锅铲、铁钳、保温瓶以及可以变成攻击性武器的各种各样的物件，有效防止和控制犯罪嫌疑人利用现场的上述物件袭警。

(4)防范环境

一是对执法现场周边地形环境的观察判断与防范，重点是远离危险区域、地点，如危墙、台阶、楼梯、河(江、海、岸、崖)边、阳台下、昏暗处、通道口、拐角等地形险要、视线不佳、观测不易、立足不稳、人多拥挤的环境。二是注意气候和地理环境对人员、警械武器和执法行动的影响。例如,高原缺氧环境、严寒干燥环境、冰冻风雪环境、大漠戈壁环境、闷热潮湿环境,大雾环境、风高浪急环境、台风(大风暴雨)环境、城市环境、乡村环境、水网沼泽环境、平原环境、丘陵环境、热带雨林环境、大型重要建筑环境等。

加强自我防范的本质是基于对人与人、人与物、人与环境关系等时空关系的仔细观察、超前预判和准确分析,发现显性或隐性的可能对自己造成侵害的因素,进而采取或选择的恰当、果断的处置行动,化解危机,确保安全。例如,当判断出"什么人+什么凶器"或"什么状态的嫌疑人(动态、静态、精神失控、神志不清或极端狂热等)+什么现场地形环境"会构成"什么可能危险"时,还要有迅速、准确、果断在"何种最坏情况"下,需要动用"多少警力"及采取"何种战术战法"处置。显而易见,最理想的状态是能将危险因素扼杀在摇篮中,做到防患于未然;其次,则是全力以赴将其控制在危害较小的"引而不能发"的微动状态,采取有效举措阻止事态进一步升级;再就是退而求其次,想方设法将其控制在"发而不能对我方构成伤害"的状态,最大限度地消除或避开不利影响,把危害后果降到最低。

2. 物防

物防是物理(实体)防范的简称。物防通常是由能保护防护目标的物理设施(含各类隔离物、障碍物)和预防抵御暴力攻击的各种设施、装备、器具等构成。其主要作用在于推迟、减少、避免危险的发生,为应急防范提供足够的时间、空间,阻挡、延缓罪犯作案,降低人员伤亡和财产损失。现代的实体防范,已经不是单纯的纯物质屏障的被动式防范,而是越来越多地采用高科技手段,一方面使实体屏障被破坏的可能性变小,增大延迟的时间;另一方面也使实体屏障本身增加探测、阻隔和反应的功能。

3. 技防

技防即技术防范。它是利用现代科学技术及手段实施安全防范,如监控、电子监测报警等。技防是人防和物防的延伸、补充和加强,其主要作用在于提升安全防范效率,紧急时刻快速反应,降低伤害事件发生的概率。

纵观每一次突发暴力袭警事件,大多难以预测,直到发生前几秒,有时甚至发生了才知道。此时,现场的人防和物防才是应对的重中之重。但是,技防、物防、人防是警察自我防范体系中的三个构成部分,是"三位一体"的综合体。既不可厚此薄彼,也不该顾此失彼,只有将技防、物防、人防相互结合,将视频图像采集、报警、电子巡查及系统信息通过管理软件实现联动管理,实现民警个人警务终端与公安机关监控和报警平台的自动化联动,做到扬长避短、取长补短、相互依托、协调发展、及时应对、后发先至,才能真正做到"管住人、控住物、守住地",切实达成立体综合防范的内在本质要求。

(二)反袭击战斗指挥要点

1. 袭击警队的常见作案方式、手段

2. 反袭击战斗程序、战法

3. 反袭击战斗指挥方式与手段

4. 反袭击战斗注意事项

三、思维训练

思维训练是培养和提高思维能力的关键环节，其训练效果好坏直接决定思维能力的高低强弱。想定作业是一种实用性强、训练效果好的作战指挥思维训练形式。在实训中，可以采用多种训练方法。

（一）问题训练法

没有设计合理的综合性思维训练，指挥训练将无法发挥所期望的作用。知识是思维之本，思维是知识之魂。因此，最好能设计一些包含多个警务作战指挥知识点，但可能没有唯一正确答案的问题对学生进行提问。下面是一些常见的问题类型。

1."假如"的问题

要求学生对一个假设的情境加以思考。可以利用时间、地点、人和物、事件等因素进行假设发问。比如，假如你作为现场指挥员，在面对当时袭击警队的突发紧急情况下，你会怎么办？教师可引导学生思考讨论：一是迅速组织民警将现场群众引导疏散到安全位置；二是立即启动反袭击战斗预案，一面及时向公安指挥中心上报现场情况，一面组织警力投入现场处置；三是将警力分成处置组、抓捕组、警戒组、保障组及预备队等，由各组组长在所长的统一指挥下合力处置；四是及时指挥处置组运用三角木等阻车工具器材堵停嫌疑车辆；五是指挥抓捕组快速围捕嫌疑人，必要时果断开枪制服；六是处置结束后收集证据，及时抢救伤员，打扫战场。

2."列举"的问题

要求学生列举出符合某一条件或特征的事物或资料，越多越好。比如，你可以利用一支警棍做些什么事情？常见的袭警预兆有哪些？

3."比较"的问题

要求学生找出两个或多个事物或关系间的异同。比如，说说防暴长棍与短警棍在实战运用中有何异同。

4."替代"的问题

要求学生用其他的字词、事物、意义或观念来取代原来的材料中相应的部分。比如，你能为《警务作战指挥学》这本书换个名吗？

5."除了"的问题

针对原有的资料或答案，鼓励学生突破常规，寻找不同的观念。比如，除了教材上给出的反袭击战法外，你还能想出其他的战法吗？

6."可能"的问题

要求学生利用联想来推测事物发生或发展的可能性。比如，如果刑警化装侦察，可能会遇到哪些危险？

7."想象"的问题

要求学生充分运用想象力，描述未来或未发生事物的发生、发展和变化。信息时代的智力竞争不再是简单的知识拥有量的较量，而是深化为智力的较量，是看谁更有想象力，谁的创造性思维能力更强，谁的头脑更独一无二不可替代。例如，想想，若持刀暴徒袭击警队，最可能攻击的部位有哪些？若暴徒劫持人质，哪些人被劫持的可能性最大？

8.“组合”的问题

提供学生一些资料（字词、事物、图形等），要求学生加以排列组合成另外具有意义的材料。当然，提供的资料应该具有相当程序的重组性。比如，请用“天气、民警、暴徒”三个字组合成各种不同的句子。

9.“SWIH”的问题

利用Who（谁）、What（什么）、Why（为什么）、When（什么时候）、Where（哪里）和How（如何）作为发问的题目。比如，为什么要设卡点？卡点最好设在哪个路段？卡点的弹性和梯次应怎样考虑？

10.“类推”的问题

利用两项事物、观念或人物的相似之处，类推产生新的观念。比如，灭火器除了用来灭火，还可以当作武器吗？

（二）反向思维法

思维训练的目的就是要挖掘大脑潜能，培养独特的、一流的头脑。反向思维法是根据问题的类型、难易、简繁，训练把思维方法转化为实践方法的一种能力训练法。法国伟大的文学家雨果曾经意味深长地说：“我们虽然不能超越那些天才，但却可以和他们并驾齐驱。怎样才能做到这一点呢？——那就是要和他们不一样。”从未来发展的角度来看，公安执法战斗将会更加复杂激烈，警务实战中新的问题、新的机遇、新的需求也会层出不穷，这就要求我们的思维更加个性化，只有这样，才能从特殊的思维视角发现这些新机遇、新需求，解决新问题。

反向思维法，就是运用反例证明法、逆反推理法等思维方法，培养学生逆向思考，别出心裁，大胆创新。学会人弃我取、以进为退、出其不意等。

（三）一题多解法

思维训练的核心之一，是训练综合运用各种思维方法解决问题的能力。这包括运用多种思维方法解决同一问题的能力训练和运用一种思维方法解决不同问题的能力训练。

一题多解法是其中比较常用的方法。有一种说法，叫作“5×1<1×5”，这很有道理。它指的是围绕同一能力层次，同一类型做5个题目，其训练实效远小于“1×5”——让学生做一道题时，指导他们从5个不同的能力层次进行讨论、探究。这5个层次是：①此题怎么做？②为什么这么做？③怎样想到这样做？④还有哪些方法能解此题？⑤改变一下条件或设问角度，此题还能变换什么形式？又能出现什么新的题型？是容易了还是更难了？总之，跳出“题海”，变换有限量的习题的能力层次，发展学生的多极思维。

四、想定作业

（一）案情想定

某日下午6时许，正值晚高峰下班时段，1名犯罪嫌疑人持1支自制手枪和1把长砍刀，驾驶1辆皮卡，企图冲撞并袭击前进路派出所。该派出所位于某市区繁华地段，周边有商场和中、小学校等，人流、车流量大（详见图2-5）。派出所现有民警35名，协警10名，手枪10

支，微型冲锋枪 5 支，防暴车 1 台，巡逻车 3 台。

请你以派出所所长的身份，拟定应急处置想定作业方案并阐明理由。

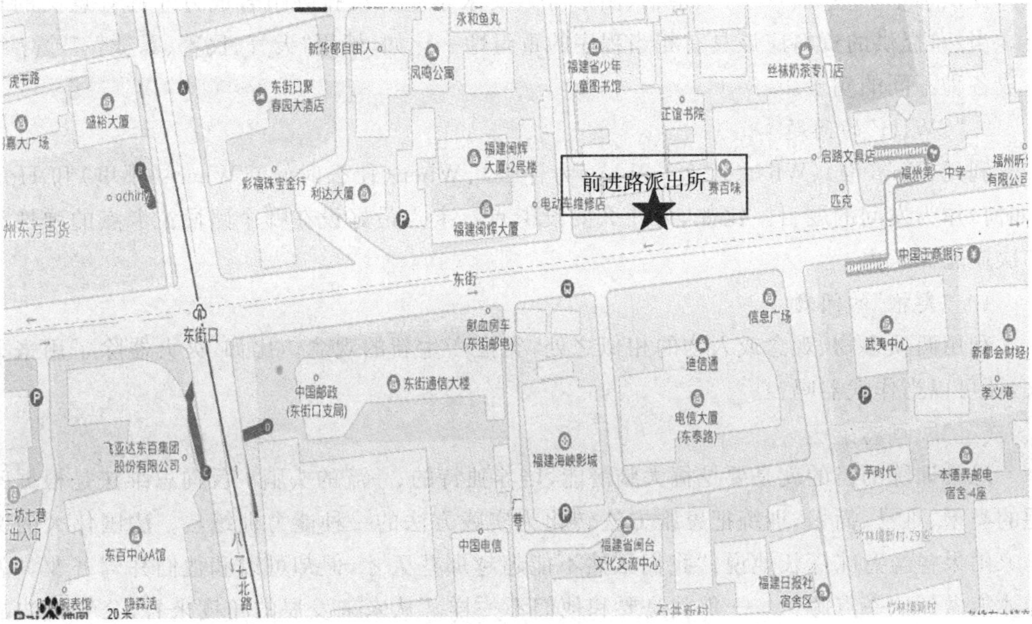

图 2－5　前进路派出所周边地形示意图

（二）教师引导

1. 注重决策制胜

“指挥”可分解为“指”和“挥”。通俗地理解，“指”即明确方向，是指挥员定方案，下决心的一个决策过程。之所以将“指”放在“挥”前面，是因为方向比速度更重要。“挥”即执行，是指挥员督促执行人员使其依照作战方案展开行动的一个控制过程。指挥的三个层级可分别对应决策的三个层次，即高层指挥对应战略决策，中级指挥对应战役（战斗）决策，初级指挥对应行动方法、手段、路径等。决策是反袭击战斗的中心环节，是制胜的根本。

决策是指挥的中心环节。首先，从战斗指挥流程看，决策处于整个作战链条的中心，起着主导和关键性作用。指挥员现场侦查、获取分析情报等所有工作都是为了制定决策，而组织指挥和实施战斗则是为了实现决策。其次，从重要性看，决策是指挥的指南和依据。最后，从战斗成败看，决策起到全局、直接和决定性的影响作用。

反袭击战斗，往往事发突发，必须快速决策，及时处置，将损失降低至最低程度。快速决策一是要提高决策的效率，遵循“七算为上”的原则，合理权衡利弊，克服优柔寡断，防止当断不断，延误战机。二是坚持边决策边修正的原则，始终抓住主要矛盾，着力解决重点和关键问题，不过分追求决策的完美和一步到位，根据战斗情况的变化和态势发展不断修正和完善决策。

2. 加强指挥控制

指挥就是控制。控制可分为控制对象和控制时空两个方面。控制对象包括四点。一是控制对手:制敌于无形,把控战场主动权。在此,涉及运用心理学、谋略学的原理与方法来实施控制的,可归属于《警察作战心理学》《警察谋略学》的研究范畴。二是控制部属(作战单元、警组):警组是作战的“拳头”和“尖刀”。规范、约束、指导部属的具体战斗行动,可归属于《警察战斗指挥学》和《警种指挥》的研究范畴。三是控制友邻:加强不同警种、各作战分队和作战单元之间的协同配合,实施一体化指挥控制,形成战斗合力,可归属于《警察合同战术学》的研究范畴。四是控制社情:主要包括掌控社会面,了解现场群众、灰色人员的基本情况、态度及情绪,做好控制疏导。

控制时空有三个要点。首先是控制时间。不会控制时间就无法控制一切。一支能打胜仗的警队,一定是集合快、出警快、应变快的团队。在时间上抢先,才能牢牢把握战斗主动权。控制时间主要包括战斗时段的设计与划分、战机的把握、关键性时间节点的控制等,以确保战斗行动的顺利实施。其次是控制空间(地形)。控制空间主要包括控制外围、控制现场及控制核心区域。最后是控制天气(气候)。控制天候主要是依据气候条件变化灵活使用和调节作战方案或行动手段,达到扬长避短、趋利避害的目的。

警务作战指挥的最高境界是能够掌握主动,有效调动和控制对手,合理利用一切可以利用的资源和条件,化不利为有利,善于把握战机,最大限度地调动和发挥我方的优势,趋利避害,以最少的代价夺取全胜。

3. 精确协合配合

没有合成作战的战斗是地狱。同理,没有精确化的作战协合也是地狱。精确协同是由一体化指挥决定的。著名公式 90%×90%×90%×90%×90%=59%的意思是说,即使每一环节的考核都是优秀,经过 5 个环节的微小误差传递后,其最终结果也可能不及格。基于警务信息系统的一体化合成作战,从发现嫌疑目标、跟踪定位、指挥决策、应急处置到战术协同、实施抓捕,必须经过许多环节,如果每个环节出现一点小的失误,累积起来就会形成严重问题,稍有不慎就可能前功尽弃甚至出现伤亡。团结协作是完成任务的基础,是有效提升警察整体战斗力的重要保证。现代警察执法战斗已不再是单个作战单元、作战要素之间的对抗,而是取决于作战系统整体效能的发挥。即使人多势众、装备先进,如果不能拧成“一股绳”,下成“一盘棋”,结果仍可能是一盘散沙、无功而返。实现作战要素综合集成,是警察战斗力新的增长点。只有加强各警组、各作战力量、作战要素的统筹协调,充分积聚集体的智慧和力量,提供持续不断的强大联动力,才能无往不胜。

4. 正确使用武力

警察使用武力是控制违法犯罪行为的有效手段。国际警长协会(International Association of Chiefs of Police)将警察武力定义为:警察用以迫使不服从的嫌疑人服从所必要的手段的总称。警察使用武力是指警察依据法律,按照执法的需要并结合现场情势而采用的人身或行为暂时性的强制措施。许多情形下,警察在执法过程中面对冲突与对抗往往无法避免。武力使用是国家赋予公安机关的职权,使用得当可安定社会、造福人民;使用不当则社会恐慌、民心不稳。如何做到既能依法高效完成处置,又能最低限度地使用武力,尽可能地减少人员伤亡,是执法水平和战斗力的试金石。

警察使用武力要遵循以下原则。

(1)合法性原则

我国现阶段主要矛盾已经转变为人民日益增长的美好生活需要和不平衡不充分的发展之间的矛盾。当前,广大人民群众对法治与安全的需求比以往任何时候都更加迫切。公安机关作为国家的执法机关,人民警察履行职务的行为必须纳入法治的框架内。警察武力的使用,是一种剥夺公民自由或权利的暴力手段。因此,民警在武力使用过程中,要严格遵守相关法律、法规,做到心中有法,要依法办案。首先,实施武力的前提应是法律明确规定;其次,警察武力的行使具有专属性,其他行政机关和任何社会主体不得行使;最后,在武力手段的选择上要遵循法律规定,严禁非法使用武力。违法违规使用武力,无论最终效果如何,都会受到法律与警纪的处罚。

(2)比例原则

比例原则要求使用武力时,必须全面权衡有关的公共利益和个人利益,以采取对公民权益造成限制或损害最小的措施,且采取的措施造成的损害与所追求的利益相适。

首先,使用武力要遵循妥当性原则,即行为方式具有适当性,采取行动的方法必须符合实现法律规定的目的,也就是能够达到制止犯罪,保护人民的目的。警察使用武力行为应以达到执法目的为限,与执法对象的抗拒形式相适应,警察使用武力对相对人权益造成的损害不得与所追求的目的显示出失衡。

其次,使用武力必须是必要的,即在若干适合实现法律目的的方式中,选择使用对相关当事人和公共利益造成损失最小的方式,即行为方式必须具有必要性。换句话说,警察在执法中使用武力时,一定要遵循最少侵害原则,并根据现场情况、嫌疑人的暴力与危险程度、警用装备配发情况等因素综合考虑,在不得不采取武力控制嫌疑人时才使用武力。在罗伯特·比尔(Robert·bill)提出的“警务九原则”中的第六原则,就阐述了警察武力使用要适度。其内容是:警察只有在说服、建议和警告都不能够实现预定目标的情况下,才能使用必要程度的武力以确保法律得到遵守和秩序得到恢复,警察在任何情况下都应使用最低限度的武力以实现执法目的。《中华人民共和国人民警察法》规定,民警行使警察权时应当根据嫌疑人已经或者可能造成的危害的性质、程度和范围使用武力,要尽量选择对公民合法权益造成侵害最小的措施。更通俗地说,就是已经没有任何其他的能给人民造成更小侵害的措施来取代该项措施了。

最后,使用武力必须是非过当的,即使用武力不会给予公民过度损害,其所欲达到的目的、所保护的权益,大于其所给公民权利的损害。换个说法,使用武力必须遵循均衡性原则,采用的行为方式对个人所造成的损害与社会获得的利益之间应当成均衡、成比例。若用中国人的一句古话来概括,那就是“两害相权取其轻,两利比较取其大”。1983 年最高人民法院、最高人民检察院、公安部、国家安全部、司法部《关于人民警察执行职务中实行正当防卫的具体规定》(以下简称《职务中正当防卫具体规定》)中,明确规定了行使武力行为的限度条件。《职务中正当防卫具体规定》第 3 条规定,遇有下列情形之一时,应当停止防卫行为:(1)不法侵害行为已经结束;(2)不法侵害行为确已自动中止;(3)不法侵害人已经被制服,或者已经丧失侵害能力。但话说回来,在复杂多变的警务实战中,需要从实际情况出发来确定行使武力行为是否符合限度条件。首先,应考虑违法犯罪行为侵害的权益性质,如果是公共安全、公民生命和人身健康、妇女和儿童的权利，那么人民警察使用武器、警械或其他合法武力对违法犯罪人造成直接侵害是完全正当的。其次，还应考虑违法犯罪分子的人数、侵害手段、侵害强度，是否有恶劣的目的，是否使用了枪支弹药、爆炸物、管制刀具等。再次，要考虑警方的现实状况，如果是有计划、有目的的集体执法行动，对其要求就要相对高一些，不应轻易动辄使用枪支等武器。如果是个别警察单独执法或突然遭到暴力袭击处于危险境地，则不可对其过分苛求，因为在现场情况万分危急、暴力伤害一触即发、民警精神高度紧张的情况下，任何人都不可能在瞬间十分精准地确定所遭遇危险的性质和程度，行使武力过程中出现微小瑕疵或偏差在所难免。

(3)法定程序原则

程序正当才可能有实体正当，程序出错无论实体是否正确结果都是违法、违规的，现代法治国家所追求的最为重要的基本原则与目标之一就是法定程序原则。武力使用时，应时刻注意依法定程序实施武力。在我国，武力使用之前一般情况下都需要对犯罪嫌疑人进行警告，通过警告向嫌疑人宣告如不听从命令警察即将采取的下一步武力使用措施。例如，在采取徒手制止和警械制止之前，需先向嫌疑人表明警察身份，并对嫌疑人采取口头控制或者警告，当被警告者不理会警察的口头控制时，才可以采取徒手制止和警械制止的方式控制嫌疑人。如果警察在办理案件时，除了遇有紧急情况来不及警告或者警告可能造成更大伤亡时，没有表明警察身份并警告嫌疑人而是直接就使用更高阶武力进行现场处置，就会违反法律法规规定的程序，也会给警察自身带来麻烦。例如，道歉不是警察抓错人行为的"补丁"〈李志贤．内地与香港警察执法中武力使用技术比较研究[J]．江苏警官学院学报，2016，31(1)：122－128.〉和湖南警方跨省至广东查案不出示证件引质疑〈李华忠．中国警察使用徒手与警械武力的合法性[J]．政法学刊，2013，30(4)：16－19.〉这两篇文章，由于民警在执法办案过程中没有遵守法定程序，不仅使民警自身形象受损，而且给公安机关带来了负面的社会影响。牢固树立程序意识，严格依照程序执法，既是法律、法规对公安机关的规定，也是对民警履行职责的保障。

(4)安全性原则

为了震慑违法犯罪，确保执法安全，警察在实战中要把处置的危险提高一个层级来加以考虑，面对危险时考虑是否存在潜在危险源，提醒自己做好应对准备，从而在警力、装备和攻击效能上优于对方。例如，执法对象类型包括抢劫犯、杀人犯、盗窃犯、暴恐分子、寻衅滋事者、涉毒人员、多进宫的惯犯等；执法对象性质包括有预谋的、临时起意、转性(指在同一案例中存在不同实战类型的转变。例如，从抓捕到反劫持的转变，从纠纷调解到抓捕的转变等。所持凶器包括常见的枪支、爆炸物、刀类、棍棒以及其他。民警在执法时，务必按照最凶险、最困难的情况来提前做好准备：面对抢劫犯时，要考虑到对方可能是惯犯，且持有利刃或枪支，极有可能顽抗拒捕。只有做好最高层级的武力准备，才能确保万无一失。

2010年1月，公安部发布的《公安机关人民警察现场制止违法犯罪行为操作规程》(以下简称《操作规程》)第十四条中，将民警现场制止违法犯罪行为使用的强制手段层级按照国际通用的分类方法由低到高分为：口头制止、徒手制止、使用警械制止、使用武器制止四级。警察使用武力必须是为了达到目的而使用的最低武力限度，一旦达成目的后，必须立即停止使用。据调查数据显示，2016 年山西省不同地区、不同警种在总计 336 起案件的现场执法中所使用不同级别武力情况为：使用口头制止方式 209 起，占 62.2%；使用徒手武力 79 起，占 23.5%；使用警械武力 40 起，占 11.9%；使用武器武力 8 起，占 2.4%〈薛英俊．山西省公安民警现场执法中使用武力情况调查[J]．山西警官高等专科学校学报，2016，24(02)：10－15．〉。《操作规程》第十四条至十八条规定，口头制止是指对正在以非暴力方式实施的违法犯罪行为，民警对犯罪嫌疑人发出强制命令，制止违法犯罪行为继续进行。针对嫌疑人口头制止的方式主要有命令停止违法行为、命令接受检查、告知拒不服从命令的后果、要求在场无关人员躲避等。口头制止要求警务人员应当使用明确易懂的语言，禁止侮辱、歧视被控制人。《操作规程》第十四条、十九条至二十二条规定，徒手制止是对当场实施轻微暴力的违法犯罪行为，且对公民或民警人身安全的危害尚不严重，民警在警告无效、情况紧急未能及时警告、警告后嫌疑人行为可能导致更严重后果时，使用身体强制力制止嫌疑人违法犯罪行为的强制手段。对于通过徒手制止停止危害行为的嫌疑人，应当及时停止可能造成伤害的徒手制止动作，改用约束性警械进行控制。警察在警务活动的武力限度、等级详见表 2－4。

表 2－4　武力使用等级划分表

危险等级	危险程度	相应武力程度	控制手段	建议及措施
1 级 （心理抵触）	服从，心理有抵触的态度，对他人未构成威胁	语言控制	身体威严 口头制止	行为戒备，指示性语言、告知、劝慰及警告
2 级 （语言抗拒）	语言表现不服从，用恶言对抗或威胁	语言控制	口头制止 请求支援	行为戒备，严重警告、命令、喝令及请求支援震慑对方
3 级 （消极抵抗）	徒手行为阻碍警察执行职务，但程度未有危及任何人	温和控制	口头制止 徒手制止	控制距离，用温和的徒手方法阻挡、触脱、控制及带离对方，必要时采用压点控制
4 级 （顽强抵抗）	用实质性行为抗拒警察的控制，其行为可能伤及警察或其他人员	强硬控制	徒手制止 警械制止	控制距离，用强硬的徒手方法控制对方，必要时使用催泪喷射器制止，及使用手铐约束对方
5 级 （非致命攻击）	采用徒手或伤人器物殴打的行为，但没有对他人有造成重伤害的故意	强硬控制	警械制止 武器制止	用强硬的徒手方法、催泪喷射器及警棍制止控制对方，必要时采用倒地制服控制上铐约束对方
6 级 （致命攻击）	采用徒手殴打或使用武器、爆炸物或腐蚀剂等凶器攻击，有致使他人重伤害及死亡的故意	致命武力	武器制止	使用武器控制

(5)效率原则

警察执法中采取武力行为带有较强的目的性，一旦采取武力行为即意味着必须实现执法目的。在依法、安全及合理使用武力的前提下，干脆利落，一招制敌，争取以最小的投入、较小的成本完成执法任务。

5. 学会后发制人

后发制人的实质是：在形势不明朗、我方实力不占优，或对手步步紧逼但对抗较为含蓄，冲突尚未加剧，有一定回旋余地的情况下，不与对手进行无谓的争夺，重在对于整体态势的把握和控制，以空间和时间作为代价，充分调动一切本方可资利用的潜在力量，以守代攻，以退为进，以柔克刚。一旦对手暴露出弱点或者态势有利于己方时，果断进行反击。“先发制人”强调的是先入为主、步步紧逼；“后发制人”强调的是徐制其弊、择机破敌。正如《庄子·说剑》中所讲：“夫为剑者，示之以虚，开之以利，后之以发，先之以至。”可见，“后发制人”策略中还蕴含着“择其要害、一招制敌”的深意。反袭击战斗中，“后发制人”成功的关键不外乎以下三点。

(1)充分做好战前准备

所谓“后发”，不是“后应”，更不是一味退让，被动挨打，而是在时机不成熟的情况下，对于实力的保留和蓄积，便于在对手破绽明确、漏洞出现时，集中爆发，一击制敌。故而，民警要善于观察判断对手的性格特点和行为方式。从社会学意义上说，对人的认识绝不可以脱离它的文化基因和生存环境。作为社会的一员，一个人的职责权限、社会地位、家庭背景、经济基础决定着他的立场与视角。同时，北宋理学家程颢有句名言：“道通天地有形外，思入风云变态中。”讲的就是，在静态时是很难看到事物的本质的，故而考虑问题，应该顾及有形、无形两个方面，着重于对于变化的观察，才能够切中要害，体会实质。所谓变化，包括事物运动发展的速度、加速度、频率、频次、基数变化、拐点等。后发制人的好处之一，就是可以全面准确地把握对手的发展动态和真正实力，从对手的运动变化之中寻求破绽和突破点。总之，充分而有针对性的信息搜集和战术准备是后发制人的重中之重。遇到强敌要不要暂时后撤？如何退却？退到何处？哪些地方可以放弃，哪些地方又要坚守？何时何地发动反击？凡此种种问题的决断都应基于此。

(2)适当的放弃和战略性退却

我们放弃和退却目的在于以空间和时间作为筹码与对手周旋，不被对手的一时得逞和抗拒行为所致，保持自身一定的灵活性、既定的应对方略和主动权，为适时反击争取机会。极端地讲，一名优秀的指挥员宁可在困局中暂时吃小亏，割舍眼前的利益果断退出，择机再战，也不愿在被动的形势下被对手左右。

(3)关于利用对手的弱点和心态变化

随着对抗的进行和现场情势的变化，势必对敌我双方的心态和行动造成影响，后发者的机会在此时也将逐渐显现，必须适时捕捉对手的漏洞，择机破敌。

(三)训练注意事项

战术想定情况是对未来某一战斗景况的设想。由于设想战斗情况中有形和无形的成分并存，确实不确实的因素并重，既要符合敌我双方的战术原则和武器装备情况，又要符合实际地形和天候气象等条件，这就对创设战斗情况提出了较高的要求。因此，在创设情况过程中，要十分重视把握各训练问题之间和每一训练问题的各种情况之间，应有必然的内在联系；敌我双方的战斗行动，应互为前提条件；各警力单位之间应有相互支援和配合的关系；警察装备和战场机动，应有适应的条件；战时各警力单位与战斗进程，应有科学的综合计算，使创设出的战斗情况前后衔接、左右相顾、结构严谨。同时，文图表达要准确，要恰当运用标准术语和法律语言，正确使用警队标号，准确引用资料，并要注意时效性。

科目四 《拟定缉毒战斗行动方案》

实训指导书

Ⅰ 〔训练提要〕

一、训练科目

拟定缉毒战斗行动方案。

二、训练目的

1. 掌握缉毒战斗的基本程序、决策方略、战术战法、行动特点与要求。

2. 学会拟定缉毒战斗行动方案的具体方法。

3. 通过训练，提高学员依法、快速、安全完成缉毒任务的行动能力；提升组织指挥和临场应变能力；锻炼和培养分析决策及批判思维能力。

三、训练步骤

1. 了解分析案情；

2. 每名学生独立撰写出战斗行动方案；

3. 分组研讨，开展头脑风暴，整理写出发言纲要；

4. 各组选派 1 名代表上台发言交流；

5. 台下学生就发言情况开展提问；

6. 小结讲评。

四、训练对象及人数

警察指挥与战术专业本科生，一个区队 50 人，以小班为单位分为 10 个组，每组各 5 人进行研讨。学生学习过战术基础理论，掌握一定的战术素养和写作技能，但实战经验较为欠缺。

五、训练方法

对分训练法：案情介绍、理论提示、独立撰写方案、分组研讨（头脑风暴）。

六、训练地点

警务作战指挥实验室。

七、学时分配

本次实训共 2 学时（90 分钟），具体分配如下：
1. 案情介绍（5 分钟）
2. 理论提示（5 分钟）
3. 撰写方案（45 分钟）
4. 分组研讨（25 分钟）
5. 交互评分（5 分钟）
6. 小结讲评（5 分钟）

八、训练要求

1. 开动脑筋，勇于创新，大胆发言。
2. 严肃认真，严格要求，认真完成训练任务。
3. 评分要公开、公正、公平。各组组长、评委要科学合理打分。

Ⅱ　〔训练进程〕

一、案情介绍（5 分钟）

【基本案情】　请你以缉毒中队长的身份，拟制一份在繁华闹市区街道小巷内（详见图 2-6，图中两个圆圈符号表示两名毒贩）抓捕毒贩的战斗行动方案。

二、理论提示（5 分钟）

2016 年，全国禁毒部门破获毒品刑事案件 14 万起，抓获毒品犯罪嫌疑人 16.8 万名，缴获各类毒品 82.1 吨；查获有吸毒行为人员 100.6 万人次，其中登记新发现吸毒人员 44.5 万人；依法强制隔离戒毒 35.7 万人、责令社区戒毒 24.5 万人次、社区康复 5.9 万人次（2016 中国毒品形势报告[DB/OL]. 云南禁毒网，http://www.ynjd.org/Pol Law Works/guoneijd/201703200077.shtml.）。从数据来看，涉毒案件依然高发，抓捕吸毒人员同样面临着拒捕、暴力袭警、感染病毒等危险。

图 2－6　抓捕现场地形图

(一)涉(吸)毒嫌疑人特点

缉捕行动前,仔细了解掌握抓捕对象的特点,做到"知己知彼",是确保行动顺利、成功的前提。

1. 精神狂躁且易变

毒品具有耐药性、耐受性、依赖性、成瘾性等特征。吸毒人员往往会有精神错乱、判断障碍、幻听、被害妄想等。一旦停止吸食毒品,则精神状态又会呈现呆滞、嗜睡、忧虑、易怒等,甚至是自杀或者暴力倾向。

吸毒嫌疑人的精神状态多处于非正常状态。面对公安机关的强制戒毒行动,吸毒嫌疑人往往会出现两极化特征,要么因为害怕而积极配合,要么拼死反抗、鱼死网破。吸毒嫌疑人在精神非正常时也存在诸多威胁自身安全的情况,比如袭警、自残、自杀等。这给缉捕行动带来了极大的困难,抓捕人员对此要有充分的准备。

2. 身份不易确定

涉毒案件与其他刑事、治安案件有所区别。吸食、注射毒品在我国属于违法行为。但根据刑法规定,走私、贩卖、运输、制造毒品,无论数量多少都构成犯罪,应当追究刑事责任。面对毒品带来的巨额利润,其中一些吸毒人员为了获取毒资,铤而走险踏上走私、运输、贩卖、制造毒品的道路。单纯的"瘾君子"危险性主要是产生强烈的幻觉,进而做出攻击行为,或者做出自残、自杀的举动。而制毒、贩毒的犯罪嫌疑人,清楚自己所犯的罪行将会受到什么样的刑罚,往往会随身携带匕首、仿制式手枪等,暴力对抗民警的抓捕。在禁毒实战中,由于民警往往不能确定抓捕对象是否为单纯的吸毒人员,或者是否"吸贩合一",其人员身份的不确定性,将使抓捕过程充满风险。

3. 携带病毒易传染

目前毒品种类已达到200多种。常见的毒品有海洛因、冰毒、大麻、K粉、摇头丸等。吸毒方式从呼吸吸毒到注射吸毒，吸毒采用不洁净的注射器或共用注射器，都会直接造成HIV病毒的血液传播，即感染艾滋病。据现有数据显示，相当比例的吸毒嫌疑人携带有类似HIV等传染疾病。在抓获吸毒人员的过程中，一旦他们进行抵抗致使公安民警受伤，就可能使民警通过血液感染上HIV病毒。

（二）室内环境特点

吸毒嫌疑人的行为明显违法，他们吸食毒品多在室内进行，以掩盖其违法行为。因此，研究室内环境的特点尤其重要。室内环境比起其他的抓捕环境在室内情况、空间环境、证据收集都有所不同。室内环境一般有以下特点。

1. 室内情况未知性

吸毒嫌疑人明知吸毒行为的违法性，因此会用尽一切办法躲避公安机关的检查、盘查。吸毒行为一般发生在比较隐蔽的封闭场所内，如酒吧、KTV包房、私人住宅等。封闭空间内的一切人和事，对警察执行抓捕行动而言都是未知的，如封闭空间的格局和家具摆设如何、房间内的人员数量多少、有几名吸毒嫌疑人、是否藏有攻击性武器等，这些未知性的叠加就使得先期突入的抓捕人员处于非常被动、险恶的战术环境。

2. 空间环境局限性

吸毒行为发生的封闭场所，与开阔场地不同。封闭空间一般存在多个狭小的房间，每个房间是否有吸毒人员不能确定。在抓捕过程中，由于环境狭窄、地形复杂、光线昏暗，抓捕行动较难确定需要多少抓捕人员合适，优势警力不易保证；数量较多的抓捕人员也许没有施展行动的空间；也可能出现抓捕人员比吸毒人员人数少的劣势情形。因此，空间环境的复杂性、局限性也会给抓捕行动带来较大挑战。

3. 证据收集难采性

抓捕涉（吸）毒嫌疑人要遵循“人赃并获”的原则。吸毒嫌疑人对于即将面临的违法处罚十分清楚，所以他们面对抓捕会采取五花八门的方式反抗或逃避。室内比室外开阔空间收集证据难度更大。室内环境中吸毒嫌疑人在发现警察后，通常会将毒品进行藏匿，导致警察在收集证据时难度加大。更有甚者，房间内的吸毒嫌疑人可以从容地将毒品以及吸食工具通过下水道等进行销毁。在事件的定性上使得公安机关面临被动，往往容易被冠以“无辜侵犯住宅”滥用职权之虞，使抓捕行动前功尽弃。

4. 顽抗拒捕可能性

抓捕过程中，吸毒嫌疑人可能由于刚吸食完毒品，正处于幻觉的状态下，可能会进行抵抗，如利用凶器、注射针头、板凳、酒瓶等袭警。相当比例的吸毒嫌疑人自身携带HIV病毒，所以他们使用过的针头等物品一旦不慎扎伤民警，则有一定概率会使民警感染病毒。因此，缉捕行动前应佩戴好警械武器、对讲机、警务通、防刺服、防割手套、警用装备包。有条件的可准备一些非致命武器如电击枪等。

（三）缉捕注意事项

1. 做好战前准备

细致的战前准备对于抓捕行动能否顺利、成功至关重要。特别是对行动的一些看似不起眼的小细节，如室内整体布局构造、光线，所用房门的材质及安全性级别、开启方向，窗户的构造及所在位置、有无防盗护栏，室内或周围是否存在无关的人员，有无其他逃跑的路径等，一个都不能掉以轻心。同时，从突入室内到每个房间的警力配置、人员分工，再到吸毒嫌疑人可能逃跑的路线，拒捕顽抗的方式、手段等，都必须提前做好情况想定和应对策略。

2. 加强有效控制

不少参与了抓捕吸毒嫌疑人的民警都反映，吸毒嫌疑人被控制住以后，往往因为刚吸食过毒品，整个人呈现极为亢奋的状态，力量较平时显著增大，身体不断地拼命挣扎，有些吸毒嫌疑人还会趁控制人员不注意时，用头撞墙或者拿针管扎自己，或叫嚣自己有艾滋病，想让抓捕人员心生退意。因此，在人员分工与控制、缉捕强制措施运用、抓捕动作协同配合上，必须落实到每个人，注意力务必要高度集中，抓捕动作要干脆利落，一步到位控制住吸毒人员。特别是要事先准备好头罩或布团，将吸毒嫌疑人的头罩住或嘴堵上，并使其身体的每个部分都无法自由动弹，防止其造成次生伤害。

3. 证据收集固定

一是对确定身份的吸毒嫌疑人的住所和活动场所进行搜查，主要是查找与毒品相关的重要物证，如剩余的毒品、吸毒的用具、毒资等，这些都可以作为认定吸毒行为的直接证据。二是根据《公安机关办理行政案件程序规定》第二十三条第五款的规定，在证据的种类上，尿检的结果属于鉴定意见。如果尿检的结果呈阳性，那么被检测者很可能吸食过毒品，但不能排除被检测者还有服用其他戒毒药品的可能性。后期对嫌疑人所做的口供、嫌疑人的体貌特征，注射部位如手臂、大腿、胸腹有无溃脓等皮肤感染现象，都是十分有效的证据。

三、撰写方案(45 分钟)

战斗行动方案，是为达成作战任务而确定的警力部署、基本战法、战斗方针、战斗阶段、战斗协同及各项保障的警用战斗文书。它是根据上级赋予的战斗任务以及犯罪活动情况(敌情)而拟定的，是对战斗行动的具体安排和打算，是作战计划的核心，是作战决心和上级意图的集中体现，是组织指挥战斗行动的依据，也是战斗协同计划、保障计划的依据。

缉捕涉毒嫌疑人执法行动存在较多未知危险因素和不确定性，对缉捕行动方案设计、战斗组织指挥的要求较高。涉毒人员特别是吸毒嫌疑人具有精神状态狂躁且易变、身份不易确定、携带病毒易传染的特点。若进入室内场所实施缉捕，与室外场所相比较而言，还具有情况的未知性、空间的局限性、证据难采性等特点。因此，缉捕涉毒嫌疑人，应在加强情报收集、核实、研判，现场地形环境分析与危险评估的基础上，精密设计、反复演练缉捕行动方案，确保方案的可行性、科学性、严密性和可靠性。

抓捕行动没有绝对固定的步骤，它取决于前期情报的来源。有的情报来源于群众举报，有的情报来源于公安情报人员，有的情报来自公安大数据综合研判系统，还有的情报来源于对娱乐场所的定期检查。情报的来源不同，针对此做出的行动方案也就不同。拟定战斗行动方案的方法步骤通常有以下几个步骤。一是对先期情报展开审查核实。在抓捕行动开始前，为了进一步掌握情报，再次进行实地勘察。一般选择1至2名警察以伪装的方式进行。其主要任务是快速、隐蔽地到达指定地点，确认目标后，对其进行密切监视，对抓捕现场及周边的环境进行细致观察了解，最后将情报及时传回指挥人员。二是正确领会上级的战斗意图，悉心研究涉毒嫌疑人的数量、企图、有无凶器、所处位置，熟悉战斗区域的地形、道路、社情、气象（水文）等情况，并研判其对我方缉捕行动的影响。三是对所属和配属人员的编制装备、战斗能力、战斗特点等情况，也需在平时掌握的基础上，做进一步了解，以便合理地区分和使用战斗力量。在熟知上述情况的基础上，按照下列战斗行动方案的内容，学生开始独立拟定撰写方案。

（一）情况判断结论

主要有犯罪活动情况（敌情）判断结论、我情判断结论、战斗环境判断结论（包括地形、气象、水文、社情、物质资源、技术条件等）。

通常情况下，应以犯罪活动情况（敌情）判断结论为重点。犯罪活动情况判断结论着重明确对方的人数、特点、行动企图以及双方的力量对比等。

（二）上级意图和本级战斗任务

应明确上级的意图以及本级的任务、警力编成、战术手段、当前任务、后续任务和以后发展方向。

（三）友邻的任务，战斗分界线及结合部保障

应明确友邻的隶属和主要任务，与其战斗分界线和接合部保障。

（四）各分队、战斗小组的编成、配置和任务

各分队、战斗小组的编成包括人员编成、指挥编成、装备武器编成、行动程序编成等，并在明确具体配置的位置基础上，明确各自的当前任务和后继任务。当前任务和后继任务包括开进的路线、机动的方式、展开的位置、行动的顺序、任务的起止时限、突击的方向、具体的行动方法等。

缉捕行动战法的重点是突入室内的方法，是选择强行攻入还是诱惑攻入，单一方向突破还是多点开花突破，是采用破门、诈门还是技术开锁。

1. KTV、洗浴中心、棋牌室等娱乐场所突入方法

娱乐场所的唯一通道就是房门，一般情况下没有窗户，房门一般不存在门锁或者是门禁问题。民警可以通过服务员“叫门”的方式，诱使吸毒嫌疑人自己打开门，然后突击人员迅速突入门内。这类环境需要提前考虑光线问题，跟进的控制人员必须配备好强光手电筒以便使用；如果吸毒嫌疑人不打开房门，则要通过强制破门的方式进入房间，如踹门、使用撞门器等，在控制房间人员的同时，迅速控制住有内套间或者洗手间、下水道的点位，在吸毒人员和证据收集方面要做到不留死角，以防止嫌疑人逃窜或者隐藏毒品。例如，2015年1月，浙江温州市公安局破获一起KTV聚众吸毒案件。警方在包厢内抓获4男16女。经检测，这20人都吸了毒。经过前期细致的侦查，这伙人员大部分都是50岁左右的妇女，很多人是第一次接触毒品，对毒品的危害认识不清。通过对嫌疑人的仔细分析，警方判定嫌疑人反侦查能力弱，对警方行动没有太多提防，暴力抵抗的可能性比较低，在执行

此次抓捕行动中采取通过服务员“叫门”的方式突入房间实施抓捕。最终一举破获这起KTV聚众吸毒案件。

2. 宾馆、居民住宅区等私人住所突入方法

针对宾馆等公共住宿场所，在突入时可以让宾馆管理人员配合，通过房卡等打开房门。居民住宅等场所一般装有防盗门，设施比较齐全的高档住宅还会装有门禁。针对这类场所，可以通过“诈门”的方式，骗取嫌疑人自行开门，如果嫌疑人拒绝开门，则需要通过技术开锁的方式，迅速打开房门。对于这类房间不建议使用人力强行破门，因为成功率不高，并且所需时间较多，容易使嫌疑人警惕，以便他们隐藏或销毁证据。这类场所同时会伴有一个或者多个窗户的情况，在选择突入时，民警不能局限于传统的“走门入户”的方式，要灵活的选择方式，必要时，突击人员可选择利用窗户，采取索降等方式迅速突入室内。例如，2016 年 8 月，四川达州市公安局破获一起家庭式聚众吸毒案件，现场抓获 12 名吸毒人员，缴获毒品 100 克。该案是在日常的巡逻过程中，民警发现一住宅存在可疑，经过连续的蹲点守候，辅以外围调查，最终确定这是一个在住宅场所聚众吸毒的窝点。情报表明，嫌疑人有很强的反侦查能力，既有监视设备，同时在房门的选择性上有很强的抗阻性。在制定抓捕计划时，综合考虑到以上情况，民警决定利用夜晚光线暗淡便于隐蔽的特点，最终决定晚上抓捕。在破门的方式上，采用技术开锁的方式，迅速打开房门。民警破门后发现嫌疑人正在吸毒，没有给嫌疑人任何喘息的机会，人赃并获，一举破获这起聚众吸毒案件。

突入房门的具体方法也不尽相同，大致归纳为以下两种方法：一是通道比较狭窄的情况，采用两侧交叉先后突入的办法，即房门两侧的队员采用交叉占位的方式，在门打开时，一前一后分别突入房间，对现场人员迅速实施控制；二是通道比较宽的情况，可以采取两人抵肩突入的办法，也就是两名队员肩膀相抵成锐角同时进入房间，这样便于在短时间内突入更多队员的同时，也能做到最大程度自我保护。在实战过程中，无论采用何种突入方法，在战斗行动中必须时刻体现“直、简、速、力”的战术要领和指挥实质。正是由于目的直接而形式简洁的特性，既保证了我方战斗行动的快捷、勇猛、迅速和战斗目的的瞬间达成，又保证了我方行动组合和协同的灵活、默契性，令现有行动不为先有行动所羁绊，从而更好地适应不断变化的执法现场情况，以低消耗换取高回报，最大限度地发挥战斗指挥效能。

（五）战斗阶段（时节）划分

战斗阶段（时节），应根据战斗类型、目的、任务和特点，以及敌我双方的战斗能力进行划分。

（六）各阶段情况预想及应急应变处置方案

对每一战斗阶段，都应预想最困难、最复杂、危险的情况，设计制定一至数个应急应变方案，以防不测。就指挥思维而言，条件决定策略。对案情条件没有翔实了解和准确界定，一切方案策略的合理性都无从谈起，也无法产生；科学合理的策略，只是针对一个特定案情条件集合而言的，集合中任一条件的改变，指挥决策者都必须对新的条件集合进行重新分析审视，形成新的策略，而不应该根据某一改变的条件进行肤浅地改变。因此，应变决策运筹的诀窍就在于：通过对以往类似警情的理解及处置情况，并结合当前现实情况的剖析，从最为

抽象的指挥战术原则中派生出最为稳妥可行的方略。

1. 突遇袭击的应变处置

缉捕行动中，一旦遭到吸毒嫌疑人袭击，应立即做出防守反击，根据目标的距离、携带的武器警械、同伴的配合等情况以及室内的环境特点，采取灵活有效的反制措施。有些吸毒人员同时也涉及制毒、贩毒，这就增加了吸毒嫌疑人暴力袭警的可能，他们甚至使用枪支、炸弹暴力袭警。突遇此种情况，应该迅速隐蔽，距离较近时，应在降低身体重心或者快速移动中寻找掩体，适时快速、果断出枪。如果没有携带枪支，应利用身边最近的地形、地物隐蔽自己，迅速退出火力杀伤区。

2. 遇吸毒嫌疑人家属极力阻挠拒捕时

遭到家属极力阻挠、暴力拒捕时，在说明情况、讲清道理以及严厉警告的同时，迅速将抓捕对象和其家人分开，速抓速撤。担负增援机动的警力要在第一时间协同控制，防止局面失控。

3. 抓捕意图提前暴露时

若抓捕意图提前暴露，吸毒嫌疑人已经察觉，就不应贸然进入室内。可选择包围、控制、喊话等方法，劝说屋内人员缴械投降出来。如果必须进入室内进行强行抓捕，可采用声东击西、多点进攻等方法，并且利用门、窗、墙角、障碍物等掩体，谨慎突入，最大限度地保证行动的安全性。

4. 我方人数处于劣势时

如果突入室内发现我方人数明显少于对方时应该首先想办法控制住局面，比如持枪的控制人员及时出枪警告等，然后视情抓捕。当没有条件进行下一步抓捕时，则应当退出房间，由外围控制，并且立即上报指挥部，请求增援。

(七)指挥的组织

明确建立指挥所的类型、开设的时间和位置；防卫措施、管理方法；转移的时机与地点、接替指挥和恢复的方式、信(记)号规定、行动要求和注意事项等。

(八)完成战斗准备的时限或者战斗开始的时间

在上级编成内战斗，完成战斗准备的时限或战斗开始的时间按上级规定执行；当独立执行战斗任务时，应根据上级意图、本级指挥员决心和现场实际情况合理确定。

(九)抓捕善后工作

控制目标后，及时进行现场突审，从其口中获取同伙、毒品及吸食工具的信息，而后迅速带离现场，防止无关人员阻挠抓捕行动而使现场失控。同时，迅速组织相应警力对室内场所进行认真、仔细地搜查，留下一名吸毒嫌疑人作为搜查工作的见证人。现场要拍照、录像，收集各种违法证据。对在现场可能与案情有关的嫌疑人，应视情进行审查，如果有必要则一起带回，而对于在现场又无关联的人员要做好解释、说服工作。

四、分组研讨(25 分钟)

教师将一个区队 50 人按小班为单位分为 10 个组(每组 5 人)进行研讨。每个研讨小组选出一名小组长，由小组长负责组织讨论并做好研讨记录。研讨时着重围绕缉捕战法与技巧、现场组织指挥与谋略运用、决策要诀、战斗实施步骤和注意事项等方面展开。小组研讨结束后，由小组讨论确定每名小组成员的小组发言成绩（具体评分标准见表 2－5）。小组发言评分栏中，发言 1 次得 2 分，依此累加，最高 8 分。发言时长每 30 秒计 2 分，依此累加，最高 12 分。

表 2－5　对分训练成绩评定表

姓名：　　学号：　　成绩：

序号	评分项目	评分标准		分值	成绩评定得分		
					个人	小组	教师
1	个人作业（70 分）	情报信息分析的要点		10			
		地形、时间、社情、天候判断		15			
		对方逃窜意图的分析研判		20			
		“闪亮亮（亮）”		10			
		“考考你（考）”		5			
		“帮帮我（帮）”		5			
		卷面整洁度及错别字		5			
2	小组发言（30 分）	次数		4			
		时长		6			
		质量	言之有物、言之有理	4			
			触类旁通、旁征博引	4			
			思路清晰、逻辑性强	4			
			简明扼要、一针见血	4			
			分析透彻、要点齐全	4			
总计分数							

备注（略）

五、交互评分（5 分钟）

评分表先由学生个人对照参考答案和评判标准给自己打分，接下来将本讨论组同学的作业交由另一讨论小组评阅。经讨论小组集体协商后确定作业分数，实现小组间的交互评分。小组交互评判得分完成后，要与作业者本人见面。若学生本人对作业分数有异议，可提请教师介入评判。最后将全区队的作业收齐，交由教师综合衡量、统筹把关后，得出教师评判分即作业的最终得分。

六、小结讲评(5 分钟)

1. 快速准确、人赃俱获是抓获涉毒犯罪嫌疑人，夺取战斗全胜的重要标准之一。行动方案要注重可操作性和实战应用性，注意证据链的完整性和缉捕行动的隐蔽性，防止打草惊蛇，使经营多时的案件陷入困境。

2. 不战而屈人之兵、以智取胜是制定缉捕行动方案的最高境界。

3. 战斗行动方案要遵循“三方案原则”，并注意留有余地和弹性。执法作战方案是对执法作战行动的设想和计划。它是应急预案中重要的组成部分。执法作战方案主要是根据上级赋予的预定执法作战任务而拟制的。警(分)队通常依据常见执法战斗类型来制定执法作战预案。拟定执法作战方案是警(分)队做好应对突发事件准备，及时准确地完成执法作战任务的一项重要工作。

科目五　《撰写群体性事件处置预案》

实训指导书

Ⅰ 〔训练提要〕

一、训练科目

撰写群体性事件处置预案。

二、训练目的

1. 了解处突预案的种类和特点，掌握制订预案的依据、程序和方法，熟悉预案的基本内容和格式，理解制订和修订预案的要求。为正确处置群体性事件打下基础。

2. 掌握处置群体性事件的基本程序、决策方略、战术战法与要求。

3. 提高处置群体性事件的组织指挥和临场应变能力；锻炼和培养分析决策及批判思维能力。

三、训练步骤

1. 了解分析案情，掌握撰写群体性事件处置预案的方法；
2. 每名学生独立撰写群体性事件处置预案；
3. 分组研讨，开展头脑风暴，整理写出发言纲要；
4. 各组选派 1 名代表上台发言交流；
5. 台下学生就发言情况开展提问；
6. 小结讲评。

四、训练对象及人数

警察指挥与战术专业本科生，一个区队 50 人，以小班为单位分为 10 个组，每组各 5 人进行研讨。学生学习过战术基础理论，掌握一定的战术素养和写作技能，但实战经验较为欠缺。

五、训练方法

对分训练法：案情介绍、理论提示、独立撰写预案、分组研讨（头脑风暴）。

六、训练地点

警务作战指挥实验室。

七、学时分配

本次实训共 2 学时（90 分钟），具体分配如下：

1. 案情介绍（5 分钟）
2. 理论提示（10 分钟）
3. 撰写预案（55 分钟）
4. 分组研讨（10 分钟）
5. 交互评分（5 分钟）
6. 小结讲评（5 分钟）

八、训练要求

1. 开动脑筋，勇于创新，大胆发言。
2. 严肃认真，严格要求，认真完成训练任务。
3. 评分要公开、公正、公平。各组组长、评委要科学合理打分。

Ⅱ　〔训练进程〕

一、案情介绍（5 分钟）

【基本案情】　近日来，福州市郊区部分村民在上访中，无理纠缠我信访人员，有意制造事端，并纠集三百多人在市政府门前静坐。据初步掌握的情况看，社会上少数没有改造好的“两劳”释放人员参与了事件的组织和策划活动，密谋于近日内组织二千余人规模的游行示威，并冲击市政府机关（见图 2－7）。

图 2-7　福州市人民政府地形图

二、理论提示(10 分钟)

我国目前正处于社会政治、经济发展的重要历史时期,社会矛盾凸显,处理矛盾纠纷机制的不完善,使群体事件呈现出多发势头,在社会上引起了恶劣影响。据 2016 年《中国法治政府评估报告》统计显示:从群体性事件的发生情况上来看,社会矛盾化解的制度建设并未发挥其应有的作用。过半数的被评估城市在 2015 年都发生了一起以上的群体性事件,占 51%,有 13 个城市发生过暴力性质或有伤亡的群体性事件〈中国法治政府评估报告(2016)[M]. 北京:社会科学文献出版社,2016:10.〉。

2004 年 11 月 8 日中央办公厅、国务院办公厅转发《关于积极预防和妥善处理群体性事件的工作意见》明确提出"群体性事件"一词:由人民内部矛盾引发,群众认为自身权益受到侵害,通过非法聚集、围堵等方式,向有关机关或单位表达意愿、提出要求等事件及其酝酿、形成过程中的串联、聚集等活动。在《公安机关处置群体性治安事件规定》中,群体性事件是指"聚众共同实施的违反国家法律、法规、规章,严重扰乱社会治安、危害公共安全、侵犯公民人身安全和公私财产安全的行为"。群体事件是因人民内部矛盾和纠纷所引起的部分公众参与的对社会秩序和社会基本价值产生严重威胁的事件(中国行政管理学会课题组．中国群体性突发事件成因及对策[M]. 北京:国家行政学院出版社,2009:2.)。分析现阶段发生的群体事件中可以看出,群体性事件不是由个人造成的事件,而是由不特定多数人具有相同或相似利益的人所组成,集中一起从而产生影响具有群体性。群体性事件具有一定的违法性,是一种超越法律允许范围之外的活动,破坏的主体是社会公共秩序和他人的合法权益。同时,群体性事件是公开、大规模地对社会造成较大影响和冲击,以期达到群体所要求的目的。

通过分析发现,突发的社会性、事态发展的复杂性、社会影响的广泛性以及危害后果的严重性是现阶段群体事件的主要特点。同时也会出现同一个群体性事件中治安案件和刑事案件同时存在的情形。随着群体事件事态的转变和发展，经常出现由治安案件向刑事案件甚至严重的暴力事件转变，对人民群众生命财产造成严重危害，更有可能成为引发社会动荡的助燃剂、引爆社会热点的导火索，严重时甚至会造成局部社会震荡，严重影响当地正常的政治、经济、生活秩序。这就要求公安机关在处置群体事件时，必要时必须采取果断措施，以有效技战术手段措施进行应对争取将群体性事件控制在初级阶段，将群体性事件造成的危害降到最低。

预案是对某项工作或行动所进行的预先设计和安排。处突预案，是执行处突任务的具体指挥方案、行动计划和实施方法的设想，是组织与实施处突任务的基本依据。处突指挥具有多警种、多部门联合的特点，不仅涉及公安机关各警种，还要与其他相关部门和单位协同配合，联合作战。由于事发突然，时间紧迫，参与部门多，动用警力大，故处置各类突发事件的行动方案，难以在现场临时制定，而必须在事件发生之前预先制定出来，这就是预案。一旦有突发警情发生，指挥员就可根据预案所提供的方案和对策，按照预案规定的处置原则、程序步骤，依照现场情势和环境迅速做出决策，下达指令。

预案属于计划的范畴，它和计划没有本质的区别。但预案比计划要细，是计划的具体化和严密化。计划适用于客观条件比较稳定的正常工作，预案适用于客观因素复杂多变、突发性很强的勤务或行动。预案要求在原则、目的、要求、方法、步骤、协同动作、情况处置方法等若干方面都要做出明确而细致的规定。计划一般只有一套，而预案根据任务需要则可能制订多套，以便在特殊情况发生时，选择最有利的预案行动。

从广义上讲，处突预案分为两大基本类型，即勤务预案和防暴处突预案。

勤务预案，也称执勤预案。按任务性质可分为：警卫执勤预案、武装巡逻勤务预案、看押执勤预案、战斗勤务预案等。每种方案按目标不同还可以继续划分，如警卫执勤预案可分为：首长住地警卫执勤预案、使(领)馆警卫执勤预案、宾馆警卫执勤预案；看押执勤预案可分为：监区看押执勤预案、武装押解勤务预案、武装追捕勤务预案等。勤务预案的特点是：目标、任务和执勤分队相对固定；兵力部署、安全措施不经常变化；协作单位与协同方法相对固定；通信联络比较方便；组织指挥比较规律。

处突预案，是为处置各种突发事件而制订的特殊作战方案，是针对可能发生的各种意外情况而制订的应急处置预案。按任务性质可分为：处突作战预案、反恐怖作战预案、应急处置预案等。每种预案按对象、目标等因素的不同还可继续划分，如处突作战预案可划分为：处置暴(骚)乱事件预案，处置群体性事件预案、处置群体性械斗事件预案等。处突预案的特点是：情况变化快、时间紧、要求严、协同单位多、政策性强，通信联络复杂，不便于组织指挥等。

预案应按照规定的格式正式行文。通常有三种样式，即文字记述式预案、表格式预案和要图注记式预案。

表格式预案和要图注记式预案，通常均属于指挥机关工作所用的方案，如向上级提出报告建议时；召开作战会议对下级部署任务时；指挥所需要张挂时等，这两种形式比较形象直观。表格式预案，根据预案内容确定，做到内容全面、表达准确，便于使用。要图注记式预案，一般使用比例尺地图、特种地图、调制的地形略图做底图，图幅大小根据任务区域控制范围及兵力部署而定,做到既能显示完整的方案内容和注记有关事项,又清晰美观。

文字记述式预案,是一种最常用的方案样式,叙述比较详细具体,有严谨的行文规范。多以命令、指示等形式下发下级或下级报请上级审批后执行。预案正文前应加封面,下达警(分)队的预案不用封面。

制订行动预案是指挥人员的一项重要的作战指挥活动,尤其是在行动准备阶段,是指挥员组织战斗的一项重要工作内容,是战前准备的一个不可或缺的关键环节。

实际工作中,通常要针对今后一段时间可能发生的突发事件,并结合本地区以往已经发生的突发事件类型、规模、性质等情况,有重点、有针对性地拟制处置预案,做到预有准备,有的放矢。

（一）处置预案的基本结构框架及主要内容

1. 指导思想

指导思想,主要指处置预案的基本指导原则和依据。其内容通常包括:处置应遵循的方针与原则,处置背景与对象,体现的战术思想、主要战术手段和组织指挥方式,处置重点和要解决的主要问题,以及制定预案的目的等。指导思想一般应根据训练大纲的有关规定,由上级主管领导向编写人员明确,有时也可由编写人员按上级主管领导意图自行拟定。

[本案示例]　以习近平新时代中国特色社会主义思想和党的十九大精神为指导,以维护人民群众根本利益为目的,认真贯彻落实中央关于维护社会政治稳定的指示精神,坚持在党委、政府的领导下协同有关部门,妥善处置,积极主动化解矛盾。采取预有准备、严密防范、快速出击、依法处置的手段,把群体性事件对社会安定稳定的危害减少到最低程度。坚决打击危害社会安全的敌对破坏分子,确保重要目标的安全,确保我市政治、经济和社会稳定,维护正常的生产、生活、工作秩序和社会治安秩序。

为依法妥善处置群体性事件,维护社会稳定,根据《中共中央办公厅　国务院办公厅转发中央处理信访突出问题及群体性事件联席会议〈关于积极预防和妥善处置群体性事件的工作意见〉的通知》和公安部《公安机关处置群体性事件规定》以及福建省公安厅、福州市公安局有关文件精神,结合我市实际,特制定本预案。

2. 适用范围

主要指处置预案的适用区域、对象、范围及事件类型、性质等。

[本案示例]　本预案适用于福州市行政区域内发生的各种群体性事件,包括因土地征用、医疗事故、交通事故、各类工伤事故、工程建设、集体上访及其他原因引发的群体性事件。

3. 处置原则

总的处置与指挥原则有统一指挥、协同作战、快速高效、依法处置、控制事态、灵活应变、力促安全等。

[本案示例]

(1)坚持在党委、政府和上级公安机关的领导下,“谁主管、谁负责”、条块结合、分级负责的原则。

(2)坚持正确区分和处理敌对势力、人民内部两类不同性质矛盾的原则。

(3)坚持团结大多数,孤立和打击极少数的原则。充分发挥政治攻势,积极宣传劝导群众，防止事态升级扩大。孤立闹事首要分子，创造局部有利政治条件，尽量减少人员伤亡和财产损失。平息事态，不留后患。

(4)坚持“可散不可聚，可顺不可激，可解不可结”的原则。

(5)坚持“慎用警力、慎用强制措施、慎用武器警械”的原则，最低限度使用武力。

(6)坚持“依法果断处置”的原则。严格依法行动。在处置过程中，要严格遵守国家的法律、法规，认真贯彻上级的处置方针、政策和原则，执行条令条例，正确运用法律赋予的权利，妥善处置各种情况，防止处置失当，授人以柄。

(7)坚决贯彻上级的决策意图。服从命令，听从指挥，加强与友邻部队的协同配合，充分发挥我技战术优势，积极稳妥地采取处置行动。

(8)坚持集中统一，实施靠前指挥。在联指统一领导下，警队内部建立自上而下的指挥体系，实施垂直指挥；各级指挥员在确保指挥稳定的前提下，要实施坚定、灵活、靠前指挥；遇有重大情况，应及时报告，按命令进行处置。

4. 处置工作程序

(1)接处警

(2)启动预案

(3)成立指挥部

(4)警力集结与部署

(5)现场处置

(6)后期处置

5. 处置工作职责

主要是各处置组的划分及其任务区分。

(1)指挥组

(2)警戒组

(3)宣传组

(4)处置组

(5)抓捕组

(6)机动组

(7)保障组

6. 处置程序

(1)先期处置

(2)现场处置

(3)后期处置

7. 处置方法

[本案示例]

(1)抓捕首要闹事分子时

应采取迅速围控、隐蔽接近，突然出击的战法。抓捕行动开始前，要迅速封锁进出道路，锁定目标，并以适当方式显示武力，震慑暴徒；封锁部署形成后，要果断指挥抓捕分队以化装渗透、内外结合等手段，多路同时出击，以楔形或纵队队形穿插到位，分割包围，准确辨认暴徒，迅速制服并立即带离现场。

(2)解救被围困的重要人物时

应周密准备，快速出击，灵活运用各种解救手段，确保被围困的重要人物安全脱险。行动中，可采取围而不入，示而不打，警力威慑，政策攻心等手段，牵制、麻痹闹事人群，隐蔽我行动企图，为营救行动创造条件。以后，组织解救分队以正面牵制、侧后突袭；明暗结合，多路突入的方法，迅速楔入人群并形成护卫队形；同时，组织掩护队、预备队接应和支援，以内外结合，全面反击，打救并举的手段，迅速保护被围困人员安全脱险。

(3)封闭控制现场主要路口时

应根据地形和闹事人群的规模、行动企图，确定兵力部署。要坚持封闭通道，疏出阻入；阻驱并举，威慑控制的原则。封闭控制现场时，应形成多层围控的兵力部署，组织部分兵力设置阻截线、警戒线和必要的障碍物，采取人障结合，纵深配置的方法，严密封锁现场周围的主要路口、交通要道；控制主要建筑物和制高点，形成高低结合、内外联通的立体环形观察监控配系；形成固定与游动、守点与卡口相结合的双层、多向的警戒配置；同时要加强巡逻、警戒、守卡盘查，防止无关人员进入，严密监控闹事人群的动态。对不听劝阻企图强行进入警戒线的不法分子，应果断采取强制手段坚决予以拦阻。此外，处置群体性事件的难度与现场闹事人数及其暴力程度成正比，特别是闹事人群持有攻击性器械或在现场能够获取诸如砖头、木棒等即便攻击物时，将进一步增加处置难度和风险。因此，现场指挥员要注意安排机动警力对现场存放有攻击性物体的场所加强警戒、控制，必要时可清理现场可能用作攻击物的砖头、沙石等，以杜绝后患。

(4)维护现场秩序，进行宣传疏导时

宣传疏导前，必须准确了解把握对方的诉求和心态。大凡想要影响别人、说服受众，就应先行揣摩其当前的心理和处境，最好以其感兴趣的话题作为切入点，由情入理，将对方的利益诉求与我方的目的相勾连，或利或害，令受众们各为己谋，在不损害其自尊的前提下，使他们的行动或立场向着有利于我方的方向转变。沟通过程中，应将"话语""沉默"两者结合起来，不时地利用"疑问"和"选择"的方式，掌控交流的节奏。通常以"疑问"打开话题，再以"沉默"使对方畅所欲言，从中获得更多的信息；而以"选择"的方式对言谈进行限制，使谈话向着我们感兴趣的方向进行，争取对方的认同。

说服过程中，针对不同的对象，应以不同的方式加以对待，没有最好的言谈模式，只有最适合的说服方法。性急且刚的人，话语力求直接简短；情缓而柔的人，言词亦当含蓄饱满。卑下者，用丰厚的利益和潜在的危难，迫使他趋利避害；而高上者，则以高洁的志向和怀疑的诘问，激发其不畏艰险。彼此形势的对比也是选择说服手段的重要参考。我势强，而多以"阳式"说词，震撼对方的心智精魄；而我势弱，则多以"阴式"说词，博取对方的同情理解。此外，个例的描摹、感情的渲染、比喻("比")、类比("象")、选言推理的运用，都是常见又实用的技巧。而在对方不熟悉的领域，从众心理也将发挥出不可忽视的作用。同时，要注重坚持正面引导，耐心细致地宣传有关政策、法律和法规；要注意把握分寸，讲究宣传的方法和策略，不随意回答对方提出的问题和要求，防止授人以柄；要忍辱负重，冷静沉着，不急不躁，防止感情用事；要全面掌握情况，正确区分和处理好两类不同性质的矛盾，把一般闹事群众同少数骨干分子区别开来，及时揭露组织策划者的阴谋和罪行，尽量缩小打击面，扩大教育面，以争取多数，孤立少数，促其内部分化瓦解；要树立我威武之师、文明之师的良好形象。

总之，警方进行说服的根本目的不在于辩倒对方，以证明彼此的正确与错误，而在于最大限度地克服受众在接受外来信息灌输时所产生的逆反心理，使之觉得你的建议是最符合其利益的选择，以此引导其做出有利于我方的决定。

8. 组织指挥

(1)指挥方式、手段；

(2)集合地点和机动方式；

(3)信(记)号规定。

9. 可能出现情况及处置方法

(1)道路堵塞时；

(2)群众围观时；

(3)暴徒袭击时；

(4)出现其他情况时。

10. 有关要求及注意事项

(1)现场情况出现突变时，指挥员要判明情况，抓住重点，沉着指挥，按照相应预案有序应对，防止忙中出错；

(2)预备力量的使用及投放时机，必须遵循"及时、犀利、有效"的原则，真正起到应急救难、攻坚克敌的奇效；

(3)当现场情况急剧恶化且处置难度较大，我方以现有力量无法控制现场态势时，指挥员要当机立断，在集中优势警力控制关节点的同时，及时向上级指挥机关报告，并注意在等待增援的过程中伺机派出突击警力解决关键问题，做到以攻带守，以有效阻止现场事态的升级和蔓延。

(二)制订预案的程序

处突预案的制订，一般由指挥员授意机关起草，经集体讨论，进行方案优化，而后报上级研究批准，形成正式处突预案。

1. 理解任务，定下初步决心

处突预案的制订，首先要正确理解上级的意图，明确本级任务，分析完成任务的有利条件和不利因素，科学归纳情况，判断结论，定下初步决心。

2. 组织侦察或勘察，确定方案内容

定下初步决心后，应着眼处突任务的需要，及时组织侦察或现地勘察，采取各种手段和方法，广泛搜集情报信息，查明处突作战地区的地形、敌情、社情等有关情况。根据实际情况，确定战斗企图、警力部署、任务区分、行动原则，预测可能执行的具体处突任务，制定处置措施或行动方法。

3. 集体讨论，优化方案

处突预案基本内容确定之后，要充分发扬民主，经过指挥机关或召集各级指挥人员集体研究讨论，或对几个处突预案进行比较，确定最优预案。

4. 编制预案，规范成文

最优预案确定以后，由具体承办人按上级指示要求和预案格式拟制成所需的规范的处突预案。

5. 报上级审查批准

处突预案拟制完备后，按规定的审批权限和程序，报上一级指挥机关审查，经领导批准后执行。

（三）拟制应急预案训练的方法和步骤

1. 准备作业条件

应急预案训练的作业条件，是组训者提供给受训者拟制应急预案的基本内容和主要任务的情况设想。应急预案训练的作业条件也是根据警队（警官训练大纲、有关理论教材、课题类型）训练目的、警察执法应急行动任务的特点，结合受训者的警务素质和所在地区的自然、地理条件等因素，拟定的用于组织和诱导拟制应急预案训练的基本文书。应急预案作业条件的主要内容一般包括：基本情况、局部情况，要求执行的事项、参考资料和附件。

(1)基本情况

基本情况，是执行应急行动任务和预定执法作战任务全局的概况。目的是使受训者站在全局的高度，研究和处理局部情况。通过介绍基本情况，使受训者对执行任务的全局有一个全面的了解，便于领会和把握上级总的意图。

基本情况是根据所训课题的目的、内容、要求和执行任务的行动特点而具体构思的。主要内容包括：执行任务行动的总背景、总企图；当前的发展态势；其他有关全局情况等。

基本情况，主要应将平时各种突发事件及执法作战任务可能发生的类型、背景，以及可能带来的危害等情况交代清楚，写明上级对突发事件和执法作战行动的分析判断，或写明上级对突发事件发生征候的判断，写明上级为处置突发事件和有关执法作战任务而采取的基本措施和总的意图。

(2)现场情况

现场情况，是指与拟制应急预案直接相关的现地具体情况。它既是作业条件的主体部分，也是在训练中受训者拟制应急预案的基本依据。现场情况的具体内容因拟制方案不同而异，但其主要内容可概括为以下几个方面。

① 情况判断

写明上级对突发事件及执法作战任务的设想和预想，包括事发地区、可能发生的时间、规模、程度等。

② 上级任务和决心

上级任务和决心是受训者定下决心的主要依据，通常应写明上一级应付突发事件的主要任务和决心。为锻炼受训者分析判断情况的能力，通常概略给出上级的主要决心，不写明具体方向和地点。

③ 本级任务

指受训者本级所担负的应急行动任务。应写明本级所属分队的编成、配置位置、任务、作业者的拟定身份和角色。

④ 友邻任务

友邻任务是指左右邻警队的任务。应写明单位名称、警力、配置位置、任务及与本级的协同关系等。

⑤ 组织指挥

写明上级组织指挥机构的编成、本级指挥机构的编成、指挥员和指挥工作人员的各自指挥职责及相关指挥关系。

⑥ 有关保障

主要写明上级的有关后勤、物资器材保障措施;本级警队行动及相关指挥的保障措施和方式方法。

⑦ 有关要求与注意事项

写明上级对执行任务提出的有关注意事项、写明本级执行任务提出的有关要求和注意事项。

(3)要求执行事项

要求执行事项,是对受训者提出的作业要求和完成作业的有关规定。通常应写明受训者充当什么身份,完成什么作业,学习的材制和作业的基本标准等。

(4)参考资料

参考资料是指为受训者拟制方案所提供的补充条件。通常包括:执行任务地区的社会、政治、经济情况;当地政府的有关机构、行动方案和能力;地形、交通、天候、季节、水文、海浪等情况。

(5)附件

凡上述各项不易表达的内容,均可用附件的形式表述。常见的附件有:警力编成表、组织指挥机构编成表、态势图、决心图等。

2. 编写作业预案

作业预案,是组训者根据应急预案的有关规定和作业条件拟定的作业答案。它是检查受训者作业方案正确与否,以及统一作业方案的标准和依据。其主要内容根据所拟制的应急预案,重点体现情况判断结论、主要决心、任务区分和组织指挥等。

3. 组织受训者草拟应急预案

(1)提供作业条件

提供作业条件,就是组训者将作业条件提供给受训者。通常采取电话通知、电报、书面下达等形式,将提前拟制好的应急预案作业条件,一次或逐次提供给受训者;同时还可根据情况,结合有关图表,为受训者讲解作业条件,一次或逐次提供给受训者;同时还可根据情况,结合有关图表,为受训者图解作业条件的基本内容,使受训者明确上级对敌情及形势的判断,明确上组的意图和本级的任务,以便于受训者展开作业。

(2)了解任务,准备资料

受训者受领训练任务后,首先要依据提供的作业条件,反复了解作战任务和应急行动任务,深刻理解和领会上级意图。通过了解任务,一是要弄清上级对情况及形势的判断,明确任务性质，包括配合支援对象的任务及行动。

应急预案的编写，也是对对抗双方的战术理论以及相关知识的综合运用。要求受训者必须具备广博的知识。因此，编写前应围绕所编写内容广泛搜集和学习相关资料。其主要包括：处置对抗的有关战略或作战理论；编制装备、条令、条例；警种知识；战史、战例、学术观点；警察储备数量、分布；地形、道路、气象(水文)和兵要地志等有关资料。

准备资料要充分利用平时掌握的各种资料，要突出重点，尤其注重掌握高技术条件下局部执法作战的特点规律和新形势下警察应急行动的特点，各种资料要准确可靠，力求做到编写有根据，对策有例证。

(3)草拟方案

在了解任务、准备资料的基础上，根据想定提供的作业条件和要求，迅速展开拟制。拟制应急预案的作业，通常采取集团作业的形式，受训者以同一职务身份进行作业。

拟制时，应根据不同的应急预案，着眼其各自的特点进行拟制。通常按照判断情况、定下决心、逐项拟制的程序进行作业。受训者要对上级的意图和受领的任务，进行认真理解和领会，全面详细地判断敌情、我情、友邻、地形、天候等情况，结合上级赋予的任务，得出分析判断结论。在此基础上定下基本决心，确定警力部署、任务区分，拟制所训方案。

其基本步骤有以下几步。

第一步，对作业条件中提供的情况进行综合分析，找出那些材料是必需的，那些材料是参考性的，将必需的内容进行归类。

第二步，依据情况和上级的要求进行设计，设计时应先主要方向，后次要方向；先主要任务，后次要任务；先概略，后精确。

第三步，按应急预案的格式逐项进行填写。文字记述式按先后顺序进行编写；表格式先设计出表格，然后再按表格项目逐一填写；要图注记式应先绘出草图，然后在图上适当位置设计各种行动。

1. 组织现场勘察

为使拟制的应急预案切实可行，通常应组织受训者进行现地勘察，以保证所拟方案与实际地形、地物相一致，与实际情况相吻合。

现地勘察时，主要研究和明确的问题是：察明遂行任务的地区地形、道路情况；伪装、防护条件，特别要详细察明便于我方开进、隐蔽接近、展开抓捕；配置火力分队和运输车辆的地形，便于我抢占的有利地形(要点)，追击堵截的方向和地段；指挥所(组)的位置等。通常采取逐次勘察的方法，并拟制勘察方案。

2. 修订、完善预案

勘察结束后，组训者应及时组织受训者对草案进行修改和完善，使应急预案与客观实际相一致。当设想的方案与现地判别较小时，可对原方案进行局部调整和修改；当设想的情况与现地差别较大时，受训者应果断地按照勘察得来的实际结果，打破原有方案的框架，重新进行拟制，直到符合实际情况为止。

3. 小结讲评

作业结束后，组训者应适时进行小结讲评。当组织多个方案的作业时，每进行完一个方案的作业就应进行一次讲评。当全部作业完成后,应进行总结。

总结讲评时可结合作业预案,也可选择受训者的优秀方案结合预计结果进行讲解,主要从理论与实际的结合上,方案利与弊的分析上,表扬先进,指出问题。

(四)制订处突预案的要求

1. 必须正确领会上级意图

上级意图就是在受领任务时上级指挥员所提出的原则性的指示和要求,是防暴处突任务的行动准则。由于公安机关所执行的任务政治性非常强,警队的处突行动涉及国家的政治、外交、统战、开放、稳定等政策,所以,在制订处突预案时,必须正确领会、理解和消化上级意图,以保证首长决心的圆满实现。

2. 必须与实际情况相结合

处突预案的酝酿、制订和修订,首先要符合担负任务的实际,其次要符合警(分)队素质的实际,再者要符合任务地区的环境实际。

3. 必须具有很强的可操作性和时效性

所制订的处突预案,要求所有指挥员和作战人员都要娴熟于心,运用自如。所以,制订时,必须做到明确、具体、适用,便于执行和训练。

4. 必须按规范的格式和内容书写

一份好的处突预案,既能让上级看明白,又能让下级领会意图、便于操作。所以制订时应把重点放在正文的书写上,力求格式规范,内容翔实、语言精练,符合警务作战文书的记述规定。制订和行文时,要根据或参照《国家行政机关公文处理办法》及《公安机关公文处理条例》中有关战斗文书的要求规范拟制。

(五)拟制应急预案训练的基本要求

1. 加强作业指导,提高拟制质量

作业中,组训者应适时进行检查指导。其主要采取个别指导和集中辅导的方法。当发现个别问题时,通常进行个别纠正。当发现作业中有普遍问题时,应及时暂停作业,集中进行讲解,以克服存在的问题。通过纠正和辅导,使受训者能够按照组训者的意图进行作业。

2. 内容准确,完整配套

应急预案,是警(分)队未来遂行执法作战任务和应急任务的基本依据。因此,拟制应急预案之时必须做到内容准确,完整配套。

一是必须符合上级意图和未来执法作战的战场情况,方案内容要充分体现处置决心,任务分解细化过程要始终贯彻上级意图,力争用最优标准拟制方案。

二是必须符合执法作战的法律规定和战术原则,符合执行各种应急行动的特点规律,便于操作执行,便于迅速达成作战目的。

三是行动要素齐全,完整配套。围绕完成预定执法作战或应急处置任务,各种情况都要预想周到,任务区分要合理,符合分队实际,各项保障措施细致周密,齐全配套。

四是格式规范,表达准确。要严格用警用文书的有关规定拟制方案,力求结构严谨,格式规范,恰当使用标准警用语言,正确使用警队标号,准确引用资料,各种数据准确实在,文字、图表表达准确。

3. 多案练习，突出重点

拟制应急预案必须从实际出发，从复杂情况着眼，预见各种情况可能的发展变化，对多种方案进行练习和训练。由于警(分)队在平时和战时将担负多种作战任务，其应急预案也必然带有多样性的特点。因此，应力求对平时和战时可能应用的应急行动或执法作战方案都预想出来，以便比较筛选。

所谓不同方案，就是在作战企图、主要方向、警力部署这几个要素中，只要有基本要素与其他方案不同就可以称为不同方案。预想多种不同方案，一方面可使方案具有相对稳定性和灵活性；另一方面，大胆设想各种方案，可以为选择最优方案创造良好的条件。因此，要充分发挥主观参动性，大胆设想各种方案，并进行模拟和论证，寻求一个最优方案，即按照趋其利最大，趋其弊最小的原则选择出一个最优方案，并作为主要方案。

另外，由于警(分)队训练时间有限，对所有的方案进行普遍地训练难度较大。因此，每次训练应根据不同时期、不同任务特点，有选择地对某一个应急预案进行重点训练，把一种方案练熟、研究透，达到举一反三的训练目的。

4. 联系实际，切实可行

拟制应急预案训练，是警(分)队警务实战训练的一项难度较大的高级训练活动，对组训者和受训者都提出了更高的要求。为此，应急预案的训练应紧密联系警(分)队的实际，建立在切实可行的基础之上。

一是依据形势和任务的变化，适时进行训练。随着现代科学技术的飞速发展，法治手段的日新月异，对侦察、伪装、防护等提出了更高的要求，各种执法作战任务的手段和保障措施也要随之不断发展完善。

二是依据警察的不同文化层次和素质状况，进行有针对性的训练。

三是依据各时期任务和所在地区的实际情况及上级要求等，灵活的选择训练内容，并尽可能使拟制预案训练与实际相一致。有些训练方案也可作为应急预案的参考，但应严格注意保密。

三、撰写预案(55 分钟)

学生按要求开始独立撰写预案。

四、分组研讨(10 分钟)

教师将一个区队 50 人按小班为单位分为 10 个组(每组 5 人)进行研讨。每个研讨小组选出一名小组长，由小组长负责组织讨论并做好研讨记录。研讨时着重围绕处置战法与技巧、现场组织指挥与谋略运用、决策要诀、战斗实施步骤和注意事项等方面展开。小组研讨结束后，由小组讨论确定每名小组成员的小组发言成绩(具体评分标准见表 2-6)。小组发言评分栏中，发言 1 次得 2 分，依此累加，最高 8 分。发言时长每 30 秒计 2 分，依此累加，最高 12 分。

五、交互评分(5 分钟)

评分表先由学生个人对照参考答案和评判标准给自己打分，接下来将本讨论组同学的作业交由另一讨论小组评阅。经讨论小组集体协商后确定作业分数,实现小组间的交互评分。小组交互评判得分完成后,要与作业者本人见面。若学生本人对作业分数有异议,可提请教师介入评判。最后将全区队的作业收齐,交由教师综合衡量、统筹把关后,得出教师评判分,即作业的最终得分。

六、小结讲评(5分钟)

1. 由教师分析讲评

教师集中讲评整个训练情况。结合训练内容、目的任务评述完成情况并对下列计划进行点评。

2. 表扬训练过程中的好人好事。

3. 提出存在的问题,说明解决的方法。

4. 布置课后练习,宣布下次课的内容及所需装具。

5. 将学员交由学员区队长报告后统一带回,清理训练现场。

表2-6 对分训练成绩评定表

姓名: 学号: 成绩:

<table>
<tr><th rowspan="2">序 号</th><th rowspan="2">评分项目</th><th rowspan="2" colspan="2">评分标准</th><th rowspan="2">分 值</th><th colspan="3">成绩评定得分</th></tr>
<tr><th>个人</th><th>小组</th><th>教师</th></tr>
<tr><td rowspan="7">1</td><td rowspan="7">个人作业
(70分)</td><td colspan="2">情报信息分析的要点</td><td>10</td><td></td><td></td><td></td></tr>
<tr><td colspan="2">地形、时间、社情、天候判断</td><td>15</td><td></td><td></td><td></td></tr>
<tr><td colspan="2">对方逃窜意图的分析研判</td><td>20</td><td></td><td></td><td></td></tr>
<tr><td colspan="2">“闪亮亮(亮)”</td><td>10</td><td></td><td></td><td></td></tr>
<tr><td colspan="2">“考考你(考)”</td><td>5</td><td></td><td></td><td></td></tr>
<tr><td colspan="2">“帮帮我(帮)”</td><td>5</td><td></td><td></td><td></td></tr>
<tr><td colspan="2">卷面整洁度及错别字</td><td>5</td><td></td><td></td><td></td></tr>
<tr><td rowspan="7">2</td><td rowspan="7">小组发言
(30分)</td><td colspan="2">次数</td><td>4</td><td></td><td></td><td></td></tr>
<tr><td colspan="2">时长</td><td>6</td><td></td><td></td><td></td></tr>
<tr><td rowspan="5">质量</td><td>言之有物、言之有理</td><td>4</td><td></td><td></td><td></td></tr>
<tr><td>触类旁通、旁征博引</td><td>4</td><td></td><td></td><td></td></tr>
<tr><td>思路清晰、逻辑性强</td><td>4</td><td></td><td></td><td></td></tr>
<tr><td>简明扼要、一针见血</td><td>4</td><td></td><td></td><td></td></tr>
<tr><td>分析透彻、要点齐全</td><td>4</td><td></td><td></td><td></td></tr>
<tr><td colspan="5">总计分数</td><td></td><td></td><td></td></tr>
</table>

备注(略)

第三章　反劫持战斗指挥训练

劫持人质是指犯罪嫌疑人以暴力手段或者以实施暴力相威胁，控制他人的人身自由，并以处死、伤害、折磨被控制者相要挟，强迫第三方或被控制者本人满足其某种要求，以此作为释放被控制者的交换条件的犯罪行为。由于被控制者成了劫持者满足其要求的"抵押品"，所以将其称为"人质"。劫持人质是严重暴力性的犯罪行为，劫持者通常都持有枪支、爆炸装置或刀具等作案工具，其暴力程度，危害后果、社会影响力不可小觑。

反劫持战斗，具有风险高、战机稍纵即逝、解救困难、随机应变性强和指挥处置难度大等特点。解救行动的胜败得失，很大程度上取决于组织指挥是否正确高效。开展反劫持战斗指挥训练，就是要通过训练，提高战斗指挥的统一性、层级性、准确性、及时性、果断性和灵活性，使各级指挥员熟练掌握反劫持战斗的程序、战法和指挥要领。

科目一　《反劫持战斗指挥训练》

实训指导书

Ⅰ〔训练提要〕

一、训练科目

反劫持战斗指挥训练。

二、训练内容

1. 反劫持战斗情报、现场态势的分析评估及风险预判；
2. 反劫持战斗决心及行动方案的制定；
3. 警力分工、战斗部署、战斗行动组织指挥及应变；
4. 反劫持战斗行动中警组协同配合及指挥默契训练；
5. 反劫持战斗指挥训练法。

三、训练目的

1. 了解反劫持战斗的特点，学会分析地形。熟知反劫持战斗的基本程序、步骤及要求；

2. 熟练掌握反劫持战斗的主要战法，能灵活运用技战术快速、高效、安全地完成缉捕任务；

3. 掌握反劫持战斗组织指挥和协同配合要领；

4. 通过训练切实提高指挥员组织指挥水平和临战应变能力；

5. 掌握组织实施反劫持战斗指挥训练的方法，提升开展此类训练的组织领导能力。

四、训练重点、难点

(一)重点

反劫持战斗部署及战斗行动组织指挥。

(二)难点

反劫持战斗中，处置行动中指挥默契和临战应变能力训练。

五、训练方法

理论提示、讲解演示、指挥训练、应变训练、检查验收、小结讲评。

六、训练要求

1. 严肃训练场纪律，遵守训练规范，一切行动听从指挥，做到令行禁止。

2. 严格训练、严格要求、严密组织。坚持练为战的方针，所有训练按实战的要求进行，保质保量完成实训任务。

3. 认真体会、掌握指挥要领和训练方法。刻苦训练、开动脑筋、积极思考、灵活应变、相互探讨、共同提高。

4. 依法行动、遵循程序、确保优势、机智灵活、防控为先、安全第一。

七、训练考核评判标准

指挥训练重在提升受训者的组织指挥能力。同时，也要通过训练锻炼培养受训者学会组织实施指挥训练的程序、步骤和方法。因此，在考核评判过程中，可从战术意识、法律意识、指挥决策、临场应变、训练方法及效果等方面进行全面衡量，力争做到以考促训。

具体考核评判标准详见表 3-1：反劫持战斗指挥训练考核评分表。

表 3-1 反劫持战斗指挥训练考核评分表

项　目	评分标准	分　值	得　分
战斗情报、现场地形的分析评估及风险预判(20%)	情报意识(敌情、我情、友邻、社情、天候)	5	
	情报信息分析、判断、深度挖掘	5	
	现场地形利弊分析及战术价值推断	5	
	风险评估及预判	5	
处置决心及行动方案的制定(20%)	行动决心	5	
	谋略意识及运用	5	
	反劫持战法选择	5	
	行动方案	5	

（续表）

项　目	评分标准	分　值	得　分
警力分工、战斗部署、战斗行动组织指挥及应变(40%)	警力分工	5	
	战斗部署	10	
	指挥方式、手段、效率及默契程度	10	
	战机把握	5	
	现场突发情况应急应变	10	
训练方法及效果(20%)	训练方式、方法多样灵活，善于启发	10	
	组织实施严密，训练效果良好	10	

八、训练安排

（一）学时分配

本科目实训按照一个区队 50 名学生为基准，安排 2 个课时（90 分钟）。若参训人数有变动，可按实际情况酌情增减训练时数。

1. 准备活动（5 分钟）
2. 理论提示（5 分钟）
3. 指挥训练（45 分钟）
4. 应变训练（25 分钟）
5. 检查验收（5 分钟）
6. 小结讲评（5 分钟）

（二）场地器材

场地：战术训练场。武器、警械、器材见表 3－2 所示。

表 3－2　武器、警械、器材表

名　称	数　量	单　位	明细及要求
警用八件套	50	套	
狙击步枪	2	支	
防弹衣	25	件	
对讲机	30	台	
匕首	3	把	
防弹头盔	50	顶	
便装上衣	15	件	
震爆弹、闪光弹、催泪弹	6(各 2)	枚	各 2 枚

（三）训练对象及人数

一个区队共 50 名学生，以区队为一个教学单位进行训练。学员接触和从事公安基层工作较少，实战经验不足。

（四）教官分工

主讲教官1名：负责编写训练大纲、计划、教案、实训指导书，组织训练。

助讲教官2名：负责布置检查场地、训练器材保障，配合示范；分组指导训练。担任训练现场指挥和导调人员；安排情况显示员；配合主讲教官教学并做好训练事故防范与处置等工作。

辅助教官2名（从学生中选出）：协助教官做好场地器材布置、保障，配合示范、训练；担任小教官指导学员训练。训练时根据教官安排担任情况显示员。

Ⅱ 〔训练进程〕

第一阶段：准备活动（5分钟）

一、学员区队长负责将队伍集合，清点人数并向教官报告，教官下达命令整理服装及装备，进行验枪。

二、教官宣布本次课的训练科目、提要、内容、目的任务、组织形式及要求。

三、情况显示员的选定及任务安排：由辅助教官担任，人数若不足时可抽调学员补充，并单独安排具体任务。

四、进行热身运动

1. 慢跑：400米×2圈；

2. 徒手活动：（呈体操队形散开）内容——头、颈、肩、胸、腰、膝关节、手腕脚踝运动及身体韧带拉伸练习（4节8拍练习）。

第二阶段：实施部分（85分钟）

一、理论提示（5分钟）

［案情设定］　某年11月16日14时许，某市中级人民法院法警押解刘某志、郑某东等5名被告人前往法庭接受审判。突然，刘某志、郑某东挣脱手铐逃跑，法警奋力追赶，鸣枪警告无效后，将刘某志当场击毙。郑某东越过法院围墙，抢下一辆自行车，并从路边一间腌卤店内夺过一把菜刀，疯狂窜至林浦村227号实惠鞋店内，将店主王某夫妇连砍数刀，逼出店堂，持刀挟持其仅一岁两个月的幼女，与一直紧追不舍的法警、巡警和群众对峙。据查，郑某东在七年间，单独或伙同他人在全国各地犯下重特大案件109起，致死8人，致伤40余人，抢盗赃款赃物价值180多万元。警方迅速调集警力封锁现场，对郑某东形成铁壁合围。警方在林浦村223号设立了现场处置指挥部。指挥部要求，处置中务必确保人质（幼女）安全，郑某东凶残狡诈的杀手特性和复杂的现场情况被一再强调。

劫持人质是极端暴力的犯罪行为，现场具有较大危险性和不可控性。在反劫持行动中，“以人为本，生命第一”原则当属务必遵守的首要原则。在该原则下，对反劫持人质行动成功与否的判断标准是：劫持者和人质都未伤亡的，称之为“双赢”；劫持者死亡，人质未伤亡，称之为“残缺地完成任务”；双方都伤亡的称之为“双输”；劫持者、人质和警察三方都伤亡称为“三输”。不胜枚举的反劫持行动“双赢”的案例告诉我们，在诸种处置方式中，应将“不战而屈人之兵”的和平解决方式作为首选方式，即使必须进行武力强行处置时，也应尽可能采取无创伤生擒的处置方式。要在反劫持行动中能够真正践行“以人为本，生命第一”原则，必须做好以下几点。

(一)警戒疏散，控制现场

组织警力，设置警戒线，快速疏散现场无关人员，加强现场管理，对劫持者实施围控。围控并不意味着将所有的围控警力、行动和部署都暴露给劫持者。围控只是告诫劫持者：警方已经到场，并且对其实施了严密包围，使其认真衡量一下自身的力量和处境，迫使其向警方妥协。现场有人员伤亡的，应及时组织救援。安排监控警力利用各种掩体谨慎接近中心现场。在现场附近处于安全隐蔽位置上的制高点，要安排狙击手和观察哨监控现场，及时报告异常情况。

(二)领会意图，依法处置

准确领会上级意图，能动性地按照上级命令指示，迅速组织实施处置行动，做到“动不失时，行不逾规”，是圆满完成反恐战斗任务的重要前提。一要严格执行命令。反劫持行动政策性强，受法律制约，处置手段是否得当，直接关系到社会稳定以及人民群众生命安全。因此，在采取重大行动之前，必须慎重行事，依据上级和当地党委政府命令果断处置。二要加强请示报告。一线指挥员必须加强请示报告，注重信息交流与沟通，及时准确领会上级意图，并在上级意图之下，捕捉战机，果断行事，保证组织指挥目标的实现。三要灵活组织指挥。对于事关全局又涉及与友邻协同等重大问题，要不折不扣地落实到位，不可自作主张，擅自决断。对于本单位独立执行的任务，可以围绕上级总体意图，活用兵力、巧用战法、果断指挥，敢于冒风险、破常规，防止优柔寡断、瞻前顾后而贻误战机。

(三)积极谈判，力争双赢

《孙子兵法》曰：“上兵伐谋，其次伐交，其次伐兵，其下攻城。”用谋而求胜，历来为众多军事家所推崇，成功战例不胜枚举。而攻心之术在许多反劫持人质行动中亦大放异彩。注重谈判技巧的合理运用，达成不战而屈人之兵、以智取胜，是反劫持处置的最高境界。劫持者劫持人质以后，一般都要经历三个心理过程：紧张敏感阶段、清醒理智阶段、寻找解决办法阶段。劫持者在劫持人质与警察对峙初期，紧张敏感、感情冲动、缺乏理智，挟人质自重。劫持者往往觉得自身力量强大，足以对付警方，占据主动。从人质的角度来说，劫持开始的15到45分钟是最危险的，因为这个时候劫持者还处于一种持续的应激状态。在美国的很多胁持案件中，这个时间段人质一般都受伤或者被杀害了。随着时间的推移，通过谈判人员策略性地讨价还价，并辅之以警方强有力的武力威慑。劫持者最终会清醒地认识到：形势根本没有像他设想的那样发展，其要求并不能得到满足。劫持者的期望值会随时间的推移而不断降低，并逐渐丧失控制局面的信心。这会导致其最初的劫持动机发生变化，或愿意接受更低的条件，甚至缴械投降。

反劫持处置模式：武力威慑—讨价还价—降低期望—丧失信心—改变行为。谈判之初，劫持者处于紧张敏感阶段，不应就实质性问题直接展开谈判。首先，要仔细查问、观察，了解劫持者的人数、凶器或枪支种类和数量，是否开过枪，爆炸物(或者疑似爆炸物)的位置和状态，受伤者的情况等，要尽量稳定现场所有人的情绪。有机会与嫌疑人对话时，应当态度和蔼，了解诉求和基本情况；有机会与人质对话时，应劝其冷静，问询其身体状况等。同时，应在思想上给予其一定的压力，使其重新衡量一下自身的力量和处境。某些情形下，警方可向劫持者展示警方强有力的武力(警方的包围、警力调动、狙击手严阵以待)而不实际使用。意在告诫劫持者坐到谈判桌上与警方谈判，并向警方做出妥协才是上策，对抗对他不利。只有力量才能限制力量，实力是谈判的基础。在此基础上，谈判人员进入谈判角色。谈判伊始，双方需有一个互相沟通、了解的过程。谈判人员首先向劫持者自我介绍："我是某某单位的警察，我愿意帮助你。"此时，不必涉及任何头衔和职务。谈判人员要向劫持者表明对他并无恶意，而是抱着对他负责的态度，与他一道共同探讨妥善解决问题的途径。

谈判人员要以提供帮助，共同度过现时危机的姿态与劫持者谈判，展示诚意，给劫持者以诚实、正直的感觉，建立信任气氛。无论谈判者的本意如何，都应以诚来打动他。接着，要求劫持者谈一谈自己的情况，以及他为什么要采取这种方式解决问题。谈判人员不要盛气凌人地训话，以免增强其焦虑感，从而激化矛盾、徒生恶果。谈判时应尽量拖延时间，争取有利战机。谈判人员不得轻易承诺，不使谈判陷入被动。

谈判的实质是能量的传递。信息本身是没有能量的，而信息的交流能产生巨大的能量。有时，我们与人交流中会有触电的感觉，这其实就是沟通双方在情感、认知、利益诉求以至心灵上产生共鸣与碰撞后，相互之间进行能量传导的体现。谈判的目标一是力求和平解决，二是为武力处置创造条件。只要有可能，就应追求第一个目标的实现。条件不具备时，将目标调整到为武力处置服务。但从效果而言，谈判不能简单以说服或制服劫持者为目标，只要能避免悲剧发生，以较小的代价换取较大的安全利益，也是谈判可接受的目标。

(四)统一号令，加强指挥

反劫持战斗，应特别强调统一指挥，防止各行其是，各自为战。各处置分队必须在现场最高指挥员的统一指挥调度下，协调一致，统一号令，有序展开行动。一般情况下，指挥机构分为三个层级。首先是总指挥部。其成员根据案情需要，可由党政领导以及公安、武警、消防、交通、卫生等相关部门领导组成。总指挥部主要负责对整个案件的统一领导，统筹协调各部门和各警种，研究重大处置措施，确定对外口径，正确引导舆论宣传。其次是中心现场指挥部。在案发前期由属地公安机关负责指挥，在处置队伍介入后，指挥官应由总指挥部指定。主要负责：组织相关警力，负责中心现场的围控；为总指挥部提供全面、客观和准确的现场信息；在条件允许的情况下，建立视听传输系统，指挥调派中心现场的各警种和警力，安排谈判、营救、狙击、抓捕等各项工作。最后是现场指挥部。其主要负责第一线的处置调度，并具体指挥各警组的战斗行动。

加强指挥的要求是有如下几点。

一是反劫持行动的指挥机构精干，指挥线条清晰。指挥体制内相关人员必须掌握和善于运用处置指挥的规律，在处置指挥上能表现出处变不惊，从容、沉着、老练和成熟。

二是现场指挥员指挥有方。作为劫持人质案件处置的现场指挥员，必须精通处置法律依据，具有精湛的侦查业务知识，丰富的专业指挥经验和卓越的指挥能力，敢于承担责任的优秀品质，尊重生命价值的执法理念，要具备高效指挥参战力量的能力。反劫持战斗处置行动，参与力量多元，成分复杂，能否保持统一的指挥至关重要。因此，指挥员要善于根据各参战警力的特长，确定使用哪些力量，投入多少力量，控制多少预备力量和什么时候使用预备力量。如何确定战斗编成、任务区分及配置以及战斗进程的控制要素等，所有指挥细节，指挥员都必须正确把握，做到心中有数，以确保战斗行动在上级的统一意图下，各参战力量在时间、空间和行动上的协调一致。

三是参战人员训练有素。先期到场进行初步处置的警员能应对有度，措施稳妥，为专业人员到场之后的深入处置奠定良好的基础；谈判人员应受过专门训练，具有专业谈判知识，能够遵循正确的谈判原则，熟练运用谈判技巧；突击队员平时应练就高强本领和行动过程中巧妙的战术运用，且有扎实的特战理论功底，高超的智力，超常的体能，"静若处子，动如脱兔"、出手凌厉的灵敏反应能力，精湛的特战技能，默契的协调，稳定过硬的心理素质，勇往直前的战斗精神、英勇顽强的战斗作风、坚不可摧的战斗意志、团结奉献的战斗品质。

(五)把握战机，活用战法

1. 灵活运用攻击战法

大量的反劫持战例说明，战法使用得当与否，直接关系到处置行动的成败。因此，是凭借强大的火力采取猛虎掏心、分进合击等战法对劫持者实施武力强攻，还是通过运用伪装、诱伏、点击和"催眠"等出其不意、突然袭击的智取战法，要求指挥员因情就势，科学设计、善于创新和灵活运用战法。

2. 合理选择攻击手段

攻击手段选择正确，有助于保护人质，减少伤亡。因此，在武力打击、政策攻心等手段的选择上，是使用武力打击还是谈判攻心，是使用杀伤性武器还是使用"慈"杀伤武器，这些都需要指挥员根据战场需要，合理选择攻击手段，努力实现"不战而胜"的目标。

3. 科学确定攻击时机

反劫持行动对武力突击时机的选择要求高、难度大，过早或过晚都会适得其反，造成被动。因此，对如何使用武力，使用的时机、范围、程度、规模，在原则范围内，指挥员要根据战场态势确定，并牢牢把握攻击时机，"出其不意，攻其不备"，"攻击短处，击其要害"，迅速高效地完成战斗处置。

二、指挥训练(45 分钟)

(一)情报分析

劫持事件发生后，警方应加强现场勘察，分析地形，掌握现场态势，全面了解案情，迅速采取多种方式，了解掌握劫持者及整个事件的背景，为有效处置创造有利条件。在全面了解、掌握信息的基础上，对现场态势和战斗风险做出合理评估，为下一步制定处置方案奠定基础。

一是了解劫持者基本情况。劫持者性别、年龄、性格、体态特征、穿着打扮、文化程度、智力水平、生活习惯、爱好与兴趣、精神状态、职业身份、成长经历、违法犯罪记录；劫持者的家庭成员情况、宗教信仰、教育状况、工作情况、健康状况，其与哪些人关系密切，对哪些人怀有敌意,哪些人能对其产生影响及事件现场地理、交通、社情等情况。二是了解人质的基本情况。人质的性别、年龄、健康状况、文化程度、智力水平、精神状态、职业身份。与劫持者是否认识,有无瓜葛,有无仇怨等。三是了解劫持者的目的。一定要弄清劫持者实施劫持的诱因、动机以及劫持的发展过程,近期受过何种挫折和刺激。四是了解劫持者所持武器种类、数量、性能和技能情况。要观察劫持者手中凶器、枪支或爆炸物的种类、数量与性能,对其所持凶器的真假做出判断。五是劫持者的组织状况、人数、首要分子、次要分子。当然,有时不可能迅速将上述内容全部了解清楚,这种情况下,可以边处置边了解情况。

不同性质的劫持者提出的要求存在一定的区别,主要有政治诉求、物质要求、脱逃要求、生理需求等几种类型,其中脱逃要求与生理需求具有普遍性。因此,必须分析掌握劫持者的类型及诉求特点。

1. 政治型劫持者主要提出政治方面的诉求

这是因不同的政治和意识形态引起的,此种类型的劫持者大多数来自某个恐怖组织或反政府组织,对现行的政治、经济制度极端仇视,或对现行的国家政策极度不满,有着鲜明的反党、反政府、反社会的特性。有的受国际敌对势力或国内反政府组织操纵,进行有组织、有预谋、有计划的恐怖劫持活动。其目的是通过制造劫持事件迫使政府满足他们的某种政治或经济要求,劫持目标大多数是劫持后能产生重大国际影响的人或物,如社会要人、关押的人犯、飞机、船舶、使馆、重要的公共设施或主要交通工具等。这类劫持者犯罪信念顽固,所提出的要求与期限条件苛刻,关键时刻不惜与人质同归于尽。

2. 经济型劫持者主要提出物质方面的要求

此种类型的劫持者一般为黑社会性质组织的成员,犯罪团伙成员或为贪图不义之财而临时纠合的亡命之徒。通常以团伙形式出现,劫持动机单一明确,通过劫持勒索钱财以满足其物质需求,劫持目标通常为社会重要人物或富有者及其亲属。这类劫持者求生欲望强烈,贪财惜命,紧张敏感,易受外界因素影响,心理承受能力不强,有时较易于瓦解其心理防线。

3. 拒捕型劫持者主要提出脱逃方面的要求

此种类型劫持者一般为负罪逃窜者,其劫持行为通常是在被警方追捕过程中临时起意而仓促实施的。其目的在于以人质为掩护摆脱警方的围捕,逃避打击。其劫持目标具有不确定性,或是劫持交通工具,或是劫持人质。一般以个体作案形式出现,缺乏劫持犯罪经验,内心恐慌不安,情绪受外界影响大,易做出冲动的举动。

4. 报复型劫持者根据其指向内容的不同,要求也有差异

此种类型的劫持者一般存在狂躁、偏激的人格倾向,往往因个人的某些利益受到损害,或在生活中受到挫折,或认为某些问题和纠纷得不到合理解决,对有些团体、组织和个人采取敌对与仇视的态度而实施报复。劫持目标一般是其仇视对象及其亲属,通常以个体犯罪形式出现,作案时常使用一些简单实用而有一定破坏力的劫持工具,如自制的易燃爆炸物、凶器等。这类劫持者态度强硬,往往孤注一掷,持与人质同归于尽的心态。有的劫持者存在变态心理,行动往往出人意料,但自我防卫意识不强,抵抗能力较差。

5. 精神障碍型劫持者表现为要求不明确或无要求

此种类型的劫持者是指具有精神障碍的病人,劫持目的要求不明确,动机混沌不清,劫

持目标也不固定。一般特征表现为：一是劫持行动游移性强，思路紊乱，行为费解；二是情绪狂躁不安，对外界因素反响十分强烈，可随病情发展程度采取突然性的攻击行为，伤害人质的可能性很难预料。

但无论是哪种性质的劫持者，在分别提出政治诉求、物质要求或脱逃要求的同时，另外又提出食物、水等基本生理方面需求的具有普遍性。

（二）风险评估

在复杂多变的反劫持战斗中，警察面临的风险无处不在：情况不明时，可能会遇到与预期想象完全相悖的风险；突发情形中，可能会直面意想不到的生死考验；顺风顺水时，所面临的将不再是可见风险，而是潜在威胁或难以察觉的隐患。战斗的最大风险，在于明知有风险却不知风险到底在何方，在于它不给我们控制风险（改正错误）的机会。

作为警察，不仅要有无惧风险的勇气，更要有发现风险的能力，如果你嗅不到风险，那么胜算将离你而去。反恐战斗胜利的标准一是达成预定目的，二是成本不致过大。战场上所谓的"不惜代价"绝不是"不计代价、不计后果"。警惕性是反劫持战斗的灵魂。有一千个成功的理由，就一定会伴随出现一万个失败的风险。只有了解战斗风险，懂得风险，警惕风险，善于识别、管理、控制风险，才能防患于未然，才能让犯罪分子望而却步，心生畏惧，进而有效地震慑、控制暴力犯罪，最大限度地规避不应有的伤亡，有效地保护公众安全和社会稳定。

风险控制，是反劫持战斗中必然面对的问题。其实，风险控制在战前就已开始。现代反劫持战斗的严峻现实告诉我们，在战前研究和防范风险所下的功夫越多，战斗中的风险控制的收效就越大。不进行风险研究的战斗，就像打扑克从不看牌、不算牌一样，必然失败。如何预先评估风险，将战场风险从"看不见"转为"看得见"，从而有效提防战斗中可能出现的不利因素与隐患，甚至将其消灭在萌芽状态，即是风险控制最大的魅力与价值所在。

战斗风险由战场而定，风险大小由自己掌控。缺乏风险意识，不善于控制战斗风险，只会成为"死亡加速器""胜利粉碎机"。每一次交手、每一场战斗都要有如履薄冰之感，而非自以为是、满不在乎，才能避免"玩刀者死于刀下"。

（三）制定处置方案

根据现场态势、先期侦查和国保、技侦、网侦部门提供的信息以及上级的处置要求，结合现场地形，制定处置预案。预案至少要有三个。

1. 预案一：展开谈判，政策攻心

通过谈判，稳定劫持者情绪，瓦解劝说其放下武器。谈判要注意方式方法，不要用刺激性语言，也可以通过其家属向其做工作，力争兵不血刃，使劫持者缴械投降。

施行谈判攻心战术应从以下几方面入手。一要用"法"攻心，明其心智。对于尚未造成严重后果或者因偶发意念走上歧途的劫持者，通过向其讲清有关法律知识和政策，晓以利害，指明出路，唤起其良知，促其醒悟，主动放弃对抗立场。二要用"情"攻心，情理感化。从犯罪心理学角度来讲，大多劫持者在实施违法行为后，心理斗争复杂，思亲心理强烈。对此，要针对劫持者的这种心理，动员劫持者的亲友出面，充分发挥亲情、爱情、友情的感染力，唤起其对重新生活的向往，自动放弃抵抗。三要用"势"攻心，懈其锐气。在用"法"攻心、用"情"攻心同时，强大的武力震慑必不可少。行动中，直接向劫持者施加压力，用我方强大的武力优势，压制其不堪一击的弱势，营造先声夺人之势，使劫持者产生恐慌、畏惧心理，最终丧失斗志、放弃抵抗。

科学运用攻心战法，应注意以下四点。一是必须以对方熟悉和所适应的思维和语言进行沟通。不同的人，由于社会地位、经济实力、受教育水平、思想观念、行为习惯的不同而拥有各自不同的行为规范、思维模式及语言特点，这种倾向心理学上认为来自模仿、暗示和社会感染。俗话说"入乡随俗"。因此，面对不同的谈判对象，要因人施策。二是要搞准情况。参战人员只有掌握劫持者的作案动机，犯罪团伙的内部情况和核心成员的家庭情况、性格特点、心理弱点、思想顾虑和行为误区等，才能对症下药，选择恰当的攻心方法。例如，对文化层次较高，有心计、城府较深但胆识不足、顾忌较多者，可多引用实例，讲法释义，严陈厉害，震慑心神；而对文化素质低、见世面少、无主见、易被蛊惑、冲动之下易走极端者，应当和缓心态，耐心说服，重在以身边正反事例说事，循循善诱，以哄为主；对阴险狡诈、凶狠老辣但讲义气、好颜面，喜虚张声势，以钱财为目的涉黑涉恶者，则应以圈内语言方式沟通，晓以利害，严陈后果，以威势对强势，同时稍顾全其脸面。三要善于倾听。好的谈判专家就是一个好的倾听者。在谈判对象唠唠叨叨或者怒气冲天讲述其遭遇和不幸时，谈判者应沉默地倾听、持凝望的眼神、露善意的表情和偶尔表达的理解，则有利于平复对方的心态，减缓其心理压力，消减、转移其怒气，有助于寻找交流共同点，形成共识，有助于谈判者掌握情感上的制高点和主动权。四是把握好时机。一般在劫持者最绝望、最害怕、最疲惫等心理防线最为脆弱时，是实施攻心的良机。

2. 预案二：特种攻击，"慈杀"劫持者

特种攻击是指使用非致命性武器使劫持现场内的人员身体失能或者使劫持者的武器失效，从而使其暂时丧失抵抗能力的战法。这些武器要求见效迅速，副作用小，瞬间使劫持者失去反抗能力，防止其伤害人质，如催泪弹、麻醉弹、声扰弹、高压水枪、麻醉气体等。这种战术的使用条件一般为空间比较封闭，空气流动性小的环境。而这种方法的弊端是对人质也有一定的伤害，应谨慎使用。当谈判难以奏效时，劫持者人数较多且劫持者与人质难于分离的情况下，为避免人质重大伤亡可采取这种攻击手段。特种攻击分队利用夜幕、地下通道或是劫持者麻痹困顿等时机，隐蔽接近或化装接近劫持现场，通过通风口、空调口秘密施放特种战剂实施攻击。一旦达成攻击效果，突击分队应果断突入现场内，迅速捕歼劫持者。运用此战法应注意的问题有以下几点。一要把握好特种攻击时机和强度，根据现场空间大小，掌握使用特种战剂的剂量；根据现场建筑物的结构特征，确定特种攻击的部位，使特种攻击既能达到预期效果，又能避免不必要的伤亡。二要熟悉各种战剂的技术性能和原理，全方位保障解救药剂的数量，提前为突击队员注射解毒针剂，戴好防毒面具，同时做好救援准备，打救并重。三要做好应急准备，当特种攻击手段效果不佳时，要有多种应变措施，辅助使用其他手段，随时做好强行攻击的准备，确保万无一失。

"工欲善其事，必先利其器。"在生命第一理念日益增强，日新月异的高技术广泛应用于反恐领域，五彩纷呈的各类新型高精尖反恐装备备受各国警界欢迎，"慈杀"武器成为主流。2002年的莫斯科劫持人质事件，正当恐怖集团成功控制剧场得意忘形之时，一个个劫持者却突然纷纷"睡去"。警方一举突入，奠定胜局。俄警方利用气体失能战剂无孔不入的特征，使恐怖分子完全失去抵抗能力。气体失能剂是一类能使人员中毒后主要引起精神活动异常和躯体功能障碍，能使人暂时丧失战斗能力，但一般不会造成永久伤害或死亡的特殊化学战剂，是现代“慈杀”武器的一种。

除气体失能“慈杀”武器之外，还有声能“慈杀”武器、光能“慈杀”武器、电能“慈杀”武器、电磁“慈杀”武器等。声能类的有各种次声武器、超声武器、噪声武器等；光能类的有各种强光眩晕、激光致盲武器等；电能类的有各种电击器等；电磁类的有各种微波加热武器弹药和电磁脉冲弹药等。与传统作战方式相比，高技术“慈杀”武器具有其他传统武器所无法比拟的许多特点和优势，如既能有力控制作战形势，又可减小伤亡和损失，尤其在反恐作战中，既能有效达成作战目的，又能最大限度地减少人员伤亡和财物毁损，同时给敌人以强大威慑，实现“不战而屈人之兵”。

此外，传统的麻醉药物也可根据劫持现场的具体情形选择使用。例如，如果劫持者要水或食物，也可考虑在水或食物中加入速效麻醉药物，致其昏迷而擒之。

3. 预案三：伪装接近，一枪制敌

化装袭击是由突击队员化装成相应身份的人员接近劫持者并相机捕歼的战法。此战法是通过各种隐真示假的手段，隐蔽行动企图，突击队员在近距离上对目标实施突然精确的打击。运用时机通常有：应劫持者要求，近距离谈判；为人质提供食品和饮水，医疗服务等。运用化装袭击战法应注意把握的主要问题有以下几点。一是精选人员，巧妙化装。要挑选忠诚勇敢、军事素质过硬、作风顽强、应变能力强的人员，装扮成医生、亲属、司机、佣人等，以给劫持者或人质治伤、送饭、送赎金、驾驶汽车为名，贴近劫持者，乘其不备，使用非致命武器或徒手将其制服。在情况允许时，也可先派人打入劫持者团伙内部，而后选择时机，里应外合救出人质或捕歼劫持者。二是示形造势，创造战机。可视情在现场周围制造爆炸、烟火、强光、噪音等声光效果，牵制和分散劫持者的注意力，为化装袭击队员的攻击行动创造战机。三是把握机会，突然袭击。抓住接近劫持者的有利时机，出其不意地突然发起攻击。攻击的首选目标为手持武器或爆炸物的劫持者。四是模拟演练，密切协同。行动前，可利用相同环境进行模拟演练，制订多种应变方案和应对措施，熟悉协同方法，密切配合行动。

本案中，若通过喊话劫持者同意与我谈判，可选派一名胆大心细、射击精确的女警察化装成心理学专家或律师，作为谈判代表与劫持者交涉。劫持者对女性一般容易放松戒备，女警察可以在接近过程中设计引开劫持者的注意力，抓住战机，果断毙敌。

4. 预案四：引蛇出洞，伺机击毙

精确狙击是反劫持战斗中以最小代价换取最大胜利的有效战法，通常适合狙击目标相对静止、不易接近、便于观察的情况。若劫持者顽固不化，可佯装答应劫持者要钱要车的要求，将其引入我预定设伏区内，即故意将车辆停在离我方狙击点最佳射距范围内，造成便于射击的开阔地带，利用在制高点处布置好的 2 至 3 个射击点将其击毙，还可以考虑在车内隐蔽一名优秀射手，以伺机击毙劫持者。

5. 预案五：声东击西，诱其暴露

如果劫持者不肯下楼乘车，可以利用其亲属要求通话、人质家长要见小孩，送食品、饮料或制造爆炸、火光、烟幕和佯攻、佯动等方法，吸引劫持者显身，诱使其暴露出窗台，这时，狙击手在统一号令下同时从不同角度击发，一名狙击手瞄其头部，一名瞄其心脏，使其立即失去反抗力，确保人质安全。值得注意的是，此方法对狙击手的要求很高，而且只能使用一次，一旦失败，很可能会促使劫持者加害人质。同时，在决定实施狙击方案前，要查明劫持者是否使用了煤气、汽油等易燃易爆物。

6. 预案六：隐蔽突击，精准打击

隐蔽突击是在谈判破裂，狙击条件不成熟时采用的战法。此战法通常是以谈判、制造诱骗情况，或利用夜幕、能见度不良的天候以及劫持者思想麻痹、困乏等时机为掩护，达成行动目的。在运用此战法时，一是准确掌握敌情。要通过上级通报的情况，友邻单位提供的情报等，采取多路侦察手段，了解和掌握劫持者的人数、相貌特征、性格特点、所持凶器、活动规律，以及现场地形、空间布局、人质数量和分布情况等，尤其要查明是否有爆炸物，为制订行动方案提供可靠的依据。二是重视战前演练。突击前，要在相似地形条件上利用模拟现场环境，针对作战对象进行模拟演练，熟悉战斗协同动作，不打无把握之仗。三是隐蔽接近，再迅猛攻击。突击队员接近劫持现场时，可挖地下通道接近，也可利用有利地形地物，施放烟雾，或利用大雾、夜间等能见度低的天候掩护快速隐蔽接近。在攻击行动中，突击队员应抓住战机，运用破窗突入、破门突入、多路突入等方法，实施近距离突击和精准射击。

7. 预案七：强行突击，果断毙敌

强攻战术是最冒险的一种方案，可能会造成很大的伤亡和损失，非迫不得已不宜使用。一般是在其他手段失败或没有使用条件时，谈判无果，和平解决无望，劫持者情绪开始恶化，开始杀害或准备杀害人质时，或是化装袭击、隐蔽突击行动企图暴露，特别是劫持者在劫持多名人质时，为了多数人的安全必须使用强攻的战术。使用该战术之前，首先应摸清劫持者所处空间的具体情况、劫持者的人数、具体位置、武器种类和数量等，并根据现场具体情况制定伤亡可能性最小的战术方案。

强攻时，应根据现场当时的情况决定强攻的时间、手段、方向、路线。狙击组应首先对劫持者实施狙击，然后投放催泪、闪光、震爆弹，突击组快速接近劫持者，利用特种冲锋梯、特制榔锤、炸药、吸盘、改装卡车、水炮车、攀登突击车等工具，将破墙突入与破门、破窗突入相结合，快速迅猛突入，使劫持者首尾不能相顾，在最短的时间击毙或制服劫持者，使人质伤亡降到最低程度。

8. 调虎离山，移地处置

当劫持者顽固不化，现场易守难攻，采用上述战法难以确保胜算的情况下，有时可考虑运用调虎离山之法，佯装答应劫持者欲乘车逃离现场的要求，进行移地处置。此时，可采用以下两种战法。一是暗中追击。突击队员可驾驶地方牌照车辆或特种重型车辆如大型起重车辆、工程车辆和挖掘车辆等，采取超越阻击、平行追击、迎面堵击、模拟交通事故拦击等方法，在运动中击毙劫持者或迫其停车，趁其惊魂未定时予以捕歼。由于在车辆高速行驶时情况复杂多变，隐蔽难度较大，对驾驶、射击技术和应变能力要求都非常高。为此，突击队员一定要具备娴熟的驾驶和射击技能，灵活处置情况，寻机歼敌，解救人质。二是设卡伏击。设卡伏击是在劫持者驾车逃窜后，在预定地域设卡捕歼的战法。此战法是在劫持者必经之路设卡堵截，实施伏击。运用此战法应把握几个要点，一是要严密监控，准确掌握劫持者行踪。

对于劫持者驾车逃窜的路线,要进行动态跟踪,确保能在预定时间内到达设卡区域。二是严密伪装,做好伏击准备。作战队员到达指定区域后,要根据地形地物进行伪装,伪装既要符合自然景观和地形特点,也要有利于突然发动攻击。三是突然攻击,力争速战全歼。当被劫车辆进入设定区域后,可利用各种阻截方法设卡堵截;当被劫车辆被迫停止时,伏击队员应迅速出击,从一侧或多侧破窗,快速准确射击。夜间伏击时,突击组可向车内投掷闪光弹和爆震弹,而后,照明组实施强光照射,配合突击组行动。

（四）警力分工及战斗部署

1. 指挥组

指挥组负责整个解救处置行动的指挥。成员除总指挥和副总指挥外,还应包括适量的参谋人员,以负责沟通联系,搜集、整理情况,提出处置方案,传达、实现总指挥决心。选择确定指挥位置时,既要考虑体现靠前指挥,便于观察现场,又要兼顾安全与保密的要求。

2. 谈判组

谈判组负责与劫持者开展对话,以达到劝降或为武力袭击创造条件的目的。谈判组占据的位置应做到既便于尽可能接近与劫持者对话,又便于掩护武力处置组人员的进攻和便于武力处置组火力的发挥。谈判组中可视情安排擒敌高手,以便在谈判过程中伺机接近,制服劫持者。

3. 武力处置组

武力处置组负责相机实施武力解救;应配备防弹衣、钢盔和实用的破门器材和攀登工具;隐蔽占领便于出击和便于发扬火力的阵地,待机出击。

4. 围控组

围控组担任外围控制与警戒;控制出入现场中心必经的各个路口和通道,防止劫持者逃离现场;疏散围观群众,设置警戒线,禁止无关人员进入现场。围控组实施围控时注意不应强烈刺激劫持者,不要向其过于逼近,不要向劫持者喊话(喊话由谈判组实施),不要给劫持者造成警方攻击会立即发起的感觉,以缓和劫持者心理压力,避免激怒劫持者伤害人质。

5. 调查组

调查组进行场外调查访问,了解社情动态、有关劫持者的情况、寻找劫持者的亲友及关系人,为指挥组提供有用的情报信息,为实施正确处置创造条件。

6. 狙击组

狙击组承担狙击及制高点监控、观察任务。狙击手测好距离,选定好瞄准点,根据现场总指挥意图和号令,寻机击毙劫持者。

7. 保障组

保障组负责救护、消防、排爆工作和其他处置保障工作;了解现场的环境情况,查明有无暗道通往外面;切断水、电、气源;视情况调集消防、救护车、排爆方面的车辆和人员,防患于未然。

8. 机动组

机动组机动待命,以应付突然出现的各种紧急情况;负责移地处置的策略和战术筹划。

（五）处置行动组织指挥

1. 按预定方案展开现场控制

指挥员到达现场后,应迅速了解现场情况,在明确战斗编组的同时,向各组下达口述战斗命令。对能达成处置突然性的战斗部署,应秘密进行。围控中各组的行动也并非是总指挥到现场明确任务后才同时展开。在实际处置中,不但战斗编组应视情而定,各组行动也有先有后。例如,有时候是围控力量先期到达,对劫持者形成包围以后,其余处置行动才相继展开;有时候是少数武力处置力量首先追踪而至,大批警力才随后到达等。

2. 制订谈判方案

谈判方案是谈判手与劫持者谈判的基本依据,在时间允许的情况下,要制订谈判方案。其主要内容包括以下几个方面。

(1)确定谈判目标

谈判的阶段性目标应是消除现场紧张气氛,使劫持者情绪稳定,最终目标是以最小的让步解救人质。谈判的目标主要有两个,一是力求和平解决问题,二是为武力处置创造战机。只要有条件,就要追求第一个目标的实现;条件不具备时,亦不应过于勉强,将目标调整到为武力处置服务。第二个目标在特定事件中应结合案情加以具体化。比如,可将目标具体化为:通过谈判使劫持者与人质出现空间上的分离,使劫持者的手指离开引爆装置,将劫持者的注意力吸引到某些方位或方面,使解救人员"自然"接近劫持者,以便相机处置。

(2)制订应对之策

谈判开始后,劫持者必然会提出一些条件和要求,谈判手事前应根据事件情况分析、预测劫持者会分别向解救人员、人质的关系人乃至人质本人提出哪些条件和要求,进一步考虑哪些要求能够予以满足,并做好对各种问题应采取何种策略给予答复等准备。

一般而言,没有任何要求的劫持人质事件,只可能发生在极个别的希望通过警察之手结束生命的自杀者或精神异常者身上。劫持者的心理变化情况大致可分为三个阶段:一是紧张敏感亢奋的开始阶段;二是讨价还价的实质性阶段;三是寻求解决方案的结束阶段。其中第二阶段在整个危机案事件的处置中占据了大部分的时间,也是集中处理"要求与期限"等棘手问题的关键阶段。因为经过第一阶段漫长的对话和沟通,劫持者躁狂、亢奋的情绪会得到一定的缓解和抑制,在其头脑趋于清醒后开始寻求解决方案,此时都会提出一些要求,以实现其原本具有的特定意图与目的,以及满足在劫持过程中产生的生理、安全等方面的需求。劫持者的这些或大或小、或难或易、或政治或经济的要求是早晚必定会出现的,劫持者在提出要求的同时,往往还会提出完成要求的时间期限,并以期限一到即伤害人质作为要挟,逼迫警方尽快满足其要求。因此,处理要求和期限往往成为处置危机案事件的核心因素和关键问题,可以说要求与期限处理是否得当,直接关系到谈判的成败。

这个难点问题通常束缚了警方解救人质和现场处置的手脚,往往只能被动地接受和满足劫持者的要求与期限,常有被劫持者牵着鼻子走的无奈感觉,很难有效和主动地掌控危机案事件的处置进程。而想要打破这种被动格局,就必须紧紧抓住主动权,不能任由劫持者来把持事态进程和节奏。在处置危机过程中,我们也许会不得不实施某些"表示妥协、屈服于压力而做出的让步","表示和平解决的愿望,满足对象生存和生理要求",但决不应该无条件地在劫持者指定时间内满足其全部需要,任由其恣意妄为。警方无论是满足或拒绝其要求,也无论是准时或拖延时间,行动的方式与时机只能源于警方自身的需要,而不应受制于对象。我们只有从破坏劫持者的节奏开始,打乱对方的预想和计划,才能从被动应付转为主动进攻，才能逐步掌控危机案事件的动态变数与发展方向。

在对危机案事件的处置中，最关键的就是将对象提出的要求与期限与我们的讨价还价有机结合起来，谈判中既要体现出重视对象提出的要求与期限，又要通过讨价还价的策略实现交换互惠规则，增加警方手中筹码，合理延长期限和争取时间，达到自如处理要求与期限的目的，乃至掌控全局和事态发展的主动权。

(3)活用谈判方法

劫持者在目的未达到时一般不会轻易伤害人质。谈判手应注意因势利导，把握沟通及对话分寸，与劫持者建立一种平等的关系，营造一种和缓的氛围，不要刺激对方，缓解犯罪分子的烦躁情绪，软化其强硬立场，使其丧失斗志，悬崖勒马，稳定局势，赢得准备时间，为采取处置行动创造条件。

① 规劝法

一些劫持者虽然穷凶极恶，但对自己的亲友却有着眷恋之情，特别是对自己的父母妻儿有种负疚感。这时就应及时派出谈判手进行劝导，通过有针对性的感化，唤起其良知和对生活的向往，使劫持者主动投降。

② 晓义法

有的劫持者实施劫持只是为了达到某种目的，而没有去考虑劫持的后果。所以，谈判手应不失时机地进行政策、法律宣传，劝其释放人质，争取政府从轻从宽处理。

③ 分化法

一般情况下，团伙犯罪其结构较松散，内部有主犯、从犯，罪行有轻重之别。谈判员可根据劫持者的不同心理，及时利用他们之间的矛盾，展开攻势，分化瓦解，动摇从犯，孤立首犯，打乱其内部结构。

④ 安抚法

有的劫持者作案后，自感罪责难逃，在心理上往往表现为绝望和顽抗到底。为此，谈判人员要善于把握时机，安抚劫持者，力争智取。否则，不仅解救人质的目的难以达到，而且还会带来更大的危害。

(4)合理选择谈判方式

应根据现场环境、条件、劫持工具的性能、劫持者的戒备状态及意向，确定谈判方式。或者近距离直接对话，或者远距离借助或不借助扬声器对话，或通过电话对话，或通过对讲机对话，有时也可通过书面形式谈判。必要时，可向劫持者提供相应的通信、喊话器材。

(5)拟订协调方式

谈判只是解救人质活动的首要环节，它只有同其他方面的活动结合起来，才能发挥最佳效益。谈判活动与武力解救人员的协调，与外围调查人员的协调，与机动人员的协调均应通盘考虑。到达劫持人质事件现场后，由于情况紧急，谈判方案往往只是一个粗线条的勾勒，但现场总指挥和谈判人员必须对上述诸方面的问题做到心中有数。只有这样，谈判才能有序而有效地进行。案件现场谈判方案的快速拟订，依赖于平时的准备。一旦发案，谈判预案就能为特定谈判方案的设计提供一个重要的蓝本，进而做到乱中求稳、稳中求胜。

(6)力促和平解决

谈判员应准确把握地方党委、政府和现场最高指挥员的决策意图,捕捉一切可能的机会打击、削弱劫持者的信心和意志;力求从心理上击败劫持者,以和平方式或较小代价解决危机。

① 有效控制现场态势

劫持事件的现场气氛对劫持者影响较大,谈判员必须采取措施,稳定被劫持者、现场群众及参与处置人员的情绪;及时向指挥员建议严格控制现场灯光、音响、车辆和武器使用,防止因意外情况使劫持者产生误解而采取极端行为;严格控制现场人员的出入和活动,控制新闻媒体进入现场采访,防止不必要的纠缠,影响处置行动。

② 充分掌握谈判主动权

谈判员应想办法成为谈判的主控者和引导者,不被劫持者牵着走,根据特定的环境营造相对和缓的谈判气氛,防止劫持者采取过激行为,努力以最小的代价实现谈判的阶段性目标和最终目标,引导其认识到只有投降或释放人质才是出路;始终围绕人质安全原则问题坚定不移,细节上可有所让步,努力把握谈判的主导权,最终达到"不战而屈人之兵""兵不钝而利可全"的目的。

③ 善于随机应变

谈判的关键在于谈判手随机应变,善于通过观察与分析去全面把握劫持者的行为和心理变化规律。当劫持者行为趋于平和,主动降低要求,试探投降的条件,最后期限没出现过激行为时,说明已奏效,谈判员要及时捕捉时机,巩固成果,加大力度;当劫持者情绪急躁,语言行为过激,故意公开挑衅,无实质性需要或没有想逃跑时,流露出悲观厌世的想法时,谈判手要高度警惕,进一步软化劫持者情绪,及时提醒做好武力解救准备;当劫持者主动提出要见亲属、朋友、同事时,要安排专人进行详细调查,确认可为我所用时便可予以满足。特别是在谈判难以奏效,指挥员决定武力解决时,谈判手必须头脑冷静,面不改色,在继续周旋的同时,为突击行动创造隐蔽接近、占领位置以及狙击等条件。必要时,谈判手要利用接近劫持者的优势伺机采取武力解救行动,以灵活的战术手段制服劫持者。

3. 武力强行处置

以武力制服劫持者解救被劫人质应慎重行事,防止因处置错误导致解救行动失败。采取武力处置行动前应当考虑:行动是否需要;行动是否有效;行动是否为法律和群众所接受;为何现在行动;现在的案情有了什么变化;其他危险程度低的措施有没有采用。武力处置行动可以在谈判彻底陷入僵局后进行,也可以在谈判过程中伺机进行。具体何时采取行动,采取何种行动战术,必须依据现场情况灵活确定,因案施策。武力处置的原则是"出其不意,攻其不备"。利用劫持者感觉、认识、行动上的错觉,快速出击,一招制敌,以智取胜。

(六)战斗结束后的收尾工作

1. 搜查勘验现场

监控组或机动组人员对现场进行仔细搜查,勘验与嫌疑人有关的物品。

2. 向上级报告

现场指挥员向上级报告缉捕任务完成情况,听取指示。如有伤员还需对其进行现场救护,组织及时送往医院。

3. 清点人数、武器、装备并组织验枪

战斗结束后，指挥员应集合队伍，清点人员、武器、装备并组织验枪。验枪时，应指点专人逐人、逐枪进行仔细检查，防止弹匣、子弹等细小物件遗失在现场。

三、应变训练(25 分钟)

在校大学生有许多知识，但往往缺少见识。见识很难从书本上学来，只能通过艰苦的训练，经过与困难的顽强“抗争”和复杂环境的艰难“碰撞”而习得。应变训练主要是考验指挥员的临场机动灵活性及缉捕队员的随机应变本领，增强见识，提高其应对战斗现场突发情况的瞬间决断能力和快速反应能力。假想应变情况的设定应尽量做到复杂多样、意想不到、突如其来、快速多变，以危局、险局来锻炼受训者的心理素质和抗挫能力。

训练时，可设定不同情况和难度系数，分组展开训练。

(一)突发情况一

劫持者郑某东龟缩在林浦村 227 号实惠鞋店内，继续顽抗，谈判陷入僵局。随着时间的推移，劫持者的情绪愈发暴躁，用手拧开鞋店内的液化气瓶，扬言警方如果不马上后撤，将立即点燃液化气瓶，与人质同归于尽。

(二)突发情况二

劫持者郑某东见警方将现场团团围住，突围无望，突然点燃鞋店内的易燃物品，顿时，现场火光冲天，人质的哭喊声与大火的爆燃声响成一片。劫持者趁现场混乱之际，翻过鞋店的围墙，企图逃窜到隔壁邻居家。

四、检查验收(5 分钟)

在分组训练的基础上，教师随机抽取一组进行训练考核验收，按照反劫持战斗指挥训练考核评分表进行打分，检查训练成效。

五、小结讲评(5 分钟)

现代文明社会高度重视人的生命价值，因此拯救生命就是警察责无旁贷的首要任务。当劫持者以人质的生命安全要挟政府或其他人士满足他们的要求时，任何未经慎重考虑的武力营救都可能会造成双方不必要的伤亡。在这种情况下，只有通过双方不断的沟通和逐渐建立信任，才能慢慢软化劫持者，最终达到和平解决事件的目的。即使最终不能说服劫持者投降，在谈判中所获取的情报和数据，也有助于计划最后的武力突击。传统的危机谈判的处理方式一般是单线发展：说服对方(先)；武力制服对方(后)，即先劝降，后强攻。现今的处理方式一般是双线发展：说服对方；武力制服对方，即一边谈，一边“练”。故处置中常使用战术性谈判加大攻击效力，并会特意显示攻击单位以增强谈判筹码，但非在必要时绝对不会使用武力解决问题。为此，处置过程中必须注意以下几点。

(一)强化现场指挥与管控

反劫持处置的重点是准确把握指挥、谈判、侦察、突击、管控等行动的关键节点。一是集中统一指挥，快速科学决策。突击队应在联合指挥部的统一指挥下，坚决服从命令，听从指挥，积极提出合理化建议，保证指挥员快速定下决心，在瞬息万变中抓住稍纵即逝的战机。二是灵活有效谈判，达成既定目标。以谈判作为和平解决事件的基本手段，灵活采取多种方法，突击队要紧密配合，利用示形造势等方式劝告、逼迫、诱使劫持者放弃抵抗，或为武力突击创造条件。三是实施全面侦察，加强模拟演练。全面缜密的侦察是定下决心的前提，多方获取的情况必须经过抵近侦察予以核实，尤其是现场情况随时可能发生变化，对警力部署的调整将会产生直接而重要的影响，务必核准情况后让突击队员掌握清楚，并针对现场情况设置逼真环境实施模拟演练，为实施突击打下坚实基础。四是精确突击，瞬间制服劫持者。一旦下达攻击命令突击队员必须多手并用，充分发挥手中武器装备器材的战斗性能，快速制服劫持者，解救人质。五是多维高效管控，确保战场真空。反劫持现场参战单位多，围观群众多，新闻媒体多，管控不力将会造成严重后果。现场核心区必须由突击队封控，其他警队和警方实施二线和外线警戒，确保各方面力量能有效应对各种突发情况；在核心区实施电磁遮蔽，防止劫持者获取一切电磁信息；严格管控新闻媒体，统一新闻宣传口径，防止扰乱社会视听，确保向公众传递积极信息；疏散控制围观群众，维持现场秩序，防止流弹伤人，确保人民生命财产安全。

(二)调控临战心理状态

临战心理状态是现场执法压力的反应，是因现场激烈对抗和生死搏斗而引起的一种心理状态或者说是一种精神状态。临战心理状态可分为两种：一种是积极的临战心理状态；另一种是消极的临战心理状态。

消极的临战心理状态通常表现为畏惧、害怕、焦虑、精力不集中、高度紧张、手心冒汗，严重者甚至会大脑空白、浑身发抖、讲话模糊，出现沟通障碍、记忆丧失的情况，手中虽然拿着枪，但自己都不知道枪的保险是开还是关，并可能会无意识地把枪指向队友。而积极的临战心理状态主要表现为精神饱满、斗志高昂、放松自然、主动积极、沉着冷静、胆大心细、思路清晰、精力集中。在反劫持战斗中，参战队员需要的是积极的临战心理状态。控制临战心理状态是控制自我的内在条件。可以毫不夸张地说，控制了临战心理状态，就等于控制了战斗胜利的开关。因此，指挥员也必须学会运用适当的方法，将下属的精神状态调整到大战前应有的一种松弛有度、沉稳有力的状态。平时训练中，可通过高空训练、实弹实景射击训练、模拟实战抓捕等来提高临战心理阈值。

(三)优化警力搭配，强调各司其职

指挥员要切实了解掌握队员的素质结构及携装状况，如体能、擒拿格斗、用枪理念及枪法、心理特点、战术素养等，尤其是分队、警组的协同配合，更应清楚哪位队员擅长作攻击手、哪位擅长当破门手、哪位擅长为谈判手、哪些情况要使用警械、防护装置等。这样，在关键时刻才能合理分工，做到人尽其才、物尽其用，才能更有效、更安全地完成好战斗任务。

所谓各司其职，是指要求各警种、各处置小组按照指挥员的事前分工部署，各就各位，不越位、不串位、不缺位，认真履行好自身的职责。特别值得提出的是，现代反劫持谈判中，有一个重要的要求，即指挥员不谈判，谈判员不指挥。强调指挥员与谈判员各司其职，不能分散精力，尤其是强调谈判员在现场谈判过程中不受干扰，由专人负责(联络员)与谈判员的信息联系，由策略员通过联络员协助谈判员工作。有的观点认为，指挥员担任谈判员，可以与犯罪嫌疑人进行直接接触，因此，更容易掌握现场情况，便于更好地指挥。其实，指挥员对劫持者的进一步了解，完全可以通过技术手段加以解决，但指挥员直接接触并参与谈判，却无法回避劫持者提出的最后期限及要求这一问题，无法规避危险，甚至导致出现“群龙无首”，无法掌控现场甚至全局的尴尬。所谓“当局者迷，旁观者清”，指挥员应切实履行掌控全局的职责。如果各自的角色定位不清，必将导致职能泛化，其后果是弊大于利，遗患颇大。

（四）加强引导，善提建议

谈判攻心时，难度最大之处就在于要求谈判对象改变原有的立场和诉求。因为其预设立场在多次的心理暗示下已变得坚硬无比，而反常的心态、亢奋的情绪和自我尊严的顾虑，使其无法进入正常的认知状态。所以当其固执已见时，要避免驳斥和争论，而应在说服中对其要求尽量细化环节，导入常识和逻辑，设置语言陷阱，让其自觉荒谬和不可能而最终放弃。同时从他的思维角度出发，提出建议，其中关键的是要让他感觉到真诚为他着想，认为建议对他有利。此外，还可运用登门槛效应展开说服。登门槛效应又称得寸进尺效应，是指一个人一旦接受了他人的一个微不足道的要求，为了避免认知上的不协调，或想给他人以前后一致的印象，就有可能接受更大的要求。这种现象，犹如登门坎时要一级台阶一级台阶地登，这样能更容易更顺利地登上高处。登门槛效应也反映出人们在学习、生活、工作中普遍地具有避重就轻、避难趋易的心理倾向。心理学家认为，在一般情况下，人们都不愿接受较高较难的要求，因为它费时费力又难以成功，相反，人们却乐于接受较小的、较易完成的要求，在实现了较小的要求后，人们才容易慢慢地接受较高的要求，一只脚都进去了，又何必在乎整个身子都要进去呢？这就是登门槛效应对人的影响。明代洪自诚也曾谈到这个问题，他在《菜根谭》中说：“攻人之恶勿太严，要思其堪受；教人之善勿太高，当使人可从。”因此，谈判中可先就一些小的方面展开试探，运用“骆驼进帐篷”的方法，通过小协议、小要求，逐步达成大共识、大进展。

（五）灵活应对劫持者的要求

对劫持者提出的要求警方可以灵活应对，凡是我们做得到的，又利于控制事态和解救人质的要求，均可以进行谈判，如索要食品、非酒精类饮品、金钱，释放人质，提供运输工具，接见传媒等。对这些要求可以做出一定的让步，以表示警方的诚意。当然，同时也应要求对方进行对等的交换，相应也做出一些让步。如果这种状态可以维持住，绝大多数的谈判可以达成，危机局面也可以化解。如果劫持者的要求是对解救人质和处置危机不利的，诸如索要枪支、弹药等，这是绝对不能满足的，但谈判人员仍不能一口回绝，而应有策略、有技巧地进行处理。对于实现难度很大的要求也可以谈判，但不要爽快地答应、和盘应允和马上兑现，而应将要求的内容细化，分层次与若干项逐步进行，同时相应增加或提升交换的条件。

1. 对可实现要求的处理原则

（1）食物与非酒精类饮品

这类要求是谈判人员最愿意提及的，即使对方未提出这方面的要求，若情势所需，有时我们也可以主动提议，因为食物是建立和谐、赢得信赖甚至释放人质可利用的工具，所产生的副作用也小。但警方给予的食物与饮品的量并不是多多益善，最好是一餐一时所需的分量，因为时间一到，劫持者必须与警方再次交涉，这样可以增加谈判人员手中的筹码，以及争取更多的机会，为危机案事件的处置提供有利条件。

(2)金钱

金钱也是常见的谈判内容之一，若有利于危机的解决，又经过讨价还价取得了交换条件，也可以提供给劫持者。但金钱作为较大的筹码可要求对方以释放人质作为交换条件，否则一般不予满足。

(3)交通工具

劫持者可能会要求提供交通工具，对此要求也可以谈，但不一定要兑现，因为劫持者会借助交通工具逃逸，这样不利于警方控制局面。如果一定要提供，除了要求对象以释放人质来进行交换外，还要同时做好武力攻坚或异地处置的准备。

(4)媒体采访

有的劫持者希望通过媒体发表个人主张或宣泄不满，这也是可以谈判的内容，较稳妥的方式是双方进行电话访谈，进行录音，这样可以避免记者进入现场沦为人质。当然，现场指挥员要利用此机会，如需由警察假扮记者进入现场了解情况或相机处置时，作为谈判人员应接受指令配合行动。

(5)要求见指定的某人

这项要求也是较多地出现在谈判中的，一般不主张采用第三方谈判，因为结果较难预料和控制，有时会发生意想不到的危险。但当谈判遇到僵局，很难打开局面，并且在充分了解双方关系的情况下也可答应这一要求，但须有相关的配套措施。

2. 对不可实现要求的处理原则

(1)毒品和酒精饮品

对劫持者要求提供海洛因、大麻、冰毒、摇头丸等毒品一般不能答应，因为提供毒品不利于危机的化解，吸食毒品有的还会造成幻听幻觉，带来不必要的麻烦。一般不能提供酒精饮品，因为往往劫持者在饮酒后人的情绪或行为会变得更难控制，因此警方也以不予答应为妥。除非不满足其要求即刻会伤害人质，在这种情况下可少量提供，但一般要以释放人质作为交换。

(2)武器

绝对不能向劫持者提供枪支、爆炸物等武器，否则危机极可能因此而升级，从而增加警方处置事件的难度。因此，对劫持者的这一要求应予有策略地委婉拒绝。

(3)交换人质

对这一问题实践中存在不同看法，有人主张用警察来交换人质，以便相机处置。但国外研究指出，交换人质存在许多弊端：这样会破坏劫持者与人质间已形成的斯德哥尔摩效应；用警察去交换人质，会使劫持者紧张度增加；由于同事在劫持者手中，还可能影响谈判人员的情绪。而谈判人员同人质进行交换的情况会更糟，既导致角色转换，成为劫持者的工具，也使前期谈判成果前功尽弃。因此，原则上警方不应满足这一要求。

(4)释放囚犯

这涉及国家司法程序的严肃性问题，实践中不可能兑现，故应予以拒绝，但可以此为话题，围绕所谓“释放囚犯”具体问题与劫持者进行谈判、周旋和拖延，以赢得强攻的准备时间。

3. 处理要求的技巧

(1)无特殊情况,谈判人员不主动提议或鼓励劫持者提要求

因为这会使劫持者认为警方软弱和迁就,导致劫持者的要求不断升级,这样会增大其要挟警方的砝码,增加危机处置的难度。因此,谈判员不可建议对方提出要求,而是让对方自行提出。

(2)对提出的所有要求均要予以回应

对于劫持者提出的所有要求均要予以回应,不可假装没有听见或故意回避不予理会。这会引起谈判劫持者的反感和不信任,破坏已建立起来的沟通渠道。

(3)拒绝要讲究方法和策略

对棘手的难以实现的要求不可立即拒绝,因为立即拒绝劫持者所提出的要求,会使其感到谈判员没有任何诚意,也可能因彻底绝望而实施一些危险的行为。在不拒绝对方提出的要求前提下,使用委婉及中性的词语说“我会马上向指挥官转达你的要求”“我会尽量帮助你,争取实现你的要求”等。同时提出完成要求的种种难处,以降低对方的期望。

(4)做好现场记录并及时汇报

劫持者提出要求后,谈判员应详细询问要求的具体内容和每一个细节,有条件的可由记录员在事件记录板上做记录,避免忘却或遗漏各项要求的内容与时限,以显示诚意和避免产生误会。同时,要立即向现场指挥员汇报要求的具体内容。

除事先授权以外,谈判人员接受劫持者的要求,一般应取得现场指挥员的批准,不可擅作主张。此外,由于完成要求涉及物资准备、运送和提高戒备等级等诸多环节,谈判员应与相关部门保持密切沟通,以保证各个环节运作顺畅。有时需要借物资运送之机安放监听设备等,谈判人员应给予配合与掩护。

(5)满足对方要求不可过快

对劫持者的要求不能满足得太多太快,以免激起更大的欲望,提出更多的要求。同时还要让劫持者知晓,谈判员只是一个上通下达的“中间人”,是警方与谈判劫持者之间架设的一座桥梁,对一些重要的决定不是谈判员能够做出的,传达劫持者的要求往往需要时间与耐心,因此,谈判员不可能立即接受对方提出的要求,但可答应立即向指挥员转述,并努力争取让其同意满足劫持者的要求。

(6)“投桃”必要求“报李”

在处理要求的初始阶段要设法确立“施”与“受”的交换规则,即我们同意劫持者的某个要求时,应要求劫持者也表示诚意并做出一定的回报。谈判员要让对方感到需要通过讨价还价的方式,经过艰苦努力才能达到目的。一旦警方满足了劫持者的某个要求,谈判员应及时将此“好消息”告知劫持者,以表达警方的诚意,并要求其立即兑现先前允诺的事项,督促劫持者做出回报。

(7)善于适时转移话题

在接到要求并予以回应后,谈判员应试图转移话题,不再主动提起原先的要求,目的是尽可能拖延完成要求的时限,最好让劫持者忘却自己曾经提出过的要求。只有劫持者后来又提出了更为棘手的其他要求,谈判员才可主动重提先前的那个较为容易办到的要求。

(8)劫持者同时提出多个要求时,应择易先行

劫持者同时提出多个要求时,应以先满足简单易行的小要求来替换难以实现的棘手的大要求,以此设法转移其注意力。

(9)设法套取情报

谈判员与劫持者谈及要求时,应设法套取有关情报,如通过计算食物的分量来掌握劫持者与被劫持者的人数和有无人员伤亡情况,以及了解所在建筑物的结构特点、目前各自所在的方位等,不断搜集情报。

(六)掌握应对期限的窍门

期限是指在谈判过程中,劫持者伴随要求而提出完成要求的时间限制,并以期限到达后是否完成要求作为危机是否升级的界限。应对期限要注意以下几个方面。

1. 不可自定期限,亦不可建议对方设定期限

因为要求不能兑现的话,期限一到即意味着危机出现,因而谈判员不应主动设定期限,也不应建议对方设定期限。

2. 不应立即接受期限,尝试通过讨价还价劝说对方让步

谈判员不应立即接受期限,而用真诚的态度指出在期限内完成要求的各种困难,但表示会争取"尽快"解决,希望对方能够耐心等待给予配合,同时与对象核对时间。

3. 不可假装忘记期限或者不予理会

当谈判对象再次提及期限时,谈判员不可假装忘记期限或者假装没有听到而不予理睬,因为这样会让对象感到谈判员根本没有诚意而彻底丧失耐心。

4. 不应主动谈及对象已设定的期限,避免提醒对方

谈判员应尽量避免谈及期限,更不能主动提醒对象期限将至。谈判中应试图将期限转变成一个模糊概念,并通过转移话题来淡化期限。

5. 适时化解并顺利渡过期限

期限将至时,首先应立即通知现场指挥员,使其指挥、协调各个部门做好应对的准备。同时,谈判员要尝试主动与对象对话,如主动提供一些可口的食物或者饮料,若对象表示同意,则与其商讨具体的食物种类、数量及运送方案等,通过商量细节来减少对象对期限的注意力,以期在对话中不知不觉地跨越期限,化解危机。

(七)实施拖延术的技巧

谈判是警方解决人质危机的必经程序,应尽量争取用和平方式解决危机。但由于劫持者多为铤而走险、道德败坏、凶狠残暴、价值观严重扭曲的亡命之徒,相当多的危机案件最终是要靠武力解决的。因此,在保障人质安全的前提下,有效地使用拖延术,尽量拖延时间,为警方武力处置争取充裕的时间,创造更有利的战机,便成了谈判中必须研究的一个重要课题。

谈判中针对劫持者提出的要求及设定的期限,警方拖延时间的主要方法是进行讨价还价。讨价还价的内容可以涉及以下几个方面。

1. 时间之长短

若劫持者提出杀害人质的最后时限,也是要警方满足其某一要求的最后期限,谈判员应

以需要请示、路上堵车、时间仓促来不及办理为由，讨价还价推迟这一时限，但不要承诺一个新的时限。

2. 价值之大小

若劫持者索要一定数额的现金，不宜如数答应，而应以需要预约、审批，一时难以筹措等为由，通过讨价还价争取压低数额。谈判员对劫持者所要的其他物品，也应照此办理。

3. 人质之多少

若劫持者控制多名人质的，在答应满足其一定要求后，劫持者也同意释放部分人质时，应通过讨价还价尽量争取多放些人质。这样既可以解救更多的人质，降低对象手中的筹码，也为武力处置创造更加有利的条件。

巧妙地运用拖延战术，一可以限制劫持者过高的要求；二为警方武力处置赢得准备时间；三是经过长时间的讨价还价，通过打“疲劳战”不断消磨劫持者斗志，使其无论在精神上还是在体力上都变得疲惫不堪，以至于无心恋战，从而获取危机处置的制胜权。

（八）利用和防止“斯得哥尔摩”现象

所谓“斯得哥尔摩”现象，就是指人质与劫持者由于长时间被幽禁于一个封闭空间内，彼此之间的关系会变得密切，有可能会产生一种特殊友谊，人质开始同情劫持者的遭遇，而对警察无力拯救他们感到愤慨和反感；而劫持者也可能对人质产生感情，视人质为可以争取更多利益的资本。在现场处置过程中，警方一方面可以利用这一现象减少劫持者对人质的伤害；另一方面，又要防止这一现象使人质出现不利于警察的行为。因此，警察的现场处置必须把握好平衡这种局面的策略。同时，警方的谈判人员由于长期与劫持者接触，也可能产生“斯得哥尔摩”现象，因此，现场指挥员行动命令一般不事先通知谈判人员。

（九）及时与传媒进行沟通

为防止新闻报道对警方处置人质事件可能产生的危害，避免损害行动效率及政府形象，警方必须注意协调与传媒的沟通工作。

1. 为记者的采访提供便利

警方对于重大的劫持人质事件，可视情在现场设立传媒采访区，安排经过认可的记者进行现场采访。一般采访区处于安全及视线无阻的位置并且位处外围封锁线。同时还安排政府新闻处或警察公共关系科人员与记者进行沟通。

2. 及时举行传媒简报会

举行传媒简报会的目的是使传媒了解当局面对的问题及有关报道对劫持人质者的影响，警方将根据行动需要向记者提供最新消息，确保信息准确，口径划一。警方要安排专人负责搜集传媒可能提出的问题，并为负责人员准备及撰写回答记者提问的答案，而对于难以回答的问题警方可以妨碍行动为由不予作答。

3. 加强新闻及网络舆情监控

对于新闻报道要提出严格的规定与要求，并实时进行监控。警方可以要求传媒不可透露其认为不应报道的资料，而对于不妥或具争议并容易使劫持者做出激烈反应的报道，应尽早通知事件指挥员和谈判人员。

科目二 《反劫持谈判训练》

实训指导书

Ⅰ〔训练提要〕

一、训练科目

反劫持谈判训练。

二、训练内容

1. 反劫持战斗情报、现场态势的分析评估及风险预判；
2. 反劫持谈判方案的制定；
3. 谈判分工、部署、组织指挥及应变；
4. 反劫持谈判中协同配合及默契训练；
5. 反劫持谈判训练法。

三、训练目的

1. 了解反劫持谈判的特点，学会分析劫持者的心理。熟知反劫持谈判的基本程序、步骤及要求。

2. 熟练掌握反劫持谈判的方法，能灵活运用谈判技巧。

3. 掌握反劫持谈判组织指挥和协同配合要领。

4. 通过训练切实提高反劫持谈判水平和临战应变能力。

5. 掌握组织实施反劫持谈判训练的方法，提升开展此类训练的组织领导能力。

四、训练重点、难点

(一)重点

反劫持谈判方法及要领。

(二)难点

反劫持谈判技巧及其临场灵活运用与应变。

五、训练方法

理论提示、讲解演示、谈判训练、应变训练、检查验收、小结讲评。

六、训练要求

1. 严肃训练场纪律，遵守训练规范，一切行动听从指挥，做到令行禁止。

2. 严格训练、严格要求\严密组织。坚持练为战的方针，所有训练按实战的要求进行，保质保量完成实训任务。

3. 认真体会、掌握谈判要领和训练方法。刻苦训练，开动脑筋，积极思考，灵活应变，相互探讨，共同提高。

4. 依法行动，遵循程序，机智灵活，防控为先，安全第一。

七、训练考核评判标准

反劫持谈判训练重在提升受训者的临场谈判能力和灵机应变水平。同时，也要通过训练锻炼培养受训者掌握反劫持谈判的程序、方法、步骤和技巧。具体考核评判标准详见表3-3：反劫持谈判训练考核评分表。

表3-3　反劫持谈判训练考核评分表

项　目	评分标准	分　值	得　分
现场情报、劫持者心理分析及风险评估(20%)	现场情报(敌情、我情、友邻、社情、天候)	5	
	心理分析、判断、深度挖掘	10	
	风险评估及预判	5	
谈判方案的制定(20%)	谈判方法、谋略意识	10	
	谈判方案	10	
谈判分工部署、组织指挥及应变(40%)	谈判分工、部署	7	
	谈判组织、指挥、协调	8	
	谈判方式、手段、技巧、效率	10	
	时机把握	5	
	谈判现场突发情况应急、应变	10	
训练方法及效果(20%)	训练方式、方法多样灵活，善于启发	10	
	组织实施严密，训练效果良好	10	

八、训练安排

(一)学时分配

本科目实训按照一个区队50名学生为基准，安排2个课时(90分钟)。若参训人数有变动，可按实际情况酌情增减训练时数。

1. 准备活动(5分钟)
2. 理论提示(5分钟)
3. 谈判训练(45分钟)
4. 应变训练(25分钟)
5. 检查验收(5分钟)
6. 小结讲评(5分钟)

(二)场地器材

场地：战术训练场。武器、警械、器材见表3-4所示。

表 3-4　武器、警械、器材表

名　称	数　量	单　位	明细及要求
警用八件套	10	套	
扩音器	1	台	
防弹衣	5	件	
对讲机	10	台	
匕首	3	把	
防弹头盔	10	顶	
便装上衣	5	件	

(三)训练对象及人数

一个区队共50名学生,以区队为一个教学单位进行训练。学员接触和从事公安基层工作较少,实战经验不足。

(四)教官分工

主讲教官1名:负责编写训练大纲、计划、教案、实训指导书,组织训练。

助讲教官2名:负责布置检查场地、训练器材保障,配合示范,分组指导训练;担任训练现场指挥和导调人员;安排情况显示员;配合主讲教官教学并做好训练事故防范与处置等工作。

辅助教官2名(从学生中选出):协助教官做好场地器材布置、保障,配合示范、训练;担任小教官指导学员训练;训练时根据教官安排担任情况显示员。

Ⅱ　〔训练进程〕

第一阶段:准备活动(5分钟)

一、学员区队长负责将队伍集合,清点人数并向教官报告,教官下达命令整理服装及装备,进行验枪。

二、教官宣布本次课的训练科目、提要、内容、目的任务、组织形式及要求。

三、情况显示员的选定及任务安排:由辅助教官担任,人数若不足时可抽调学员补充,并单独安排具体任务。

四、进行热身运动

1. 慢跑:400米×2圈;

2. 徒手活动:(呈体操队形散开)内容——头、颈、肩、胸、腰、膝关节、手腕脚踝运动及身体韧带拉伸练习(4节8拍练习)。

第二阶段:实施部分(85分钟)

一、理论提示(5分钟)

兵不血刃,不战屈兵,是反劫持处置的最高境界。谈判在处置危机事件中能收到奇效,最大限度减少损失。根据西方国家的统计，在劫持现场中有效使用谈判专家，能使案件处理的成功率达到80%。谈判与单纯依靠“以暴制暴”的武力处置相比，对犯罪分子来说，是一个更大的深层威慑力，而对公众来说，则是一堵铜墙铁壁，保护着公众的安全。谈判不仅能通过交流赢得时间，平息现场紧张状态，还能帮助劫持者理性地认识形势，防止暴力升级。

(一)反劫持谈判模式与方法

谈判模式
- 输赢模式
- 双赢模式

谈判模式方法
- 利益交集法
- 议题切割法
- 多项挂钩法
- 平行交换法
- 有所限制法

1. 谈判模式

(1)输赢模式

采取立场→维护立场→让步→妥协或破裂

输赢模式通常将对手作为敌人，不尊重和“信任”对手，只有一个始终不渝的目标，即胜利。这种模式把自身利益作为唯一的考量，持有非赢即输的想法。抱着“如果我赢了，你就输了”的想法，忽略双赢的可能性，只有一句“照我的做法，否则拉倒”是比较简单的谈判方式，容易使双方的对抗升级，造成意想不到的损失和不良的社会影响。例如，2003年8月17日下午2时，在兰州的一个居民区，一名男子劫持当地一家房地产公司老板刘恩迁和他的妻子。警方出动近200名巡警和特警到场，不到1个小时，“高压式”的谈判即告失败，被激怒的劫持者在几秒钟内，开枪打死人质夫妻俩，然后开枪自杀。(王海燕．走投无路下的铤而走险，人质危机席卷中国[N]．南方都市报，2004-8-25.)

(2)双赢模式

认定自身需要→了解对手需要→寻求解决之道→协议或破裂

双赢模式视谈判对手为问题解决者和“合作”对象，对对手采取审慎的态度，在一定程度上对其有限“信任”，以符合双方共同利益，解决矛盾冲突、平息事态为目标，以正和博弈为取向。这一模式并不一味以“完美”“最优”作为行动的出发点和价值判断的基础，而是以“基本满意”作为谈判策略选择的基本出发点，对临战现场进行客观、实事求是的研判，力争达成双赢的最佳结果。双赢模式是新时期处理解决对抗冲突的一种思考方法，是确保社会长期和谐稳定发展的必由之路。

当然，双赢模式作为一种理想的谈判模式，在现实应用中面临种种考验。因为，反劫持谈判与一般的谈判毕竟不同，谈判的复杂性、风险性及艰巨程度时常会超出一般人的想象。反劫持谈判是生死谈判，警方只有在具备足够武力威慑的情形下，才可能启动谈判。在谈判过程中，各种不确定因素又是不以人的意志为转移的。如果遇到顽固不化的死硬分子或身负命案破罐破摔的亡命之徒，要想以谈判最终解决问题、化解危机，难度可想而知。

尽管如此，我们在反劫持谈判中，仍然要坚持双赢思维，尽最大的努力，最大限度地保护人民群众和民警自身的生命安全，将各种损失尽可能地减少到最低。这实际上也正是双赢模式的精华和实质所在。

2. 谈判方法

(1)利益交集法

这一方法的精髓在于“不谈立场,而谈利益”,即谈判时,别去坚持彼此表面要求的做法,而要找出彼此心里真正的需求。反劫持谈判中,情况复杂多变,关系纵横交错,矛盾此起彼伏,双方都想获得自身利益的最大化。运用利益交集法,一是做好共情。共情有助于保持冷静,缓和可能引致冲突升级的紧张局面。二要加强换位思考,以便发现双方内在利益的一致性,提出创造性的解决方案。这往往比共情和控制更能取得成效。在复杂动机的互动中,理解对手的利益和动机所在比跟对手在情感上进行联系似乎更加有效。替对手考虑要胜过替对手感觉,钻进他们的脑子要好过心中容下他们。三要审时度势,正确处理好各种矛盾关系,把握主动,避免谈判陷入僵局甚至破裂,以顺利实现既定的谈判目标。

(2)议题切割法

把一个大议题切割成几个小议题来谈,如此就拉大了其中双方交换利益的空间,才能达成共识。当发现只有一个议题,而又非谈不可时,切割议题就成了最重要的解题工作。这里,可以把谈判比喻为享受美味的牛排大餐。从牛排中获得最大享受和最大好处的方法是:一是把牛排切成容易处理的小块;二是细细咀嚼这些小块;三是吞吃;四是消化。如果你谈判也同样采用四步骤,你便走上了成功之路。这道理并不难理解。意见的沟通原本不易,清晰不是自然生成的,由混乱中创造秩序是谈判的主要工作之一。要达此目标的最好方法是逐项进行。

(3)多项挂钩法

假设谈判的内容有 ABCDE 五项,与其一项一项地谈,不妨试着运用连纵政策组合一下,例如可以把 A、D 和 E 放在一起谈,如此一来,谈判的力量就大为增加。譬如在反劫持谈判时,可以把交出人质、价钱、后续处理一起谈(如果你保证不伤害并在 7 点前交出人质,那我们就会按你要求的金额打款到你的银行卡上,后续还可以为你提供方便……)。多项挂钩法可以扩大资源,增加弹性,使谈成的概率增加。

(4)平行交换法

许多情况下,歹徒劫持人质往往只是手段,其动机不是为了杀害人质,更不是为了自己死(马斯洛:追求生命安全,是人的本性),而是用自己的生命连同人质的生命作为赌本,去博取他认为“更好”的前途。但是嫌犯处于激动情绪中,很可能采取过激做法。这时就需要谈判专家的点化。如果需要谈的有好几项大议题,而这其中双方又都各有一些最在乎的事项,那就可以先把这些议题先拉出来,用交换退让的原则来进行协商。例如,如果劫持者在释放人质上让步,那警方也就会在提供饮料、食品上妥协。这种“你给我我要的,我给你你要的”平行交换方式,一开始就让双方各有所获,会为谈判定下良好的互动氛围,有助于整个谈判的成功。

(5)有所限制法

谈判中有时会遇到蕴涵双重含义的问题。对于这样的问题,不能贸然作答、轻率定论,既不能作全部肯定的回答,也不能作全部否定的回答,而应在回答时采取限制法,有所肯定,也有所否定,在肯定中包含否定,在否定中包含肯定,即在肯定中有所限制,不是肯定一切,把话说绝,而是在肯定的同时留给了对方思考的余地。所做的解答要富有弹性,要给人以回旋余地。

最有效的谈判也许并不是最机智的谈判，而是最简明的谈判。需要说明的是，无论采用何种谈判方法，总的要求都要符合下列条件。一要传达给劫持者一个生存的希望，那会减低他们寻死或杀害人质的念头。二要显示警方的实力，让劫持者明白到警察已经控制了整个局面。三是要求开展对话，表示愿意以和平的方式去解决问题。四是要由一个代表来代言，避免出现前后意见不一的情况。五要谈实质的解决办法，尽量减少空谈。六要加强现场管控，防止事件蔓延及禁止不必要的采访和干扰。

（二）先行稳定情绪，做好危机评估

谈判要在确保没有危险的前提下，最大限度地稳定劫持者的情绪。同时，尽可能多地搜集资料，通过对劫持者的观察和交谈，进行初步的"风险评估"。

1. 一级危机——伤害正在发生

伤害人质事件正在进行中，人质生命危在旦夕，警方应启动"生命保全程序"，果断出手处置，确保人质安全。

2. 二级危机——伤害即将发生

如果劫持者情绪失控，伤害即将发生，视人质安全状况和威胁程度，按照指挥部事先的预案处置。

3. 三级危机——伤害尚未发生

风险评估后，可采取适当的方法展开谈判，争取主动。按照谈判方案有序进行。

（三）谈判组成员的遴选

谈判是一种思想、心态、态度、判断，一种能让你懂得审视，学会豁达，勇于探索，安于险阻的综合智慧、应变技巧与心理素养，一种能在行为和结果之间进退有据，有为有守的高超艺术。谈判既是知识能力、人格修养的展示，也是思维敏捷度、灵活度的展现。这不仅是"嘴上功夫"的体现，更是"脑上功夫"的体现。

对谈判人员的要求，一是要有较宽的知识面——上通天文地理，中察人事心理，下知鸡毛蒜皮。二是要琴心剑胆——半是警察半是心理专家，要具备诚心、细心、耐心、慧心。三是要思维敏捷、逻辑性强。防止含糊不清、前后矛盾。稀里糊涂胜利的人，一定会稀里糊涂地失利。四是要口才好、应变能力出众，阅历丰富、经验老到。五是要颜值、形态大众化——外表普通、身材适中、面容和善。六是要高情商。能从不同人的不同情绪状态中区分和辨认出相关的情感线索；具备高超的认知技能，能依据获得的情感线索推测他人的内部情感状态，尤其是建立在采择他人观点基础上的对他人内部情感状态的推测；情绪情感的反应能力强，具备较快地产生与谈判对手类似的情感体验的能力。总之，谈判员必须具有明知前面险象丛生、杀机四伏而依然舍身赴险，视死如归的大无畏精神；虽其貌不扬、言语绵软，却往往以柔克刚，表现出泰山崩于前而不惊，刀架脖颈而不惧的大勇；仅凭灵活的头脑和三寸巧舌，却现身于剑拔弩张之际，游刃于矛盾激变之时，解危纾难，屡建奇功。

因此，可根据上述要求，选择合适的人员承担相应的谈判角色。明确"主谈、辅谈、观察员"的人选及各自的职责范围。做好分工，防止越位。

1. 主谈

不必人高马大，不必严肃认真，不必口若悬河。身材要中等，相貌要平平，心理要过硬。

主谈是最受压力的一个岗位。除了要在对话中套取有用的资料作为分析用途以外，又要讨价还价，更要担当中介角色，建议如何和平地解决事件。

2. 辅谈

反应要机敏，身段要灵活，悟性要好。他在需要时可充当临时谈判员，协助主谈做出谈判策略，并且支持主谈做一些分析的工作。按照事先约定，在主谈发出的暗示后，能快速、果断动手，阻止劫持者对人质的伤害。

3. 观察联络员

有较强的语言表达能力、观察能力、协调能力；主要是和现场其他单位联络，收集有用的消息和进行分析，然后提供给谈判员用作谈判用途；需要时，负责安排所需的食物和用品供应给劫持者和人质。

（四）现场控制的原则

谈判是双方或多方为和平解决争端而进行的一种博弈行为，也是一场难缠的心理战，它要求谈判者在一种充满火药味、完全对抗的情景中与对方进行心理接触。谈判真正的本质，就是一种解决问题的思考模式，所以谈判是说服，更是协调冲突。

1. 化解对抗

谈判过程中，要注意适时适度地表达对劫持者的“同情、理解、帮助”，以减缓其焦虑，稳定情绪，使之恢复“理性”，逐步化解对抗，消弭危机。谈判在本质上体现为理解和反理解。理解就是洞悉对手的意图和目的，反理解就是避免被对手算中。世界为什么那么复杂呢？因为几乎每个人都在处在理解和反理解当中。人生最难的是理解。理解就是超越自我站在他人的立场思考问题，这对每一个人显然都不容易。如果不能深入理解对手，那么很容易落入对方的陷阱。而如果总是被对方算中，那么很容易被对方拖垮。

谈判中要扮演好三种人的角色：一是当好医生——研究对象，对症下药；二要当好教师——“师生”互动，产生共鸣；三是当好演员——力避呆板，声情并茂。谈判中，要“多些讲情、讲爱，适时讲理、讲法”。谈判是知识、情感、意志、法律的外化。正确处理好情与法的关系，把握好其中的“度”，是谈判成功的重要因素。在法律框架内谈判说理，才能滴水不漏、所向披靡，运用诚恳、理解、友善、尊重等真情所包含的强大人性力量，就可以撼人心魄、稳定情绪，达到有效沟通的目的。坚持情理交融、有理有节地进行谈判，将动之以情和晓之以理、戒之以法结合起来，通情才会达理，如果晓之以理、戒之以法离开了动之以情，就容易成为空洞的说教；而动之以情离开了晓之以理、戒之以法，就不可能使犯罪人员明辨是非善恶，提高觉悟，放弃武力，认罪服法。情和法互为关联，双向互动。动之以情是晓之以理的前提，而武力威慑和法律则是动之以情的强大后盾。

2. 给予希冀

谈判要以劫持者为中心。其表现欲不能太强，避免刺激劫持者的情绪。适度的幽默，有利于化解对方的焦虑，减少不必要的冲突对立。要给予劫持者以“生”的希望。为了保证人质的安全，“承诺可以无原则”，要有满足劫持者“一切合理要求”的准备，以换取人质的安全。要给劫持者以更多的“记挂”。一个人绝望了，对后果也就没有顾忌了。

谈判者所持有的谈判态度和采取的谈判原则对谈判的成败有非常重要的影响。所谓软,就是谈判者对于谈判对手和谈判中的问题都采取极温和的态度,片面强调维系关系的重要性,甚至在牺牲自己最大利益的前提下也一定要达成妥协,过分屈从于对方的压力。所谓硬,就是谈判者往往在遇到利益冲突不容易调和时,特别是谈判对手态度非常强硬时,有时会突然情不自禁地采取一些极端的谈判方法,盲目地坚持自己的谈判立场,决不向对方做出让步。有时甚至在对方让步情况下,仍然采取咄咄逼人的态度,不顾对方的想法,将对方打得片甲不留。

在谈判过程中,谈判者的态度既不可过分强硬,也不可过于软弱,前者容易刺伤对方,激化矛盾,增大紧张态势,导致谈判破裂;后者则容易受制于人,而采取"刚柔相济"的策略比较奏效。不同谈判对手有着不同的社会文化和经济政治背景,其价值观、思维方式、行为方式、语言及风俗习惯各不相同,从而使影响谈判的因素更加复杂,谈判的难度和风险加大。在实际的谈判过程中,对手的情况千变万化,作风各异,有的沉默寡言,有的多疑多虑,有的心怀鬼胎,有的故意寻衅,有的傲慢自大,有的顽固不化。因此,谈判中针对不同情况,有时需要充当"红脸"角色,持强硬立场;有时则需要扮演"白脸"角色,取温和态度。"红脸"是狮子大开口,大刀阔斧地直捅对方敏感部位,不留情面,争得面红耳赤也不让步。"白脸"则态度和蔼,语言温和,处处留有余地,一旦出现僵局,便于从中斡旋挽回。示弱不是退缩,而是强者在感情上体贴暂时在某些方面处于劣势的弱者的一种有效手段,它可以使"弱者"有所慰藉,心理上得到平衡。因此,谈判中恰时地向对方进行示弱,有意暴露出我方某些方面的弱点,能有效地抵销双方的对抗和敌意情绪,引开或避免对方的不利注意。

3. 运用好身体语言

要注重谈判中非语言动作的运用。许多时候,恰当地使用身体语言,可以起到"此时无声胜有声"的奇效。谈判者通过姿势、手势、眼神、表情等非发音器官来表达的身体语言,往往可以在谈判过程中发挥重要的作用,给人留下深刻的印象。在某种情况下,身体语言(简称身语,下同)可以表达口头语言所不能完全表达的意义,使一个概念的表达趋于完整。个别时候,语言甚至成为多余,只需一个姿势,即已一切尽在不言中。身语还可以化繁为简,巧传人意,使对方心领神会,从而也就避免了说不便出口的话的麻烦。在有些特殊环境里,有时需要沉默,恰到好处的沉默可以取得意想不到的良好效果。有时候,说话的语调比要说的话本身显得更值得信赖;因为说话的语调往往潜意识地反映你对某事或某人的真正态度。语调式沟通可以通过说话声音的高低、快慢及声音所表达的情感来实现。

谈判首先源于双方内心的沟通。双方都有一些感受或者想法想告诉对方。为了传递这个信息,他首先必须将其转换成语言以及非语言代码(即身语),以便你能够理解。俗话说"人不可貌相",但就一般人来说,人是可以貌相的,从他的"貌"可以部分或大部分地看出他是怎样一个人。比如说从一个人的姿态,我们就可看出他是一个信心十足的人,还是一个优柔寡断的人,他现在正处于精神旺盛的状态,还是处于精疲力竭的状态,他的心情是轻松愉快的,还是紧张焦虑的,等等。一个人可以想出一百种办法来掩饰他身体的缺陷,可以轻而易举地改变他面部肌肉的组合状态,从而呈现不同的虚假的表情,但是没有一种办法能够掩饰从眼睛中所流露出的真实情感和真正意图。读一个人最好"读"他的双眼。谈判更是如此。从双眼里可以看到刚强,也可以看到软弱;可以看到自信,也可以看到自卑;可以看到勇敢，也可以看到怯懦；可以看到仁慈，也可以看到凶残；可以看到崇高，也可以看到龌龊。

使用积极肯定的身体语言，有利于谈判向我方希望的方向转化。不要使用消极的、带有挑衅性的举动，如双臂交叉抱于胸前、十指交叉、尖塔姿态、肌肉绷紧、面带愁容、情绪消极、态度生硬专横、比对方的说话声音大等，这些都会刺激劫持者，破坏谈判的正常进行。其中，"双臂交叉抱于胸前"这一身体语言，代表否定与拒绝，也代表袖手旁观。这是我们所见过的最具"传染性"的身体姿态。在谈判双方交涉过程中，只要有一个人这么做了，其他人也会不知不觉"效仿"。第二，十指交叉，两个大拇指不自觉地轻轻摩擦或互相绕小圈子，脸上露出沉吟的神气。这个动作并不表示赞同和认可，而是表示"有条件地怀疑"。第三，尖塔姿态。所谓尖塔姿态，就是双手指尖相对相抵，掌心相对虚空，形成一种"教堂尖塔"式的手势，这是一种极度自负的手势，傲慢，并带着刚愎自用的神气。越是傲慢自负，"尖塔"的位置越高，从齐胸逐渐升至齐眉，甚至从两掌之间的缝隙里看人。第四，触摸鼻子。谈判中，看到对方频繁地摸鼻子，你就要当心了：现在，对手的一系列言谈都在布置一个开花的陷阱；他，在努力地隐瞒他的真实意图；如果谈判从漫长的"兜圈子"阶段进入实质阶段，触摸鼻子的动作就会减少。第五，上身后倾或偏离对方。上身后倾，是代表明确的戒备和抵触情绪。

二、谈判训练(45分钟)

区队学生分成若干个小组，各组自行设定一种劫持案情(见附件一)。训练时，安排若干名情显员充当劫持者和人质。各组按照训练要求组建谈判小组，明确各自角色、分工，在做好准备(见表3-4)，加强警戒疏散，控制现场的前提下，展开谈判训练。

(一)挟持人质者的行为分析

挟持人质者多半不是"职业杀手"，他们的犯罪行为往往有以下几个原因。

1. 劫持者在现实中遇到了"不可逾越的障碍"

这种"障碍"单靠个人的力量无法解决，自己的社会支持系统也解决不了(或社会支持系统不完善)，自己内心有难以承受之重，所以才会将自己心中的愤怒，投向特定的对象——人质。劫持者是通过"挟持人质"的手段，来帮助自己摆脱现实的困境或缓解内心的压力。

表3-4 谈判准备表格

谈判准备表格							
目　标							
谈　判 项　目	优先项		选择项	范　围			
	我方	对方		最好	最差	我方目标	对方目标
人质							
金钱							
武器							
车辆							
香烟、饮料							
……							

2. 挟持人质是劫持者内心矛盾的极端表达形式

在某种情况下，被挟持对象在劫持者的眼里应当满足以下条件：被挟持者是“一切麻烦的制造者”；被挟持者是“一切苦厄的解决者”；被挟持者是“个人情绪的宣泄者”。“被挟持对象”一旦满足了劫持者的某种“条件”，自然就成了劫持者挟持或攻击的“靶标”。劫持者在挟持人质期间的思维是清楚的，对自己想通过“挟持手段”想要达到的目的是明确的，对挟持对象的选择也是慎重的。这一点和精神病患者在患病期间出现幻觉妄想后做出的行为有很大的不同。时间、地点、目标、手段选择完毕以后，“挟持人质事件”就这样发生了。

值得注意的是，警务谈判中，下列四种情况可能很难谈下来。第一，有血债的。杀人偿命是自古的硬道理。第二，服刑期间逃脱或者负案在逃的。他不想服刑，遑论更长的刑期了。第三，对社会有着刻骨仇恨的，具有反社会人格的人，能给社会造成多一点的伤害，他就多一份快乐，因此，他极度蔑视生命。第四种就是恐怖主义分子。他们的行动，有着坚强的心理支持、周密的部署。

（二）劫持者的人格特点

1. 一般是“冲动控制障碍”的患者或者是一些心智不健全的鲁莽之徒。

2. 具有“认知通道狭窄、思维对象单一，性格执拗”的心理特点，平时就有“咬定青山不放松”“认死理”的毛病。

3. 这种人格，在临床上多见于“偏执型人格障碍”及“偏执性精神病”的患者，也见于“冲动控制障碍”或其他精神疾病的患者。

4. 挟持人质也大多属于“激情犯罪”，不计后果地乱来。劫持者试图采取这种极端的方式达到自己的“最终目的”。

（三）劫持者在劫持人质期间的心理状态

由于挟持人质是“铤而走险、剑走偏锋”，所以劫持者一旦启动了“挟持程序”，往往会因此而极度焦虑。

劫持者对“挟持人质事件可能造成的结果”没有把握，加上大多数挟持人质的劫持者属于“激情犯罪”或第一次“铤而走险”，他在临床上的典型表现，就是“焦虑”。

1.“短时间满足需求”的愿望十分强烈

“挟持”本身不是目的，通过“挟持人质”作为“交换的条件”才是犯罪分子的目的。假如警方的谈判专家能够把握住劫持者焦虑、惶恐、不安、无所适从的心理特点，四两千斤的一拨，劫持者就有“心理崩溃”的可能。如此，就可能避免人质死亡的悲剧。人都是趋利避害的，除非有精神分裂症，否则劫持者不会不在被警方重重包围之后，还不提出要求的道理。而且，劫持者如果在满足不了他所提出的“最初要求”后，一般会和警方讨价还价，降低自己的要求，退而求其次。最终只要逃走，免除法律的责罚就愿意释放人质。但是，随着谈判时间的拖延，也有可能会导致相反的结果。因为挟持的时间越长，焦虑的程度就越高，惶恐的氛围就越浓。

2. 合理控制谈判时间

持续的“焦虑和惶恐”会使劫持者出现抑制，警觉度降低，从而出现挟持人质的“动作变形”，容易让狙击手找到攻击的机会和目标。持续的“焦虑和惶恐”也会使劫持者承受更大的心理压力，增加谈判人员用语言解决问题的“成功概率”。值得注意的是，虽然持续的“焦虑和惶恐”会使劫持者增加心理压力，但这种压力如果管理不善的话，有可能会导致劫持者的情绪失控。如果危机处置不是以“消灭罪犯”为目的的话，不切实际地拖延谈判时间，有时可能会让劫持者产生“鱼死网破”的冲动。

3. 劫持者受刺激后的反应

劫持现场会有许多不可知的因素。例如，周围群众的围观、不协调的呼喊、突然出现的人物、声响，或人质的情绪反应等。这些因素，可能会让劫持者在短时间失去耐心、失去理性。所以，我们在处理类似危机时，要从简、从快，尽快将危机消弭在短时间内。

(四)警务谈判注意事项

1. 缜密加安全

一是不要过早进行面对面谈判，可先通过其他谈判方式与劫持者建立信任之后才进行；二要注意把控好谈判距离，防止过于靠近时给对方带来压力；三是谈判人员若需要穿防弹背心或带武器，均应进行有效伪装；四要预留一条紧急避险的路线；五应避免让曾依法打击处理过劫持者的警察充当谈判员；六是尽量不要从最难的问题切入谈判。

2. 巧妙周旋、避免对抗升级

(1)谈判时可多用开放性问题

所谓开放性问题，即没有给定答案范围，可回答任何可能性的问题，如你对这事怎么看？其关键词语有“如何”“什么时候”“什么东西”等。使对方不能仅靠“是”或“不是”来回答问题。开放性的问题，可以促其自由说话，获取更广泛的信息。同时，在他的不断说话中，可以有目的的观察其特殊的感情、行为反映。而封闭性问题，是只能在给定的范围内回答的问题。例如，你对这件事是否满意？这种限制性问题类似审讯，会使劫持者不快，并且迫使谈判人员总得想问题提问。不要直接询问对方：“你到底想要什么？”如此一来，会立刻强迫对方采取立场。当情势对己方不利时，问问题可以注入一些正面因素，强硬的声明通常会引起抗拒，提出问题则会带来答案，即使对方没有回答己方的问题，通常也能促使他们思考。

(2)避免和减少对抗性谈判

不说“我想跟你谈谈我的需求”，而说“我建议我们一起来找出解决方法”。而在对方表示强烈反对意见时，不说：“你怎么能这么说？”而是用“我了解您的感受，我之前也曾这么觉得，而后来我发现……”来提醒对方另一种思维角度。谈判员尽量想方法让对方觉得自己是胜利的一方，避免造成敌我两立的对峙，谈判才可能出现转机和出路。

(3)禁用“不”这个词

说“不”会增加对方的挫折感，导致对抗加剧；也不能说“行”，因为虚假的承诺可能会令罪犯感觉受欺骗而酿下悲剧。最推崇的词语是“尽量”。例如，可以说，“让我看一看，这个要求是否可行”，“我需要跟上级商量一下”，“我会向有关方面反馈你的要求，但最终是否可行，我不能保证”。

(4)慎对“反对意见”

谈判过程中，劫持者有时会提出反对意见。为什么对方会提出反对意见？一是不明白你的讲解；二是真实需要不被了解；三是害怕“被出卖”；四是没有真正说服；五是主要动机没有得到满足。

有经验的谈判人员不怕反对意见。因为他们知道如果他们能够满足对方的真正需求，他们就又向谈判成功迈进了一步。当对方提出反对意见时，一要倾听，不要急于争论或反击，要提供更多的令人信服的信息。二要表示理解。表示理解并不是同意或同情。“我理解你为什么会有这种感觉。”这种表述目的在于承认对方的忧虑，但却没有表示赞同或表现出防卫的意识，在答复反对意见时永远不要使用“但是”或“然而”这样的转折词。用了就好像是在马上否定掉它前面的那句话，因而也就在谈判人员和对手之间竖起了一道障碍。“我理解你的观点，让我们就来谈谈这个问题。”这样双方就建立起了合作关系，而不是抵触的情绪。三是让对方对你的反驳做好准备。在这一刻我们的目标是降低对方的紧张程度，从而减少引起冲突的可能性。四是提供新的证据。既然反对意见已得到降温，我们便可提出反驳。根据反对意见的类别，给出最具体的、符合逻辑和确切的答复。处理反对意见时，我们的目标是既消除不同意见，又不让对方失去面子。几乎所有反对意见都可以被转换成问句的形式。如果对方同意把它看成是一个问题的话，那么他就再也不会把它看成是一个反对意见了。

(5)妥善处置愤怒情绪

在谈判的过程中，可以把对方的愤怒视为一种谈判技巧，而非情绪反应。万一对方不悦发怒，应表达适度的尊重，别让对方激起自己的负面情绪。例如，你可以说，“我了解你并不很满意这个提议”，接着，要找出对方的真正想法：“那你建议我们该怎么做?”这个做法有两个好处，其一是不会让自己在慌乱的情况下误认对方意图，而做出错误的让步(他其实只要你退一步，你却自动退了三步)；另外，万一“动气”是对方的谈判表演，也不至于让他模糊了谈判焦点。告诉对方自己有退路，而非威胁对方他没有退路。

让步应要求对方回报。让步要对方回报，即使让步微不足道。关键在让步本身，不在让步多少。即使对方不同意回报，也要提出要求，以求今后回报和补偿。让步太容易、太快是错误的信号。

(6)不要采取带有挑衅性的举动

挑衅性的举动包括：比对方的说话声音大；专横地对待讨论内容；居高临下，使用手中的权力迫使对方服从，给劫持者造成压迫感和不平衡感；情绪消极被动，不愿意解决问题；片面责备他人，破坏谈判气氛；一味纠缠以前的事情，这会使对方产生敌对和排斥心理。成熟机敏的谈判专家应该具备“四然”，即自然：内心平静或平和的自然流露；泰然：遇事不慌，侃侃而谈，充满自信；井然：循序渐进，步步为营，顺理成章；超然：洒脱自如，我行我素，充满创意。

(7)要善于减轻劫持者的罪责感

犯罪心理学证明，犯罪主体的罪责感越重，其对抗心理及行为就越强烈。迎合、理解、同情有助于拉近双方的心理距离。对话时要有意识地激起劫持者对生活的美好回忆与向往，充分调动其心底的同情心，激发起强烈的恋生欲望和悔改念头，让其看到希望和机会。恢复理性，找回人性，缓和危机。

由于观念、利益的不同，谈判中很多问题难以统一，只能存异；难分正误，适度接纳；难免冲突，尽力化解；没有胜负，只能协调。高超的谈判，关键在于双方信息传递的真实流畅，利益关系的相互磨合，达到一种相对“和谐”。这是妥协中的和谐，交锋后的交融。

3. 灵机应变、有理有节

(1)正确应对“期限”

当劫持者提出有关“期限”的问题时，必须慎重对待。一是在“期限”之前，即要与其谈判，把这个“期限”“谈”过去。据国外统计资料表明，真正在“期限”到后杀害人质的只占3.6%。二是巧妙化解、软化、回避这个“期限”。利用现时的危机与混乱状况，作为不能(不能及时)满足劫持者要求的借口，促使劫持者做出别的选择。告诉他“尽管我们已尽力，但仍不能达到你的要求”，促使其另作他择。由他自己重新“开价”，推翻自己。三是尽量不把话说死。如果说死了呢？要善于找楼梯下(如领导出面)。如果不知如何回答，就按定式回答：“或许……但……我想……”

(2)避免两个极端

一是不问青红皂白把一切错误归咎于对方；二是看不到对方的错误，对劫持者失去应有的警惕。

(3)让对方自己选择

谈判中，如果一定要对方接受一件他不太愿意接受的事情，那么，怎样才能把他的不高兴程度降低？这个时候，如果让他选择，两件同样是不好的事情中选择一件，这会让他的感受好一点儿，到底是他自己的选择。

4. 坚持“三不”

(1)不对当事人说谎，坚守保密原则。

(2)不轻易答应当事人要求，特别是不提供药物、酒和毒品。固守而不固执，说理而不说教。

(3)不中途换人，以免浪费谈判员与对方建立起的互信关系。不鼓励市民或人质家属进入现场展开劝说，以避免“讲错话”刺激劫持者。

三、应变训练(25分钟)

设想谈判中可能遇到的情况，展开训练。

(一)情况一：劫持者提出无理要求

在谈判中往往会遇到这样的情况，面对突如其来的提问和不合理的要求，顿时感到束手无策，无以对答。这时，如果能审时度势，随机应变，有理有节，有勇有谋，充分运用逆反思维、反向求因、对比说理、声东击西等方法进行巧妙解说，让双方都有回旋的余地，不但能有效地拒绝对方的无理要求，还可以使谈判结果奇迹般地发生变化。在谈判的过程中，讨价还价是难免的，也是正常的，有时对方提出的要求或观点与警方的要求相反或相差太远，这就需要拒绝、否定。但若拒绝、否定太过死板、武断甚至粗鲁，就容易伤害对方，导致谈判失败。因此，掌握高明有效的否定方法，对保证谈判顺利进行是至关重要的。

第一，采用“肯定形式，否定实质”的方法进行拒绝。人人都渴望被了解和认同，可利用这一点从对方意见中找出彼此同意的非实质性内容，予以肯定，产生共鸣，表面上故意造成“所见略同”之感，借机顺势表达不同的看法，婉转地予以拒绝。同时，在拒绝否定对方时，如果条件许可，最好马上说明理由，而且理由越详细、越具体越好。表面上看起来这似乎颇费口舌，但是，后面的谈判，却由此减少了巨大的摩擦，实际上是节省了时间。

第二，在谈判的过程中，对方要价太高，要求不合理，条件于我不利时，可移花接木或委婉地设计双方无法跨越的障碍，或适当暗示对方所提的要求是可望而不可即的，促使对方妥协。这样，既表达了自己拒绝的理由，又容易得到对方的理解。也可运用社会局限如法律、制度、惯例等无法变通的客观限制。例如，“如果法律允许的话，我们同意”，或“如果有关部门首肯，我们无异议”等回答来表示拒绝。

第三是迂回补偿法。谈判中有时仅靠以理服人，以情动人是不够的，毕竟对方最关心的是自己的切身利益，断然拒绝会激怒对方，甚至导致暴力升级。谈判实际上是由一系列看似微不足道的协议组成的，我们可以从一开始就部分达成这类协议，认同对方的观点（不管什么观点），从而使对方逐渐信任警方。当对方逐渐接受我方观点后，对我方就会有所认同。这时，只要我们再拒绝某些实质性的内容，并在能力所及的范围内，给予适当条件或补偿，往往会取得曲径通幽、意想不到的效果。

第四是借用他人法。要善于借用“第三者”的口吻来表述自己要说的话或利用名言、谚语拒绝对方的要求，并利用风俗习惯作为有力的证言论据。在一般人的观念里，总认为“第三者”所说的话较具客观性，较为公正，可避免对对方的刺激和伤害。总之，在对方提出条件不可能的情况下，警方要认真对待条件加以研究，走到对方的心坎里，满怀同情地拯救心灵受伤者和迷失方向者，通过换位思考理解对方的用意，减少其心理压力，提高表达否定、拒绝的艺术性，实现事件的和平解决。

（二）情况二：劫持者油盐不进，难以沟通

一个人说出来的要求，比他想要的多。而自己认为自己应该得到的东西，又比实际上应该得到的多。劫持者要是一言不发呢？从理论上讲，这是不可能的，因为劫持者心中有愿景，就一定要描述，就会有要求。有要求，就可以切入。要求越多就越容易切入。谈判中最困难的局面就是还没开口，对方就一口拒绝了。对待这种情况，一是出奇招、用富有引诱力的惊人之语制造悬念，利用对方的好奇心来诱使其听从我们的话语和建议。二是把自己的意见用委婉的方式伪装成对方的见解，提高说服力。在自己的意见提出之前，先问对手如何解决问题。当对方提出以后，若和自己的意见一致，要让对方相信这是他自己的观点。在这种情况下，对手有被尊重的感觉，他就会认为反对这个方案就是反对他自己，因而容易达成一致，获得谈判成功。三是善于发挥“自己人效应”：先申述一种与对方观点相同或相近的观点，然后再说出自己想说的观点，这就比较容易被接受。运用得当，可以淡化甚至消除对抗，使对方在一种观点认同的喜悦中自动解除精神防线。四是先设问对方一些最基本的事理，这些设问一般会得到肯定的答复，当与对方在基本事理上达成一致，取得双方在心理和事理的一致和认同后，再推演出自己的目的，如此循循善诱，可以达到预期的目的。五是佯顺敌意、欲擒故纵，可以先顺着对方的话语展开，捡他爱听的说，消除其心理防线，然后不露痕迹地转到要进言的主题上，突然反戈一击，一举摧毁对方。六是巧用转折改变话题。使用“不过”“但是”“可是”“然而”等转折语，可以避免因太过突兀而产生对立与反感情绪，有利于缓和紧张气氛。总之，只要认真分析对手，对症下药，以明显的利益诱惑之，就能在说服过程中牵住对方的“牛”鼻子。

(三)情况三:劫持者态度强硬,咄咄逼人

遇到态度强硬、咄咄逼人的对手,可以考虑采用务虚的办法。一是拖延交战、虚与周旋。通过许多回合的拉锯战,使趾高气扬的对手感到疲劳生厌,逐渐丧失锐气,等对手精疲力竭之时再反守为攻。二是恰当地使用模糊语言。对突发事件,在尚未弄清来龙去脉,又不得不立即做出反应时,需要这种伸缩性很大的模糊语言。对本来已经清楚的事实或想法,出于某种策略的考虑,故意使用含义广泛的模糊语言,可以使语言具有某种弹性,收到良好的效果。虚实相间的模糊语言,能使我方在谈判中保持一定的灵活性,避免矛盾激化,摆脱不利情境,始终把握谈判的主动权。三是转换角度,巧用暗示。暗示是人际影响的一种特殊方式,它是暗示者出于一定的目的,采用一定的方法,含蓄、巧妙地向对方发出某种信息,以此来影响对方的心理,使其不自觉地接受一定的意见、信念,或改变其行动和企图。

四、检查验收(5分钟)

在分组训练的基础上,教师随机抽取一组进行训练考核验收,按照反劫持谈判训练考核评分表进行打分,检查训练成效。

五、小结讲评(5分钟)

(一)清理检查训练装备、器材

(二)集中讲评整个训练情况

对整个训练过程中好的方面加以肯定和鼓励,分析出现的问题,提出解决方法。

德国《警察执勤规则》把谈判作为解决劫持人质事件的最有效的手段之一。人质谈判的目的是为了通过对话避免攻击和暴力行为的升级,使警方与劫持者保持接触,最后给劫持者一个机会,让他在保全面子的情况下向警方投降。即使做不到这一点,警方也可以通过谈判搜集到罪犯的有关情况,为采取下一步的战术行动做好准备。首先一点是要争取同劫持者谈判。如果劫持者同意谈判,那么警方的谈判人员要注意搜集有关劫持者人数、动机、目的、性格特征和武器装备等方面的情报,了解人质的人数、态度、处境和心理承受能力以及人质和罪犯的关系以及现场情况,并在谈判时尽量争取时间。这样做也是为了减少并逐渐消除罪犯刚劫持人质时难以控制的、危险的激动情绪,消耗罪犯的精力和体力,减少罪犯对人质的攻击性意向。在谈判过程中,谈判小组应尝试与劫持者建立一种对话关系,尽量使劫持者相信他们是受到认真对待的,并通过与劫持者的接触设法获得劫持的背景、动机和罪犯的态度,使反劫持指挥部领导能够更好地预测罪犯下一步可能采取的行动。

在与劫持者对话当中,警察应注意以下几点:一是无论在任何情况下,都要让罪犯把话讲完;二是不要谴责劫持者;三是自己不做任何承诺,但可以明确答应将其要求转告上级;四是向劫持者指出上级做出决定需要时间;五是谈判场所的选择要通盘考虑。一般情况下,可以考虑在光线比较暗的场所展开。这时,谈判双方彼此不太容易看清对方,比较容易减少戒备感而产生安全感。在这种情况下,谈判双方彼此产生亲近的可能性就会远远高于光线比较亮的场所。心理学家将这种现象称之为“黑暗效应”。

反恐谈判是运用语言进行攻心的综合艺术，其难度高、风险大。深入研究、准确把握谈判的语言特性，有利于警方有的放矢、情理相融地说服劫持者，达成不战而屈人之兵或小战而屈人之兵。

在复杂多变的反恐战斗现场，问题的解决不是靠简单、粗暴和轻率的言行，而要靠正确运用谋略和口才。言语足以解决问题、化解危机，善于运用谋略和语言，将使处理矛盾、缓和对抗、化解冲突的方式显得非常轻松。把握谈判语言的相关特性，充分发挥语言的威力，审时度势、拨开掩盖在反恐处突现场之上的遮蔽之物，洞察矛盾表象背后的深层本质，就能认清形势，把握案情发展的规律及未来发展方向，就能具有高人一筹的预见性、判断力、说服力。

1. 语言的心理趋向性

语言就是力量。在谈判的过程中，说话的技巧十分重要。每一行动、话语必将牵涉到方方面面的关系，从而对对方心理产生正负大小各异的效应、反馈。谈判语言既要考虑到其正效应，又要考虑到一连串的负效应。把握谈判语言的心理趋向性，就是要求我们认真揣摩对方的心理变化、找准对方的心理软肋、预测其心理演化趋势，最终打垮其心理防线。

恐怖暴力犯罪的心理特征，主要可以归纳为以下几种。

(1)孤注一掷的赌徒心理

此类罪犯崇尚"人为财死，鸟为食亡"的拜金主义哲学，在金钱的诱惑下，只要能捞到利益，什么法律、原则、尊严、良心甚至生命都可以置之脑后。在"活着时捞一把，逮住了认倒霉"这种赌徒心理驱使下，他们胆大妄为，猖狂作案，明知早晚要翻船，仍如飞蛾扑火，自毁前程，害人害己。

(2)求成保全的投机心理

此类罪犯既企图通过恐怖暴力达到某种预期目的，又深谙警方处置打击的方法手段，有确保自身生命的侥幸投机心理。具有这种心理的人，大多数在开始作案前或在作案的时候，就已经准备好后路。

(3)破罐破摔的顽抗心理

持这种心理的罪犯通常抱定以死相拼的顽抗信念，往往表现出公开的对抗，出言不逊，蛮横无理，或者喊冤叫屈、冷嘲热讽。产生这类心理的原因，有的是对社会或单位极端不满，总觉得社会、单位欠他的；有的是对执法机关有很深的偏见；有的是为情所困，为债所迫，为毒所逼；等等。他们会产生强烈的对抗情绪，思维狭隘而固执，行为意志冒险而顽固，表现出有恃无恐、殊死挣扎、顽抗到底、不见棺材不落泪等特点。

(4)扭曲变态的侠客心理

此类罪犯在极端狭隘的"侠客"精神支配，江湖义气十足，唯恐天下不乱，梦想成为乱世英雄。对他人的生命财产视而不见，对自己的所谓"英雄"名节十分看重，对反面人物顶礼膜拜。他们以恐怖暴力为荣，竭尽其破坏打杀之能事，手段残忍，无恶不作。

揣，是主观判断；摩，是语言试探。在谈判的过程中，分析对方的心理状态，可以从钓语开始。所谓钓语，是言谈开始时的导引性、启发性言语，以便引出对方的话头以及对方不愿外露的思想情感。清人俞樾释曰："钓语谓人所隐藏不出之言，以术钓而出之。"就像钓鱼投饵一般,用简单而富有引诱力的话语引导、开启对方,使得对方非得开口说话不可。通过钓语,揣摩、试探对方的心理类型、犯罪企图,为后续处置打下基础。

谈判是一个逐步了解对方、说服对方、控制对方的过程。谈判能正常进行,首先是对方愿意接近,不愿意接近就不可能谈。因此,在掌握对方简要情况的前提下,要设身处地地为对方着想,将心比心地换位思考,诚恳耐心地深入聆听,才能开启双方真正的沟通,消除紧张气氛,化解对立情绪,增进彼此关系,使对方愿意谈下去。对方获得理解后,会觉得受到尊重与认可,进而卸下心理防线,坦然地透露其心理轨迹。一旦掌握了对方的心理特性,就能够有的放矢地设计和运用适当的谈判语言,来达到我们的预期目的。例如,义气十足、骄横霸道是罪犯中一个基本而易爆的心理特性,遇到以"侠客"自居,对所谓"英雄"名节比较看重的罪犯,谈判中可以充分利用此特性,佯顺敌意,使对方感觉到,我们所建议的与他已经相信的某些事情其实也是很相似的,这样便会使其易于接受和信服我们,便会避免相反或对立的意念在其脑海里滋生,从而有利于事态的和平解决。又如,对情绪比较容易受激惹、自控能力较差的劫持者,应特别提高警惕,采取必要的措施,尽量缓解其情绪。

在谈判的过程中,要避免说"我都是为你好"之类的话。以劫持者在现场所处的情形来看,一般很难相信这类语言,并可能产生反感和抵触情绪。假如警方谈判员真想为对方好,应该用实际行动来表现给他看,并说出理由,举出真实可信的例子,向对方证明警方所做的事确实对他有益。在与劫持者沟通过程中,不要问"你有什么问题"之类的话。没有人愿意承认自己有问题、不理智,这类问句不但无法解决问题,还可能使原本可以通过协商讨论的问题升级为双方的争斗。谈判是立足于找到解决问题的办法的过程,通常我们可以这样问对方:"怎么回事?我能帮什么忙吗?""如果你的观点不同的话,请告诉我。""不要担心伤害我的感情,我真的想听听你是怎么想的。""我确实是想帮你解决问题的,可以跟你谈谈吗?"

人的大脑能够清晰明白地反映一些事情,但是也有可能由于受刺激过多过杂而不能清晰明白地反映出来,而是暂时地储藏在意识深层,遇到合适的时机,才会释放出来。所以在谈判的过程中,面对孤注一掷、顽固不化的罪犯,要特别注意观察,周全思考,采取有效的措施,以防对方意识深层那些积压的情感在谈判中猛然爆发,使我方遭受不测。

2. 语言的相对中立性

谈判语言要保持其相对中立性。站在中立、公正的立场上,以平缓的态度、婉转的语气劝解开导对方,增强语言的中立性、可听性和艺术性,有利于取得对方的信服和认可,提高谈判的成功率。保持谈判语言的中立性,首先要全面了解和掌握现场各方面的信息,特别是谈判对象的详细情况,比如劫持者的性格类型、心理状态、犯罪动机及是否有前科等。其次,要在摸清对方性格的基础上,选择适当的谈判方式及措辞。通常情况下,恐怖暴力犯罪是采取社会不能认可的或极端反社会的方式来解决矛盾,与社会对抗。容易产生反社会行为的人,主要体现为以下四种神经症性格。

(1)歇斯底里性格

突出表现为以自我为中心,自私自利,心胸狭窄,任性,自我显示欲或虚荣心十分强烈,感情不稳定,情绪易变、冲动,喜怒无常。

(2)神经质性格

此类性格的人，神经过敏，容易疲倦，易受刺激干扰，性格内向，无缘无故对明天的事情担心，不安感较为强烈。

(3)强迫性格

主要表现为谨小慎微，过度认真，一味苛求，自我强迫感过于强烈，缺乏自在悠闲的心境，追求完美、彻底的倾向强烈。

(4)固执性格

此类性格的人，做事刻板、固执，常会感到不安、恐慌或愤怒，在社会生活和交往中缺乏柔性、变通性，爱钻牛角尖，着迷或专注于事物的某一侧面。

有上述四类性格的人，自控能力较差，一旦遭遇外界刺激，往往自身无法化解，甚至会不顾一切，铤而走险，对社会造成较大危害。因此，谈判中要深谙劫持者的性格特点，投其所好，把话说到对方心坎上去，最大限度地化解对立情绪，促使谈判向我方预先设计的方向转化。

如果谈判中用语不准确，分寸把握欠火候，就可能造成误会、伤害对方、激化矛盾。下列三类语言在谈判中要注意避免。一是容易使对方产生抵触情绪的用语，如“我是警察，你啰唆什么！这里我说了算！”“你有意见又能怎么样！”“不听我的话，有你好下场！”二是容易激化对方的用语，如“我就不信收拾不了你！”“你在警察面前还想这么狂，看我怎么整死你！”“就你毛病多，死到临头了还不知道。”三是不尊重、看不起对方的用语，如“瞧你那样，天生的生牢胚子。”“问什么问，我叫你怎么样你就怎么样！”“就你废话多，你有什么资格跟我谈条件。”

3. 语言的情理相融性

理是可以治病的良药，情就是药外带着香甜味的糖衣。无情，理难以下咽；无理，情也就失去了存在的意义。语言的情理相融性，要求我们在谈判中，既坦诚相见，真情实意，以心换心，动之以情；又晓以利害，坚持原则，以理服人，晓以大义。谈判双方在人格上是平等的，互相尊重，协商探讨，有利于消除隔阂，产生情感上的共鸣。有时，谈判中涉及的一些复杂问题的是非正误，并非早有定论，要承认“是者可能有非，非者可能有是”。对话中切忌居高临下，出言不逊，以势压人，要尽量减少对话中的命令式语言，更不能强词夺理，否则将堵塞言路，使谈判陷入僵局。

坚持谈判语言的情理相融性，可以从以下几方面着手。

第一，语言要有深刻性、感人性。要做到深刻、感人，不但要求内容丰富、深刻、发人深思，还要求我方谈判者付出自己的真情，倘若连自己都无动于衷，平平淡淡，甚至心不在焉，又怎么能够去打动谈判对手的心，怎么能够使对方为之折服。

第二，注重身体语言的运用与配合。身体语言在谈判中起着十分重要的作用。从产生的影响力看：语言占 7%～10%，声音约占 20%～30%，身体语言(无声信息)占 60%～80%。抑扬顿挫的语调，生动、有力的手势，稳重端庄的仪表，都能起到“无声胜有声”的效果。谈判员可以通过自己的动作和声音，把感情深深地压到语音的分贝之中，凝视对方眼睛，大大方方地说话。说话时，彼此的视线最好平行。视线的高低虽然只是一个很小的细节，但对谈判来说非常重要，视线太低，不免让人轻视；视线太高，又会使对方恐惧，产生压迫感。通过脸上或痛苦或焦虑或期盼的两个眸子，能够把感情迅速地传达给劫持者，使他能够感觉到谈判者是真心来帮助他，至少在感情上是同步化的。加强身体语言与口语的配合，有助于谈判双方的真诚沟通。适当的身体语言加上亲善的问话，例如，问“人质是否受伤了”的效果不如问“你们那里有人受伤吗”，因为后者会让劫持者感觉到些许温暖。

第三，以理服人，言辞实在。让对方理智的方法就是理性地对待他。谈判语言切忌一味追求高雅，用不切实际的华丽辞藻来装饰，更不要哗众取宠。使用的字眼要确实、有保证，例如，可以说：“我是不是了解你的立场了？”接着复述一遍对方的话，以消除对方的紧张情绪，掌握对方的心理需求，为更好地解决问题打下基础。讲话应有理有据、观点正确、情况真实，要做到言之有理、论之有据、情理交融，立足启发思想，防止空话、套话。既要具有鲜明的立场和原则性，又要照顾到对方的特点，注重从思想感情上唤起对方的共鸣，使其听了容易接受。如果讲话不在理，或道理讲得不充分，那就无法令人信服。

第四，深入浅出，牵引力强。在严肃紧张的谈判中，生动形象、极具感染力的语言，不仅可以深入浅出地说出我方的观点和道理，而且可以使对方乐于接受。用简明扼要的几句话迅速打动对方，使其出现感动、迷惘、错乱甚至自我怀疑、自我动摇，最后由我方谈判员用自己的整个思路把对方牵引出来，让对方被我们牵着走。如果劫持者能说出诸如“现在我放下手枪（刀子）还来得及吗”之类的话，那么，对下一步的处置将十分有利。

当然，以情动人并不是在谈判中无原则地一味迁就忍让，一味迎合。该坚持原则时就要坚持原则。由于人们观察问题的条件和角度不同，难免对一些问题在认识上产生差异。对谈判中的大部分问题，经过沟通交流，可以达到彼此认可，但对一些涉及原则的问题，应当理直气壮地评说，不能过分迁就忍让，甚至随声附和。对有些人即使不能说服，也应明确表明我方的观点，促其进行反思。

4. 语言的准确针对性

谈判主要是依靠思想、情感、事例、语言来打动和征服对方，因此，谈判内容必须针对现场当事人最关心的，且与谈判目的密切相关的问题，这是谈判成败的关键。充分发挥谈判语言鲜明、强烈、准确的针对性，要求我们在谈判过程中应随时掌握对方在想什么、做什么，认真观察判断对方的心理、愿望、要求、企图是什么，这样，才能有的放矢地开展攻心。

增强谈判语言的针对性，一是对话前做好充分准备，掌握对方脉搏，了解问题症结，粗略估计一下对方有可能提出的问题，事先拟出针对性的答案，做到“知己知彼”“对症下药”。尽量不说无油无盐的谈话，官腔官调的套话，不痛不痒的闲话，无关紧要的空话，刺激短处的酸话，随意承诺的大话，有机可乘的病话。要找准时机，针对难点、热点、兴奋点，坦诚相见，有啥说啥。不能东拉西扯，言不对题，泛泛而谈。

二是说话要有明确的目的。一番富于情理、针对性很强的讲话，会使对方感到说在自己心里，就像在拨动其心弦，从而受到触动。此外，说服他人的根本还在于打消对方的各种疑虑。要将事情的后果和各种可能性都讲出来，如果各种可能性都是有利于你的观点的，那么对方就不得不对你心悦诚服。

三是语言要通俗，不要故作姿态。说话要避免深奥，尽量使用大众化的语言，像俗语、歇后语、幽默语、寓言、典故等，来增强语言的说服力，达到事半功倍、四两拨千斤的奇效。

四是语言要简明，不要模棱两可。浓缩就是精华。说话要简明扼要、条理清楚，长篇大论、言之无物、模糊不清，则可能使对方如坠云雾、无所适从，产生误解和歧义，造成不利处置的尴尬局面。

5. 语言的灵活务实性

反恐谈判现场，情况瞬息万变，矛盾错综复杂。此时，灵活务实的谈判语言显得尤为重要。灵活务实的总体要求是：目标上务实，方法上灵活。

谈判形势的变化是难以预料的，谈判过程中往往会遇到一些意想不到的突发事件，这就要求谈判者具有灵活的语言应变能力，与应急手段相配合，巧妙地摆脱困境。当遇到对手逼迫警方立即做出选择时，我方若是说"让我想一想""暂时很难决定"之类的话，便会被对方认为缺乏主见，从而在心理上处于劣势；若说"规定就是规定""不行就是不行"之类的话，就容易受制于人，失去灵活处置的主动权。如何在紧急关头迅速地做出一项正确的决定，这是谈判前准备工作的重要内容，也是谈判者实力的一大表现。因为我们在谈判中经常会碰到些出乎意料但又不得不做出回答的问题。对这些问题，你事先并未经过充分的考虑，回答错了不行，不回答更不行。遇到此种情况的时候，对方常常会幸灾乐祸、落井下石。对方明知道我方需要一些时间来进行充分的考虑，才能做出合适的决定，但却会找各种理由和借口，逼迫我方马上做出决定。

这个时候，我方一定要镇静沉着，不慌不忙，临危不乱。此时，千万不要被对方所提出的各种理由迷惑，别让对手牵着鼻子走。一句话，千万不要匆匆忙忙、草草率率地做出某个决定，那样，你就正中了对方的计谋。即使你认为先点个头表个态无所谓，不会有什么大的妨害，也不应该在顷刻之间就完全同意对方的提议。谈判中的慎重考虑是为了不做出错误的决定，导致被动和不利，是为了不在谈判结束后捶胸顿足，后悔不迭。

面对对方的催逼，我方可以根据现场的情况，充分发挥谋略的威力，巧妙地找一些合情合理的借口和理由进行应对或进行反向设问。这并不是逃避不是退缩，不是意志薄弱者的优柔寡断。这种情况下不做决定是有正当理由的，从逻辑上说，是谈判的战术之一。它要求当对方逼迫你马上做出一项决定而你又无法当机立断时，应清清楚楚、明明白白地向对手说明自己不能在顷刻之间做出这项决定，以及不能决定的理由。如果你言之成理，想必是会得到对方谅解的。退一步说，即使当时没有得到对方的谅解，他起码不会误认为你是一个态度暧昧、优柔寡断的人。而如果你与对方达成了谅解，那么一切的主动权便都落到了你这一边。因此，灵活务实要求我们兵不厌诈、善于用间使谋，谋略并非教人奸诈和邪恶，相反，它正是为了战胜邪恶和侵害、为了保证道义的实现而必须运用的智慧和手段。警务谈判本身非常残酷，但谈判的目的是为了遏止犯罪、保护人民，是为了社会和谐和正义。不对邪恶势力进行应有的打击，就谈不上自由和安全。

6. 语言的现场权威性

语言的现场权威性，要求谈判语言要一言九鼎，说话管用，给对方以信赖感。谈判者主要是运用语言来调控现场的一切情况，他说的话必须当场就能执行，有绝对权威性。这样，才能让对方信服。欲增强语言的权威性，谈判过程中应注意以下几点。

(1)谈判的心理和气势非常重要,它几乎决定了说服的效果。因此,我们在攻心时要讲“势”和“气”,保持充沛沉稳的底气和不卑不亢的气势,方能展开思路,大开言路。

(2)谈判是集情感、语言能力、心理素质、法律修养、逻辑能力和知识储备为一体的高难度艺术,谈判虽然以语言为载体,但语言是人的知识、情感、意志的外化。谈判中只有具备严密的思维能力和强大的逻辑力量,才能滴水不漏、撼人心魄、无坚不摧、所向披靡。

(3)要说到做到,说话算数,切不可食言。要把握说话的分寸,没有把握的话不说,暂时做不到的不要把话说死,说了而由于情况变化不能做到的,要及时解释清楚。

(4)多说有力量的话。有力量的话就是指说话时能够直截了当,行就是行,不行就是不行。例如,不要说“我看……”“我想……”而应该说“我认为……”“我要说的话关系重大,所以我再重复一遍,请你仔细听。”这样,有利于强化说话的语气,显示出语言的内在力量。

(5)在语言上,尽量避免“限令多久时间内投降”“我最后一次警告你”“限令走出大楼”等威胁性语言。使用此类语言,很可能无济于事,若警方根本没有行动的准备,则会失信于对方而被人看扁;若对方没有执行,警方的权威性将大为降低。对付有想象力的人时,要先发制人,制止所有新的借口。要致力于解决整体的问题,而不仅仅是所说的理由。当发现谈判陷入僵局和对抗时,可先行退出谈话的“内容”,重建安全氛围,直到找出彼此都能够接受的解决方案。

综上所述,谈判仿佛一场相互拉锯的“拔河比赛”。对方不会被一“说”就“服”的。人的看法、想法、做法,不是一天形成的,正所谓“冰冻三尺,非一日之寒”,因此,没有那么快就会改变自己的想法。即使肯听我们的话,但仔细考虑之后,他原先的想法,又可能再占上风。各人的思想不同,而这些思想及心里的成见是根深蒂固的,就像一座山,要移去这座山,就需要有“愚公”的魄力和勇气。如果操之过急,把意见强加于人,将使问题更难解决。鬼谷子说:“一个人行为不善良,我们想设法矫正他,这件事并不容易。”劝导他的话,不能生效,不能使对方服从,这是因为自己解说得不明白的缘故;假使你已经讲得很明白,但对方还是不实行,那就是因为你说的话未能投合对方的喜好;若能解说得很明白,坚持得很稳固,又能投合对方的爱好,你说的话,听起来神奇而珍贵,明白而易于分辨,能打动对方的内心。因此,一个谈判者如果能够审时度势、机智灵活、全面地运用语言的上述特性为谈判服务,收放自如、把握主动,那么,他离胜利的彼岸将不会遥远。

(三)布置课后练习,宣布下次课的内容及所需装具。

(四)将学员交由学员队队长带回,清理训练现场,归还训练装备和器材。

附件一:各训练小组设定的劫持案件

[案件一] 持刀劫持案

人物:黄云、小华(两人是夫妇),张三(包工头)。

道具:一把菜刀,一把匕首。

背景:黄云和小华是张三工地上的工人,在张三工地做了多年的水泥工,每次到了结算工资的时候,张三一再推诿,要求黄云他们再干一年一起结算工资,最近黄云家里出了点事情,黄云儿子被查出得了癌症,现急需这笔钱救命。于是,黄云夫妇就又去向张三讨要工资,这次他们夫妇抱着不把钱拿回来誓不罢休的心态，两人随身各携带了一把菜刀和一把匕首。就在张三每天必经的路上，堵截了张三，好言商量没讨回钱，加上张三的恶言相对，黄云夫妇一气之下，用随身携带着的刀具将张三劫持，要求张三把工资发还给他们。当警方到达现场时，张三以为黄云只是吓唬他的，即使劫持了他也不敢真的对他怎样，被劫持后还一直骂黄云夫妇，还一再强调说承包商没给他发工资，所以他没钱发给他们夫妇发工资，张三的话语一再触怒黄云夫妇，劫持局面陡然紧张起来。

［案件二］　持爆炸物劫持案

人物：阿力、彭国栋、简洁、孕妇等。

道具：电话、菜刀、土炸药、石油气瓶等。

背景：旧屋居民不满政府清拆旧屋的安排，群起抗议，后演变成暴乱，激进居民阿力及其同党身背自制土炸药及石油气瓶，坐在旧屋前胁持一孕妇与警方对峙，警方遂传召谈判小组组长彭国栋及资深谈判专家简洁到场协助（现场混乱，各种复杂情况叠加，人员成分杂）。

过程：国栋等抵达现场后，发挥专长缓和阿力等人情绪，劫持者提出食物要求（面包、果汁等）谈判开始展开。

最后：（亲情）谈判员发现阿力老家乡下有个 6 岁女儿，当即拨通电话。阿力女儿在电话里歇斯底里的喊话（内容多为思念父亲的话语），阿力放弃劫持，事件得以解决。

［案件三］　持枪劫持案

道具：手枪一把，康师傅大瓶矿泉水一瓶，芙蓉王香烟一包，饭盒一份。

场景：室外公共场所，人员较多集中，秩序混乱。

案例剧情：持枪劫持者在公共场合抢劫一名 30 出头妇女。

具体案情：劫持者李某，男，23 岁，无业，有较长的赌博历史，福州市仓山区人，性格较为内向。因为欠下巨额赌债无法偿还，遂于 2017 年 4 月 22 日下午 4 点 30 分在某银行门口实施持枪抢劫，该银行地理位置位于某路口，且时间点是下班高峰期。劫持者身材中等，用手卡着人质的脖子，用枪顶着人质脑袋。随着现场越来越多的围观人群聚集，李某开始变得情绪焦躁。

在与警方的对峙中，首先用客家话大声叫警察退后，然后用客家话与警方进行交涉，如果谈判者谈的顺利，能适当缓和现场气氛，便用普通话进行交流，尽量本着出难题的原则，提出一系列要求。抽烟的时候提出要抽某种牌子的特定香烟，喝水的时候提出要指定的某种水。注意表情和动作。

［案件四］　持刀劫持案

人物：尤典兴及其妻子陈芳，儿子尤儒。

道具：菜刀一把。

人物背景：尤典兴，福建省福州市人，62 岁，退休员工，前两年时间通过组织民间互助会的形式标得会款 500 多万元，自己做会首，后因会员标得会款后逃跑而导致互助会倒台，欠款 300 多万元。众会员于 2013 年 4 月 24 日一起到公安机关报警。儿子 32 岁至今无工作且有吸毒史，相亲多次却不了了之，妻子知情后欲与之离婚。

陈敏，福建省福州市人，53 岁，无业，参与尤典兴互助会缴纳会款 40 多万元，后因尤典兴互助会倒台且无力还钱而屡次上门要债。

案件背景：2018 年 4 月 25 日下午，尤典兴上街买一把菜刀（日常家务用），回家途中遇到陈敏，避之不及，陈敏主动上前要钱，尤典兴以目前没钱推脱。因多次要债未果，陈敏恼羞成怒，当街大骂尤典兴，尤典兴顾于面子又走投无路，遂拿起手中菜刀，架在陈敏脖子上，将其从马路中间压到一墙角，欲与人质同归于尽，造成一起持刀劫持人质案。

提出条件：政府出面帮其还清欠款；保证儿子就业；要公安机关撤诉。

[案件五]持枪、爆劫持案

人物：张朋建及同伙。

道具：手枪两把、墨镜、捆绑炸药、手提包。

场景：劫持者张朋建与同伙在位于闹市区的一家银行抢劫，抢劫不成被警察包围，于是劫持在银行的市民。

剧情：劫持者以银行大厅里的人质威胁警察，让警察准备现金五百万元，加满油的汽车一部，同时让警察全部撤退。

科目三 《反恐怖劫持战斗对抗演练》

实训指导书

Ⅰ〔训练提要〕

一、训练科目

反恐怖劫持战斗对抗演练。

二、训练内容

1. 对现场态势、情报的分析评估及风险预判；
2. 处置决心、谋略运用及行动方案的制定；
3. 警力分工、战斗部署、战斗行动组织指挥及灵活应变；
4. 反恐怖劫持行动中警组协同配合及指挥默契训练。

三、训练目的

1. 了解反恐怖劫持战斗的特点，熟知反恐怖劫持战斗的基本程序、步骤及要求。掌握反恐怖劫持战斗的主要战法，能灵活运用技战术快速高效地完成缉捕任务，提高反恐怖劫持战斗组织指挥能力、对抗能力和协同配合水平。

2. 通过对恐怖组织开展恐怖劫持的预谋策划、行动实施、逃跑藏匿三个阶段的演示，使反恐受训方了解恐怖分子组织恐怖袭击的一般程序、方式、要领，掌握恐怖袭击的特点、规律，提高指挥员和参训队员的应变能力。

3. 通过反恐怖劫持对抗演练，使反恐受训方了解组织防范与处置行动要面对的各种问题，提高指挥员在对抗性环境下迅速分析判断情况，定下决心的能力。

4. 通过演练，检验反恐怖劫持处置预案的可行性、科学性和可操作性，亦可对某警队训练情况、存在问题做出具体的针对性评价（表 3 - 5）。

5. 掌握组织实施反恐怖劫持战斗指挥训练的方法，提升开展此类训练的组织领导能力。

四、训练重点、难点

（一）重点

反恐怖劫持谋略运用、战斗部署及战斗行动组织指挥。

（二）难点

抓捕行动中指挥默契训练和临战应变能力训练。

五、训练方法

理论提示、对抗演练、检查验收、小结讲评。

表 3 - 5 反恐怖劫持战斗对抗演练考核评分表

项 目	评分标准	分 值	得 分
现场态势、情报的分析评估及风险预判（20%）	情报意识（敌情、我情、友邻、社情、天候）	5	
	情报信息分析、判断、深度挖掘	5	
	现场地形利弊分析及战术价值推断	5	
	风险评估及预判	5	
缉捕决心及行动方案的制定（20%）	行动决心	5	
	谋略意识及运用	5	
	缉捕战法选择	5	
	行动方案	5	
警力分工、战斗部署、战斗行动组织指挥及应变（40%）	警力分工	5	
	战斗部署	10	
	指挥方式、手段、效率及默契程度	10	
	战机把握	5	
	现场突发情况应急应变	10	
训练方式、效果（20%）	训练方式、方法多样灵活，善于启发、创新	10	
	组织实施严密，训练效果良好	10	
正方负伤或失误	民警、人质或现场群众每负伤一人次扣 5 分，每失误一次扣 2 分，被裁判长警告一次扣 3 分。		

六、训练要求

现代反恐作战，环境复杂残酷，场景险象环生，作战人员和指挥员必然要承受超常的心理压力。通过近似实战的对抗训练,让学生在各种危险、残酷的环境中,在各种急、难、险、僵、败局下,使其心理、生理、技能、战术得到最大负荷的锻炼,提高在恶劣条件下克敌制胜的胆识,以达到战训一致的目的。

1. 严肃训练场纪律,遵守训练规范,一切行动听从指挥,做到令行禁止。

2. 严格训练、严格要求、严密组织。坚持练为战的方针,所有训练按实战的要求进行,保质保量完成实训任务,使对抗的演练不是实战胜似实战。对抗过程中,战场情况不能全凭指挥员"出情况"、受训人员的"合理想象",应贴近实战,以实战中可能出现的各种不利情形和困难条件为参照,让"敌"情纷至沓来,险情、危局、残局不断,切实提高对抗强度。训练的仿真程度越高,越接近实战,效果就越好。事物的辩证法就是这样:训练中自己跟自己过得去,今后的作战对手就会跟你过不去;平时跟自己过得去,战时可能就过不去;只有自己跟自己过不去,关键时刻才能过得去。2003 年 4 月,美伊战争开始前,为打好这场战争,美军在美国境内训练基地专门设置了模拟伊拉克地形环境的演习场,对参战部队进行了半年的训练。以至于一些美军士兵声称:作战就同演习一样,没有感到有什么陌生的地方。在对抗演练中,要针对训练高难度、高风险和新装备、新科目不断增加的实际,充分利用现有条件开展各种地形环境、战术背景下的对抗演练,以实现车上科目图上练(如车内解救人质)、运动科目静止练(如高铁劫持人质案)、危险科目科学练、抽象科目形象练。

对抗演练的考核要严格公正,要按照国际通用的甄选考试方法(突然死亡淘汰法)来设置考试。考核前,要使学生了解甄选考试的内容、程序和方法,提高心理适应能力。对抗演练的内容应包括调查研究、侦察判断、识图用图、通信联络、谈判技巧、调解能力、战术意识、组织能力、巡逻搜查、应急救护、英语会话等多项知识和技巧,提高反恐怖作战的综合能力和素质。

3. 认真体会、掌握指挥要领和训练方法。刻苦训练,开动脑筋,积极思考,灵活应变,方式多样,方法灵活,相互探讨,共同提高。对抗训练,可采用国内外反恐战例分析、图上作业、沙盘对抗、实警演练与电脑模拟对抗相结合等方式,建立、形成一整套针对各种情况的反恐怖劫持战术战法体系,并将之贯彻到具体训练中去,以训练来促进实战对抗能力、快速反应能力、指挥协同能力的提升。演练要结合想定作业法、推演法等多种方法,相互配合使用。例如,想定作业法,由教师对敌我双方的基本情况、案件背景、对抗态势、各自企图和反恐战斗发展等情况进行设计,组织和诱导对抗双方发挥主观能动性,根据新的情况及时做出判断,定下决心,并进行处置,以锻炼和提高其随机应变、灵活运用战术的思维和判断能力。

4. 依法行动,遵循程序,确保优势,机智灵活,防控为先,安全第一。

5. 对抗演练的结果要有悬念。胜负不能事先确定。变幻莫测的反恐战场,胜负常常在瞬间逆转,这就是战斗之玄妙和精彩。对抗演练中主要通过设置假设敌实施对抗训练的方式,以达到近似实战练兵和检验训练效果的目的。因此,应组建以"反恐"对象和作战对手为模式的"强大的"蓝军(假想敌)分队,对抗过程中,不能总是红方胜,篮方负。要给红方多出"难题"、设"障碍"、制"麻烦"、造"险情",有时甚至有意识地使对抗双方的胜败之势瞬间逆转,以此来增强红方承受失败的能力,磨炼其逆境奋进的意志,使受训者实实在在感觉到战斗行动之苦、心理冲击之累、挫折失败之痛。在模拟中多经历一分挫折,实战中就多一分胜算。心理迎着困难上，智慧才会打胜仗。正所谓：大挫折磨砺着大机智，大脱险包含着大经验，大危难孕育着大才华，大损害唤起大觉悟，大困境引发着大机遇。

组织对抗演练时，针对可能发生的恐怖劫持事件，可以有意识地启动相关预案，组织双方进行模拟对抗。这样既可以培养受训者的危机意识，锻炼其应变能力，又可以发现预案中存在的问题，促使我们及时修改和补充。

反恐实战要求我们必须战无不胜，而战无不胜的真正含义是不胜不战。在对抗演练中，操作质量远远重要于操作数量。知识不是真正意义上的力量，知识只有通过极其艰苦和痛苦的训练，并转化为实战能力时才是力量。在达到这个层次之前，自以为是的知识和经验只能使人成为井底之蛙，并阻止任何思想上的更新和进步，使人永远成为无法升级的初段棋手。

七、对抗演练考核评判标准

详见反恐怖劫持战斗对抗演练考核评分表。

八、训练安排

(一)学时分配

本科目实训按照一个区队 50 名学生为基准，安排 2 个课时(90 分钟)。若参训人数有变动，可按实际情况酌情增减训练时数。

1. 准备活动(5 分钟)
2. 理论提示(5 分钟)
3. 对抗演练(65 分钟)
4. 检查评比(10 分钟)
5. 小结讲评(5 分钟)

(二)场地器材

场地：战术训练场。武器、警械、器材见表 3－6 所示。

表 3－6　武器、警械、器材表

名　称	数　量	单　位	明细及要求
警用八件套	50	套	
彩弹枪	50	支	
封锁带	2	盒	可裁剪
扩音器	1	台	
匕首	3	支	
便装上衣	5	件	
震爆弹、闪光弹、催泪弹	6(各 2)	枚	每弹各 2 枚

(三)训练对象及人数

一个区队共 50 名学生，以区队为一个教学单位进行训练。学员接触和从事公安基层工作较少，实战经验不足。

(四)教官分工

主讲教官 1 名：负责编写训练大纲、计划、教案、实训指导书，组织训练。

助讲教官 2 名：负责布置检查场地、训练器材保障，配合示范，分组指导训练；担任训练现场指挥和导调人员；安排情况显示员；配合主讲教官教学并做好训练事故防范与处置等工作。

辅助教官 2 名(从学生中选出)：协助教官做好场地器材布置、保障，配合示范、训练；担任小教官指导学员训练；训练时根据教官安排担任情况显示员。

Ⅱ 〔训练进程〕

第一阶段：准备活动(5 分钟)

一、学员区队长负责将队伍集合，清点人数并向教官报告，教官下达命令整理服装及装备，进行验枪。

二、教官宣布本次课的训练科目、提要、内容、目的任务、组织形式及要求。

三、情况显示员的选定及任务安排：由辅助教官担任，人数若不足时可继续抽调学员补充，并单独安排具体任务。

四、进行热身运动

蹲萝卜：4 人一小组，双手搭在同伴的肩上围成一个圈。各小组站成一列，裁判按第一到最后分序号，然后开始喊口号，喊到哪个小组蹲，哪个小组就要一起蹲下去。例如，3 萝卜蹲 3 萝卜蹲 3 萝卜蹲完 5 萝卜蹲。第三组成员需要蹲三次，第五组成员听到后要立即蹲下去。蹲慢的或错的算输，输者每组做俯卧撑 20 次。

第二阶段：实施部分(85 分钟)

一、理论提示(5 分钟)

[案情设定] 我们设定如下反恐怖劫持对抗情形。7 名持刀暴恐分子身绑自制爆炸物，冲进某市万达电影院(以本院大礼堂为模拟演练场所)，劫持正在观影的 28 名观众为人质，要求提供 800 万元现金和一辆越野车。根据上述案情和地形，设计出处置方案，并开展对抗演练。

(一)知己知彼，将风险控制于战前

古人云："胜己者，胜天下。"能正确认识对手是知彼，能正确认识自己是知己。知己知彼，占领信息制高点，将风险控制于战前，方能在云波诡谲的博弈对抗中取得较好的战绩。美国一位著名的历史学家曾经说过："对现在无知和对过去无知都是可以原谅的，但是对我们无知到何种程度的无知是不可原谅的。对自己的无知是可悲的。"不了解自己到底拥有哪些优势，更不了解自己有哪些劣势，不知道哪些事自己能做到，更不知道哪些事自己做不到，说白了，就是不知道自己是谁。在没有充分认识自己的情况下就仓促上阵，等碰壁之后再回过头来认识自己，这种补课为时已晚，也必将付出血的代价。

最可怕的竞争对手永远在你的视野之外。我们通常习惯低估对手，又习惯高估自己的实力。人贵有自知之明，天助自助者，知己者方能胜人。在反恐战斗中，应该先认识自己，再认识对手和战场。知己是成功的基石，只有彻底地了解自己，知道自己有多大的风险承受能力，知道自己的优势和劣势，知道自己有多大的胜算。正确地认识自我，明确自己的定位，进而相信自我，战胜自我，扬长避短，趋利避害，争得主动。

懂得天时，考量地利，争取人和，做到缜密、谨慎、专业，就能有效降低风险。现代反恐战斗，了解对手的想法是非常重要的，这将有利于做出准确的判断和正确的行动。其实中国古代兵法对于这一点已经有非常多的论述，所谓“攻心为上、攻城为下”“上兵伐谋”“不战而屈人之兵”都是这个意思。合格的指挥员与对手的最大区别就是他知道对手要做什么，而对手不知我方要做什么。准确把握对手的企图和思路，往往能够以较小的代价取得战斗胜利。

（二）优选方案，加强临战风险评估

优选战斗方案是加强风险控制的重要前提之一。现代反恐战斗往往背景复杂，牵扯面广，初战即决战。一个没有科学评估和危机意识的指挥员，注定是要失败的。因此，在战前精选作战方案，坚持一种绝对的低风险策略，时刻保持观察现场与对方的警觉性与质疑性，则有可能将风险限制在一定范围之内。

战斗胜利一定有方法，而是至少要有三个以上的方法。只有一个方法叫无奈，有两个方法则回旋余地太少，有三个以上的方法才是有方法、有能耐。只有一个选择时，努力比选择重要；有多个选择时，选择比努力更重要。有方法才能从诸多方法当中做出选择；有选择才是一种最大的能力，而有能力的人才能有更多的自主性、灵活性。在两强对垒、刺刀见红的战场上，战术失误和指挥失控无疑是拿自己的生命开玩笑。本着“既要安全，又要制服，力争全胜”的原则，我们在优选战斗方案时应注意以下三点。

1. 着眼力量对比，加强现场控制

在我方力量并不占优，且现场情况并非十分紧急、非处置不可的状况下，可优先考虑采取控制事态、围而不打的战法。可合理布置和组合警力，注重协同配合，加强战术要点的把守和现场控制，防止事件升级和蔓延。若在无把握的情况下贸然出击，则容易激化矛盾，增大风险。

2. 注重战机把握，提高战斗胜算

用兵之道，关键在于准确把握战机。在正确的时间、正确的地点打一场有准备的战斗和一场疲惫的遭遇战，获胜的机会是不一样的。在危机面前，少数警察宁愿相信“机”的生机无限，也不愿相信“危”的穷凶极恶，从而导致不应有的伤亡。我们要做的就是像猎豹一样，以超人的细心辨别机会的真假与大小，以无比的耐心等待机会的出现。时机不成熟决不动手，一旦出手，至少要有七成以上的胜算。

3. 灵活选用战术，增强叠加效应

在瞬息万变的激烈战斗中，任何一项战术手段都不是万能的，我们不能因为高明的战术选项而排斥其他战术选项。任何一种战术选项都不是唯一的制胜战术选项。一些制胜的战术选项，不仅单独可以使用，而且也可以叠加使用。

（三）善用谋略，将风险最小化

战斗是残酷的客观现象。战斗终极的对抗是智慧的博弈、谋略的较量。决定战斗胜负的是"心片"而并非"芯片"。大脑比手脚管用，计谋比力气有效，"深谋远虑"往往是胜利的代名词。"谋定事举，敌无不克""不战而屈人之兵"是谋略智慧的最高境界。高超的谋略运筹有如一个杠杆，能有效掌控战场胜负的天平，把战斗胜利的成果加倍放大，可以收到意想不到的效果。战斗的最高技术不光是看刀有多快枪有多准，还要看头脑有多灵活、布局有多精妙。刀枪相拼可见血，而头脑较量于无形，这才是一个顶尖高手的大成。未来反恐战斗，我们面临的最大威胁在哪里？可能遭受怎样的手段攻击？这些问题的答案将变得越来越复杂，越来越隐晦，需要我们以高超的智慧去发现、预测，运用更多的方法、手段去应对。

用智慧打仗的警队才真正可怕。事实上，胆量与奇谋、敢打与必胜是相伴而行的。不怕牺牲、敢于胜利的战斗精神应该与精明有效的战术、英勇善战的智慧相结合。"勇"的基础是能力，"勇"必须用"智"来统帅，否则就是莽撞之勇。勇敢的表现的两个特征：一是无知者无畏；二是大智大勇。前者是因为不知道风险来自何处，只知道拼命、不动脑筋，一意孤行，一味简单地猛打猛冲；后者是因为知道事物发展的必然规律并能掌控战斗风险的勇敢。前者的成功在于幸运，但幸运是少有而不经常的；后者的成功则是基于对事物的客观分析，其结果是必然的。

（四）模拟训练，增强作战适应性

战斗风险往往是难以预料的。有时，即使预料到了也不一定有用。因为，指挥员也不可能完全知道风险的过程与后果。李嘉诚说："未经斟酌的行动是一切失败的归因。"对于一场战斗来讲，及早地加强研究，做好各种"可能情况"的适应性演练和近似实战的针对性仿真训练，是有效降低战斗风险、持久稳定获得胜利的前提。

一个优秀的指挥员看到的不应该只是优势和机会，更应该看到灾难和问题并将其扼杀在摇篮里。其实，战斗胜利不仅在于要做对什么，更重要的是不要做错什么。苏联军事家格鲁季宁说过："战斗中当然可以学很多东西，但绝不能等到战时再学。"这就是说，不能总是希望通过战争学习战争，而必须在战争前学习战争。因此，要注重前瞻式的战斗设计，以务实的态度去超越经验，采取从未来回到现实的方式来大胆思考战斗中可能遇到的重大问题，通过模拟训练避免一些灭顶的小概率事件。一个偶然的成功比一个必然的失败更可怕。多份危机感，多份策略，将会让你在战场中颇为轻松。

（五）临机应变，降低处置风险

战斗是神秘的万花筒，时刻充满着各种变数。用兵打仗讲求变化，追求"全胜不斗，大兵无创"的理想境界。战斗没有剧本，你不掌握主动，不善于应变，对手就会让你处处被动。战斗胜利的过程就是一个不断怂恿对手放松警惕、被动落后，而自己保持高度警惕、游刃有余的过程。风险控制不仅在预案准备充分，更关键是加强战场应变。信息化条件下的反恐战斗，对抗激烈、样式繁多、节奏加快，处置行动中不可避免会面临一些不可测因素导致的意外情况。学会拥抱变化，留三分后手，临机应变，恰当应对稍纵即逝的战机和电光石火的战况，及时处置意外，才能避免其引起后续的不必要的损失。

兵之法，贵在不复；用兵之术，知变为大。如何驾驭战斗这一老奸巨猾的"变色龙"，需要我们从以下三个方面着手。

1. 深化战例研究

近年来，美军坚持认为，思想准备比在战争中所需要的任何一种技术手段都更重要。这就启示我们，深化反恐战例研究，增强作战底蕴，是提升应变能力的本钱。战例，正是我们获得间接经验的最佳智慧资源之一。头脑里装上几十个甚至上百个典型战例，眼界就会开阔，思考问题的参照系就会增多，对增加战斗的感性认知、提升谋划的思维层次、锤炼指挥的实践能力都有很大益处。开展战例研究，应秉持辩证的观点、检讨的态度、清醒的头脑，既要善于从胜仗中找到需要完善的短板，也要能从败仗中找到求胜的方法，特别要对失败的原因有哪些、风险及根源是什么，还有哪些环节可能导致失败等问题，多问几个"为什么"。只有对战斗规律真正从"知道"到"懂得"直至"悟透""做到"，才能从更高的层面上去约束自我、控制感性，进而把控战斗风险。

2. 注重战场细节

"大事必工于细。"战场上一些微小的、不起眼的事件，都有可能影响全局、决定胜负，如同"亚马孙河流域的一只蝴蝶扇动翅膀，会掀起密西西比河流域的一场风暴"。关键时刻，那些貌似很虚的东西所起的作用反而更大。这就要求我们力避大而化之的浮躁心态，强化精益求精的执行力，关注细节、见微知著、以小识大，及时洞察和掌握现场事态的微小变化，善于捕捉对手行动调整、企图变更的预兆信息，准确找到导致战场突变的关节点，善于在"小事件"中寻找制胜因子，努力以四两之力拨动千斤之重。

3. 敢于超前制变

先于对手，超前制变，正是化险为夷、促进战斗力倍增的神奇"配方"。战斗如同下棋。棋界高手往往在于能走一步看好几步。倘若对手能看两步，你能看三步、四步、五步，就是棋高一着，就有了胜算的把握。但棋盘上的风云诡谲多变，先走一步需要谋略，更需要胆识。

警察战斗指挥学在某种程度上是一种预测学。战斗的发展趋势并非完全不可预测，只要我们能先走一步，就有可能引导战局的发展。先走一步，则可能绝地逢生，改变整个棋局。指挥的灵魂就是寻找变化，胜利的真谛在于寻找未被发现的变化。一个卓越的指挥员，其最重要的使命应是积极创造战机，而不只是一味地等待战机；应是超前制变，而不只是"兵来将挡"。

在反恐战斗中，我们时刻可能遭受来自各方面的显性与隐性、可知与不可预见、确定与不确定的风险。许多案例表明，由于存在收集信息不齐全，形势评估和判断不充分，处置方法不得当，武器装备不到位及应变能力不足等问题，导致了我方不应有的伤亡和损失，教训是惨痛的。只有具备精良的装备、高效的指挥、出色的谋略和自我防护意识及专业化工作水准，才能最大限度地降低风险，克敌制胜。

二、对抗演练(65 分钟)

(一)分组研讨

把学员们分成若干个小组，开展战前情报分析与现场风险评估。要求每个小组开展讨论，制定处置方案。劫持者及人质均由情报显示人员担任。

(二)对抗演练

对抗训练时,一般由指导装扮劫持者一方的教官来确定劫持者的对抗手段和强度,若劫持者对抗强度升级,则模拟警方的强制手段及强制程度也相应随之升级。

各处置小组按照各自事先制定的反恐怖劫持战斗处置方案展开对抗演练。

1. 第一组

该组的处置方案是谈判加强攻。先通过谈判,稳定劫持者情绪。加强政策攻心,瓦解分化劫持者,力争劝说其放下武器。但考虑到对方为暴恐分子,谈判成功的概率不大。因此,通过谈判观察现场情况和劫持者的动态,在影院外围做好攻击准备。一旦时机成熟,突击小组向影院内投掷震爆弹,高喊口令让人质卧倒。从门口、窗户等多个出入口同时突入影院,使劫持者首尾不能相顾,快速准确击毙暴恐分子。

2. 第二组

该组的处置方案是伪装接近,突袭制敌。先通过喊话,若劫持者同意与我谈判,可选派2名胆大心细、射击精准的女警化装成心理学专家、记者或律师,作为谈判代表与劫持者交涉。劫持者对女性一般容易放松戒备,女警可以在接近过程中设计引开劫持者的注意力,抓住战机,果断毙敌。当女警这头枪声一响,预伏在电影院周边的突击队员快速冲入影院内,配合女警击毙剩余的劫持者。

3. 第三组

该组的处置方案是引蛇出洞,伺机击毙。警方可佯装答应劫持者要钱、要车的要求,将其引入我设伏区内,即故意将车辆停在离我方狙击点最佳射距范围内,造成便于射击的开阔地带,利用在设伏区内布置好的8至10个射击点将7名劫持者击毙,还可考虑在车内隐蔽一名优秀射手,以伺机击毙劫持者。

4. 第四组

该组的处置方案是虚留生路,网开一面,移地处置。警方可佯装答应劫持者要钱、要车的要求,提供一辆油量不足的越野车,使其脱离电影院内的人质。因越野车座位有限,劫持者通常无法再劫持人质一同乘车逃跑。待劫持者乘坐的越野车驶到郊外偏僻地段时,组织警力给予劫持者致命打击。

三、检查评比(10分钟)

分组对抗训练结束后,各组对照反恐怖劫持战斗对抗演练考核评分表自行打分。教师随机抽取其中一组,重新设定一种反恐对抗情形,让该组展开对抗训练,以检验训练效果。其余小组集合整队,坐在训练场一侧观看对抗情况。观看组要各派出一名代表对表演组的对抗训练情况进行点评。

四、小结讲评(5分钟)

反恐怖劫持是一场特种执法战斗,其技术难点不仅集中在前期准备和突破上,整个过程都必须小心谨慎。在组织指挥、压制与控制、应变处置及后期的战斗收尾工作里,对抗演练中暴露出的一些问题值得我们探讨。

（一）强化组织指挥

当前，恐怖袭击日益显现出高度的战术性，高强的攻击烈度。其复杂的处置要求决定了公安机关必须在指挥控制上下功夫。要通过建立公安数字化反恐指挥体系，把每一个物理空间、每一个处置民警、每一件装备都连接起来，形成互通、互联、互操作的无缝连接的指挥控制网络。提高对现场实时信息的反馈和处理能力，使指挥员能及时从不同信息源获得关键性的情报，快速处理。做到反应灵敏，有效处置，夺取工作主动权，控制事态发展。

1. 转变指挥控制理念

恐怖袭击处置的复杂性，会给公安指挥控制带来计划不如变化快的困惑。对于突发的恐怖袭击，公安机关几乎不可能完全按部就班地按照预定工作计划开展处置工作。事实上现有的处置预案也不可能穷尽恐怖袭击的方式、手段。因此，公安反恐指挥控制理念应当由“以工作计划为中心”向“以任务行动为中心”转变。“以任务行动为中心”的指挥控制理念，追求指挥与处置一体化，即尽量缩短发现问题——判断决策——现场处置的时间，以适应不断变化的形势要求。而要实现这一指挥控制理念，公安机关必须注重信息技术的开发利用，实现监控网络、通讯指挥网络和处置力量的无缝衔接。

2. 夺取警务“制信息权”

恐怖袭击预防与处置过程中，处置范围广，战斗节奏快，信息对抗必然异常激烈。公安机关只有掌握了反恐处突的“制信息权”，才能更好地获取现场信息，使指挥员能始终获得准确的现场情报，提高对现场的控制能力，统一处置行动，统一处置节奏，实现各警种一体化作战。因此，公安机关应围绕夺取警务“制信息权”，统一规划建设信息基础设施，实现通信装备通用化、系列化，建成数据链及情报高速传递与共享网络。具体而言，可参照外警信息化建设理念，结合我国公安工作实际需要，构建公安 CISR 指挥系统（CISR 为指挥、控制、通讯、计算机、情报一体化、电子监听、侦查的缩写）。

3. 实现灵活高效指挥

传统的指挥方式是树状指挥方式，其特点是纵向联通、逐级指挥。其弱点在于反应速度慢，指挥控制效率低，难以适应处置恐怖袭击高速率、快节奏、强风险、高对抗的要求。因此，面对新的挑战，公安机关必须引入更为灵活高效的指挥方式，即采用网状指挥方式，其特点是纵横贯通，网状扁平，能够实现越级指挥和直接指挥。采用这种指挥方式，简化了指挥程序，减少了指挥层次，提高了指挥效率，能使指挥控制更加灵活高效。

4. 兵贵胜，不贵久

孙子说：“不尽知用兵之害者，则不能尽知用兵之利也……故兵贵胜，不贵久。”意思是用兵作战最贵速胜，不宜久拖。反恐作战，谁指挥灵活，行动迅速，谁就有主动权；反之，谁指挥迟钝，行动缓慢，谁就要被动挨打。在反劫持行动指挥中，能否做到灵活多变、抓住战机、果断出击，是取胜的关键。例如，2007 年 6 月 6 日下午，上海市武宁路杨柳青路上一家肯德基快餐店内，一名 40 岁左右的男子持刀劫持了一名四岁女孩。市公安局 110 指挥中心接报后，迅速调集市局刑侦总队、普陀分局等相关单位前往现场处置。市应急联动中心同时启动应急预案，一场解救被劫持人质的行动立即展开。警方在谈判未果的情况下，立即启动了狙击方案。对这套方案来说，最关键的是要有一个理想的狙击角度。但是，从快餐店的内部结构来看，整个大堂是L型的结构，歹徒和小女孩所在的儿童游乐区是在最里端。这样的地形，对于寻找狙击角度来说是非常不利的。狙击手在快餐店内进行了各种尝试，最后找到了两个相对来说比较理想的位置。其中一个位置是在L型的拐角处，但由于距离太近，很容易被歹徒发现，为此，警方找来了两大束鲜花作为遮挡。另一个位置是在餐厅的边门，这里离儿童游乐区有20米左右的距离。为了挡住歹徒的视线，警方搬来了十几个纸板箱堆在门口。狙击手迅速就位，等待时机。歹徒的情绪越来越急躁，当他正准备向怀中的儿童行凶时，狙击手抓住其脑袋转动的一瞬间，果断射击，一枪就击毙了歹徒，小女孩获救，一场解救人质的行动就此画上圆满的句号。从狙击手进入最佳伏击位置寻找最佳时机到击毙歹徒，前后只用了一个多小时，指挥成功，行动迅速，干净利落，充分体现了“兵贵胜，不贵久”的谋略思想。

5. 推行警力模块化编组

公安机关指挥部门，在处置恐怖袭击工作中，应根据处置工作不尽相同的任务性质、现场环境、处置规模，采取“积木式”编组方式，将承担不同工作任务的各个警种进行混合编组，组成模块化集团。采取模块化编组的好处在于，可根据实际需要，灵活地改变作战警力体系，实现整体战斗力优化，以满足各种应急处置活动的需要。“积木式”编组方式同样也可适用于不同部门的力量编组。例如，恐怖袭击的处置部门，除公安机关外，还可能涉及民防、消防、武警、医疗等多个部门。在指挥控制这些部门共同开展处置工作中，也可采用“积木式”的编组方式。

6. 加强反恐特种作战力量建设与实训

谈到反恐特种作战力量，出于习惯思维，我们首先想到的必然是特警。目前特警力量在处置一般的劫持类、群体性暴力类恐怖袭击中，已经体现出了较强的战斗力。但是客观地说，目前公安特警的训练和装备状况，很难有效应对日益复杂多变的恐怖袭击。目前，公安特警虽然已装备了一定的专业器材，配备了比普通警察更多的武器装备。但从能力上来看，公安特警仍然是一支强调速度、力量的传统力量。而暴力恐怖袭击，因其使用物质特殊，需要警方特战力量具备更加专业化的能力。所以，从不增加公安机关额外部门的角度来看，上述专业能力的获得，还是要从公安特警的自身建设抓起，即以特警能力的提升，实现反恐特战力量的增强。

(1)转变建设理念

鉴于公安特警在未来应对恐怖袭击面临的任务，它的建设(至少是部分力量建设)理念必须由过去速度、力量型向未来速度、力量、技术、经验兼备型的专业模式方向发展。从能力上来看，也就是要突出快速反应能力和执行特殊任务的能力。

(2)优化战术编成

公安特警编成应引入最小战术单位理念，即根据恐怖袭击处置工作需要，将拆弹、防核、生、化人员划归特警。将该类人员划入特警，能减少中间环节，有利于快速反应。战时可根据任务需要，采用“积木式”的编组方式，将他们同其他特警队员混编成特警分队，组成基本战术单位。这样编成的好处在于：特警分队短小精干，功能齐全，快速反应能力强，能独立遂行恐怖袭击处置任务。同时采取这种编成，还有利于在网状扁平化指挥方式下，高级指挥员远程直接指挥。

(3)调整训练内容

发生在城市环境的恐怖袭击，处置强度一般不大，不需要特战力量具备5公里越野等强体能。但处置的烈度很强，因为该类袭击涉及核化生物质，一旦处置不及时或措施不当，即可导致重大人员伤亡，这需要处置人员具备相当高的专业能力。因此，对于特警的训练，可以适当减少体能训练。可在强化枪支、格斗、通信器材使用等常规训练的同时，进一步引入现场视频侦查器材、核化生物质探测(防护装备)防爆(拆弹)装备的使用训练，突出应对处置各类复杂恐怖袭击等特殊任务的能力。

(二)压制和控制

一旦攻击发动后，攻击队员在责任区中的所有任务就是控制和压制。突入房间时，所有队员应视具体情况不停地大声发出各种警告命令:“不许动!”“放下武器!”“举起手来!”“靠墙站好!”“人质卧倒!”

对不同的目标，攻击队员应采取不同的控制压制方法。一般来说，遂行特种执法战斗的特警队员可能在现场遇到以下三类目标。

1. 威胁性目标

威胁性目标指在现场持枪、持械或徒手对特警队员或人质进行攻击，并威胁到队员或人质人身安全的目标。对这类目标，攻击队员应在第一时间内使用具有足够停止作用的暴力手段进行压制和打击，并持续这种压制、打击直至该目标放弃攻击，或失去攻击能力为止。对放弃攻击或失去攻击能力的威胁性目标，应迅速使其武器和人身分离。在战斗紧张展开的中途，你可能无暇确认其生死并对其进行搜身，但不论死、活或受伤，都必须立即使用约束性警械对其进行可靠的控制。

2. 人质

明显受到捆绑、羁绊和人身自由限制的人质，应在第一时间受到攻击队员的掩护和解救。当交火没有停止时，必须有专人对人质进行保护。攻击队员必须十分注意:除非你能将人质拉到可靠的掩蔽体之后，否则占位时你必须插入人质和持枪劫持者之间，使你身上的重型防弹衣成为人质生命的可靠屏障。在需要时，特警队员应该用身体去挡住射向人质的子弹。战斗结束之前，必须在相对安全的位置对人质进行友善但强制性的控制，防止人质因惊慌失措而到处乱跑，干扰战斗进程，并且增加被流弹击中的危险。这种强制性控制有时看来是很不客气的，如美国特种部队的教材是让人质趴在地上，特种部队人员在射击时“用膝盖跪压在他身上”，在机舱等狭小的空间里，特种部队人员要在人质身上“用一只脚踩住他”。不论你怎样做，保证人质安全是第一原则。如果能够确认有撤出人质的安全通道，可以在战斗结束前将人质护送出行动区之外，由内层警戒线上的队友接应送至外围安全位置。但要注意:护送途中，担任护送任务的队员或小组仍然要对四周保持高度戒备。当环境复杂，路途较长时，护送小组还需要展开战斗戒备队形。

3. 灰色目标

灰色目标是指那些行动相对自由，没有做出直接威胁性举动，声称自己是人质、无辜者、亲友、房东、房客、访客等，但在现场无法进行立即甄别的人物。由于其身份不明，因此必须将其视为具有潜在威胁的人，对此类人应立即给予控制并保持高度警惕。对待灰色目标，首先应严厉禁止其对攻击队员进行纠缠，因为这种纠缠极容易瓦解特警人员对现场局面的控制，扰乱攻击队员的视线，给疑犯营造出突然反扑的可乘之机，尤其要绝对禁止灰色人物对攻击队员的贴身拉扯和抓握，对做出此类行动的人应视为危险人物，毫不犹豫使用有限武力进行摆脱并立即进行强制性控制约束。其次应命令灰色目标噤声，对于那些喋喋不休进行表白或分辨的人，要立即喝令其住口，并防止其转移你对疑犯的注意。另外，不要让他们在离你很近的距离内蹲下，尤其是面对着你蹲下。这是许多警察经常犯的错误！你可以想一想：如果你在站立不动的状态下打算猛然扑向一个目标，你会怎样做？答案是这样的：首先面对目标蹲下（或半蹲），然后再发力猛扑过去。凡是打过美式足球（橄榄球）的人都可以告诉你，先蹲下然后用爆发力扑、撞过来的人，其冲击力比站立不动然后扑过来要大好几倍！如果你让他们面对着你蹲下，你其实已经让他们将猛扑或猛撞的动作完成了一半！因此，如果你是为了保持良好的视场而让你的监视对象低姿蹲下，那么你必须注意：让他们与你保持至少 5 米距离，同时让他们蹲下时背对着你。当战斗仍然在紧张进行时，如果没有时间对灰色目标的双手进行束缚，则应命令他们双手抱头俯卧，以免其被流弹击中，并且使用枪支进行监视控制。许多警察并不完全明白双手抱头的用意，其实双手抱头是为了让你能够随时看见他们的双手监视他们的动作；人多俯卧时抱头比伸开双臂少占空间；当他们想站立起来反抗或逃跑时必须分开双手后才能撑地起立，而这要花更多的时间；双手抱头后，两肘的衣袖会阻碍他们观察、偷窥你的视线。当战斗结束时，应使用尼龙锁绳从背后固定双手（一般来说对灰色目标避免使用手铐），然后在队友的支援下对其搜身，确保安全后再押往内层警戒线之外进行逐个甄别，或移交支援单位人员、辖区公安机关人员进行甄别。你要记住一个原则：先控制（上铐或尼龙锁绳），再搜身；先搜身，再押送。

（三）责任区内的战斗陷入对峙或僵持

劫持者使用人质作为掩护，并使用致命武器对准人质的要害部位，或者持爆炸类大规模杀伤武器并可能随时引爆，使得攻击分队进退两难。在这种情况下，攻击小组应保持对峙，不得擅自或轻易脱离，同时小组长应通过无线电向指挥部报告："××区对峙"，"××区僵持"，或者使用预先规定的密码，例如"19，19，××区状态 19"。

报告时，攻击队员应仍然保持攻击态势、寻找最佳射击角度并密切注视对方，观察有无可乘之机。此时冲锋枪手应将快慢机切换到单发位置，使用武器对疑犯头部的立即失能部位进行精确瞄准。在近距离内，有机会、有把握时应该冷静地射出结束战斗的准确一枪。

需要特别注意的是：千万不要受一些影视作品的影响。在这些影视情节里，劫持者用枪指着人质的头部并声嘶力竭地命令与其对峙的警察放下武器，否则声称自己就要开枪，于是那些警察就真的将枪放下了。特警队员绝对不能做这种蠢事！你应当这样理解：劫持者在众多冲锋枪近距离瞄准下劫持人质并大声威胁，只能说明他怀有强烈的求生愿望，否则他大可以一言不发就拼个鱼死网破。而手头人质是他此时能够生存的唯一保证，在这种情况下他不会轻易开枪，甚至不敢将枪口离开人质的头部。如果你放下武器，不仅于事无补，反而给劫持者提供了新的人质和武器。你的正确做法应该是：不理睬他的叫嚷，保持对他的压力和攻击态势，同时密切寻找攻击机会，或者听命令行事。

如果疑犯劫持人质后不停地晃动并转位，使攻击队员感到无法在准确射击的同时确保人质安全，攻击没有把握时，小组长应后退到疑犯不能清楚听到自己声音的位置，将详细情况向指挥所报告。如果收到指挥所撤离命令，攻击小组应放弃攻击企图，并在交替掩护下渐次撤离。

(四)伤员处置

当现场出现伤亡时，可以按下列方式处置。

1. 队员伤亡

在攻击过程中，不论任何队员中弹倒地，所有正在进攻的攻击队员均不得出手援助，但应用无线电报告："××区队员×人中弹。"必要的情况下，指挥部应考虑增援。

受伤队员应尽可能爬行或滚动离开攻击通道，进入安全位置自救。

当现场得到初步控制并且存在安全通道时，攻击分队应使用无线电发出求援信号："红队呼叫总站：×区需要救援！×区需要救援！"在不影响战斗和控制的情况下，可派出个别队员协助伤者自救。收到求援呼叫后，指挥所应派遣医救人员进入×区。当医救人员进入时，攻击分队应派人在门口接应。

2. 人质受伤

攻击和交火正在进行时，应全力进攻，不得抢救受伤的人质。但攻击分队应压制疑犯的火力，并掩护保护人质，使其不受到进一步伤害。

若交火一时不能停止，而受伤人质处于双方位置之间时，攻击分队应调集所有火力压制疑犯，将受伤人质抢到安全地带。

当现场得到初步控制时，攻击分队应呼叫医救人员进入现场，同时可在不影响战斗和控制的情况下分出人手对受伤人质进行现场救护。考虑到现场环境可能较为复杂，因此当医救人员进入时，攻击分队应派人在门口接应。

如果人质伤势严重，但战斗仍未停止，并且没有安全通道时，攻击分队应将情况向指挥所报告，同时组织火力压制疑犯火力，并且在内层警戒兵力的支援下，将人质伤员抢送至内层警戒圈之外。

3. 灰色目标人物和疑犯受伤

在所有责任区的战斗交火停止前，攻击分队应全力进攻而不得分出人手照看此类伤员。同时还必须注意，不能因为此类人受伤而放弃对其进行控制。对此类伤员的处理，必须等到指挥所发出"准备撤出"的命令之后。

(五)清场

当所有人质和俘虏撤离现场之后，如果有疑犯纵火或因闪光爆震弹、枪弹引发的火灾，攻击分队应立即转入灭火工作，需要时还应请求消防队支援。如无火灾一类紧急情况，则攻击分队应开始现场清理工作。

清理现场可按下列步骤进行：

1. 各攻击小组人员回到自己的责任区；

2. 战训部门人员(或分管特种侦察的人员)进入现场，对现场全貌及各细节进行拍照、录像、绘图，并记录(或录音)各责任区队员的简要说明，如"我在这个位置遇到他(指尸体)，

他用手枪向我瞄准,于是我开枪将他打倒”;

3. 收拣现场遗落的枪支、弹药、弹匣(注意:不要拣弹壳,不要移动弹壳的位置;收拣属于疑犯的枪支、弹药、弹匣、凶器时必须戴手套;不要移动疑犯尸体的位置),并将属于疑犯的武器送往现场之外指定的位置;

4. 检查建筑物室内和周围是否放置了爆炸装置及纵火装置;如有,应立即向指挥所报告,由指挥所调派爆炸物处理分队进行处理;

5. 检查是否有枪弹射穿的煤气管道等隐患;如有,应立即采取相应措施并向指挥所报告。

在这一阶段,指挥所人员可以进入现场巡视并简要了解情况。

注意,在移交工作进行之前,除非得到现场指挥部的特许,否则特警内层警戒人员应禁止其他部门或单位的任何军警或执法人员进入现场,更不得允许新闻媒体的记者入内。

(六)移交、收队

现场清理完成之后,指挥部人员及攻击分队队长应一同向刑侦部门或辖区公安机关办理移交(移交内容包括人质、俘虏、尸体、现场和缴获的武器弹药凶器等)。移交完毕后,指挥所下令收队撤离,登车返回营区。撤离顺序为:从里至外各责任区队员→特警指挥部人员→内层警戒人员→外层警戒人员。

注意事项:

1. 登车前,攻击队员不得摘下面罩;

2. 除指定发言人之外,任何特警人员严禁与各类媒体记者谈话;

3. 禁止各类媒体记者对俘虏拍照;

4. 严禁在外人面前谈论有关此次行动的任何细节。

(七)战斗评估

严格说来,按标准的特种作战程序,攻击分队即使回到了营房,这次战斗仍然不算完全结束。分队必须紧接下来继续以下的工作。

1. 清点装备和武器弹药。所有弹匣中没有射击的子弹必须全部退出进行清点,并且由此计算出这次行动你一共射击了多少发子弹。

2. 擦拭武器装备。

3. 全体参战队员进行战斗过程回忆、记录和技术性评估。

一般情况下,公安实战部门(包括特警队)每次重大接警处警之后,都只是从立功受奖的角度去进行宏观总结,并且大部分总结报告都是“领导重视,队员尽力,成果显著”之类的套话,很少有人从执法程序、专业技术、指挥决策、临场应变以及法律的角度对这次行动去进行详细的记录、分析、评估和总结。换句话说,大多数人只关心这件事做完了,但少有人会去关心处置过程细节、数据量值化及统计分析,以及探讨是否有更好的方法来完成本次行动,能否让自己或别人在今后能做得更好。

我们尤其应该注意到这样的事实:某些胜利的取得,并不是因为获胜者出色的指挥和完美的战术,而是由于失败者低下的战斗素质、疏忽和愚蠢。从许多战例来看,这种“最大限度接近侥幸和勉强的胜利”并不少见。针对这种情况,从技战术、指挥决策和过程系统控制角度进行总结评估就显得尤为重要。对于正规建制的特警队，真正遂行高水平特种执法作战任务的机会是不多的，特警队员不可能天天都“在战争中学习战争”，这是特警这个高风险职业的工作特征。也正因为如此，特警人员尤其需要重视已经获得的实战体验和教训，重视间接的、典型的经验和教材，并在日常的训练中尽可能地模拟和重现实战环境，由此而获得战斗水平和人员素养的真正提高。而在现行的制度下，特警队员冒着生命危险而换取的实战经验和现场数据，过了数月将被慢慢淡忘，这是多么可惜的事。

发达国家十分注意技术分析评估和数据采集统计，因为这是部队作战能力和素质得以精确评价并不断提高的必要手段，也是实现计算机辅助分析决策，构建 CISR 系统的基本保证。例如，美国的反恐怖特种部队成员及警察 SWAT 人员，在完成重大出勤行动之后，第一件事就是进入数据采集室或回到办公室进行回忆和记录，并撰写检讨分析报告。即使是受伤人员，也要由数据采集人员陪同进入病房，在力所能及的情况下进行回忆记录。我国民航业也有类似的规定，当发生紧急处置过程之后，机长必须在“飞行结束后”立即书写技术报告，机组人员“必须在 24 小时之内”填写事件报告单并上报，飞行签派员必须在“应急状态宣布的日期后 10 天”提交书面报告。

现代化特警的作战记录和战斗评估，应按发生时间和类型归入作战档案数据库，其典型内容应包括以下几个方面。出动过程记录，其中包括接到命令的时间，动员等级，集结、备装、开进情况；战斗准备阶段的记录，其中包括临战环境（含照片和简图），所有指挥员和战斗员的名单，敌情描述，战术侦察（窥视、录像、录音）记录，战斗方案；战斗过程的记录及统计，其中包括攻击发动时间，突破点（含图），各组进入路线，掩护、搜索和推进战术动作回忆，人质、灰色目标、疑犯的动作及表现，导致开枪的环境和背景（含照片），射弹数量，命中的概率，击毙击伤和俘获情况（含照片），误伤原因，造成伴随性损毁情况（含照片），疑犯的武器及使用情况（含照片），现场控制和处置的方式，有无过分使用武力，我方伤亡发生原因、过程和地点，战术配合情况，使用特种装备情况（故障、失效现象），个人（心理和行为）表现，现场交接和撤离的时间及情况；总体系统性评估，其中包括与现场友邻单位的协调情况，队员战斗能力的表现，各级指挥官的指挥协调能力，对作战对手战斗能力的评价，总体得失分析，对所有装备综合战斗力的重新评估，对密本通讯、手势信号系统及身份核实体制的重新评估，对应急程序的重新评估。

作为一支高水平、正规化的特警部队，这种技术性的评估和记录应该作为一个完整行动程序的内容之一以制度的形式加以规定。

第四章　处置暴力事件指挥训练

近年来，随着社会急速转型，现实的压力，使一些人的心理充满了压抑、焦虑、烦躁、愤怒、失落、紧张、恐惧等情绪，因出现心理问题而引发的个人极端暴力犯罪和带恐怖性质的恶性暴力事件时有发生，对社会治安和人民群众生命财产构成严重威胁。例如，2018 年 9 月 12 日晚，犯罪嫌疑人阳某云独自驾车冲入衡东县洣江广场人群，并持折叠铲、匕首砍杀，造成 11 人死亡，44 人受伤。阳某云曾因贩毒、盗窃、故意伤害等被多次判刑，遂产生报复社会心理，一手策划制造了该起个人极端暴力犯罪(付敬懿．湖南衡东县故意驾车伤人恶性案已致 11 死，嫌犯系报复社会[N]. 中国日报，2018－09－14.)。又如，2018 年 12 月 25 日下午 3 时 20 分，福建省龙岩市中心城区发生一起歹徒持刀杀人并劫持龙岩公交公司公交车(闽 FY6998)冲撞致多人伤亡事件。经现场搜救核实，截至 25 日 22 时造成 8 人死亡(含 1 名民警)、22 人受伤(其中 1 人尚未脱离生命危险)。犯罪嫌疑人邱某，男，1970 年 1 月出生，龙岩市新罗区人，无业人员。因与当地居委会干部有积怨，事发当日居委会干部到嫌疑人家中，向其父亲采集优抚对象信息，产生矛盾，犯罪嫌疑人持刀杀人，而后劫持公交车撞人。(李涛．龙岩发生歹徒持刀杀人并劫持公交车撞人事件[N]. 闽西日报，2018－12－26.)。

由于我国对枪支、爆炸物品的严管，暴力犯罪嫌疑人往往就地取材，采用常见的民用工具或机动车辆实施犯罪。暴力犯罪的袭击方法和手段通常有刀斧砍杀、车辆冲撞碾压、纵火焚烧等。暴力犯罪多为恶性刑事案件，成案原因和犯意较多且复杂，案犯性格多凶戾、暴躁，自控能力差，其动力性、激动度和紧张度都处在极端状态，如现场状况掌控不当，指挥处置不到位，则可能致其不顾后果，铤而走险，酿成惨案，产生巨大的社会危害后果。有效防范和快速处置暴力事件，是建立良好的社会治安秩序，维护国家长治久安，保障经济、社会协调发展，保障人民群众安居乐业的现实呼唤。为此，应该有针对性地加强应对处置暴力事件的指挥训练，使各级公安机关班子成员和基层所队长熟练掌握警务实战指挥的基础知识、基本程序，掌握预案制订与实战演练的组织方法，全面提升基层指挥员准确把握复杂局势、积极应对敌情变化、果断决策指挥和快速高效处置的能力。

科目一　《处置个人极端暴力犯罪对抗演练》

实训指导书

Ⅰ〔训练提要〕

一、训练科目

处置个人极端暴力犯罪对抗演练。

二、训练内容

1. 个人极端暴力犯罪现场态势分析评估及风险预判。
2. 处置决心及行动方案的制定。
3. 处置个人极端暴力犯罪的程序、战术和指挥要领。
4. 警组协同配合及指挥默契训练。
5. 处置行动中盾牌、警棍等警械的使用技能。
6. 处置个人极端暴力犯罪中的制服、抓捕技战术训练。

三、训练目的

1. 了解个人极端暴力犯罪的特点,熟知使用强制手段处置个人极端暴力犯罪的基本程序、步骤及要求。

2. 熟练掌握处置个人极端暴力犯罪的主要战法,能灵活运用技战术快速高效地处置个人极端暴力犯罪事件,学会处置此类事件的组织指挥和协同配合要领。

3. 通过训练切实提高民警自我保护能力、安全合理使用警械武器能力及警组合成作战能力,增强处置突发事件的应变能力。

4. 掌握组织实施警组处置个人极端暴力犯罪指挥训练的方法,提升开展战术演练的组织领导能力。

四、训练重点、难点

(一)重点

警组处置个人极端暴力犯罪的程序、战术和指挥要领。

(二)难点

警组处置个人极端暴力犯罪的协同配合及指挥默契。

五、训练方法

理论提示、讲解演示、对抗演练、小结讲评。

六、训练要求

1. 严格训练场纪律,一切行动听从指挥,做到令行禁止。

2. 遵循实战需求牵引、实战目标导向、实战资源支持、实战标准检验的现代实战化教育训练新理念、新模式,严格训练、严格要求。坚持练为战的方针,所有训练按实战的要求进行,保质保量完成实训任务。

3. 认真体会、掌握动作要领。刻苦训练,开动脑筋,积极思考,相互探讨,共同提高。

4. 组织严密,遵守训练规范,严格武器管控,任何情况下都要注意警械和枪支使用的安全与规范,杜绝训练事故发生。

5. 疑犯情显员必须佩戴防暴头盔和穿着训练防暴服。在训练过程中，未经教师指令，疑犯情显员不得将防暴头盔取下。

6. 长棍手应当以防护端攻击疑犯，长棍手或盾牌手禁止攻击疑犯情显员没有防护的颈部、脚踝等裸露部位，动作力度应适度。

7. 在对疑犯徒手制服、上铐时，严禁使用旋颈、砸铐等容易造成伤害的危险技法。

七、演练考核评判标准

(一)演练总分值 100 分。其中，先期处置占 30 分，中期处置占 50 分，后期处置占 20 分。

(二)扣分标准

1. 对抗演练中发生警械故障应自行排除，其间不停止计时。对演练时间结束后仍未完成的，每超过 10 秒扣 2 分。

2. 各疑犯情显员按照抽到的现场态势和对抗方式，必须做出规定动作，故意砸偏或刺偏，每发现一人次扣 2 分。

3. 处置队员在演练中若被疑犯情显员用砖头砸中或被短刺刺中身体，即判定该队员已经受伤，每中 1 次扣 2 分。

4. 有下列违规情形之一的，每出现 1 次扣 3 分：

(1)在教师发出“演练开始”口令前，处置组抢先离开出发地线，经教师制止仍不纠正的，扣 3 分；

(2)演练过程中产生对教师判罚有不满等情绪的，每次扣 3 分；

(3)使用易造成伤害的危险技法而被教师警告的，每被警告一次扣 3 分。

5. 有下列严重违规行为之一者，取消演练资格，当次训练成绩为零分：

(1)使用易造成伤害的危险技法的，被二次警告或被强行临时中止一次后仍不纠正的；

(2)演练中对教师判罚产生不满等情绪，且有踢、踹、砸、摔、撞等故意损坏演练器材、设施的动作及行为的；

6. 考核评分采取现场评判方式进行。具体扣分标准详见《处置个人极端暴力犯罪对抗演练评分表》(见表 4－1)。

表 4－1　处置个人极端暴力犯罪对抗演练评分表

环节分值	评判内容	评判标准	主要得分点	得　分
先期处置 (30 分)	处置指令 (10 分)	指令清晰、简练、准确无误，有权威性	目的明确	
			次序正确	
	警情上报 (10 分)	启动警报及时，汇报内容完整、准确，口齿清晰	启动警报	
			向指挥中心汇报	
	控制现场 (10 分)	指挥站位合理，及时启动预案，指挥果断、到位、有效	战术意识、告诫警示	
			控制指令及效果	

（续表）

环节分值	评判内容	评判标准	主要得分点	得　分
中期处置 （50 分）	决策指挥 （20 分）	决策正确，警力部署合理，指挥有序、高效，灵活应变	处置思路、处置重心	
			指挥方式、手段多样	
	处置、控制及战术运用 （20 分）	队形犀利，反应快速，动作熟练，协同默契，控制有力，处置有效，武力适度。处置意外情况措施得当	程序步骤、技战术运用	
			协同配合、灵机应变	
			控制及处置效果	
	综合表现 （10 分）	法律意识。作风纪律与精神风貌	执法记录仪，法律告知	
			作风纪律，安全意识	
后期处置 （20 分）	救治伤员 （6 分）	救援技能熟练、专业、规范	观察救治	
			搬抬运送	
	取证固证 （7 分）	现场保护、物证提取规范、有序	拍照固定	
			专人集中保管	
	收尾工作 （7 分）	人员、物品、武器装备清点	清点报告	
			整队撤离	
正方负伤或失误	民警或现场群众每负伤一人次扣 5 分，每失误一次扣 2 分，被裁判长警告一次扣 3 分			
处置时限	演练完成时间为 5 分钟，每超过 10 秒扣 2 分			

八、演练安排

（一）学时分配

本科目实训按照一个区队 50 名学生为基准，安排 2 个课时（80 分钟）。若参训人数有变动，可按实际情况酌情增减训练时数。

1. 准备活动（5 分钟）

2. 演练布置（10 分钟）

3. 对抗演练（60 分钟）

4. 结束部分（5 分钟）

（二）场地器材

1. 场地设施

以战术训练场的模拟街区为训练场地，场地四周用警戒带隔离出明显的演练区域。演练期间禁止无关人员进出。

2. 着装器材

训练人员的着装、携装、救护、取证和通信器材等均按照现有公安基层警队标准予以配备，其中应急长警棍的一端必须缠绕泡沫防护套。

3. 疑犯显示员着装和器械：着同款同色的运动服加黄马甲，橡胶砖头 5 块、刀刺 5 把、长砍刀(西瓜刀)5 把、防暴训练服加头盔 5 套。具体明细详见表 4－2 所示。

表 4－2 着装和器械表

名 称	数 量	单 位	明细及要求
警用八件套(含执法记录仪)	50	套	
警用盾牌	15	面	
钢叉	15	支	
长警棍	10	支	
短警棍	10	支	
口哨	1	个	
反光背心	10	件	两种颜色各五件
对讲机	15	台	
警用防暴头盔	45	个	
匕首	10	把	
封锁带	2	盒	可裁剪
防暴训练服加头盔	5	套	
掩体	5	个	
便装上衣	5	件	
彩弹枪及橡皮弹	24	支	子弹 50 发,用后回收
长砍刀(西瓜刀)	5	把	
橡胶斧头	5	把	
防暴头盔	10	件	
防割手套	10	付	
橡胶砖头	5	块	

(三)训练对象及人数

一个区队共 50 名学生,以区队为一个教学单位进行训练。学员接触和从事公安基层工作较少,实战经验不足。

(四)教官分工

主讲教官 1 名:负责编写训练大纲、计划、教案、实训指导书,组织训练。

助讲教官 2 名:负责布置检查场地、演练器材保障,配合示范,分组指导训练;担任演练现场指挥和导调人员;安排情况显示员;配合主讲教官教学并做好演练事故防范与处置等工作。

辅助教官 2 名(从学生中选出):协助教官做好场地器材布置、保障,配合示范、演练;担任小教官指导学员训练;演练时根据教官安排担任情况显示员。

Ⅱ 〔训练进程〕

第一阶段:准备活动(5 分钟)

一、学员区队长负责将队伍集合,清点人数并向教官报告,教官下达命令整理服装及装备，进行验枪。

二、教官宣布本次课的演练科目、提要、内容、目的任务、组织形式及要求。

三、情况显示员的选定及任务安排：由辅助教官担任，人数若不足时可继续抽调学员补充，并单独安排具体任务。

四、进行热身运动

跳绳比赛。50 名学生分成 4 个小组进行比赛。每个小组各派出摇绳 2 人对面站立，手持 1 条长绳同时向一个方向摇动，其他同学排队依次连续从一摇绳人边跑向摇动的绳子并跳过，再从另一摇绳人身后绕过重复上动作，使整个跑动跳跃过程形成 1 个八字形。以跳跃成功人次多少排出名次。比赛时间为 3 分钟。如规定时间内跑跳过程中有人未能跳过，使摇绳中断，可继续比赛，但该次跳跃不计数。各组比赛时，同学排定顺序不得更改。第一名为获胜组。第 2、3、4 名的小组，每组每人分别做 10、15、20 次俯卧撑。

第二阶段：实施部分(70 分钟)

一、演练布置(10 分钟)

(一)基本警情

某周日下午 4 时许，1 名持刀犯罪嫌疑人突然冲进某市闹市区的万达广场(图 4 - 1，图中圆圈为持刀犯罪嫌疑人)人群密集区域，对现场群众实施持刀疯狂砍杀。现场群众打 110 报警，常年驻守在万达广场(具体地点见图中方块)的特警应急处置小组由 3 名特警防暴队员组成。接警后火速奔赴现场处置。应急处置小组驻点离中心现场(持刀犯罪嫌疑人暴力行凶地点)约一百多米。

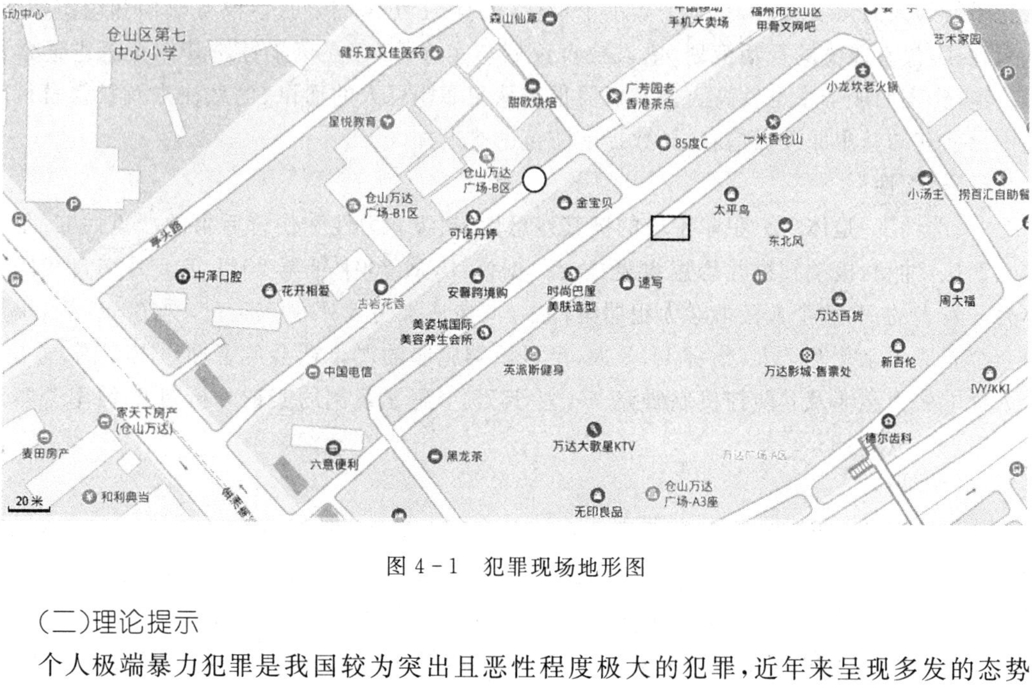

图 4 - 1　犯罪现场地形图

(二)理论提示

个人极端暴力犯罪是我国较为突出且恶性程度极大的犯罪，近年来呈现多发的态势。

该类犯罪往往案发突然、手段凶残、伤害后果惨烈、示范效应强，极易引发大众恐慌和广泛的社会反响。探索研究个人极端暴力犯罪的作案特点及规律，加强对此类犯罪的综合研究和有针对性的实战训练，是一个亟待解决的现实问题和具备相当挑战性的创新课题。

个人极端暴力犯罪是指单独个人实施极端残忍的暴力手段，造成人员重大伤亡及不良社会影响的恶性犯罪。此类犯罪人大多经济基础薄弱并具有偏执、冲动、报复心强、仇视社会等极端的心理状态。例如，2018 年 4 月 27 日 18 时许，犯罪嫌疑人赵某在陕西省米脂县第三中学校外巷道持匕首行凶，导致 19 名学生(14 女 5 男)受伤。截至目前，死亡学生人数已上升至 9 人(7 女 2 男)，其余 10 名伤者仍在全力救治中。(刘彤，薛天．陕西米脂县砍杀学生事件死亡人数上升至 9 人[N]. 新华网，2018－04－28.)

个人极端暴力犯罪往往瞬间突发、难以预料，具有高度的不确定性，其作案手段残忍，行凶进程快，伤害后果严重，导致人们对此类犯罪的有效防范和快速打击难度较大。在信息高速传播的现代社会，此类事件经过媒体报道后很容易导致恐怖情绪的广泛漫延，并由此可能导致一系列的跟风效仿和示范效应，会酿成人人自危的不良后果，加剧社会恐慌。这就是此类犯罪的风险放大效应。因此，从实际效果上分析，目前一些个人极端暴力犯罪的现实危害程度有时甚至会超过个体恐怖主义犯罪。探索个人极端暴力犯罪的特点和规律，进一步加强实战训练，最大限度地打击此类恶性案件的发生，是增强广大群众安全感，维护公共安全、社会稳定和人民群众切身利益的现实需要，是全社会的共同呼唤，更是各级政府及公安机关当仁不让的职责。

1. 个人极端暴力犯罪的特点

(1)个人性

个人极端暴力犯罪的特征之一是实施犯罪的主体是单个人，而非有组织的团伙犯罪。从犯罪行为人的角度分析，具有个体单干特征，没有“上下家”和同伙，没有机构和组织指使，独来独往，没有成文的行动策划，单人独自策划与实施，不存在聚集性。其作案意志通常比较决绝，作案的成功率也较高。公安机关很难从犯罪嫌疑人的通讯、信息往来及日常言行轨迹中提前获知其犯罪预谋信息，导致提前防范的难度加大。

(2)极端性

“极端性”一是体现为犯罪手段的极其残忍性、超级暴力性和伤害后果的严重性，二是犯罪人偏执、冲动，极端扫视并恶意报复社会。据统计，从 2001 年至 2014 年 8 月来自我国媒体公开发表的 75 例个人极端暴力犯罪案件中，共造成被害人死亡 575 人，受伤 883 人，平均每一个犯罪人杀死 7.7 人，伤害 11.8 人，足显该类犯罪的严重社会危害性，〈冯卫国，王超．个人极端暴力犯罪及其防控机制研究——基于 75 个犯罪案例的实证分析[J]. 河南警察学院学报，2015(6)：38.〉。

(3)传染性

个人极端暴力犯罪的目的，就是要制造社会恐慌。此类犯罪行为具有强烈的心理暗示和启发诱导作用。其作案方式和手段的示范性一旦通过媒体、网络等传播到具有潜在犯罪动机的人后，会对其产生一种心理暗示作用，犯罪行为对那些与犯罪人有着类似经历或有相同动机的潜在犯罪人容易起到示范效果，诱发连锁行为，促发潜在犯罪人的犯罪动机或模仿行为。

2. 个人极端暴力犯罪的作案规律

犯罪学研究表明，作为一种犯罪现象，个人极端暴力犯罪在世界各国普遍存在且时有发生，其犯罪特点及作案规律是有根可循的。

(1)暴力袭击的首选目标为人员密集的场所

个人极端暴力犯罪大多选择在人员密集集聚的场所(如闹市区、大型商场集市、商业街、广场、宗教场所、公共交通枢纽或换乘站等公共场所、人行路、学校、居民社区、公交车等)实施，以达成袭击效果的最大化。我国人口数量多，随着城镇化率的进一步提高，受袭目标将大规模存在。城镇公共场所往往是一个完全开放或相对开放的空间，即便加强安全防范、降低脆弱性，此类区域也不能实现完全封闭，犯罪嫌疑人进入或离开几乎毫不费劲。这就为犯罪嫌疑人驾车强行通行并实施撞击提供了可乘之机。公共场所人员混杂、流动迅速，相互之间并不认识，容易浑水摸鱼，犯罪人混迹其中也难以引人关注。加之大型公共场所内部建筑结构复杂，出入口众多，防范等级不高，存在诸多"三防"漏洞和监控死角，安保部门的常规监控不可能全方位有效地覆盖，这都为犯罪人疯狂作案提供了条件。

(2)犯罪方式、方法、手段及工具的选择

实施个人极端暴力犯罪的方式和手段通常有刀具(利刃)砍杀、钝器(铁锤)砸击、车辆冲撞碾压、纵火、爆炸、枪击等，其中，刀具和钝器是个人极端暴力犯罪最主要的行凶工具。由于我国对枪支、炸药的管控较为严格，犯罪人只能选择大众化的常见工具(如刀具、机动车等)及易得材料(如易燃物汽油、酒精等)实施暴力袭击。而此类大众化的常见工具及易得材料又通常恰恰是民间生产、生活的常见必需品，对其实施管控和限制的难度极大。

(3)多选保卫力量薄弱、防备松懈之处下手

作案人往往喜欢选择保卫力量薄弱，安防设施不全，防备松懈，利于逃脱，便于实施且易于得手的侵害目标下手。而"三防"力量较强，警惕性强，戒备等级高，防卫严密的单位和对象，往往会对犯罪人形成较强的震慑效应，令其不敢轻举妄动。

(4)作案时间较短，暴力袭击具有较强的突发性

个人极端暴力犯罪往往事发突然，难以事先预料，且袭击一旦开始实施，大多在较短时间内完成作案。有些犯罪人在作案前，会先行前往预谋犯罪地域徘徊停留踩点，观察窥视，东张西望，谋划行凶方案。一些犯罪人会在快速作案后迅速逃跑，并在逃跑途中持续随意伤害无辜人群，令人防不胜防。根据统计分析，34 起案件中，在 10 分钟内在现场完成犯罪行为的有 12 起，在 1 小时之内完成犯罪行为的有 25 起，占到了全部案件的 73.5%〈靳高风．当前中国个人极端暴力犯罪个案研究[J]．中国人民公安大学学报：社会科学版，2012(5)：128.〉。

3. 暴力犯罪警情现场处置要求与基本操作指引

暴力犯罪一旦发生，其现场社会危害性强，伤亡情况严重，现场指挥员与民警判断和处置难度大。因此，应沉着冷静、胆大心细，做好各种准备。

(1)快速出警

《公安部关于加强城市 110 报警服务台建设的通知》(公通字〔1996〕43)中明确规定"在市区，民警要在接到 110 指令后的五分钟内到达现场进行处置，在郊区，民警要在十分钟内到达现场进行处置。"并规定"凡接到处警命令的单位和民警都必须立即出动，并妥善做好处置工

作，对不服从命令，贻误战机者，要严肃处理”。据资料显示，案件发生后警察 3 分钟到达现场，捕获犯罪分子的比率可达 30%，5 分钟到达可达 23%，10 分钟到达则只有 17%。据统计，警察在案件发生后 10 分钟到达现场，破案率仅为 10%。在美国，城市警察接到出警指令后一般在 4～6 分钟内到达现场，约 40%的犯罪嫌疑人在现场被抓获。我国公安工作的实践也证明了案件发生后迅速到达现场有助于提高破案率的事实。为此，建立快速反应机制是公安机关有效履行职责的客观要求和未来工作方向的发展趋势。一旦发生警情，要快速出警。在赶往现场途中，要迅速穿好防弹衣或防刺服，检查武器、警械，明确分工，及时与指挥中心联络。

(2)到达报告

到达现场后，应尽量设法减轻暴力犯罪嫌疑人对群众的伤害，同时向指挥中心报告。重点报告现场暴力犯罪嫌疑人的情况和伤亡情况。暴力犯罪嫌疑人已逃离现场的，应立即向指挥中心报告情况，请求指挥中心组织力量展开跟踪搜索和追缉。

(3)封锁现场

接近现场的同时大声喊话“警察！危险！快离开！”，疏散警告后，设置警戒线，疏导现场围观者及无关人员。当控制现场后，要注意及时收集相关证据、信息，为案件定性提供支撑。

(4)高效处置

在做好现场态势、处置风险评估及警力分工部署的基础上，尽快接触暴力犯罪嫌疑人，将其注意力吸引到警察方向，依法采取强制手段予以有效处置。

(5)救助伤者

当暴力犯罪嫌疑人被制服、控制后，立即通知“120”救助受伤群众、民警。

(6)管理现场

保护现场，调查取证，必要时可立即对暴力犯罪嫌疑人进行现场突审。加强对现场的有效管控，疏导交通。

(7)适时移交

当后续警力到达现场后，适时移交现场，汇报情况。

(三)现场态势及处置决心

1. 现场态势

由 3 名特警防暴队员组成的现场应急处置小组接警后，先期抵达现场。

持刀犯罪嫌疑人(情显员 1 号)正在疯狂追砍现场群众，已有 1 名群众(情显员 2 号)被其砍伤，另一名群众(情显员 3 号)倒地，伤势不详。应急处置小组及时赶到后，持刀犯罪嫌疑人持砍刀和砖头转向民警，双方对峙。有 5 名群众(情显员 4—8 号)聚集在离中心现场约 30 米处围观。正在此时，有 2 名刚从万达广场 B-1 区内购物后走出室内，对现场暴力砍杀不知情的青年夫妇(情显员 9、10 号)朝中心现场走来，距离越来越近。持刀犯罪嫌疑人发现此情况后，欲向青年夫妇方向移动，企图砍杀或劫持青年夫妇。

2. 处置决心

个人极端暴力犯罪是严重的恶性犯罪，发生突然，社会危害后果大。一旦处置不及时或处置不到位，往往会造成更严重的伤害或二次危机，导致不良的危害后果。因此，应快速到位，高效处置，有力打击，严密控制，最大限度地减少人员伤亡。

(四)处置步骤、战术要点及时限

1. 出警

现场指挥员接警后,在准备区看清现场态势、做好现场风险评估分析的基础上,为有效控制及迅速制止暴力行凶,使用明语下达简洁的处置指令,同时向指挥中心汇报情况。根据演练要求,指挥并带领警组从准备区入口进入现场进行处置。

2. 控制现场

抵达中心现场后,现场指挥员按应急预案和事先警力分工部署展开处置。应急处置小组呈弧形站位,对持刀嫌疑人形成有效围控,使其无法继续实施暴力犯罪。清理现场,设置警戒线,做好对现场的有效管控,让围观者及无关人员退出现场,同时,检查现场受伤人员情况,呼叫“120”救护车前来抢救。

3. 制止犯罪

现场指挥员警告、喝令持刀嫌疑人放下凶器。若警告无效,可视情使用警用催泪喷雾器、警械制服之,然后上铐搜身;若制止无效或情况危急时,可果断使用武器制服暴力犯罪。

4. 后期处置

做好调查取证、救治伤员、器材清点等善后处理工作。现场指挥员认为现场处置已经完毕,向上级汇报请示后,按指令将疑犯押带至结束区,完成演练。

整个演练过程要求在 5 分钟以内处置完毕。

(五)训练人员编成

每个区队组建 13 个处置小组(每组 3 人)和 1 个情况显示组。

1. 处置小组

每个处置小组共 3 人。其中,包含现场指挥员 1 人,处置民警 2 人(盾牌手 1 人、长棍手 1 人)。

2. 情况显示组

由学生扮演,共 10 人,分别扮演 1 号至 10 号情况显示员。其中,扮演围观群众的情况显示员均着便衣;扮演持刀嫌疑人的 1 号情显员体力消耗较大,可适时与扮演其他角色的情显员替换,以保证演练的正常进行和训练效果。

二、对抗演练(60 分钟)

(一)准备工作

1. 应急处置小组准备

教师指引演练各应急处置小组到达出发地线,指挥员检查组员装备、着装情况。

2. 情况显示员准备

在情况显示员准备区,安排确定情显员担任的角色,3 分钟内准备完毕,到达指定位置待命。

(二)演练开始

指挥员到达演练准备区示意已经准备完毕后,由教师导调,下令“砍杀开始”,片刻,即下达“演练开始”口令,教师按压计时器开关,计时开始。

第一步,先期处置。接警后,应急处置小组迅速赶赴现场,先行围控持刀行凶的个人极端暴力犯罪嫌疑人,阻止其继续伤害群众。控制现场,布置警戒线,清理无关人员和围观者,同时救护伤员,向指挥中心汇报。

第二步,中期处置。现场指挥员根据现场态势,迅速下达处置指令。随即处置队员携带警械、武器,按照指挥员的指令展开处置行动。

第三步,后期处置。现场指挥员组织善后处置,救治伤员,收押、带离持刀疑犯,现场取证固证,清点人员、武器、装备。向指挥中心报告。按指示收队撤离。

(三)演练结束

现场指挥员认为现场处置工作已经完成后,用对讲机向"110"指挥中心汇报处置结果及是否需要其他救援等工作请求,随后,演练警组押解疑犯从演练场地出口离开至结束区,当最后1名队员离场后,教师按压计时器开关,计时结束,教师随即下达"演练结束"口令,训练结束。演练队员在演练结束区列队待命。

第三阶段:结束部分(5分钟)

一、检查清点练演练装备、器材

二、讲评小结

1. 结合演练内容、目的、任务评述完成情况。
2. 表扬演练过程中的好人好事。
3. 提出存在的问题,说明解决的方法。

三、布置课后练习,宣布下次课的内容及所需装具。

四、将学员交由区队长带回,清理训练现场,归还训练装备和器材。

科目二 《反车辆冲撞战斗指挥训练》

实训指导书

Ⅰ〔训练提要〕

一、训练科目

反车辆冲撞战斗指挥训练。

二、训练内容

1. 反车辆冲撞战斗现场地形分析及风险评估预判。
2. 反车辆冲撞战斗决心及行动方案的制定。
3. 警力分工、行动部署、反车辆冲撞战斗组织指挥及突发情况处置。
4. 警组反车辆冲撞战斗行动中协同配合及默契训练。
5. 警组反车辆冲撞战斗行动指挥训练法。

三、训练目的

1. 了解反车辆冲撞战斗的特点，熟知反车辆冲撞战斗的基本程序、步骤及要求。

2. 熟练掌握反车辆冲撞战斗的主要战法，能灵活运用技战术快速高效地完成反车辆冲撞战斗任务，掌握反车辆冲撞战斗组织指挥和协同配合要领。

3. 通过训练切实提高公安基层指挥员组织指挥水平和临战应变能力。

4. 掌握组织实施反车辆冲撞战斗指挥训练的方法，提升开展此类训练的组织领导能力。

四、训练重点、难点

（一）重点

反车辆冲撞战斗部署及战斗行动组织指挥。

（二）难点

反车辆冲撞战斗行动中指挥默契训练和临战应变能力训练。

五、训练方法

理论提示、讲解演示、分组训练、应变训练、检查验收、小结讲评。

六、训练要求

1. 严肃训练场纪律，遵守训练规范，一切行动听从指挥，做到令行禁止。

2. 严格训练、严格要求，严密组织。坚持练为战的方针，所有训练按实战的要求进行，保质保量完成实训任务。

3. 认真体会、掌握指挥要领和训练方法。刻苦训练，开动脑筋，积极思考，灵活应变，相互探讨，共同提高。

4. 依法行动，遵循程序，确保优势，机智灵活，防控为先，安全第一。

七、训练考核评判标准

指挥训练重在提升受训者的组织指挥能力，同时，也要锻炼培养受训者学会组织实施指挥训练的程序、步骤和方法。因此，在考核评判过程中，可从战术意识、法律意识、指挥决策、临场应变、训练方法及效果等方面进行全面衡量，力争做到以考促训。反车辆冲撞战斗指挥训练具体考核评判标准详见表 4－3《反车辆冲撞战斗指挥训练考核评分表》。

表 4－3　反车辆冲撞战斗指挥训练考核评分表

项　目	评分标准	分　值	得　分
反车辆冲撞战斗研判及风险评估（15%）	现场地形、社情、天候分析	5	
	对嫌疑车辆的观察、企图判明和动向预判	5	
	反车辆冲撞战斗行动风险评估	5	

(续表)

项　目	评分标准	分　值	得　分
反车辆冲撞战斗决心及行动方案的制定(15%)	战斗决心	5	
	谋略意识及运用	5	
	战法选择及行动方案	5	
警力分工、战斗部署、战斗行动组织指挥及应变(40%)	行动部署、警力分工与协同配合	5	
	站位、战术、战法	10	
	战斗指挥方式、手段、效率及默契程度	10	
	战机把握,现场及人、物的控制	5	
	反车辆冲撞战斗现场突发情况应急应变	10	
训练方式方法实施效果(30%)	训练方式、方法多样灵活,善于启发创新	10	
	训练纪律作风及训练效果	10	
	指挥口令及训练组织指挥调度	10	

八、训练安排

(一)学时分配

本科目实训按照一个区队 50 名学生为基准,安排 2 个课时(90 分钟)。若参训人数有变动,可按实际情况酌情增减训练时数。

1. 准备活动(10 分钟)
2. 理论提示(5 分钟)
3. 分组训练(35 分钟)
4. 应变训练(30 分钟)
5. 检查验收(5 分钟)
6. 小结讲评(5 分钟)

(二)场地器材

场地:战术训练场。武器、警械、器材见表 4-4 所示。

表 4-4　武器、警械、器械表

名　称	数　量	单　位	明细及要求
警用执勤八件套(内含执法记录仪)	50	套	
79 微冲	5	支	
92 手枪	10	支	
阻车器	5	台	
阻车三角木	5	根	
停车警示器	10	面	

（续表）

名　称	数　量	单　位	明细及要求
小轿车	1	辆	
110 警车	1	辆	
对讲机	30	台	
封锁带	2	盒	可裁剪

(三)训练对象及人数

一个区队共 50 名学生，以区队为一个教学单位进行训练。学员接触和从事公安基层工作较少，实战经验不足。

(四)教官分工

主讲教官 1 名：负责编写训练大纲、计划、教案、实训指导书，组织训练。

助讲教官 2 名：负责布置检查场地、训练器材保障，配合示范，分组指导训练；担任训练现场指挥和导调人员；安排情况显示员；配合主讲教官教学并做好训练事故防范与处置等工作。

辅助教官 2 名(从学生中选出)：协助教官做好场地器材布置、保障，配合示范、训练；担任小教官指导学员训练；训练时根据教官安排担任情况显示员。

Ⅱ 〔训练进程〕

第一阶段：准备活动(10 分钟)

一、学员区队长负责将队伍集合，清点人数并向教官报告，教官下达命令整理服装及装备，进行验枪。

二、教官宣布本次课的训练科目、提要、内容、目的任务、组织形式及要求。

三、情况显示员的选定及任务安排：由辅助教官担任，人数若不足时可继续抽调学员补充，并单独安排具体任务。

四、进行热身运动

跳绳比赛。50 名学生分成 4 个小组进行比赛。每组出两名同学负责摇绳，新加入的人必须跟大家一起跳过两个才算数，也就是说新加入的人必须和已加入的人一起跳过两次才可以加入下一个，规定时间内成功加入人数多者为胜。其目的是为了培养锻炼灵活协调性和交流沟通、团队协作精神。获 2、3、4 名的小组，每组每人分别做 10、15、20 次俯卧撑。

第二阶段：实施部分(80 分钟)

一、理论提示(5 分钟)

车辆冲撞是严重暴力犯罪之一。由于机动车是钢铁机器，对行人有着绝对的优势。一旦袭击实施成功,则具有极强杀伤力和重大危害后果。例如,2018 年 11 月 22 日中午,辽宁建昌县二小门前,一辆奥迪车逆行撞进正过马路的数十名学前班儿童群中,造成 5 死 19 伤(含 3 名重伤)。奥迪司机逃逸后被警方控制。肇事者为建昌县老达杖子乡青牛山村村支书之子韩继华,该人性格内向偏执,心胸狭窄,近期因夫妻矛盾,轻生厌世,产生极端思想,采取驾车冲撞方式,随机选择作案目标,导致案件发生(明目凌波. 辽宁通报撞人事件肇事者为当地村支书儿子韩继华,作案动机披露[N]. 人民日报,2018-11-23.)。

从管理学上讲,人流密集的地方往往难以管理、易产生各种危险。车辆冲撞通常以机动车加速、急转、变道、逆行等突然袭击的暴力碾压方式,冲入人群密集场所,伤害现场人员。对人民群众的安居乐业构成极大威胁,容易引发社会心理恐慌。以民用汽车为例,随着时代的变迁、科技的进步、社会生产力和生活水平的提高,汽车这一工业革命的重要"产物"已在人们生产生活的各个领域普及开来。据报道,2016 年全球汽车产量达 9497.66 万辆,美国生产 1219.81 万辆,中国生产 2811.88 万辆,美国和中国是全球最大的汽车产销市场。生产的汽车用于推动传统生活状态改变的同时,也为实施撞击提供了便利。

由于民用汽车本身具备的民用价值属性使其被用于撞击时具有较强的迷惑性,其可用于实施撞击的汽车种类多样。我国国家标准 GB/T3730.1—2001 从用途、动力装置、行驶条件、行驶机构 4 个维度划分了汽车的 9 大类型,涵盖了现有汽车的种类。汽车种类的繁多为犯罪嫌疑人实施袭击提供了多样化的选择方案。用于袭击的汽车既有普通乘用车(家庭乘用车、越野等小型汽车),也有货运汽车(厢式货车、大型运输车),甚至大型特种工程机械车辆、公共交通与通勤用车均有出现。极少数犯罪嫌疑人,还在同一次袭击中使用两种以上的车型以获取最大攻击效果。另外,获取用于实施撞击汽车的途径多样。犯罪嫌疑人可以通过内部途径和外部途径获取用于实施袭击的汽车。内部途径是指汽车的所有者或使用者是实施袭击的犯罪嫌疑人;外部途径是指犯罪嫌疑人通过租赁、劫持、偷盗等方式获取用于实施袭击的汽车的一种途径。由于使用自己名下的汽车实施袭击会被受袭地公安机关较快掌握相关袭击情况,近年来利用外部途径获取汽车实施撞击的事件在逐渐攀升。

驾驶民用汽车对受袭目标实施直接撞击,是犯罪嫌疑人利用此类袭击手段的重要方法,其得以成功运用可从 3 个视角进行分析。一是根据汽车撞击时的前进路线,将其分为直行撞击和曲线撞击。直行撞击是指犯罪嫌疑人驾车在一定区域内高速直行撞击受袭目标;曲线撞击是指犯罪嫌疑人驾车沿"Z"或"S"等字形对受袭目标实施撞击。此外,伴随此类袭击的频发,两种前进路线混合使用亦或犯罪嫌疑人驾驶汽车沿其他前进路线以实施撞击的风险依然较高。二是根据汽车行驶速度和距离,将其分为短距高速撞击和长距高速撞击。高速撞击是袭击得以实现的重要前提,汽车的冲击力通常会随着其行驶速度的提升而增强。在整理案例时发现,犯罪嫌疑人驾车的速度通常为每小时几十公里,但个别极端疯狂的,其汽车速度会高达 100km/h 以上。当汽车的行驶速度与行驶距离在一定的时空范围内与受袭目标的脆弱性形成耦合,其产生的撞击力便会更强。三是根据撞击次数,将其分为终结撞击和连续撞击。终结撞击是指犯罪嫌疑人驾驶汽车对某一个(类)目标实施的一次性恐怖撞击;连续撞击则是指犯罪嫌疑人驾驶汽车对多个受袭目标实施连续或追逐的多次撞击的行为。

因此，必须保持高度重视和警惕，深入研究探索应对此类严重暴力犯罪的制胜之道，通过加强训练克服实战处置中的误区与不足，提升战斗行动的安全性和成功率，确保在袭击发生时能够给予有效制止和反击，做到"拉得出、联得上，打得赢、救援快"，力争以最少的代价获取最大的执法效益。

(一)加强事前识别、预警、防范

公安机关要充分运用机动车查缉布控系统和人脸识别系统等警用情报信息预警平台，提前发现嫌疑车辆，自动报警，及时启动车辆防冲撞应急预案，做到早发现、早预防。

(二)前后围堵、拦截、逼停

一旦发现嫌疑车辆，公安指挥中心应立即调集警力、车辆，一是对其进行尾随跟踪，寻找时机超车拦截。二是迅速在嫌疑车辆前方道路设障路障进行阻截，从多个方向阻断其行驶通道，防范其驶入人行道或人群聚集区域。

(三)做好现场警戒、疏散、躲避

在嫌疑车辆可能驶入的区域，用广播或扩音器大声发出警示，做好现场警戒，快速疏散人群，有序指挥、引导现场人员到安全区域躲避。

(四)果断决策，高效处置

为迫使嫌疑车辆停车，现场警力应综合运用阻车器、三角木、重型车辆等多种阻车器材和路障封锁道路，并不断对其施加压力，集中力量对嫌疑车辆进行围困；将嫌疑车辆堵截在包围圈中；将嫌疑车辆逼停后，处置民警呈战斗队形散开；将嫌疑车辆团团围住，命令嫌疑人下车接受检查。若嫌疑人拒捕顽抗，可采取强制手段制服后牢靠控制，上铐搜身后带离。

二、分组训练(35 分钟)

[案情设定]　某日下午 6 时许，正值晚高峰下班时段，2 名犯罪嫌疑人各持 1 支猎枪和 1 把长砍刀，驾驶 1 辆工具车(位置见图 4－2 中三角形小车标号，箭头代表其开进方向)，企图冲撞中国小食品城道路上的行人。中国小食品城位于某市市区繁华地段，周边有商场、住宅、超市、学校等，人流、车流量大。现公安指挥中心派出一辆警车(位置见下图中小车标号，箭头代表其开进方向)赶往现场处置。车上有民警 3 名，协警 2 名(含 1 名司机)，手枪 2 支，微冲 1 支。

(一)情报分析与风险评估

训练由一名助讲教官担任现场指挥员进行组织。助讲教官(可酌情选定学员参与)在反车辆冲撞战斗行动前，对现场情况从正反两方面进行分析，并使所有参战人员了解敌情、我情、友邻、社情、天候等各项情况，做到对情况心中有数，对处置心中有底。

(二)制定反车辆冲撞战斗行动方案

现场指挥员结合案情和现场地形，制定出反车辆冲撞战斗行动方案及备用方案(应变预案)。

(三)警力分工及战斗部署

《兵录·攻战·战略》中说："兵之胜负，不在众寡，而在分合。夫有分则有条理，有合则

图 4 - 2　中国小食品城地形图

有联络。”在复杂多变的现场展开反车辆冲撞战斗行动，必须更加关注我方综合作战效能的充分发挥和释放，唯有精确协同警力部署的空间、顺序、时机等因素，才可以既实现警力释放的并行汇聚、交叉互补，又避免警力浪费和伤己误事。因此，现场指挥员要依照反车辆冲撞战斗行动方案的要求，根据嫌疑车辆及嫌疑人情况、现场态势、战斗队员的个人情况和特长，进行科学合理的战斗部署与分组、分工。

每个区队 50 名学生分为 5 个组，每组 10 人。每名学生轮流充当教官、现场指挥员、战斗队员及情显(扮演嫌疑人、围观群众等)。明确具体职责、任务后，现场指挥员进行战前布置与检查，整理装备、验枪，检查调试通信器材，统一频道。

（四）反车辆冲撞战斗行动组织指挥

依照反车辆冲撞战斗方案，现场应急处置小组根据现场地形情况和战术要求，乘坐警车在预定区域就位。

1. 其他人员就位

情况显示员、围观群众等进入预定位置待命。

2. 展开反车辆冲撞战斗处置行动

(1)快速抵达现场，迅速搞清现场情况，并及时向现场人群发出警报。当发生爆炸、火灾和人员伤亡时，应拨打火警电话“119”和“120”急救电话，并向指挥中心报告。

(2)围堵、拦截、逼停嫌疑车辆。要善于利用各种手段来威慑或牵制嫌疑车辆的冲撞碾压；要迅速调集重型车辆或运用阻车器、三角木等多种阻车器材和路障防止伤害发生；同时，及时疏散、引导现场人流，加强现场封控。现场群众应服从指挥，有秩序地撤离。情况危急时，应迅速向道路两侧跑开，避开嫌疑车辆冲撞，远离危险。当情况紧急无法撤离时，应就近就地寻找坚固大树或建筑物、隔离墩等进行躲藏闪避；

(3)围控、抓捕犯罪嫌疑人。

(4)将犯罪嫌疑有效控制后,用车底窥探仪对嫌疑车辆进行全面检查,特别要注意对车辆隐秘角落及后备厢展开仔细检查。

(5)救治伤员。如果有人员受伤,应根据先重后轻的原则,立即对伤者进行应急救护。做好现场调查取证,保护现场,固定证据。清点武器、人员,将抓获的嫌疑人带回移交。

三、应变训练(30分钟)

反车辆冲撞战斗具有事发突然、情况复杂多变、伤害后果严重等特点,犯罪嫌疑人驾驶的机动车通常是横冲直撞,见人就碾,疯狂实施暴力伤害,情况是敌暗我明。应变训练主要是考验现场指挥员的临场机动灵活性及随机应变本领,提高应对反车辆冲撞战斗现场突发情况的瞬间决断能力和快速反应能力。假想应变情况的设定应尽量做到复杂多样、意想不到、突如其来、快速多变,以危局、险局来锻炼受训者的心理素质和抗挫能力。

分组训练时,可逐步升级案情的复杂程度、难度系数、对抗性和危险度,来提高训练难度、强度和险度,增强训练效果。

(一)变化情况一

嫌疑车辆被警方逼停后,车上的犯罪嫌疑人锁死车窗,拒不开门。嫌疑车辆未熄火,犯罪嫌疑人在车内顽抗拒捕,仍企图寻找机会驾车冲出警方围困圈,继续开车冲撞碾压。

处置提示:根据2009年《人民警察现场制止违法犯罪操作规程》的相关规定,着重把握“何种对象、何种技法、何种部位和力度、如何武力升降级”的“四何”法则,注重简单、快速、有效、适度。现场指挥员及时让破窗组靠近嫌疑车辆,将驾驶侧车窗打破并向车内投掷催泪弹,最终迫使嫌疑人下车,抓捕组利用娴熟的抓捕技能控制之,并搜出嫌疑车辆的钥匙,将车辆熄火。

(二)变化情况二

嫌疑车辆被警方逼停后,车上的一名持猎枪的犯罪嫌疑人突然打开车门冲下车,试图搬走顶在嫌疑车辆车轮上的三角木,另一名犯罪嫌疑人左右转动方向盘,嫌疑车辆前后移动,左冲右突,试图驾车逃跑。

处置提示:现场指挥员迅速组织警力,使用警械、武器快速制服持枪嫌疑人;固定三角木,防止肇事车辆逃逸。

(三)变化情况三

嫌疑车辆被警方逼停后,车内犯罪嫌疑人摇下车窗对警方叫嚣,并开枪负隅顽抗。

处置提示:展开突击抓捕;掩护小组向车内投掷催泪弹、震爆弹,迫使嫌疑车辆内的一名持枪和另一名持刀嫌疑人下车;由于嫌疑人持有凶器和杀伤性武器,民警立刻鸣枪示警,若嫌疑人仍拒捕顽抗,可果断强行处置。

(四)变化情况四

嫌疑车辆见道路前方有警车阻拦,车内两名犯罪嫌疑人跳下车。其中,一名持枪嫌疑人躲在树后向行人开枪射击,而持刀嫌疑人下车后则砍伤一名路人,见民警赶到,持刀嫌疑人劫持一名小学生与警方对峙。

处置提示:现场指挥员快速指挥民警包围持枪嫌疑人,实施火力压制,若持枪嫌疑人不听警告,继续顽抗,可开枪制服;而对持刀劫匪,警方立即启动反劫持应变预案,先行谈判,再伺机妥善处置,以确保人质安全。

四、检查验收(5 分钟)

每组训练完毕及时讨论和讲评:

(1)由嫌疑人讲出所见学生的优缺点;

(2)由学生自己讲出优点和不足;

(3)由主训教官对受训人员逐一讲评,并提出总体或个别建议。

在分组训练的基础上,教师随机抽取一组进行训练考核验收,按照《反车辆冲撞战斗指挥训练考核评分表》进行打分,检查训练成效。

五、小结讲评(5 分钟)

(一)清理检查训练装备、器材

(二)集中讲评整个训练情况

结合训练内容、目的任务评述完成情况。对整个训练过程中好的方面加以肯定和鼓励,分析出现的问题,提出解决方法。

(三)布置课后练习,宣布下次课的内容及所需装具。

(四)将学员交由学员队队长带回,清理训练现场,归还训练装备和器材。

科目三 《反暴恐袭击模拟演练》

实训指导书

Ⅰ〔训练提要〕

一、训练科目

反暴恐袭击模拟演练。

二、训练内容

1. 对现场态势、情报的分析评估及风险预判。
2. 处置决心、谋略运用及行动方案的制定。
3. 警力分工、战斗部署、战斗行动组织指挥及灵活应变。
4. 反暴恐袭击行动中警组协同配合及指挥默契训练。

三、训练目的

1. 了解反暴恐袭击战斗的特点,熟知反暴恐袭击战斗的基本程序、步骤及要求。掌握反暴恐袭击战斗的主要战法，能灵活运用技战术快速高效地完成缉捕任务，提高反暴恐袭击战斗组织指挥能力、对抗能力和协同配合水平。

2. 通过对恐怖组织开展暴恐袭击的预谋策划、行动实施、逃跑藏匿三个阶段的演示，使反恐受训方了解恐怖分子组织恐怖袭击的一般程序、方式、要领，掌握恐怖袭击的特点、规律，提高指挥员和参训队员的应变能力。

3. 通过反暴恐袭击对抗演练，使反恐受训方了解组织防范与处置行动要面对的各种问题，提高指挥员在对抗性环境下迅速分析判断情况，定下决心的能力。

4. 通过演练，检验反暴恐袭击处置预案的可行性、科学性和可操作性，亦可对某警队训练情况、存在问题做出具体的针对性评价。

5. 掌握组织实施反暴恐袭击战斗指挥训练的方法，提升开展此类训练的组织领导能力。

四、训练重点、难点

（一）重点

反暴恐袭击谋略运用、战斗部署及战斗行动组织指挥。

（二）难点

反暴恐袭击处置行动中指挥默契训练和临战应变能力训练。

五、训练方法

理论提示、模拟对抗演练、检查验收、小结讲评。

六、训练要求

1. 严肃训练场纪律，遵守训练规范，一切行动听从指挥，做到令行禁止。

2. 严格训练、严格要求、严密组织。坚持练为战的方针，所有训练按实战的要求进行，保质保量完成实训任务。

3. 认真体会、掌握指挥要领和训练方法。刻苦训练，开动脑筋，积极思考，灵活应变，方式多样，方法灵活，相互探讨，共同提高。对抗训练，可采用国内外反恐战例分析、图上作业、沙盘对抗、实警演练与电脑模拟对抗相结合等方式，建立、形成一整套针对各种情况的反暴恐袭击战术战法体系，并将之贯彻到具体训练中去，以训练来促进实战对抗能力、快速反应能力、指挥协同能力的提升。演练要结合想定作业法、推演法等多种方法，相互配合使用。例如，想定作业法，由教师对敌我双方的基本情况、案件背景、对抗态势、各自企图和反恐战斗发展等情况进行设计，组织和诱导对抗双方发挥主观能动性，根据新的情况及时做出判断，定下决心，并进行处置，以锻炼和提高其随机应变、灵活运用战术的思维和判断能力。

4. 依法行动，遵循程序，确保优势，机智灵活，防控为先，安全第一。

七、对抗演练考核评判标准

详见 4－5《反暴恐袭击模拟演练考核评分表》。

表 4-5 反暴恐袭击模拟演练考核评分表

项　目	评分标准	分　值	得　分
现场态势、情报的分析评估及风险预判(20%)	情报意识(敌情、我情、友邻、社情、天候)	5	
	情报信息分析、判断、深度挖掘	5	
	现场地形利弊分析及战术价值推断	5	
	风险评估及预判	5	
处置决心及战斗行动方案的制定(20%)	行动决心	5	
	谋略意识及运用	5	
	战法选择	5	
	行动方案	5	
警力分工、战斗部署、战斗行动组织指挥及应变(40%)	警力分工	5	
	战斗部署	10	
	指挥方式、手段、效率及默契程度	10	
	战机把握	5	
	现场突发情况应急应变	10	
训练方式、效果(20%)	训练方式、方法多样灵活，善于启发、创新	10	
	组织实施严密，训练效果良好	10	

八、训练安排

(一)学时分配

本科目实训按照一个区队 50 名学生为基准，安排 2 个课时(90 分钟)。若参训人数有变动，可按实际情况酌情增减训练时数。

1. 准备活动(5 分钟)
2. 理论提示(10 分钟)
3. 对抗演练(60 分钟)
4. 检查评比(10 分钟)
5. 小结讲评(5 分钟)

(二)场地器材

场地：战术训练场。武器、警械、器材见表 4-6 所示。

表 4-6 武器、警械、器械表

名　称	数　量	单　位	明细及要求
警用八件套	50	套	
彩弹枪	50	支	
封锁带	2	盒	可裁剪

（续表）

名 称	数 量	单 位	明细及要求
扩音器	1	台	
匕首	3	支	
便装上衣	5	件	

（三）训练对象及人数

一个区队共50名学生，以区队为一个教学单位进行训练。学员接触和从事公安基层工作较少，实战经验不足。

（四）教官分工

主讲教官1名：负责编写训练大纲、计划、教案、实训指导书，组织训练。

助讲教官2名：负责布置检查场地、训练器材保障，配合示范，分组指导训练；担任训练现场指挥和导调人员；安排情况显示员；配合主讲教官教学并做好训练事故防范与处置等工作。

辅助教官2名（从学生中选出）：协助教官做好场地器材布置、保障，配合示范、训练；担任小教官指导学员训练。训练时根据教官安排担任情况显示员。

Ⅱ 〔训练进程〕

第一阶段：准备活动（5分钟）

一、学员区队长负责将队伍集合，清点人数并向教官报告，教官下达命令整理服装及装备，进行验枪。

二、教官宣布本次课的训练科目、提要、内容、目的任务、组织形式及要求。

三、情况显示员的选定及任务安排：由辅助教官担任，人数若不足时可继续抽调学员补充，并单独安排具体任务。

四、训练角色设定

此训练一般应设定三方，参加人数可由不特定多数的三组人分别组成，每组最少不少于三人。参与者均应具备一定的公安业务基础，能独立制订行动方案，熟悉一般的警察战术以及暴恐袭击常见手段。

1. 暴恐袭击方

任务是尽可能逼真地模拟暴恐分子策划暴恐袭击的方法、手段、程序。

2. 反恐方

负责收集勘查、拟订方案、组织指挥和处置实施。

3. 导调方

要对上述双方采取的措施、手段的有效性做出评估，将其效果反馈给对方，并安排必要的情景作为双方制订方案、采取行动的设定情景。

第二阶段:实施部分(85 分钟)

一、理论提示(10 分钟)

当今世界,民族分离主义、敌对势力颠覆活动等因素对各国国家安全造成威胁,非传统安全威胁带来的压力明显上升,全球依然面临现实和潜在的局部战争威胁。霸权主义、强权政治和新干涉主义呈现出新动向和新趋势,各种国际力量围绕权力和权益再分配的斗争趋于激烈,民族宗教矛盾、恐怖主义、地区冲突、贸易壁垒、边界领土争端等热点复杂多变,小战不断、冲突不止、危机频发仍是一些国家与地区的常态,特别是以恐怖主义为代表的非传统安全威胁,造成了重大的人员伤亡和社会恐慌,对全球安全造成了巨大的现实危害,全球正面临着高频率、立体式的交错复杂的各种安全威胁。自 2001 年"9 · 11"恐怖袭击事件以来,全球恐怖袭击事件呈爆炸式增长,恐怖组织也呈现出网络化、扁平化和碎片化的发展趋势。根据经济与和平学会(Institute for Economics and Peace,IEP)发布的 2017 年《全球恐怖主义指数报告》(Global Terrorism Index,GTI),2016 年全球因恐怖袭击死亡的人数为 25673 人,77 个国家因恐怖袭击发生人员死亡,而遭受恐怖袭击的国家高达全世界所有国家的三分之二,因恐怖主义活动造成的全球经济损失至少达 840 亿美元。2017 年全球共发生恐袭事件 900 余起,其中发生死亡 20 人以上的重大暴恐事件 50 余起。恐怖主义活动已经成为世界各国人民人身、财产安全的共同威胁,反恐斗争在国际范围内甚至上升到战争的高度。

随着恐怖主义发展的全球化、个体化、社会化、网络化与复杂化趋势,我国国内面临的反恐形势也更加严峻。近年来,我国也相继发生了多起暴恐袭击。例如,2014 年 4 月 30 日 19 时 10 分许,乌鲁木齐火车南站发生一起严重的暴力恐怖袭击案件,2 名暴徒在乌鲁木齐火车南站出站口接人处持刀砍杀群众,同时引爆爆炸装置,造成 3 人死亡(其中有 1 名群众、2 名暴徒),79 人受伤,其中 4 人重伤(田山．乌鲁木齐火车南站暴恐袭击案告破[N]. 天山网,2014－05－01.)。2014 年 5 月 22 日 7 时 50 分许,乌鲁木齐市沙依巴克区公园北街早市发生一起性质极其恶劣的严重暴恐案件,暴徒驾驶 2 辆车冲破防护隔离铁栏,冲撞碾压人群,引爆爆炸装置,造成 31 人死亡,94 人受伤(田山．乌市爆炸案致 31 死 94 伤[N]. 天山网,2014－05－22.)。我国当前的反恐形势依然严峻,根据经济与和平研究所公布的《全球恐怖主义指数报告 2017》称,中国遭受恐怖袭击指数为 5.543,全球排名 31 位,已成为遭受恐怖袭击的重点目标国家之一〈Anonym. Global Terrorism Index2017[EB/OL]. (2017－11－02)[2018 － 01 － 25]. http://visionofhumanity.org/app/uploads/2017/11/Global－Terrorism－Index－2017.pdf.〉。

反人类、反文明是恐怖主义的根本特征。恐怖分子一般都会选在通勤高峰期、国家重大节假日、举办重大活动等人流最密集的时机、场所实施袭击,以期造成最大化的破坏。现代恐怖袭击的特点主要有以下几点。

一是团队作案,计划周密。恐怖主义活动往往都具有极强的组织性,绝大多数恐怖袭击都是由恐怖组织谋划并实施。恐怖分子多为缺乏起码辨识力、文化层次较低的年轻人,是文盲、教盲、法盲的综合体。暴恐分子为了制造恐怖事件,事先会进行详细周密的计划,精心准备，然后才会发动袭击。但具体实施行动时人数通常不多，大致在 1 至 5 人间。随着反恐安保措施的不断升级，发动恐怖袭击的难度有所增加。恐怖分子为了规避情报侦查，出现了化整为零，变身为“独狼”策划发动恐怖袭击的趋势，这对反恐提出了全新的挑战。

二是手段残忍多样，破坏性巨大，袭击模式简单且易于复制。恐怖袭击在人流密集区采取“小股多点”的方式逐渐成为主流。那些脆弱性强、便于实施袭击、影响巨大的目标更容易受到恐怖分子的袭击。恐怖袭击采用如自杀式炸弹袭击和投放生化物质等方式，袭击时间、地点、目标等的选择都具有较大隐蔽性，作案手段、作案人员、作案地点让公安机关防不胜防，实施袭击所用武器也日趋具有便利性、多样化的特点，容易造成巨大的杀伤，导致社会面恐慌，极大地增加了公安反恐的安全风险。据央视网报道，仅 2013 至 2016 年底，就有 127 名新疆警察为反恐事业英勇牺牲。同时，混乱的暴恐现场使恐怖分子与受袭群众掺杂在一起，不利于现场打击。反恐部门如果不能一次性将所有恐怖分子消灭，就会出现一打就散的恐怖后果，逃脱打击的恐怖分子会继续制造恐怖袭击。这极大增加了事先防范和反恐现场处置的难度。另外，2018 年 1 月 11 日俄罗斯驻叙利亚部队的机场遭 6 架无人机袭击，恐怖分子这次袭击采用的是新的方法，他们从 50 公里以外的地方远程遥控无人机，并使用 GPS 卫星定位系统。随着无人机、遥控飞机的发展，采用无人机、遥控飞机搭载自制炸弹或燃烧弹之类针对城市轨道交通中枢站、政府机构和化工类企业等特定目标实施袭击可能会成为未来一种趋势。

三是政治企图明显。恐怖分子制造袭击，既能达成其政治、意识形态等目的或主张，又有助于其组织吸纳成员，扩大其规模和影响。通常情况下能够集聚自然资源、经济资源、政治资源的目标容易遭受恐袭，对其防护也较难。袭击自然资源集聚地既能使目标受袭又能为自身提供资源补给；袭击能够集聚促进经济发展所需人财物的经济目标，能够影响、阻碍甚至中断受袭地的经济发展，制造混乱；袭击政府机关、军队等集聚政治资源的目标，能使得恐怖团队最大限度地向当局施加政治压力。

四是恐怖分子来源复杂化，不易被事先发现。西方国家的暴恐袭击以外生型为主，暴恐组织和人员大都来自或受伊斯兰国域的宗教极端思想影响。我国的暴恐袭击以内生型为主，暴恐袭击大都掺杂着民族分裂、宗教极端、暴力恐怖，是“三股势力”的综合外现。大量恐怖袭击事件表明，恐怖分子主要是极端宗教分子、其他地区的民族分裂分子和回流的 FTF（外国恐怖主义战斗人员）。近年来，恐怖分子的来源出现了新的变化，开始出现了“土生土长”的极端分子。恐怖组织架构完善、目标明确、地处隐秘，利用亲缘、姻缘、地缘等社会关系组建的恐怖团队，其恐怖活动更为隐蔽，更难在反恐实践中预先察觉和侦别。这使得反恐形势更加严峻。

五是网络、新媒体恐怖不断扩大势力范围。随着国际范围内对恐怖主义势力打击力度的加大，现实空间的恐怖主义活动在某些范围内得以遏制，但网络空间、新媒体（数字传输技术、可视性媒体、自媒体及个体化的社交媒体平台等）的恐怖主义活动正在快速发展。例如，恐怖分子借助网络、新媒体传播速度快、受众广、易隐藏、影响难以及时消除等诸多特点，发动网络（新媒体）信息战，实施心理战，形成与其实力无法匹配的国际影响力；通过计算机网络直接发起攻击，实施网络恐怖活动；利用网络、新媒体作为发展平台和活动空间，比如利用社交媒体招募新人、寻求资助、获取情报，在恐怖组织内部策划活动、开展协调、传递指令等。一旦恐怖主义势力在网络空间形成规模，相关技术被恐怖分子掌握，那其选择实施恐怖袭击的手段和工具将更具灵活性。

随着信息网络时代的飞速发展和人工智能、克隆技术等现代高新尖端科技的跨越式进步，暴恐犯罪的行为方式、作案手段也越来越复杂、多样，这给全世界的反恐工作都带来了更大的压力。恐怖主义是人类文明的公敌，也是国际社会的共同敌人。恐怖主义作为非传统安全中的重要问题，已被世界上许多国家和地区列为当代最严重的全球性威胁和挑战。对反恐怖警务工作，习近平总书记明确要求："对暴力恐怖活动，一定要毫不手软、坚决打击，发现一起、坚决打掉一起。要坚持打防并举、标本兼治，全面落实反恐怖斗争的各项措施，不断巩固中国反恐怖斗争的良好态势。"反恐的最终目的是锁定打击对象，采取罪、责、刑相适应的制裁措施，以最大限度防范、打击恐怖主义犯罪。因此，有必要针对暴恐袭击的特点，采取相应的模拟对抗演练，提高受训者反恐制暴应急指挥能力。

模拟对抗演练通常可设定为三个阶段。对暴恐袭击方来说，即预谋策划、行动实施、逃跑藏匿阶段；就反恐方则设定为预防性侦查、反恐战斗处置、事后处置等。具体模拟方式以"纸上谈兵"、图上作业、警棋推演、沙盘对抗和电脑模拟对抗为主，即一方根据导调方的情况设置，制订暴恐袭击行动方案；另一方则根据自身情况与对方措施制订反措施，双方展开博弈，将对方的招数一一予以破解或反制。最后由导调方根据双方方案和战斗组织指挥的严密性、针对性与可操作性综合评定给分，分出胜负。

各阶段模拟训练要点有如下几个方面。

(一)第一阶段(对抗双方分别为预谋策划与预防性侦查阶段)

由导调方根据训练目标、重点，给双方设定初始条件。

对暴恐袭击方主要是给定：团体的人数、可配备的武器装备以及基本的情况设定。

对反恐方：则主要明确其扮演的角色、管辖保卫地区的地形特点、重点保卫目标、可利用的资源、指挥关系等。

具体地说，在第一阶段，反恐方一般应设定为该特定地区的公安机关负责人。地区一般设定为一个城市的某一区域或部门(单位)。可利用的资源包括常规情况下警方可以利用的全部资源(军队、武警、政府机关、公共部门的支持)。

1. 暴恐袭击方的主要模拟科目

(1)目标确定：根据特定地区的特定情况，综合目标的政治、经济、军事意义，防卫力量的强弱，自身人员与装备条件来确定，并写出具体的分析意见及论据。

(2)目标的战术侦察：模拟袭击方可选定某真实目标作为对象，对其内部结构、防卫力量、器材展开侦察。尽量绘制目标的现场平面图与内部结构图，以作为制订具体袭击方案的依据。

(3)密谋准备过程：各种交通工具、通信工具、武器装备的获得，住宿与集结地的选择以及其他相关条件的准备等。

2. 反恐方的模拟科目

(1)对暴恐袭击的防范与事先侦查工作。一般可从信息控制、特情工作、重点目标防卫、日常盘查等多方面进行。

(2)制订具体的反恐行动方案。其中包括时机选择、接敌路线、攻击力量分配、战术动作协同、指挥关系与后勤保障等。具体策略、措施应突出针对性和可操作性。最后的评定也是看反恐方制订的防范与反制侦查措施是否抓住暴恐袭击方密谋准备工作的特点与可能存在的漏洞来打分的。

3. 导调方

对暴恐袭击方各种事先准备工作中可能暴露出的问题和线索做出合情合理的估计,择其要点有选择地向反恐方做出情况简报。当反恐方制订的防范与反制侦查措施确实击中暴恐袭击方各项准备工作的弱点与要害时,导调方可将情况反馈给暴恐袭击方一次,由其采取应变措施,以进一步锻炼反恐方的应变能力。

(二)第二阶段(行动实施阶段)

此阶段主要是模拟实战中可能遇到的各种问题,以锻炼受训者在紧迫关头应变处置的能力。

暴恐袭击方根据最后确定的袭击方案,发动攻击(以战术标图、警用沙盘或电脑对抗等方式进行模拟)。若导调方想把情况设置得更为复杂逼真,可有意识地设定几种情况:暴恐袭击方接近袭击目标前被反恐方察觉、行动前内部出现泄密、分开行动的各行动组中有某一组未赶到预定地域或发生意外等。

反恐方在这一阶段可设定为以下几种角色。

(1)该地区公安机关主要负责人:负责从整体协调、指挥的角度做出应变反应。

(2)现场指挥员:可设定多种情况,如主要目标已被暴恐袭击者占领、通信线路、电路被切断;遭到多路攻击等,引导其制订反击、防卫或追捕方案,通过模拟对抗,决出胜负,并由导调方来评估反恐方在减少损失、控制事态、迅速反击、保护现场等各方面的得分。

(3)现场战斗员:主要演练其掌控应急处置程序、组织危险复杂条件下开进(可能遭到伏击、人为交通阻塞等)、展开战斗的要领与应变技巧;利用电子地图,将现场地形特点、楼房建筑结构、天气状况等内容全部标注到电子作战图上;侦察了解"暴恐分子"的人数、暴力方式与手段、"暴恐分子"的年龄、性别、相貌特征、性格特征及其使用武器的性质和数量;以最快的速度将这些情报信息进行归类和整合后上报。

(三)第三阶段(逃匿与缉捕)

主要演练反恐方在对方逃匿时组织清查、搜索、围追堵截的方法与要领。该阶段双方行动的针对性、对抗性是最主要的。

哪一方能提出对方想不到或难以做出反应的方法,则判其胜出。

导调方主要是根据双方对情况及对手意图、行为判断的准确性,所制订方案的针对性来打分,并总结出各具体环节行之有效的一些行动方法与手段。

通过上述模拟演练,让学生在"真实的战场"上摆兵布阵,与形神兼备的"强劲对手"较真斗硬,在虚拟的战场上学会运筹帷幄、指挥决策。训练中,可以组建一个由各警种构成的小型"作战分队",并建立"协同分队""机动分队",让学生(分别充任指挥员和参谋人员)以不同的身份到各分队轮流"坐庄",在模拟战场上提高"四快三稳"能力,即"快速集结、快速到场、快速处置、快速带离”，“稳定自己情绪、稳定对象情绪、稳定现场秩序”，提升反恐处突专业素养，增强信息化条件下指挥协同能力。

对抗演练中必须注意的问题有以下几点。

1. 严格依法行动

反恐怖行动涉及政治、经济、外交、民族、宗教等诸多方面的问题，中心区域武力突击行动尤为敏感。反恐战斗行动必须严格依据法律，做到出之有理、动之有序、处置有节，不给敌对势力留有“口实”，以赢得政治上的主动。一要熟悉相关法律。公安机关是执法护法的武装力量，必须依据有关法律法规，打击恐怖犯罪，维护法律尊严，打好政治主动仗，防止授人以柄。指挥员要熟悉《中华人民共和国人民警察法》《中华人民共和国刑法》《中华人民共和国反恐怖法》等一系列法律法规，自觉把法律法规作为实施正确指挥的依据，提高依法处置的能力和水平。二要依法用警动武。动用警力时，要严格按照规定逐级报批，严禁擅自用警和越权用警，切忌“将在外军令有所不受”的自由主义和“先斩后奏”的越权行为。三要依法进行处置。指挥员要严格把握政策界限和法律尺度，依据法律赋予的权利，合理使用警力武器和战术手段，依法组织指挥。同时，要教育参战队员严格遵纪守法，尊重民族、宗教信仰和风俗习惯，维护法律的严肃性和权威性。

2. 科学预见态势

“将飞者翼伏，将奋者足偈，将食者爪缩。”恐怖事件具有一定的规律，指挥员必须见微知著，善于观察恐怖分子的一举一动、一言一行、预测其下一步行动。首先，情报渠道要“畅”。指挥员要充分利用与恐怖分子谈判、被俘恐怖分子口供、获救人质描述等时机，掌握恐怖分子活动规律等信息，牢牢掌握处置行动主动权。其次，现场情况要“明”。了解恐怖分子背景、行动企图、人员构成及数量，所持武器数量、种类、性能、惯用的恐怖手段及活动规律，掌握恐怖分子占据要点的内部结构、爆炸物位置等具体情况。同时，还要了解熟悉政府已经或即将采取的措施，参战单位人员数量、种类、性能，惯用的恐怖手段及活动规律，掌握恐怖分子的心理防线，可能逃跑的路线、潜藏的地域，通过分析恐怖分子惯用的袭击方法、抵抗能力和后续行动等科学预见可能发生的突发情况。

3. 果断定下决心

“当断不断、必受其乱。”反恐怖行动具有战机短暂、情况万变的特点，这就决定了指挥员在遇有突发情况时必须有勇、有谋、有决断。因此，指挥员在反恐怖行动中必须做到以下几点。一要坚定自信。善于在错综复杂的环境下，坚定信心，不思前想后、患得患失。只要条件允许，时机成熟，就敢于打破常规，果敢决断，实施正确政策。二要善纳群言。广泛听取和采纳不同的意见和建议，优选处置方案，主动赢得最佳战机，从而防止主观片面判断，减少失误。三要机智灵活，不拘泥于定势思考问题，处置情况随机应变。可见，要注重培养指挥员深邃的预测能力和灵敏的应变能力，锻造坚定勇敢、沉着冷静、刚毅果断的性格品质，使其能够在复杂多变的情况下，处变不惊，临危不乱，敢于承担责任，使反恐作战行动达到出奇制胜的目的。

4. 善于临机应变

反恐怖行动时效性强，敌情复杂，任务艰巨，情况变化急剧，对现场指挥员素质要求高。

努力提高指挥员临机处置能力，已经成为公安机关稳妥高效处置恐怖事件迫切需要解决的现实问题。

首先，提高临机处置能力，有利于及时抓住战机。“士不逢时不用，兵不遇机不动。”在变化莫测的反恐怖行动中，战机稍纵即逝，能否巧妙地运用或制造各种有利战机，因机制胜，全凭指挥员的决断能力。这就要求指挥员必须密切关注现场局势的细微变化，发现和争取有利于我实施武力攻击的时机，因势而动，择机取之。如果不能针对现场变化做出迅速、正确的反映，就会贻误战机，造成被动。

其次，提高临机处置能力，有利于迅速处置意外情况。“兵无常势，水无常形。”反恐怖行动现场情况发展快、变化大，不可预测的意外情况难免发生。例如，通信中断、失去联络，一时难以沟通；人质突然逃脱恐怖分子控制、冲出被劫持地域；恐怖分子发现我攻击企图，突然采取过激行动等。这些都需要现场指挥员随机应变，迅速对突然发生的情况做出敏捷的反应，果断下达指令，妥善处置意外情况，防止其影响我全局行动。

再次，提高临机处置能力，有利于控制复杂局面。反恐怖行动武力对抗激烈，情况复杂，处置难度大。以劫持人质为例，恐怖分子心理和行为极端狂躁残忍，通常把劫持的人质作为抵抗盾牌，随时都有可能杀害人质。行动中，我既要打击劫持分子，又要保护人质生命安全，这个“双重”要求使得组织实施过程极为复杂。当恐怖分子生理和心理压力达到一定程度时，极有可能逃跑或者疯狂杀害人质、引爆或施放危险物品或爆炸物。现场指挥员必须准确预测恐怖分子的企图和举动，料敌于先，抢敌于先，及时采取断然措施，将各种难以控制的局面止于萌芽，确保掌握主动，避免更大损失。

最后，提高临机处置能力，有利于减少指挥环节。反恐怖行动时间短，事态发展变化快，客观上要求现场指挥员必须直接掌握事发现场最真实、最详尽的情况，根据事件的发展审时度势，科学部署兵力，牢牢抓住战机，采取相应的临机决策，实施最及时、最科学、最得力的现场指挥创造性地执行上级命令、指示，提高指挥效率。

5. 强化指挥手段

指挥手段是反恐战斗指挥活动赖以实施的重要保证。在信息科技不断发展的条件下，应充分利用信息手段，提高指挥效率。同时，恐怖事件所具有的诡秘突发、手段残酷以及社会影响重大等特点，也要求反恐应急指挥手段建设应该走信息手段与口语、态势语以及鼓号旗铃等传统手段相结合的路子，增强指挥手段的应变性，为指挥活动提供灵活多样的选择。

6. 学会深谋远虑

深谋远虑，实质上说的就是指挥员在反恐实战中必须做到老谋深算，即所谓的“老辣”。正如尼采所说的：“理想的人生境界首先是骆驼，其特质是忍耐；其次是由骆驼变为狮子，其特质是战斗的勇气。”学会“老辣”，必须做到以下三点：一是勿盲目冲动，而应处变不惊、以静制动；二是勿斗气比狠，而是心怀全局、足智多谋、高瞻远瞩；三是看似动静不大，实则绵里藏针、奥妙无穷，让对手永远摸不清我方的意图和底牌。

二、对抗演练(60 分钟)

(一)分组研讨

把 50 名学生分成若干个红蓝对抗小组，根据案情设定和导调方的情报，开展战前情报分析与现场风险评估。要求每个小组开展充分酝酿讨论后，制定出袭击（蓝方）或处置方案（红方）。

（二）对抗演练

对抗训练时，一般由指导装扮暴恐犯罪嫌疑人小组的导调员来确定对抗手段和强度，若犯罪嫌疑人对抗强度升级，则模拟警方的强制手段及强制程度也相应随之升级。

红蓝对抗小组按照各自事先制定的袭击方案和反暴恐袭击战斗处置方案展开模拟对抗演练。

对抗演练的目的之一，就是要通过反复锤炼锻造受训者的心性来提升战斗绩效。我们知道，良好的心智模式是系统化、辩证化思维，需要建立自己的资料库和信息源。在执法战斗对抗中，收集情报信息与分析处理信息不是简单的线性关系，既具有从定量分析到定性认识的连续性，又具有从定性分析到模糊的定量认识的跳跃性。良好的心智模式有很强的独立性和洞察力，能看常人看不见的地方，算常人算不清的账，做常人做不了的事情。正所谓"劳心者治人，劳力者治于人"。"劳力者"心智模式的思路较为呆板，处于价值链的低端，因而时常被动和犯错。"劳心者"专注的是像灯塔一样的那个"因"，这种"因"包括显性与隐性。对于"劳心者"的心智模式，"劳力者"通常不容易搞清楚。"劳力者"的行为与思维，在战斗过程中时刻被"劳心者"加以利用，而"劳力者"却连自己都不清楚。

由此可见，知识、思维、技巧和经验等可以决定民警在执法战斗中判断的准确程度。但长期地看，战斗的最终绩效还是取决于民警自身的心性特征。这是因为：尽管"知识、思维和经验"等有助于我们认知世界和认知战场，但它们还只是在较为表象的层面决定着我们的行动，而更深刻地更细微地自觉不自觉地支配和主宰着我们行动的是我们自己的心性。

很多民警认真钻研战术理论、探索战斗技巧、总结相关战斗规律，无疑，这些都是有益的。但从长远看，要提高战斗绩效，最根本的还是要持续不断地修炼自己的心性。战斗的宝藏不在书本上，战斗的宝藏不在别的什么高手那里，甚至，战斗的宝藏也不在战场中间，战斗的宝藏其实藏在我们自己的内在当中。战斗实践告诉我们，改变自己的内在，将最终提升我们的战斗绩效。

三、检查评比（10 分钟）

分组对抗演练结束后，各组对照反暴恐袭击模拟演练考核评分表自行打分。教师随机抽取其中一组，重新设定一种对抗情形，让该组展开模拟对抗演练，以检验训练效果。其余小组集合整队，坐在训练场一侧观看对抗演练情况。观看组要各派出一名代表对表演组的对抗演练情况进行点评。

四、小结讲评（5 分钟）

做好反暴恐袭击模拟演练要注意把握以下问题。

（一）靠情报预警防范

情报工作是国家安全工作和反恐处置的核心，组织第一，情报为先，没有情报就没有情报工作，没有情报工作就没有国家安全，也就没有反恐防范与处置工作。情报工作首要任务，在于先知先制、弭祸无形。《孙子兵法·用间篇》有云："相守数年，以争一日之胜，而爱爵禄百金，不知敌之情者，不仁之至也，非人之将也，非主之佐也，非胜之主也。故名君贤将，所以动而胜人，成功出于众者，先知也。"情报信息工作是反恐怖工作的关键，情报信息工作效率的高低，直接影响对恐怖事件的应对、防范与处置工作。只有及时、准确地搜集、储存、分析和传输相关情报信息，让有关反恐部门及时掌握恐怖活动组织和人员的动向，才能有针对性地采取积极有效的措施防范和应对恐怖袭击。国务委员、公安部部长赵克志同志在公安部直属机关传达学习2018年全国两会精神干部大会上强调："要坚持凡恐必打、露头就打，持续深化打击暴力恐怖活动专项斗争，始终保持高压威慑态势，切实做到反恐防恐措施不放松。"

情报信息预警是反恐怖斗争的核心和关键，情报工作的成败决定着反恐怖斗争的成败。如果没有及时准确的情报信息，反恐工作就会失去方向，陷于被动局面，恐怖活动组织与人员等敌对势力各种不安定因素就会发展蔓延，给国家安全和社会政治稳定造成严重危害。以美国FBI为例，为做到情报信息的下情上报，该局成立了由局长亲自领导的"超级工作组"，统领和协调重大恐怖事件的立案、调查和起诉工作。为使上情下达，FBI将其反恐预警网络系统的触角延伸至国内56个分局、90多个海外代表处，以确保反恐情报及时发送到相关部门，使部门间的协作更为有效。CIA的分析人员不仅经常与本局行动部、科技部派往海外的情报人员合作，且获得的情报量也比以往增多。FBI也加强了侦查办案部门与情报分析部门之间的协作。

情报信息基础不牢，反恐工作就会地动山摇。情报信息工作效率的高低，直接影响有关部门对恐怖事件的防范和应对处置的有效性。只有及时准确地搜集、储存、分析、传递、利用相关情报信息，强化对各类涉恐可疑人员动态侦控，增强涉恐情报搜集能力，提升涉恐情报信息综合研判水平，使有关部门及时掌握恐怖活动组织与人员的最新动向，提高对暴恐可疑活动的预知、预警能力，才能有针对性地采取积极有效的预防措施和应对处置恐怖袭击，才能最大限度地减少恐怖事件造成的社会影响。

（二）靠技战融合固基

所谓"技战融合"，就是技术与战术的紧密结合，旨在既可靠地保存自己又有效消灭敌人。"消灭敌人"需要技术，"保存自己"强调战术，"技战融合"既是反暴恐战斗目的的本质体现，也是实战化训练的基础工程。打牢"技战融合"之基，首先要懂技术。信息化武器装备陆续列装各警队，要求各级公安指挥员紧跟时代步伐，尽快驾驭现代反恐作战武器装备。不懂技术就难以落实实战化训练，不懂技术就不能指挥打仗，不懂技术就可能无谓牺牲。打牢"技战融合"之基，关键要有强度。可以说向训练时间要战斗力，提高训练效益，已成为制约提高能打胜仗能力的瓶颈问题之一。

（三）靠决策指挥升级

近年来，全国各地公安机关均把公安教育训练置于先导性、基础性、战略性地位予以推进。但是，各地警队的实战训练科目还主要是以武器警械使用、查缉战术、体能、技能四大模块为主，其中，决策、指挥训练所占的比例较少。决策、指挥是警务实战的中心环节和制胜关键。无论是指挥对抗训练还是模拟演练，都要坚持"面向实战、讲求实用、追求实效"的教育培训理念，把课堂搬到执法现场，把实战搬进课堂。不断探索、改进组训模式，积极推行专业化、小班化、精细化培训，大力推广研讨式、体验式、情景式和模拟对抗式训练方法。在训练过程中，必须始终将决策指挥训练放在首位，将训练组织指挥能力作为训练的重点。只有这样，才能实现从单纯的战术训练向综合性的决策指挥训练的升级，真正实现警队战斗力的实质性提升。

（四）靠制胜机理牵引

反恐战斗，信息主导成为制胜关键、体系对抗成为基本形态、精确作战成为主要形式、全域机动成为必备能力、网络空间成为崭新战场等制胜机理特征，给警队实战化训练基于的能力牵引提出新的挑战、新的要求。一是"战场态势"获取能力。战场情况瞬息万变，谁能抢先揭开"战场迷雾"谁就越有胜算，否则，"看不清"必然"打不赢"。传统的地面侦察方法，已难以满足作战行动需要，要采取空天侦察等多种手段及时准确获取战场态势。二是精确打击评估能力。精确作战，不光要靠武器，还要具备"侦、控、打、评"能力，形成闭合回路，才能确保精确打击效果。三是体系支撑作战能力。未来反恐作战不管规模大小，都要聚合各部门、多警种力量，在侦察情报、指挥控制、综合保障等多种力量的大体系支撑下行动。四是新型力量运用能力。特战、警用直升机、电抗、网战、无人机等新型作战力量，已成为作战制胜的"利剑"，要求公安各级指挥员都要掌握这些新型力量的战术运用。五是基于网络指挥能力。联合的核心是联网。在信息化条件下要彻底转变"面对面""肩并肩"的指挥方式，通过无形的"网"，将不同警种、不同层级的信息有机融合，就像"滴滴打车"，这边有需求，那边就有响应，真正实现联合作战的无形对接。

（五）靠红蓝对抗深化

当前，警务实战训练需在三个方面深化拓展。一是指挥对抗向谋略对抗深化。近年来，警队与公安院校依托网络展开红蓝指挥对抗训练，把指挥对抗训练推到一个新的高度。但由于采取自主对抗、"一仗打到底"的演练方式，给指挥员带来"重局部、轻整体"，"重技术、轻战术"等问题。指挥对抗训练的目的是提高指挥谋略水平，为此，要采取导调干预、分段演练方法，使指挥员由"谋一域"向"谋全局"转变；要开发警用指挥系统智能功能，就像高端智能电子游戏一样，使系统更好地支持人机对话；要不断完善各类行动模型设计，使指挥员临机决策被系统接受，实现指挥谋略的随机对抗。二是实兵交战向态势裁决拓展。目前，红蓝实兵对抗演习主要采取激光模拟交战、彩弹枪对抗模拟等"一仗打到底"的训练模式，与实战差距较大。因此，应以"态势对抗为主、激光（彩弹）对抗为辅"，并采取"分段导调、态势裁决"的方式，以实现既有利于最大限度地贴近实战演练，也有利于控制实弹安全。三是传统指挥向信息化指挥转化。现代警察执法行动，信息流导引指挥流，原有的层层报告、逐级研究、召开会议定下决心的传统决策指挥模式已经不合时宜。因此，要充分突出信息主导，切实加强多维、多域、多源情报信息的综合运用。各级指挥员必须善于依托先进、快捷、完善的信息系统，大力推进信息融合，强化对情报信息的连贯掌握和跟踪研判，形成综合情况判断结论和通用战场态势，整体筹划作战行动和协同、支援、保障行动，形成一体联动的联合指挥框架。例如，在"海王星之矛"行动中，美军击毙本·拉登表面上看是 24 名特战队员搭乘 2 架直升机作战，但整个行动得到了空天和航母等多方的情报信息支援。

第五章　公安警卫勤务指挥训练

警卫是指用武装力量进行警戒、防护和保卫。警卫勤务，是特定的机关和部门为本阶级的根本利益，依靠武装强制力和行政约束力，对确定的对象、目标和活动的安全进行保卫的一项专门业务。公安警卫勤务是公安警卫部门运用国家赋予的权利，防范和打击违法犯罪分子的袭击、破坏活动，协助有关部门维护警戒区域秩序，预防和处置各类突发事件、灾害事故，保卫警卫对象、警卫目标和重要会议、重大活动安全而实施的一项专门工作

公安部印发的《加强公安警卫基层基础建设的意见》明确指出，公安机关是执行警卫任务的主要力量，对确保警卫安全负有重大责任。公安警卫勤务的指导思想是“安全第一”。安全是第一要务，确保安全是警卫工作的生命线和根本目标。中办发〔1996〕9 号文件指出，“确保党和国家领导人、来访重要外宾的安全，事关全党全国工作的大局，是一项重大政治任务”。当前，国际形势在继续保持和平与发展两大主题的同时，暗流涌动，云波诡谲。西方反华势力不断加紧对我采取西化、分化策略，战略上围堵，安全上威胁，经济上遏制，思想上渗透，力图阻碍我改革开放、和平发展的进程，使国家“变色”。国内社会经济形势在总体向稳向好的同时，经济转型、社会转轨时期必然带来的各种利益诉求不断显现，“台独”“疆独”“藏独”及境内外暴力恐怖势力相互勾结，频繁制造麻烦，妄图破坏国家统一，颠覆我人民民主专政的政权，给警卫工作带来严峻的挑战。“警卫工作无小事。”警卫工作是一项政治性、政策性、保密性、业务性、综合性很强的专项工作。警卫工作性质特殊、任务艰巨、使命光荣、责任重大、敏感性强。警卫工作的成败，事关我党的执政地位巩固、国家安全和社会稳定，事关改革开放的成果，事关党和国家的政治形象、国际声誉和外交大局。

警卫工作按照“谁主管，谁负责”和属地管理的原则，由主管警卫部门组织实施。警卫工作的原则是“内紧外松”。概括地说，就是既要保持高度警惕，采取严密措施，又要形式自然，方法灵活。党的十八大后，中共中央政治局提出了《关于改进工作作风、密切联系群众的八项规定》(中发〔2012〕11 号)，以及中央办公厅、国务院办公厅《实施细则》(中办发〔2012〕30 号)，公安部印发了《关于进一步加强和改进中央领导同志路线警卫工作的意见》(公通字〔2013〕15 号)。以上文件明确要求，要改进警卫工作，坚持有利于联系群众的原则，减少交通管制，一般情况下不得封路、不清场、不闭馆、不扰民。目的就是要以更加亲民的行动转变作风，真正赢得群众的信任和拥护，不断提升人民群众的满意度。我国的国体和政体，决定了广大人民群众是我党的执政根基。改进警卫工作形式，公安警卫部门面临的任务和压力，不是轻了而是重了；责任不是小了而是大了；难度不是简单了而是复杂了；要求不是低了而是更高了。因此，要坚持安全保卫和政治保卫相结合的原则，用“软措施”替代“硬办法”，以警卫组织体系的精简优化来弥补强制手段弱化造成的安全空缺。

公安警卫勤务可分为住地警卫、现场警卫和路线警卫。按警卫规格可划分为一级加强警卫、一级警卫、二级警卫和三级警卫。按警卫圈的层次又可划分为近身随卫、内层警卫和外层警卫等。

公安警卫勤务指挥训练可分为警卫安全防控指挥训练和警卫应急处突训练两大类，又可继续细分如下。

一、警卫安全防控指挥训练

1. 预警侦察训练

(1)情报信息收集训练

(2)秘密侦察训练

(3)警卫基础调查训练

(4)情报分析研判训练

2. 安检训练

(1)防爆安检训练

(2)消防安检训练

(3)食品安检训练

(4)安检训练

(5)建筑物结构检查训练

(6)防窃密检查训练

3. 社会面控制训练

(1)群众工作训练

(2)交通疏导训练

(3)社会面巡逻防控训练

(4)重点人员管控训练

(5)社会心理干预训练

(6)网络舆情监控训练

4. 警戒控制训练

(1)警力防控部署训练

(2)警卫观察训练

(3)安防技术防控训练

(4)证件查验训练

(5)记者管理训练

(6)人群集散训练

5. 警卫指挥协调训练

(1)决策能力训练

(2)计划组织能力训练

(3)协同控制能力训练

二、警卫应急处突训练

1. 快速研判训练
(1)危险类型研判训练
(2)危险性质研判训练
(3)危险程度研判训练
2. 应急处置训练
(1)住地突发情况应急处置训练
(2)路线突发情况应急处置训练
(3)现场突发情况应急处置训练

科目一　《近身随卫应急处突演练》

实训指导书

Ⅰ　〔训练提要〕

一、训练科目

近身随卫应急处突演练。

二、训练内容

1. 对警卫现场地形的分析及风险评估预判；
2. 近身随卫应急处突决心及行动方案的制定；
3. 近身随卫勤务中的警力分工、行动部署、组织指挥及突发情况处置；
4. 护卫分队近身随卫应急处突行动中协同配合及默契训练；
5. 护卫分队近身随卫应急处突行动指挥训练法。

三、训练目的

1. 了解近身随卫应急处突的特点，熟知近身随卫应急处突的基本程序、步骤及要求；
2. 熟练掌握护卫分队近身随卫应急处突的主要战法，能灵活运用技战术快速高效地完成近身随卫应急处突任务，掌握近身随卫应急处突组织指挥和协同配合要领；
3. 通过训练切实提高公安基层指挥员警卫处突指挥水平和临战应变能力；
4. 掌握组织实施近身随卫应急处突指挥训练的方法，提升开展此类训练的组织领导能力。

四、训练重点、难点

(一)重点
护卫分队近身随卫应急处突部署及行动组织指挥。

(二)难点

护卫分队近身随卫应急处突行动中指挥默契训练和临战应变能力训练。

五、训练方法

理论提示、讲解演示、对抗演练、应变演练、检查验收、小结讲评。

六、训练要求

1. 严肃训练场纪律,遵守训练规范,一切行动听从指挥,做到令行禁止。

2. 严格训练、严格要求、严密组织。坚持练为战的方针,所有训练按实战的要求进行,保质保量完成实训任务;

3. 认真体会、掌握指挥要领和训练方法。刻苦训练,开动脑筋,积极思考,灵活应变,相互探讨,共同提高。

4. 安全第一,防控为先,机智灵活,力争主动。

七、训练考核评判标准

警卫处突对抗演练重在提升受训者的组织指挥能力和临场应变水平。同时,也要锻炼培养受训者学会组织实施指挥训练的程序、步骤和方法。因此,要注意合理搭配对抗双方人员、武器的数量,形成适当的比例,并适度强化“反方”的反抗能力,以“反方”行动牵引“正方”训练过程,保证训练效能不断得以提高。在考核评判过程中,可从安全理念、战术意识、法律意识、指挥决策、临场应变、训练方法及效果等方面进行全面衡量,力争做到以考促训。对近身随卫应急处突而言,首要环节是考察受训者对处突对象的敏锐观察及判明。能够在现场众多和复杂人群中快速准确地辨识出可能存在安全威胁的防范目标、处突对象,是处置工作的关键点。因此,要求训练过程中受训者必须准确口述出判断处突对象的理由,包括疑点的分析、怀疑的根据、经验的运用和直觉的推断等。这种预先鉴别、快速判明处突对象的能力通过反复训练和相互交流是可以提高的。

近身随卫应急处突演练具体考核评判标准详见表 5-1《近身随卫应急处突演练考核评分表》。

表 5-1 近身随卫应急处突演练考核评分表

项 目	评分标准	分 值	得 分
可疑对象观察甄别及风险评估(15%)	现场地形、社情、天候分析	5	
	可疑对象观察甄别及企图预判	5	
	警卫勤务风险评估	5	
警卫行动方案的制定(15%)	上级意图、警卫目的(口述表达清晰、完整)	6	
	警卫战术及谋略运用	3	
	警卫行动方案	6	

（续表）

项　目	评分标准	分　值	得　分
警力分工、战斗部署、战斗行动组织指挥及应变（40%）	根据任务、地形合理设置避难点	5	
	警卫行动部署、警力分工与协同配合	10	
	警卫指挥方式、手段	5	
	组织指挥效率及默契程度	5	
	处置战机把握，现场警戒及人、物的控制	5	
	警卫突发情况应急应变	10	
训练方式方法实施效果（30%）	训练方式、方法多样灵活，善于启发创新	10	
	训练纪律作风及训练效果	10	
	训练口令及训练组织指挥调度	10	

八、训练安排

（一）学时分配

本科目实训按照一个区队 50 名学生为基准，安排 2 个课时（90 分钟）。若参训人数有变动，可按实际情况酌情增减训练时数。

1. 准备活动（5 分钟）
2. 理论提示（10 分钟）
3. 对抗演练（25 分钟）
4. 应变演练（40 分钟）
5. 检查验收（5 分钟）
6. 小结讲评（5 分钟）

（二）场地器材

场地：操场跑道及操场附近路面。武器、警械、器材见表 5－2 所示。

表 5－2　武器、警械、器材表

名　称	数　量	单　位	备　注
警卫专用腰带（含手枪、伸缩警棍、手铐、手电筒等）	30	套	
警卫用便携式搜查工具箱	1	套	
对讲机	10	台	
匕首、菜刀、砖块、斧头	各 1	把	
汽油（小半碗，训练中用水替代）	300	毫升	
鸡蛋或西红柿（用小纸团替代）	20	个	
打火机	2	个	
急救包	6	个	

（续表）

名　称	数　量	单　位	备　注
防毒面具	15	个	
追踪器	2	个	
防爆毯	2	条	
防弹内衣	20	件	
便装上衣	10	件	
彩弹手枪	5	支	
特制警卫公文包(便携折叠可展开式防弹盾牌)	5	个	
红外热成像仪	1	架	
反狙击观察镜	1	付	
望远镜	5	付	
墨镜	5	付	
冲锋手枪	5	支	
五连发猎枪	2	支	
氧气袋	1	个	
便携阻车器	2	个	

(三)训练对象及人数

一个区队共50名学生，以区队为一个教学单位进行训练。学员接触和从事公安基层工作较少，实战经验不足。

(四)教官分工

主讲教官1名：负责编写训练大纲、计划、教案、实训指导书，组织训练。

助讲教官2名：负责布置检查场地、训练器材保障，配合示范，分组指导训练；担任训练现场指挥和导调人员；安排情况显示员；配合主讲教官教学并做好训练事故防范与处置等工作。

辅助教官2名(从学生中选出)：协助教官做好场地器材布置、保障，配合示范、训练。担任小教官指导学员训练。训练时根据教官安排担任情况显示员。

Ⅱ 〔训练进程〕

第一阶段：准备活动(5分钟)

一、学员区队长负责将队伍集合，清点人数并向教官报告，教官下达命令整理服装及装备，进行验枪。

二、教官宣布本次课的训练科目、提要、内容、目的任务、组织形式及要求。

三、情况显示员的选定及任务安排：由辅助教官担任，人数若不足时可继续抽调学员补充，并单独安排具体任务。

四、进行热身运动

集体跳绳：摇绳 2 人对面站立，手持 1 条长绳同时向 1 个方向摇动，其他同学排队依次连续从 1 摇绳人边跑向摇动的绳子并跳过，再从另 1 摇绳人身后绕过重复上动作，使整个跑动跳跃过程形成 1 个八字形。以跳跃成功次数多少排出名次，比赛时间为 5 分钟。如规定时间内跑跳过程中有人未能跳过，使摇绳中断，可继续比赛，但该次跳跃不计数。名次倒数前 10 名的同学每人做 20 下俯卧撑。

第二阶段：实施部分(85 分钟)

一、理论提示(10 分钟)

警卫战斗与纯军事战斗不同，它一般没有大规模的战斗场面，战斗以速战速决为主，作战方式也以“短兵相接”为主。除此之外，警卫战斗还有突发性、被动性和对抗性等特点。警卫处突是在袭击对象及目的等情况不甚清楚或不甚确切，需要及时搞清楚的条件下，为防止和控制突然发生的警卫突发事件，而依法采取的以防范和控制为主的一类战斗行动。通常情况下，我方处于明处，警卫人员只能是“漫无目的”地不得不经常处于高度紧张的被动戒备状态，以随时准备迎接突然而来的袭击。而袭击者则处于主动，既可以选择经过潜心研究、便于实施袭击、隐蔽和撤退的场所，又有充分的准备时间，有充裕的寻找、瞄准目标的时间；在经过密谋策划之后，他们可以决定采取最佳方式、利用最有效手段、选择最便利时机，给警卫对象以最大程度的打击或破坏。因此，警卫人员与袭击者在信息上呈现不对称性，警卫人员的防卫从时间上是被动的，从地理环境(敌暗我明)等诸多方面也是被动的。

要人警卫现场内外一般可部署三道防线进行控制：第一道为外围控制，由当地公安机关负责；第二道为现场警戒，由当地警卫部门负责；第三道为随卫，由主管警卫部门负责，当地警卫部门协助。近身随卫是最贴近警卫核心的最后一道防线，其安全可靠度直接决定警卫勤务的成败。因此，近身随卫应急处突必须遵循以下原则。

(一)确保安全原则

确保安全、万无一失是一切警卫勤务的根本指导思想，是处置各种警卫突发事件的重要原则。警卫人员在遇有突发事件时，必须迅速果断处置，首先保护警卫对象平安稳妥地撤离险境，绝不能为攻击和捕歼敌对分子而置警卫对象的安全于不顾。

安全是警卫工作的根本出发点和落脚点，古今中外，概莫能外。例如，对美国警卫来说，“安全至上”的理念在其警卫安保工作中体现到了极致。为了确保安全可以说是“不惜代价”“不择手段”。而对于不属于职责范围内的差事，警卫人员可以拒绝。

确保安全，最常用的是运用危险评估机制来做好警卫工作。警卫危险评估机制的核心内容就是根据危险程度确定警卫部署。它要求警卫形式尽可能与内容统一起来，从根本上减少因为形式张扬、树大招风带来的危险，减少因为讲礼遇、讲排场而忽略安全所带来的隐患；要充分体现“既要保证安全，又不脱离群众”的警卫工作方针，有利于进行科学、合理的警力部署，更重要的是这一机制可以提高警卫任务的安全系数；能使警力得以充分发挥，警卫形式也得到了很好的保证。可以说，根据危险评估结果确定相应的安全措施是最严密、最科学的，确定的警卫形式也是最合理的。

危险评估机制在警卫工作中的具体实施可分三个步骤，即危险识别、危险评估和危险控制。危险识别是危险评估和危险控制的前提；危险评估是危险控制的直接依据；危险控制是危险识别和危险评估的最终目的，也是警卫工作的核心。

1. 危险识别

危险识别是对警卫对象和任务环境等各个环节中存在的危险因素进行全面了解、掌握和认知的过程。透析世界各国"要人"警卫工作，由于来自警卫人员自身的威胁、警卫人员缺乏警卫意识、安检工作漏洞、泄密失密等而导致警卫工作失败的现象大量存在。从严格意义上来讲，这都是在危险识别环节对危险因素掌控不准造成的。

警卫工作中，危险因素主要有以下几大类。

(1)政治性危险因素

政治性危险因素是指敌对势力出于某种政治目的，将矛头指向警卫对象、警卫目标、重大会议等威胁警卫任务安全的破坏活动，当前主要有国际恐怖势力、民族分裂势力、宗教极端势力以及法轮功等邪教组织的破坏活动。

(2)社会性危险因素

社会性危险因素是指由于人民内部矛盾引发的威胁警卫任务安全的活动，如阻拦警卫车队上访告状、静坐示威以制造影响等。

(3)自然性危险因素

自然性危险因素是指自然环境、气候、交通等非人为性因素对任务构成的威胁，主要指风雪雷电、地震、山体滑坡等。

(4)行为性危险因素

行为性危险因素是指内部人员素质不高、政治敏锐性不足，责任担当欠缺、专业技术不精、临危处置不当等因素给警卫任务带来的危险，如驾驶员操作技术失误、执勤人员玩忽职守、现场检查马虎大意、指挥人员决策失误，等等。

2. 危险评估

危险评估是指对威胁任务安全的危险因素进行评价估算，确定其危害程度。有危险因素，并不等于就有现实危害，可能造成危害的程度也会有很大差异，这就需要警卫部门做出正确的评估。评估的过程，就是分析判断的过程。危险评估主要包括三方面内容：一是危险的可能性，即各种危险因素导致警卫安全事故的概率；二是危险的类型及可能的危险行为；三是发生警卫安全事故可能造成的危害程度、后果和影响的严重性。其中，对"要人"人身安全受威胁程度的评估，是危险评估的核心内容和第一要素。对危害程度的分析判断，是危险评估的中心环节，是警卫部署投入警力多少以及采取具体安全措施的重要依据。

对于危险程度，我们根据"危险程度＝某种危险事故发生的可能性×某种危险事故发生后的严重性"做出危险等级划分。

政治性危险因素是威胁警卫任务安全最为直接的，同时危害程度又是最严重的，是警卫工作防范的重中之重；社会性危险因素是由人民内部矛盾引起的，其目的并不是为了威胁“要人”的安全，只是想通过制造影响达到解决问题的目的，但如果处置不当，性质可能发生变化；自然性危险因素没有人为原因，但一旦发生，其危害性仍然不可小视；行为性危险因素因为是内部人员所犯的错误，也就是说最后一道屏障出了问题，这往往是致命的。

3. 危险控制

对各项危险因素，经过危险评估做出等级划分，并针对不同的危险等级，采取相应的处理措施，就是危险控制。危险控制的目的是控制危险，确保警卫对象安全。危险控制的基本原则是以防范为主。概括地讲，危险控制可以分为规避危险和消除危险两大类，也就是说要么避开，要么面对。规避危险指主动避开危险地区、危险时段、危险人物和危险事件的方法，比如，经危险评估，确定到某地视察为高危，如果取消该视察点，这种危险控制的方法就叫规避危险。消除危险是指采取种种措施以求消除、控制危险因素的方法，比如安全检查、政治审查、社会治安整顿、临危处置等。下面重点介绍最常见的安全检查。

安全检查是对警卫场所、路线可能存在的危险、隐患的彻底排查。除了消防安全检查、设备安全检查、食品安全检查以外，重要的是防爆安全检查。防爆安全检查主要是对警卫车辆、警卫路途重要地段、警卫现场建筑物与房间的检查，其中，对“要人”居留房间和乘坐车辆的搜查是防爆安全检查的重中之重。

(1)房间的搜查

房间的搜查通常分两步。第一步是声音的搜查。进入房间后，先听一听房间内有无任何不正常声音，然后逐一检查并打开所有电灯和开关进行检查。第二步是物品搜查。首先从相对的两个方向开始，检查地板和某一高度规定下的墙上物品，在房屋中间汇合；其次从房内一指定位置开始，搜查从刚才指定高度到房顶之间的墙面；最后是对天花板、换气通道、空调格栅、窗户上面部分等的搜查。

(2)汽车的搜查

汽车搜查的目的，就是发现恐怖分子(犯罪分子)设置的爆炸装置及其他危险物品。检查时以安检小组为单位实施作业，每组至少配备三人。安检小组成员分工和任务如下：一号安检员负责对车辆的机械部位，包括发动机舱、车辆仪表表盘、车上的电路等进行检查；二号安检员使用手电、炸药探测器材，对车内的物品、饰物进行检查；三号安检员使用窥镜、车底检查镜、车顶检查镜对车辆的油箱、车底、车顶、车轮缝隙等部位进行检查。检查顺序按照：外表直观检查—车前部分—车轮部分—车尾部分—车门—玻璃密封胶条—车内部—座椅—装饰物—音响设备—点烟器—点火器—天线座—油箱—线路—照明设备—发动汽车的顺序进行。

汽车搜查的方法通常有如下几个。

① 直观检查法(眼看)

用眼睛对车辆由里到外进行细致的观察，注意发现可疑物品及痕迹；汽车附近有无异物、废弃的包装物、铁丝、电线等；门窗及后备厢有无被撬痕迹；排气管有无堵塞物；车内有无可疑物(包括绳子、导线或装饰物品不相符)；是否有多余导线、天线与车上电器设备或电路相连。

② 触摸检查法(手摸)

通过手对物品外包装的感觉、接触来判断被检查物品是否有可疑之处。

③ 动物检查法(警犬)

利用搜爆犬对车辆进行检查。

④ 仪器检查法

利用仪器设备对车辆进行检查,如使用炸药探测器、窥镜系列、车底检查镜、电子听音器、密度仪等器材。

经上述方法检查后,如未发现可疑物(爆炸物),应将汽车发动1至2分钟,并将所有电器设备打开。如仍无问题,可确认汽车是安全的。

(二)力争主动原则

在机会均等的条件下,谁争得主动,谁就有更大可能地取得胜利。警卫防卫的被动性,决定了警卫人员及其警卫对象目标的危险性,但这并不等于警卫人员理所当然地束手就擒,而应在被动的局面下争取主动,后发制人,以最大可能地提高警卫安全的系数。警卫人员争取主动有一定的难度,如何克服困难,赢得战斗的主动权和现场的控制权,是警卫战术的核心问题。在处置警卫突发事件中,遵循力争主动原则,主要应做到以下几个方面。

1."情报为先"

"知彼知己,百战不殆。"保护要人最关键的措施在于事先掌握情报,能在刺客动手以前进行控制。因此,必须十分重视情报信息工作,通常是"警力未动、情报先行",将情报信息的搜集、处理和判研贯穿于警卫工作的始终。要善于利用准确的情报信息,争取先发制敌,将危险因素消灭在萌芽状态,使敌对犯罪分子失去主动袭击的机会。

2. 超前预判

"凡事预则立,不预则废。"在获取情报的基础上,要重视警卫勤务前的准备工作,做到超前准备,有备无患。一是派出先遣组与领导将要视察、访问的相应部门进行接洽,商谈有关安全事宜,提前数周到视察地与当地执法部门一起研究安保事宜,并事先进行周密的布置。二是进行定点勘察,凡是领导可能到的场所,先遣组都要进行详细的勘察,了解其位置、制高点、交通状况、人员密度等详细情况,绘制相关图表,并依据勘察结果,预想出"可能的危险情况",制定警卫方案,确定执勤人数及所使用的技术装备、医院和应急撤离的路线。此外,先遣组还要同当地的执法机关、消防、医疗救护、公共管理等部门的人员进行联系协调,明确各部门的分工。三是做好前站准备工作。在领导抵达活动现场前,要派出前站人员提前数小时到达现场进行准备,其主要任务是对活动现场的安全状况和警卫工作准备情况进行最后检查,确认无问题后,通知随卫人员安排警卫对象启程。在警卫车队行进期间,前站人员还要将现场的各种变化随时通知随卫人员,以便他们根据具体情况决定警卫对象是否更改行车路线以及下车地点。

3."以我为主"

所谓"以我为主",就是充分发挥警卫部门在安保工作中的主导权。警卫"以我为主"的工作理念,虽然在某种情况下,会违反一些国际惯例,在一定程度上给被访问国的安保工作带来一定的困难,但对于确保警卫对象安全有一定的积极意义。

4. 能走不打

《诚斋易传》:“盖战者,不必进,以退为进也。”也就是说,根据情况,以退为进,也是合乎正常用兵法则的。在警卫战术中,以退为进的理由更为充分。警卫工作的特点,决定了警卫人员与犯罪分子的战斗,不是“决斗”式地拼个你死我活,而应该是以确保警卫对象安全为出发点和落脚点。因此,战斗一旦打响,将警卫对象迅速撤离危险区域,就是最大的胜利。正如美国律师理查德·摩尔在《论暗杀》一文中所说:“警卫的职责是回避、逃脱,而不是制止。”能走不打,不可理解为丢盔卸甲地逃跑,而应该是果断迅速、有组织有次序地撤离。它主要包括以下三个方面的内容:首先是撤离的时间和顺序,取决于对方行动的性质、现场警卫指挥员的意图、己方的态势以及地形条件等;其次是巧妙地利用地形地物做掩体,并施以计谋欺骗对方,也是安全撤离的一个重要方面;第三是所谓警卫人员的职责“不是制止”,并不是说不可以开枪,恰恰相反,适当地还击、制止,充分发挥警卫的职能作用,是为了更好地安全撤离危险现场,只是不要恋战而已。因此,能走不打,可以是边走边掩蔽边打,如果有条件的话,也可以是只“走”不打。

5. 把握先机

用敏锐的观察力和非凡的洞察力,及时发现敌人,判明性质,争取先机制敌,如此,在时间抢先的同时,便给对方以心理的压力,使其因恐惧畏缩而放弃攻击或较多地出现失误,从而为最终战胜敌对分子创造条件。

6. 出其不意

无论采用何种战术,进行何种战术变换,都要以出其不意为出发点。如果一切都按部就班,被敌对分子摸出规律,则是异常危险的。从某种意义上来说,出其不意可以理解为迅速、秘密和打破规律性。出其不意并不是在战斗准备或战斗时达成的一次性行为,而是自始至终都要努力达成的一系列行为动作。战斗开始时达成的出其不意,可能会由于情况的变化而丧失,因此,既要最大限度地利用某次业已达到的出其不意的效果,又要争取在其他环节不断地创造一系列的出其不意。出其不意的原则要求警卫人员特别是警卫指挥员必须具备较高的战术修养,能够随时掌握敌对分子及其活动的强弱点,把握战机,果断巧妙地利用不断变化着的情况,创造性地探索在各种条件下保证实施出乎对方意料之外的行动方式。

7. 果断反击

争取主动的关键就在于抓住时机,果断反击。警卫战斗打响之后,通过积极、坚决、顽强而快速的反击,给敌对犯罪分子以重创,使其张皇失措,混乱不堪,意志沮丧,从而彻底粉碎其阴谋,为保证警卫安全创造条件。

(三)依法处置原则

警卫突发事件发生的原因极为复杂,其中既有人民内部矛盾又有敌我矛盾,有时两类不同性质的矛盾混杂一起,难以区分,如果处置不当,激化矛盾,将造成不良政治影响和严重后果。因此,必须区分性质,依法处置。一是正确区分和处理两类不同性质的矛盾;二是在处置突发事件中严格遵守和认真执行国家的法律法规;三是依法慎用警械、武器和强制措施。

《中华人民共和国警察法》和《中华人民共和国人民警察使用警械和武器条例》及有关法律法规,对使用警械、武器和强制措施做出了明确规定,为警卫人员提供了基本依据。法律存在的本义，就是让公务人员用以处理各种意外事件的。在警卫战斗中，警卫人员必须严格执行党的政策和国家的法律，正确运用法律赋予的权力，去同危害警卫安全的各种犯罪活动做斗争。依法处置的原则，将指导警卫人员的战术决策，使其在决定采取任何措施之前，都考虑到所有的法律因素，既防止敌对分子对警卫对象、警卫目标和重大活动的阴谋暗害和破坏，又尽量不侵害人民群众的合法权益；既正确区分和处理两类不同性质的矛盾，又严格掌握开枪时机，最大限度地限制使用武力。需要强调的是，警卫控制本身是一种程序控制，在处置突发事件的过程中，尽管时间紧迫，但也需要警卫人员遵守有关的法律规定，服从警卫指挥员的统一指挥，以达成协调一致的整体控制效果。

（四）整体作战原则

警卫工作中对突发事件的处置具有很强的战斗性，公安机关内部及社会各有关方面加强协调配合，实行整体作战十分重要。发生突发事件时，坚持整体作战的原则，必须做到：一是警卫部门内部各单位及警卫人员之间必须配合默契，形成具有战斗力的整体；二是公安机关内部参与警卫执勤的各警种、各部门之间要明确分工，加强协调配合，形成整体合力；三是要积极主动地争取社会各有关方面的支持与配合。有些在我国举行的重大国际活动和重要国际会议的警卫工作，还要从实际出发，加强国际间的相互合作，以争取工作的主动权。

（五）快速反应原则

“速则乘机，迟则生变。”反应迟钝无疑会坐失战机，而警卫工作战机的丧失会给敌对分子以可乘之机，并直接关系到警卫安全。因此，反应速度成为衡量警卫人员素质的一个重要方面，同时也成为警卫战术的重要组成部分。

1. 快速反应的性能指标

（1）快速心理反应—由意识到潜意识

人的反应首先是心理反应。当人体受到视觉、听觉、触觉的刺激之后，必然有一个感觉思维的过程，这一过程所用的时间越短，反应速度就会越快。理想的快速反应指标是，这一时间缩短为零。当然，这一理想标准在实践中是绝对不能实现的，警卫人员只能通过努力，最大限度地接近它。

心理学家认为，某些动作方式起初可以受意识的调节，但他们在成为习惯之后，便可能转化为无意识现象，即所谓的潜意识。这就是说，人的感觉、思维乃至做出反应的整个心理过程是可以缩短的，甚至可以达到不知不觉地、下意识地产生本能反应的程度。这种潜意识，对警卫战斗中有效保护警卫对象的安全具有积极的意义。当敌对分子行刺的刹那间，警卫人员做出不经思索、下意识地保护警卫对象安全的反应，是一个由意识到潜意识心理反应过程的升华，是快速心理反应的最佳可行性指标。

人的内心世界有一种本能，一种自我保护的自然倾向，如婴儿出生后就知道寻找母亲的乳汁，木棒当头击来时会下意识地用手保护自己的头部等。然而，警卫工作偏偏要求警卫人员在警卫对象遇到危险时，本能地抛弃自己的“自我保护本能”，置生死于度外，去保护另外一个人（警卫对象）的安全，这对一般人来说是不可思议的，也是难以做到的。但是从1981年美国总统里根遇刺时其警卫人员的反应来看，实现这一心理快速反应指标是有可能的。

当时，在射向总统的枪响后，特工丹尼斯·麦卡锡即冲到里根面前，用自己的身体挡住了射向总统的子弹。他在之后所写的《枪口下保卫总统》一文中说："枪响后，我的反应与其说是受意识的支配，不如说是出自职业的本能反应。"他的这一"出自职业本能的反应"，即已接近了快速反应的最佳心理性能指标。

(2)快速体能反应——零滞差

警卫人员经过心理思维过程、头脑中做出反应决定之后，接下来便是体能反应的问题了。由反应动作开始到反应动作的完成，我们且称之为"滞差时间"。滞差时间的长短同心理反应过程的长短一样，同样是标志着反应速度的一个性能指标。

一个人体能反应"滞差时间"的长短，除先天因素之外，还取决于后天的专业训练。比如说，同样是掏枪、据枪、击发的射击动作，接受过这方面训练的专业人员与没有接受过训练的人相比，其反应速度和命中率是大不相同的；同样是徒手制敌，接受过擒拿格斗训练的与没有接受过训练的相比，其制敌成功率、所用时间及反应效果也是不尽相同的，并且接受训练量的多少、面的宽窄以及强度的大小，反映在"滞差时间"上同样有所不同。因此，欲加快体能反应速度，必须加强专业训练，以提高动作的效力和熟练、协调能力。训练的内容应包括射击、驾驶、擒拿格斗、自救互救和专业器材的使用等多项内容。只有通过坚持不懈的强化训练，才能最大限度地缩短"滞差时间"，提高反应速度。

理想的"滞差时间"为零。当然，这是绝对不能实现的，但我们可以将其作为一个终极目标，通过奋斗努力去接近它。

心理反应过程的升华和体能反应滞差时间的缩短，是相辅相成的两个方面，二者密不可分。心理反应是体能反应的前奏，体能反应是心理反应的配合和完成。因此，必须是二者的有机结合，且又各自有所提高的反应，才是真正的快速反应。

2. 影响快速反应的因素

(1)主观因素

影响警卫人员快速反应能力的主观因素包括以下几个方面。

① 观察判断能力

警卫人员的心理反应过程，是由观察、分析、判断三个环节构成的。在警卫保卫对象过程中，观察的重点对象是危及"要人"安全的人、物、事件和自然灾害、责任事故等，这种观察在理论与实践上要求准确无误。警卫人员的观察判断力对于保证党和国家领导人、重要外宾、重大会议与活动的安全显得尤其重要。没有观察就没有判断，观察是判断的前提。观察是否敏锐、分析是否合理、判断是否准确、应对是否及时，都会直接影响到心理反应速度。而这些能力又与警卫人员的工作经验、生活阅历和政治、文化、业务素质等有着直接的关系，是通过警卫人员的自身努力可以得到提高的，具有主观性。

② 应激反应

意识决定行为，心理反应是动作反应的前提。警卫工作中的心理应激是指在警卫人员预想之外，出现的与警卫人员有一定利害关系的事件引起的警卫人员生理、心理和行为上的变化。当面临危险情境和紧急情况时，敏感程度、抗挫能力不同的警卫人员，会表现出截然不同的应激反应。一种是积极的应激反应，一种是消极的应激反应。积极的应激反应的主要表现为：临危不惧、急中生智、反应敏捷、行动迅速；能以超乎寻常的精力、智力观察判断情况；在关键时刻会爆发出体内的巨大潜能；勇敢果断地采取最稳妥、最有效的行动；进行快速应对与处置。消极应激反应则表现为：惊恐畏惧、手忙脚乱、毫无主见、迟钝被动；被突如其来的事件惊得“呆若木鸡”；头脑短路；认知能力降低；言行举止慌乱失措；处于难于应付紧急事件的低能甚至失能状态。因此，积极的应激反应对警卫人员快速处置突发事件来说非常关键。

③ 专业技术水平

警卫人员的专业技术水平，特别是自身动作的协调程度、使用武器装备的熟练准确程度等，是在发现危险、判断性质之后，能否果断处置的关键。它关系到体能反应的快慢，更具有主观性。

④ 心理承受能力

这也是影响反应速度的一个不可忽视的主观因素。敌对分子在袭击警卫对象时，不少是隐迹于人群之中，这就意味着警卫人员的反击，可能会危及过往的车辆、周围的人群，以及附近建筑物中的人们，更有可能伤害近在咫尺的警卫对象或其他警卫人员，从而给警卫人员带来可能会伤害无辜的顾虑。而即使是这种瞬间的顾虑，都会影响到反应的速度，以及造成处置时机的丧失。即使不是出于对上述因素的考虑，在警卫人员决定要开枪击毙对方时，也有可能不知不觉地推迟了反应动作的开始，这便是人的潜伏心理压力在作怪。正如美国警察学家罗纳德·亚当斯所说：“即使在生命危险的情况下，认为杀人不道德的观念仍使这些警察不使用武器。”这些心理压力，或表现为过分紧张，或表现为犹豫不决，以及出现战后后遗症等。

(2)客观因素

影响警卫人员反应速度的客观因素包括以下几个方面。

① 观察对象的易识别程度

尽管可疑迹象有许多可察之处，但威胁警卫安全的敌对分子及其犯罪行为，毕竟还有公开与秘密之分，有简单与复杂之分，这是警卫部门和警卫人员临战时所决定不了的。这些差异，客观地影响着警卫人员的观察、分析、判断所用的时间，进而影响到反应的速度。

② 警卫人员的先天条件

警卫人员的先天素质，如听力、视力和心理健康程度等，是其自身无法改变或难以改变的。因此，作为直接影响警卫人员反应速度的一个因素，也具有一定的客观性。

③ 警卫装备配备水平

警卫人员武器装备的现代化程度及其故障率，是临战警卫人员所改变不了的。落后的武器装备，会严重地影响到反应速度的提高。比如，在警卫人员决定开枪射击时，子弹却卡了壳；想脱离现场时，汽车的发动机却出了故障；欲同指挥中心联系，通讯机却达不到应有的功率等。

④ 战斗员反应意向与指挥员指挥意图的矛盾

这两个方面是由各自的主观意识决定的，但在实战反应中，二者不自然地发生矛盾，却是客观存在的。它直接影响着警卫战斗集体(警卫组)的整体反应效果和速度。

⑤ 环境因素

在反应过程中，警卫人员会受到诸多环境因素的影响。例如，地形地物等自然障碍，现场人群的密集程度、交通流量等非自然障碍等。这些客观因素都会直接或间接地对警卫人员的反应速度产生不同程度的影响。

应当说明的是，上述影响反应速度因素的客观性，又是通过警卫人员或警卫部门的超前努力可以克服的。比如，改进武器装备水平、提前熟悉现场的地形地物，加强配合演练等。即使是警卫人员的某些先天素质，如神经系统的灵活性等，通过后天的训练也不是不可以提高的。

3. 反应速度的提高

① 严格人员挑选

警卫人员的反应速度，在很大程度上受其先天条件的限制，如果天生就迟钝麻木，是如何训练也达不到应有的反应水准的。这就需要在挑选警卫人员时，就应考虑到他的可塑性，他的思维能力、心理健康水平、身体素质、文化程度和政治条件等。这也就是说，他必须热爱警卫工作，其神经系统的先天灵活性较好，具有接受警卫专业训练的身体素质基础。这是提高警卫人员反应速度的基础条件。

② 培养职业道德

如果警卫人员没有对公安警卫事业的忠诚和热爱，就不可能心甘情愿地敢于为保护警卫对象的安全贡献出自己的生命，更不可能谈到反应速度的提高。只有把"警卫对象的危险即是我的危险""警卫对象的生命即是我的生命"等思想，真正强化灌输到警卫人员自身的精神境界深处，才能做好接受艰苦训练的准备，才能做好随时为警卫对象牺牲的准备，才能在处置突发事件时，将心理反应过程自然前移，从而最大限度地提高反应速度。

③ 加强专业训练

警卫人员的反应速度，需要身体各个部位、各种机能的协调配合，不加强警卫专业训练，就会在反应过程中感到力不从心，并且没有经过训练的反应，只能是盲目的、手足无措的反应，反应再快，也可能是无效的甚至是有害的。除此之外，还应在执行任务时事事处处细心、留心，不断体会、琢磨，在实践中锻炼提高自己的能力。

我们强调反应速度，并不是说警卫人员可以鲁莽行事。分析判断中的深思熟虑与这一思维过程反应时间的缩短、体能反应的准确与及时，是辩证统一的关系。就此而言，深思熟虑和准确性，也是快速反应的有机组成部分。

(六)掌控媒体原则

公安警卫工作涉及面广、影响力大、头绪繁多，具有极强的社会属性和政治属性。为了确保安全，警卫措施必然对社会生活带来制约和不便。然而，党的宗旨要求警卫工作要改进警卫形式，降低对社会的影响。二者之间的矛盾使得警卫工作被推到社会舆论的风口浪尖。警卫人员是连接国家领导人和社会公众的桥梁和纽带，工作中所表现出的行为和态度会对警卫对象的政治声誉和警卫部门的良好形象造成影响。随着中国国际地位的提高，在我国举办的大型活动越来越多，加之首长调研视察及外宾来访越来越频繁，公安警卫安保任务日趋繁重。一些安保措施或多或少地会影响到人民群众的正常生活，警卫安保工作也成为媒体舆论关注的焦点。在新媒体时代，警卫工作相关负面舆论一旦被快速、广泛传播，不仅有损公安部门在公众中的形象，而且严重影响、破坏党和群众的血肉关系。

网络论坛、社交软件等新兴媒体具有普及广泛、通信便捷的特点，国家之间、地域之间、社群之间交流逐渐突破了时间、空间限制。网络舆论作为社会意识的表达方式，既可以成为促进社会文明进步的催化剂，也可能成为引发社会不和谐的动因。随着社会不断发展，法治建设取得重大突破，广大群众的法律意识、维权意识越发强烈，但守法意识并未同步发展进步，导致执法环境不佳。由于其工作性质的特殊性，警卫部门往往在治安、交通、公共设施占用等领域拥有优先权。警卫工作的服务对象与工作性质使其在公众视角下具有高度敏感性，很容易引起舆论关注。首先，国家公权力与个人私权利之间引发的民主、平等、法治等舆论焦点，一直都是民众热衷于讨论的话题。其次，社会问题、负面新闻更能够引起受众的关注和讨论，公安警卫工作极易成为别有用心者炒作的焦点。最后，新媒体具有互动性、快捷性、大众性、多元性特征，一旦发生负面新闻，就会在极短时间内广泛传播。从信息传播过程分析，负面舆论的产生无非出于两种原因：一是警卫执勤人员反应过激或警卫部门工作失误而引发公众关注；二是不怀好意者恶意炒作，编造虚假新闻抹黑国家领导人形象。

舆论宣传工作是公安警卫部门打赢警卫安保"人民战争"的重要战略举措。警卫舆论宣传工作的目的便是搭建警民互通互信桥梁，让受众了解公安警卫部门的工作性质，争取人民群众的理解、支持、配合。在警卫任务前期筹备阶段，特别是对于重大活动安保任务和外宾警卫任务，要有计划、有针对性地运用各种媒体进行宣传、公告。在坚守保密原则基础上，将警卫措施对于社会生活的影响进行提前公布，如封控交通路段、车辆限行时间、安检注意事项、低空禁飞范围等。这样做不但有利于人民群众预先规划自己的出行，大幅降低因警卫信息披露不足造成群众的误解与不满，而且能够减少社会管制活动的工作量，营造有序、稳定的安全态势，促进公安警卫工作顺利有序开展。要加大对网络舆情的监管力度。大力拓展新媒体宣传路径，充分利用微博、微信、网络论坛、手机新闻客户端等网络媒介开展宣传。当有负面舆论酝酿滋生时，警卫舆论宣传部门应当快速反应，争取舆论主动权，做好网络舆情引导工作，确保政治保卫阵地的安全。针对恶意歪曲事实对警卫工作和国家声誉产生不良影响的行为，警卫部门要协同公安机关相关部门，采取措施坚决予以打击。

(七)及时报告原则

警卫工作的特殊重要性和突发事件的复杂性，决定了警卫人员在处置各种突发事件时，必须严格坚持请示报告的原则。基本要求是：按照上级批准的预定方案，属于自己职权范围内的，先处置后报告；超越自己职权范围或情况严重的，只要时间允许，应先报告后处置；情况紧急来不及事先报告的，可边处置边报告；必要时，可越级报告。严格坚持请示报告的原则，并不是要求警卫人员机械地、死板地等待上级的指示和命令。突发事件发生具有突然性，处置具有紧迫性，在很多情况下，要靠警卫人员根据处置的基本原则，发挥主观能动性，以确保警卫安全。

上述原则都离不开一个前提，即绝对确保警卫安全。否则，如果不能保证警卫对象、警卫目标和重大活动的安全，任何原则、任何战术都是毫无意义的。

二、对抗演练(25 分钟)

[训练背景]　练为战，亘古不变之真理，练兵者皆知。然而，翻开古今中外战争的历史画卷，因训练与实战脱节而招致作战失败的例子却比比皆是。近几十年来，我国警卫工作还没有发生真正意义上的“战”，这在一定程度上使警卫人员在不知不觉中滋生了麻痹思想，使其对警卫实战越发陌生。但国外时常发生的政要遇刺事件却一次次敲响了警卫安全的警钟，为我国警卫人员了解警卫实战提供了启示和借鉴。

当前，我国正处于暴力恐怖活动的活跃期、人民内部矛盾的凸显期、刑事犯罪的高发期和治安责任事故与自然灾害的多发期。境内外恐怖组织相互勾连，对警卫安全构成直接威胁；由人民内部矛盾引发的群体性事件对警卫安全构成潜在威胁；刑事犯罪、治安责任事故和自然灾害也有可能威胁警卫对象的生命安全。因此，警卫安全的威胁既有可能是敌对分子多方式的阴谋暗害，也可能是群体性事件给警卫安全带来的风险，还可能是刑事犯罪、治安责任事故和自然灾害对警卫对象安全的伤害，等等。警卫实战就是防范和处置这些威胁安全的活动。而防范和处置这些安全威胁就需要警卫部队具有强大的安全防控力和应急处突力。其中，安全防控力是防患于未然的能力，是确保警卫对象安全所必需的“先手”能力；应急处突力是理患于已生的能力，是确保警卫对象安全所必需的“后手”能力。因此，本次警卫训练的重点就是“先手”和“后手”，做到两手抓，两手都要硬，确保万无一失。

[情景设定]　非洲某国家妇女代表团成员一行 5 人到福州市西湖公园参观游览。警卫对象徒步(公园内禁止机动车通行)行进路线详见图 5－1。受训区队共 50 人，5 名女生扮演警卫对象(妇女代表团成员一行 5 人)。5 名男生扮演袭击者，分别持有管制刀具、斧头、砖块、酒瓶、鸡蛋或西红柿(训练中，用硬纸团替代之)等。安排男生 35 人组成护卫分队，其中 8 人为近身随卫，1 人为现场指挥员，9 人、12 人分别为第二道现场警戒组、第一道外围控制

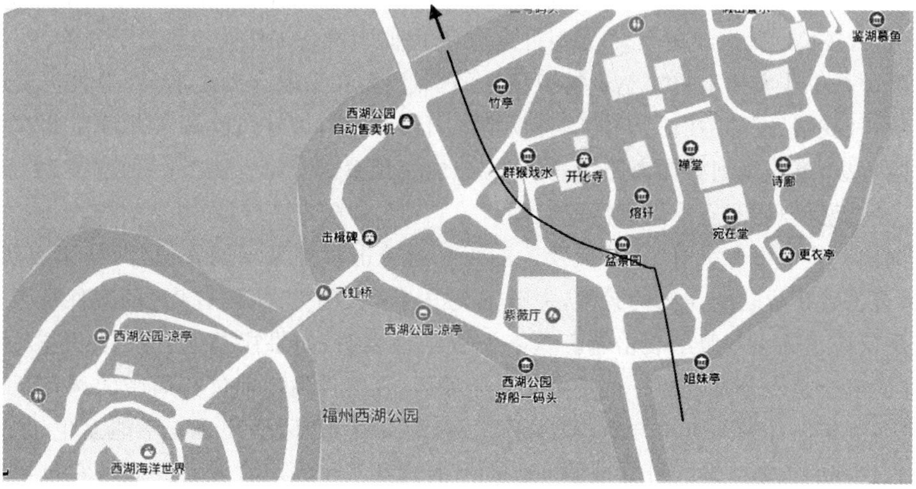

图 5－1　警卫对象行进路线图(图中曲线为行进路线，箭头为行进方向)

组，5人为机动增援组，构成一个完整的警卫方阵并成梯次分布，护卫警卫对象顺利安全抵达目的地。剩余的5名男生分别扮演围观群众。

护卫分队配备有5件可展开的公文包式便携防弹盾牌。袭击者随机分布于警卫对象途经的行进路线上。对抗规则：对付或处置每名持有攻击性凶器的袭击者时，护卫分队必须派出3名警察。若少于3名，则表示不能有效制服、控制袭击者（即对手还有继续攻击或伤害警卫对象的可能）。只要有1名袭击者冲入核心警卫圈则表示此次警卫任务失败。若警卫对象被歹徒伤害或劫持，则为重大失败。

（一）情报分析与风险评估

训练由一名助讲教官担任现场指挥员进行组织。助讲教官（可酌情选定学员参与）在近身随卫应急处突行动前，对案情并结合现场行进路线及周边环境情况进行勘察分析，展开风险评估，预判可能发生的危险，以便在突遭近程或远程的射击、刀具、手榴弹等袭击的紧急时刻，利用身体为"要人"阻挡子弹、弹片、石块、利刃、拳头及阻挠破坏，掩护"要人"免遭杀伤性物体或犯罪嫌疑人的袭击。

风险评估的主要依据是警卫对象在国际上的影响力、其国内社会、民族矛盾的复杂程度、当地当时的社会治安状况、恐怖袭击分子针对警卫对象的活动情况、警卫对象活动现场的复杂程度等。对威胁应做的了解、评估和预判包括调查警卫对象所面临的危险属于哪种类型、来自什么人、采取什么方式、可能造成的后果是什么等。一般来说首长和公众人物所受到的威胁在性质上是不同的，威胁、恐吓可能由于仇恨、财富，或者是地缘政治关系等等引起。通常按照保卫对象受威胁的程度来划分风险等级。可以把警卫对象按照受威胁程度分为6个等级：最高危险、高危险、明确危险、中等危险、低危险、无危险。

《孙子兵法》中突出强调："善战者先胜而后求战。"先胜者，未战之前，已见胜负也；求先胜，是一种深远的预先谋划和充分准备，只能从警卫行动之前的准备阶段来思考。《虎钤经》中同样讲："善用兵者，防乱于未乱，备急于未急。"无数事实告诉我们，现代警卫勤务与其说是处置警卫突发情况时的"瞬间释放"，不是如说是敌我双方充分的"超前准备"的内在比拼；同敌人争速度于明天，漫长的跑道却在今天；警卫处突愈趋于速决，准备工作就应愈趋于完善。

风险评估工作实质上贯穿整个警卫任务的全过程，在采取行动之前，警卫人员要通过分析掌握敌情、我情、友邻、社情、天候等各项情况，预判形势，做好风险评估并确定此次护卫行动的风险等级，事先规划好撤离路线，做好应急应变预案。

（二）制定近身随卫应急处突行动方案

德国的一位刑事专家对80年代发生的100起袭击事件做了调查统计，结果表明，90%的案件，袭击者是成功的；8%的案件，失败于袭击者个人的失误；仅有2%的案件是因近距离警卫人员反应正确而制服了袭击者。这一调查结果表明，如果让警卫对象真正进入危险环境，生存的机会是十分有限的。正是由于这个原因，在案件发生前进行周密的调查及正确的判断，进而制定出详细的应对方案，给敌手造成无法下手的环境，使袭击不能发生，是安全警卫中不容忽视的重要一环。针对威胁所做的所有这些工作，称为"威胁处理"，它包括事前为应付威胁而做的准备工作和警卫所采取的最佳战术选择这两项内容。

警卫安保措施要根据风险评估的结果来制定。在实际警卫勤务中，要有针对性地部署警卫力量、采取相应的恰如其分的应对举措。在本案中，现场指挥员要结合公园内道路人流情况和现场地形，制定出近身随卫应急处突行动方案及备用方案(应变预案)。行动方案是对事前判明的危险情况做出正确的应对计划，是在对活动地区的环境进行侦察，判明危险性质的基础上拟定的书面计划，它包括各种细节。以路线警卫工作为例，以往遇有拦车上访或制造混乱伺机适时破坏活动，大多是解了车队行进的常规路线从而实施的，这也跟我国实施路线警卫工作不易保密的实际是密不可分的。这就要求各单位在制定具体实施计划时，一是要确定主要路线和备用路线的替换。最佳路线是能够直接、快速行至预定目的地的路线，对沿途可能存在危险的地区，要给予特别考虑。二是要对危险的路段充分考虑，进行严密的控制，如隧道(在伏击时隧道两端最容易被堵死)、急转弯、停车路灯和路上施工区(这些会使卫队车辆暴露在伏击者面前)，有制高点(如高地或高大建筑物)的地方，道路附近是森林地区或是丘陵地带也是危险的。三是要对在沿途建立的“避难所”或“急救院”的位置和路线本身的变化以及行进时间等，都要给予重视。总而言之，方案要画出将要前往的路线、列出任务时间表、明确每个卫队成员的任务及其范围、标示潜在的危险地区和规定应付紧急情况的基本策略。

(三)警力分工及战斗部署

现场指挥员依照近身随卫应急处突行动方案的要求，根据嫌疑人情况、现场态势、随卫队员的个人情况和特长，进行科学合理的分组、分工：近身随卫组 8 人(负责挡护、撤离、火力压制等)、现场指挥员 1 人、现场警戒组 9 人、外围控制组 12 人和机动增援组 5 人。

明确具体职责、任务后，现场指挥员进行战前部署与检查，整理装备、验枪，检查调试通信器材，统一频道，对表。

(四)处突行动组织指挥

1. 护卫分队就位

依照近身随卫应急处突方案，护卫分队根据现场地形情况和战术要求，立即排好近身随卫应急处突战斗队形并在预定区域就位。

在最高危险的安保工作中，现场保卫强调随卫的作用。随卫队型是：

随卫 6 号　随卫 5 号
随卫 4 号　随卫 3 号
要　人
救护随卫 2 号　贴身随卫 1 号
随卫 8 号　随卫 7 号
现场指挥员

现场随卫人员要明确各自分工与职责。在遇有袭击事件时，各司其职，密切配合，在尽量短的时间内做出正确的反应，安全撤离现场。贴身随卫 1 号全力负责首长安全，2 号随卫为专门进行医疗救护的随卫，3 号随卫负责挡护来自各方向的可能危险，4 号随卫负责打通撤退的通道，5 号随卫负责实施火力压制等，现场指挥官位于整个队形的后面，一般是护卫分队执行任务的最高领导，负责观察判断现场情况，下达命令，组织、指挥、协调整个现场的应急处突行动。

2. 其他人员就位

情况显示员、围观群众等进入预定位置待命。

3. 行动组织实施

(1)指挥护卫分队按预定路线行进

现场指挥员组织护卫分队按预定路线徒步行进。在行进过程中,外围控制组的便衣警卫人员应注意观察,及时发现、甄别可疑情况和嫌疑对象,做好事前防范。

(2)突发情况处置

一旦出现袭击、冲击等威胁警卫对象的突发事件,现场指挥员应及时启动应急处置预案,迅速反应,有序指挥,高效处置,确保警卫对象安全。

(五)战斗结束后的工作

1. 清点人员、武器、器材,救护伤员;

2. 现场调查取证,收集固定证据;

3. 清理现场,移交撤离。

三、应变演练(40 分钟)

近身随卫应急处突通常是敌暗我明、情况紧急、对抗激烈的突发遭遇战斗。战斗过程中,各种危险、紧张、复杂的局面、困难直至生死考验,将对公安警卫人员的心理产生强烈的冲击和影响。如果没有充分的心理准备和扎实有效的实战化训练,一旦实战中出现险情、危局,警卫人员就容易出现反应失衡、失常,导致感知迟钝、情绪慌张、自控能力减弱等现象,甚至不知所措而失去处置能力,造成难以估量的严重后果和不可挽回的损失。应变演练主要是考验现场指挥员的临场机动灵活性及近身随卫的随机应变本领,提高警卫分队应对警卫突发事件的瞬间决断能力和快速反应能力。假想应变情况的设定应尽量做到复杂多样、意想不到、突如其来、快速多变,以危局、险局、僵局来锻炼受训者的心理素质和抗挫能力。

应变演练可通过逐步升级案情的复杂程度、难度系数、对抗性和危险度,来提高训练难度、强度和险度,增强训练效果。

在应变演练中,警卫人员必须迅速判明事件性质,不能盲目处置,也不能不予理会,要适场合、适情况采用最妥善的处置方式、正确的战术和保卫措施。这时的快速有效处置,不仅能确保首长人身安全,也能在全世界面前展示出大国风度,从而更好地维护我国的国家尊严。

(一)情况一

护卫分队徒步行进至公园盆景园附近时,隐藏在盆景园中的 5 名袭击者突然冲出,近距离(5 米左右)向警卫对象投掷鸡蛋和西红柿,并高声呼喊口号,企图煽动现场不明真相群众,乘机制造混乱。现场有 5 名不明身份的游客也蠢蠢欲动,不断向核心警卫圈靠近。

(二)情况二

护卫分队徒步行进至公园群猴戏水景观处时,从周边隐蔽处突然冲出 5 名袭击者,分别持刀、斧、酒瓶、砖块和小半碗汽油(手中持有打火机)向护卫分队接近,企图攻击警卫对象。其中持有小半碗汽油的袭击者将汽油泼向核心警卫圈,并准备用打火机点火。

(三)情况三

当护卫分队徒步行进至公园自动售卖机附近准备上桥时，从周边隐蔽处突然冲出 4 名手持辣椒喷剂的袭击者，向护卫分队喷射辣椒水，导致现场一片混乱。4 名袭击者乘机冲入护卫方队内，企图伤害警卫对象。正当近身随卫掩护警卫对象转移时，1 名事先躲藏在暗处的袭击者手持匕首，趁警卫队员都将注意力集中在对付 4 名手持辣椒喷剂的袭击者的间隙，从不引人注意的方位突然快速切入护卫方阵中，企图劫持警卫对象。因为警卫对象为黑人友人，肤色在人群中较为凸显，容易辨别。

(四)情况四

当近身随卫组掩护 5 名警卫对象，在现场警戒组和外围控制组的帮助下，好不容易刚撤离到事先设立在公园某处的应急避难点休息时，突然从暗处冲出 2 名枪手，持五连发猎枪向警卫对象开枪射击。

应变及处置有以下几种情况。

1. 近距离袭击时

嫌疑人的近距离攻击可能会使用棍棒、刀具、手枪等，一旦警卫人员发现情况不对，应立即呼喊袭击方式和方位，如“两点钟方向有枪”。下一步的行动计划取决于警卫人员当时所在的位置，如果正好处在“要人”与危险之间，那么警卫人员要前去迎战；如果“要人”在警卫人员与危险之间，那么就要决定是帮助“要人”安全撤离，还是与同伴一起与罪犯战斗；在此种情况下，警卫人员要审时度势，灵活果断，根据现场的具体情况和环境采用正确的应对措施，实施安全的贴身掩护战术来确保万无一失。

警卫人员施展掩护动作时，应具备良好的防护性、猛烈的侵略性和足够的威慑力，并造出声势，这样，有利于分散袭击者的注意力，使袭击者转移目标，把攻击重点放在警卫人员身上，便于“要人”尽快撤离。

2. 远距离攻击时

遇到远距离攻击，最好是利用警卫人员身体为“要人”撤离提供全方位、全屏蔽的掩护。由于袭击者距离较远，任何试图与他们战斗的想法都是徒劳的。所以，必须把精力和重点放在如何加强掩护并迅速撤离，使“要人”安全、快捷地离开危险区域。有些远距离攻击，如手榴弹、迫击炮等需要警卫人员和“要人”原地卧倒，如果没有天然的掩体，就得趴在“要人”身上提供身体掩护。在掩护时，警卫人员要把自己的身体置于危险和“要人”之间，保护“要人”的头部和重要器官，这个动作必须瞬间下意识完成且成为本能。在训练中，警卫人员必须从各种位置练习身体掩护动作，包括行走、驾驶、坐下时的各个方向，在实施身体掩护时，警卫人员必须用一只手挽着“要人”，其他警卫人员也要紧随身旁，一旦“要人”没有被抓牢，其他队员要立刻挽住“要人”。遇到危险时，“要人”体内已经分泌出大量肾上腺素，在应战或撤离的过程中，其大脑大多已处于屏蔽状态，警卫人员要学会如何在这种情况下与“要人”沟通，通过肢体和语言控制住“要人”，以便能以最快的速度撤离。在平时训练时，必须考虑到各种可能遇到的最坏情况，包括在没有“要人”配合的情况下如何撤离，以确保其不会阻碍团队的撤离行动。

在撤离过程中，指挥员要加强同指挥中心联系，及时通报下列情况：突发事件发生时间及地点、伤亡损失情况(包括“要人”是否受伤及程度、警卫人员伤亡情况、装备及交通工具遭破坏程度等)、准备前往的目的地及是否需联系医疗救护单位、准备采用或已采用的路线、现场仍存在的危险及其程度等。在通报情况时,应注意使用密语,否则"要人"可能面临新的危险。

在撤离的过程中又遇到突发状况时,警卫人员应沉着冷静并保持好护卫队形,指挥员应立即派出机动警力前出处置,尽快化解风险,转危为安。

四、检查验收(5 分钟)

每种突发情况应急处置演练完毕及时讨论和讲评。

1. 由嫌疑人讲出所见学员的优点和缺点;

2. 由学员自己讲出优点和不足;

3. 由主训教官对受训人员逐一讲评,并提出总体或个别建议。

五、小结讲评(5 分钟)

(一)清理检查训练装备、器材

(二)集中讲评整个训练情况

当前各种复杂因素不断增多,风险隐患日益突出,公安警卫工作进入高风险期,面临的压力和挑战前所未有,主要表现在暴力恐怖威胁、敌对势力捣乱破坏、群体性事件、非正常上访、严重暴力犯罪、个人极端暴力犯罪、公共安全、新科技、失泄密、媒体网络炒作等方面。因此,在警卫勤务应急处突方面,要把"防暴力袭击、防人体炸弹、防投掷爆炸物品、防驾车冲撞警卫车队"作为当前警卫工作的防范重点,同时,也是我们的训练重点。

在近身随卫应急处突演练中,必须注意解决好以下问题。

1. 明确分工,注重战术协同,是做好近身随卫的重要环节之一

三层防线职责不明、界限不清的直接后果,就是会导致二层防线作用发挥不大,与一层防线距离过近,警卫对象周围人群拥堵,"停下来一大片,走起来一大串",而一些关键部位没有提前控制或无人控制,无法形成有力的外层防线进行拦阻。因此,解决这一问题的关键在于第三层防线人员要提前深入到周边人群之中,增强警卫控制的辐射力和渗透力,以便及时察觉可疑人员的异常举动,捕捉其蛛丝马迹,成为灵敏的"触角"和处突的先锋,力争早发现、早处置。同时,核心区域的随卫人员要将注意力放在发现异常举动、捕捉可疑人员和情况上,始终保持高度的警觉性,以警卫对象为中心,及时卡位,互相照应,始终保持一个严密的护卫圈。另外,要有科学周密的现场警力部署。现场警卫必须始终坚持专门工作与群众路线相结合、武装警卫与便衣警卫相结合、固定哨与游动哨相结合、公开管理与秘密控制相结合的工作方针。现场警卫部署不能过早,着装警力、警车不能过多,过早过多都会暴露警卫意图;部署顺序应按便衣警力、着装警力依序进行,便衣警力要提前,着装警力要适时,必要的着装民警要散布在直接面对群众的出入口、制高点等关键部位。

2. 采用适时的"干预战术",有效果断处置,快速撤离

除袭击之外,暴徒对警卫对象的围攻、辱骂、威胁、诽谤也许更为常见,在这种情况下,应由随卫的一名队员充当"战术干预",把暴徒的注意力吸引过来,其他队员则快速引导警卫对

象离去。特别值得提出的是，充当干预的队员绝不能在争斗或辩论中停止行进，如果他受到攻击，就应使用为此目的而专门设计的特种技术，但绝不能放慢行进速度。当整个随卫组受到袭击时，其任务焦点是让被保护者迅速撤离，如果发生开枪袭击，为了尽快地制止冲突，应快速有效地对袭击者开火，以减少警卫对象和旁观者的危险。

紧急情况下撤离危险现场要考虑两个问题。一是脱险方向的选择。做出撤离危险现场决定后，首先应选择好撤离方向。方向选择应着重关注的是：该方向能否安全脱离；前方会不会有更大危险；能否安全到达目的地等。二是撤离目的地的确定。目的地的确定应优先思量目的地的安全状况，到达目的地的可行性、目的地的附属设施（如医疗救护单位等级及救护能力）、取得当地军警及警卫机动力量援助的可能性等几个方面。

3. 保持有效的处置距离，采取适合情况的行进速度

随卫战术对被保护人的安全具有非常重要的作用。成功的警卫战术取决于在保护对象周围形成正确编队以及同保护对象间保持正确的距离。这样，随卫就能对袭击者的任何动作做出反应。其次是速度问题，不管是步行还是乘车警卫，快速行进都是极其重要的，原因之一是，活动的身体目标较难击中，其次是活动目标可以自然地通过掩蔽物的入口与出口，如树林与建筑物这类，一个袭击者在这种情况下会处于非常紧迫的境地，他要么开枪射击，但这种状况下的袭击极有可能失败，要么不得不等待另一次机会。

（三）布置课后练习，宣布下次课的内容及所需装具

（四）将学员交由学员队队长带回，清理训练现场，归还训练装备和器材

科目二　《现场警卫勤务指挥训练》

实训指导书

Ⅰ　〔训练提要〕

一、训练科目

现场警卫勤务指挥训练。

二、训练内容

1. 对警卫现场地形环境的分析及风险评估预判；
2. 现场警卫行动方案的制定；
3. 现场警卫勤务中的警力分工、行动部署、组织指挥及突发情况处置；
4. 现场警卫行动中协同配合及默契训练；
5. 现场警卫勤务指挥训练法。

三、训练目的

1. 了解现场警卫勤务的特点，熟知现场警卫勤务的基本程序、步骤及要求；

2. 熟练掌握现场警卫勤务的主要方法，能灵活运用现场警卫技战术快速高效地完成现场警卫勤务任务；

3. 掌握现场警卫勤务组织指挥和协同配合要领，通过训练切实提高指挥员警卫处突指挥水平和临战应变能力；

4. 掌握组织实施现场警卫勤务指挥训练的方法，提升开展此类训练的组织领导能力。

四、训练重点、难点

（一）重点

现场警卫勤务部署及行动组织指挥。

（二）难点

现场警卫勤务行动中指挥默契训练和临战应变能力训练。

五、训练方法

理论提示、讲解演示、分组训练、应变训练、检查验收、小结讲评。

六、训练要求

1. 严肃训练场纪律，遵守训练规范，一切行动听从指挥，做到令行禁止。

2. 严格训练、严格要求、严密组织。坚持练为战的方针，所有训练按实战的要求进行，保质保量完成实训任务。

3. 认真体会、掌握指挥要领和训练方法。刻苦训练，开动脑筋，积极思考，灵活应变，相互探讨，共同提高。

4. 安全第一，防控为先，机智灵活，力争主动。

七、训练考核评判标准

现场警卫勤务指挥训练重在提升受训者的组织指挥能力和临场应变水平。同时，也要锻炼培养受训者学会组织实施指挥训练的程序、步骤和方法。因此，在考核评判过程中，可从确保安全、战术意识、法律意识、指挥决策、临场应变、训练方法及效果等方面进行全面衡量，力争做到以考促训。现场警卫勤务指挥训练具体考核评判标准详见表 5－3《现场警卫勤务指挥训练考核评分表》。

表 5－3　现场警卫勤务指挥训练考核评分表

项　目	评分标准	分　值	得　分
可疑对象观察甄别及风险评估（15％）	警卫现场地形、社情、天候分析	5	
	可疑对象观察甄别及企图预判	5	
	警卫勤务风险评估	5	
警卫行动方案的制定（15％）	上级意图、警卫目的（口述表达清晰、完整）	6	
	警卫战术及谋略运用	3	
	警卫行动方案	6	

（续表）

项　目	评分标准	分　值	得　分
警力分工、战斗部署、战斗行动组织指挥及应变（40%）	根据任务、地形合理设置避难点	5	
	警卫行动部署、警力分工与协同配合	10	
	警卫指挥方式、手段	5	
	组织指挥效率及默契程度	5	
	处置战机把握，现场警戒及人、物的控制	5	
	警卫突发情况应急应变	10	
训练方式方法实施效果（30%）	训练方式、方法多样灵活，善于启发创新	10	
	训练纪律作风及训练效果	10	
	训练口令及训练组织指挥调度	10	

八、训练安排

（一）学时分配

本科目实训按照一个区队 50 名学生为基准，安排 2 个课时（90 分钟）。若参训人数有变动，可按实际情况酌情增减训练时数。

1. 准备活动（5 分钟）
2. 理论提示（5 分钟）
3. 分组训练（30 分钟）
4. 应变训练（35 分钟）
5. 检查验收（10 分钟）
6. 小结讲评（5 分钟）

（二）场地器材

场地：战术训练场。武器、警械、器材见表 5 - 4 所示。

表 5 - 4　武器、警械、器材表

名　称	数　量	单　位	备　注
警卫专用腰带（含手枪、伸缩警棍、手铐、手电筒等）	30	套	
警卫用便携式搜查工具箱	1	套	
对讲机	10	台	
匕首、菜刀、砖块、斧头	各 1	把	
鸡蛋或西红柿（用小纸团替代）	20	个	
急救包	6	个	
防毒面具	5	个	
追踪器	2	个	

（续表）

名　称	数　量	单　位	备　注
防爆毯	2	条	
防弹内衣	10	件	
便装上衣	10	件	
彩弹手枪	5	支	
特制警卫公文包（便携折叠可展开式防弹盾牌）	10	个	
红外成像仪	1	个	
反狙击观察镜	1	付	
望远镜	5	付	
墨镜	5	付	
冲锋手枪	5	支	
五连发猎枪	2	支	
氧气袋	1	个	
便携阻车器	1	个	

（三）训练对象及人数

一个区队共50名学生，以区队为一个教学单位进行训练。学员接触和从事公安基层工作较少，实战经验不足。

（四）教官分工

主讲教官1名：负责编写训练大纲、计划、教案、实训指导书，组织训练。

助讲教官2名：负责布置检查场地、训练器材保障，配合示范，分组指导训练；担任训练现场指挥和导调人员；安排情况显示员；配合主讲教官教学并做好训练事故防范与处置等工作。

辅助教官2名（从学生中选出）：协助教官做好场地器材布置、保障，配合示范、训练；担任小教官指导学员训练；训练时根据教官安排担任情况显示员。

Ⅱ　〔训练进程〕

第一阶段：准备活动（5分钟）

一、学员区队长负责将队伍集合，清点人数并向教官报告，教官下达命令整理服装及装备，进行验枪。

二、教官宣布本次课的训练科目、提要、内容、目的任务、组织形式及要求。

三、情况显示员的选定及任务安排：由辅助教官担任，人数若不足时可继续抽调学员补充，并单独安排具体任务。

四、进行热身运动

拉网捕鱼：场地为小足球场。50 名学生分为 4 个组，每组 12～13 人。第一组充当小鱼，随机散布于小足球场中。第二组学生手拉手连成渔网，捕捉小鱼。时间为 5 分钟。第三、四组随后按上述方法展开活动。活动结束后，捕鱼多的小组获胜。落后的小组每人做 20 下俯卧撑。

第二阶段：实施部分(85 分钟)

一、理论提示(15 分钟)

现场警卫作为一种相对静止的工作时态，具有静中有动，动中有静的特点(如现场中首长行进路线)。针对这一特点，在具体勤务中，要重点抓好以下工作。

(一)分区管控，以外保内

应坚持情报牵引、诸警联动、各方协同的“大警卫”格局和“四区为主、分区管控”(核心区、警戒区、控制区、疏导区)的工作思路，多警各司其职、严密“四道防线”，先期“净化环境”。加强要害部位和外围社会面控制，加强交通指挥和车辆看护。特别是应将主要警力、防范措施投向控制区范围，尽力减少核心区警力投入量，避免“人海战术”、警力扎堆，将可能的危险因素消除在警戒区域以外。

(二)事前控制，合理调控

现场警卫必须重视和加强处于首要环节和重要地位的情报信息工作。警卫部门应在平时的工作中注意构筑情报信息网络，疏通情报信息渠道，建立健全情报信息的搜集反馈机制，使情报信息搜集达到灵敏、准确、及时的要求。警卫部门应当搜集掌握的情报信息主要包括国内外敌对势力、敌对分子针对警卫对象、警卫目标和重大活动的行动破坏动向，重点控制对象的活动情况，社会不满分子可能报复社会、危及警卫安全的情况，以及警卫任务涉及区域的社会治安情况，警卫住地、路线和现场的现实情况，群体上访事件的苗头及动态等。

加强事前控制，将警卫重点前移，有利于在确保安全的前提下，减少对城市交通和群众生活的影响。例如，对公共游览场所，一般不清场、不闭馆，特殊情况可采取临时控制游览人数和局部清场、分段管制等措施。对警卫对象上下车点、复杂场所的活动现场，要严密近身护卫圈，必要时可形成“真空”。针对警卫任务涉及的游客集中、人员流动较大的旅游风景区、场点，要搞好警卫安全顶层设计，组织协调旅游区管理机构，发挥警卫安全员、信息员的作用，采取“滴水式”控制模式，合理调控现场人群的流量，做到外观平缓，化解矛盾。

(三)精细管理，各有侧重

在执行现场警卫任务前，警卫部门应组织勘查现场，目的是让警卫人员熟悉情况，为遇有突发事件时快速反应，妥善处置奠定基础。既要组织勘查警卫住地、路线和现场，也要勘查已确定的紧急避险点、机动力量隐蔽点、应急救护医院和备用路线。紧急避险点的确定要按照就近的原则，选择既能临时躲避袭击，又便于控制和撤离的场所。应急救护医院要按照就近的原则确定，应急医疗小组的组成及审查、应急救治预案的制定及演练等要作为警卫部门基础工作的重要内容，在平时就认真抓好落实。备用路线的选择，要根据任务的实际需要确定一条或几条，并须备足警力，在警卫车队变更行走路线时，及时对备用路线进行布控。

要针对警卫规格、风险等级和警卫现场环境条件等不同情况，采取灵活多样的警卫形式和警卫战术。例如，针对群众比较集中的场面，应采取网格化管理模式，"以便为主、隐蔽布警"，真正使现场警卫达到点面、公秘、警便"三结合"，将精干警力融于人群之中；要有效管理哨位之间秩序，便于随时处理解决发现的问题；投入的警力应以警卫预备队为主，加强现场警力纵向、横向之间相呼应，与随身警力互联的"无缝管控"。除安全受到威胁或代表团人数较多、现场情况复杂外，一般应在保证安全的前提下，相对减少现场执勤人员。

（四）强化指挥，灵活应变

组织指挥直接关系到现场警卫勤务的成败。只有科学决策和统一指挥，才能够高效协调全体执勤人员有效运用战术，提高战斗力，有力打击敌对袭击分子，确保警卫安全。

1. 成立应急指挥机构，确定第一指挥人

坚持统一指挥，实行分级负责是确保现场警卫安全顺利和快速处置警卫突发事件的前提和基础。首先，必须针对工作中可能发生的突发事件，在任务前建立应急指挥机构，明确其基本领导成分和组织层次。基本领导成分应尽可能涵盖任务所涉及的各警种、各部门的参战负责人，以便于在处置现场警卫突发事件时，集中各方面的智慧，发挥各方面的作用，提高决策的科学性和指挥的灵敏度。明确组织层次，就是要确定第一指挥人，并按照"谁主管，谁负责"和属地管理的原则，确定每个环节、每个区域的负责人，并规定相应的责任和指挥权限。特别是大型重大活动警卫现场，确定第一指挥人尤为重要。第一指挥人一般应按层次指挥，但在特殊情况下，也可以越级指挥。其次，要避免令出多头，并严格请示报告制度，以维护应急指挥机构和第一指挥人的权威性，保证决策指挥的顺利实施。

2. 明确分工，组织协同

一是要明确警卫部门的职责。在处置警卫突发事件中，警卫部门处在核心地位，起着关键作用。其主要职责是：确保警卫对象人身安全，确保核心区域或重点部位安全；协助应急指挥机构决策指挥，协调有关方面联动反应。二是要根据参战各警种、各部门的职能作用，明确其职责范围，还要明确社会有关方面应尽的责任和义务。三是要制定各种执勤力量调动、协作的措施和方法，并进行必要的演练，保证发生警卫突发事件时，各种执勤力量能够采取协调一致的行动，最大限度地发挥整体作战的威力。四是要根据突发事件发展的不可预测性和属地管理原则，做好后续支援与处置工作。当地公安机关在警卫对象、警卫目标遭到敌对分子强行攻击、遭到大规模群体围困或冲击时，应及时增派足够的警力进行支援接应，控制、平息事态，对有些突发事件，在警卫对象安全撤离后，要负责做好善后处理工作。

3. 快速反应，果断处置

"速则乘机，迟则生变。"快速反应，果断处置对确保警卫安全具有特殊意义。一是决策指挥要及时、准确、果断，下达指令要快。二是警卫人员反应要快，行动要机敏、果断。三是整体反应要快，一处动则整体联动，要能全方位快速、果断地展开处置行动。纵观国际要人警卫遇刺事件，无不反映出警卫人员素质优劣对警卫安全的重要影响。1981 年美国总统里根遇刺时，从第一声枪响到警卫人员制服袭击者把总统推进汽车驶离现场，前后用时不到 7 秒钟。如果没有当时警卫人员的快速反应、果断处置，挡住了射向总统的一颗子弹，并将里根以最快的速度送往医院，总统就不可能死里逃生。

二、分组训练(30 分钟)

[情景设定]　以国务院副总理为首、中华人民共和国教育部部长及其相关领导组成的高教调研团成员一行 8 人到安徽新华学院(现场地形详见图 5－2)调研走访。要求当地公安警卫部门做好现场警卫工作。受训区队共 50 人，分组展开现场警卫勤务指挥训练。安排 8 名学生扮演警卫对象(考察团成员一行 8 人)。6 名男生扮演袭击者，分别持有枪支、管制刀具、斧头、砖块、酒瓶、鸡蛋或西红柿(训练中，用硬纸团替代之)等。安排学生 30 人组成现场警卫分队，其中 8 人为近身随卫，1 人为现场指挥员，6 人、10 人分别为第二道现场警戒组、第一道外围控制组，5 人为机动增援组，构成一个完整的警卫方阵并成梯次分布。剩余的 6 名男生分别扮演围观群众。

图 5－2　安徽新华学院地形图

(一)情报分析与风险评估

训练由一名助讲教官担任现场指挥员进行组织。助讲教官(可酌情选定学员参与)在现场警卫勤务行动前，对案情并结合现场行进路线及周边环境情况进行勘察分析，展开风险评估。

(二)制定现场警卫勤务行动方案

现场指挥员要结合现场地形、道路人流情况和警卫要求，制定出现场警卫行动方案及备用方案(应变预案)。行动方案是在对警卫现场的环境进行勘察的基础上，拟定的警卫实施计划，包括各种细节及对事前判明的危险情况做出正确的应对的应急处置计划。

(三)警力分工及战斗部署

现场指挥员依照现场警卫勤务行动方案的要求，根据嫌疑人情况、现场态势、执勤人员的个人情况和特长，进行科学合理的分组、分工：近身随卫组 8 人(负责挡护、撤离、火力压制等)、现场指挥员 1 人、现场警戒组 6 人、外围控制组 10 人和机动增援组 5 人。

明确具体职责、任务后，现场指挥员进行战前部署与检查，整理装备、警械，检查调试通信器材，统一频道，对表。

(四)处突行动组织指挥

1. 警卫分队就位

依照现场警卫勤务方案，警卫分队根据现场地形情况和战术要求，立即排好现场警卫勤务战斗队形并在预定区域就位。

2. 其他人员就位

情显员、围观群众等进入预定位置待命。

3. 行动组织实施

(1)指挥警卫分队按预定警卫行动方案实施

现场指挥员组织警卫分队按预定警卫方案展开。实施过程中，外围控制组的便衣警卫人员应注意观察，及时发现、甄别可疑情况和嫌疑对象，做好事前防范。

(2)突发情况处置

一旦出现袭击、冲击等威胁警卫对象的突发事件，现场指挥员应及时启动应急处置预案，迅速反应，有序指挥，高效处置，确保警卫对象安全。

(五)战斗结束后的工作

1. 清点人员、武器、器材，救护伤员；

2. 现场调查取证，收集固定证据；

3. 清理现场，移交撤离。

三、应变训练(35分钟)

现场警卫中的突发事件是指在警卫勤务中突然发生的，危及或可能危及警卫对象、警卫目标和重大活动安全的事件。随着国际恐怖活动的日益猖獗和国内社会治安形势的日趋严峻，现场警卫勤务中发生突发事件的可能性大大增加。警卫突发事件主要有有预谋的行动破坏、重大责任事故和自然灾害三类。其中，有预谋的行动破坏事件的危害性最大，影响最深远，后果也是最严重的。现场警卫应变训练主要是通过设定现实中可能发生的各类预谋破坏性突发事件，锻炼提高警卫分队应对处置突发事件的瞬间决断能力和快速反应能力。在应变训练中，可逐步升级案情的复杂程度、难度系数、对抗性和危险度，来提高训练难度、强度和险度，增强训练效果。

(一)爆炸事件应急处置

警卫爆炸事件是指敌对分子受政党、教派指使或因个人目的的驱使，针对警卫对象、警卫目标或重大活动现场，利用爆炸进行暗杀、破坏的犯罪活动。从以往警卫袭击惯用的方式来看，实施爆炸较为普遍。一是爆炸方式威力巨大、杀伤力强，危害严重，影响恶劣，现场目标生存和保全的概率低。二是爆炸物品来源较方便，制作简单。例如，常用的黑火药和常见的硝铵化肥等。三是爆炸物隐蔽性强，便于藏匿，不易被发现。四是引爆方式灵活多样。五是爆炸案件对现场造成强力破坏，使现场面目全非，在八大类刑事案件中侦破难度最大。一般情况下，其破案率为10%左右。

爆炸杀伤力强，危害大，严重威胁警卫安全。充分认识爆炸事件的严重性，研究其特点、规律和处置办法，是警卫部门面临的重要课题。如遇警卫对象住地、现场、途中发生爆炸时，随卫人员要迅速掩护主宾转移脱险；其他有关执勤人员负责控制现场，制服罪犯，疏散群众，维护秩序，同时要及时向上级报告。

对爆炸事件的处置，主要包括发现爆炸物、可疑物品时的处置和发生爆炸时的处置。

1. 发现爆炸物或可疑爆炸物品时的处置

爆炸物处置技术要求高，在警卫工作中，一旦发现爆炸物或可疑爆炸物品，警卫人员应围绕确保警卫安全这个核心任务，按照爆炸物处置原则和方法妥善处置。

(1)迅速撤离

当发现有爆炸物或可疑爆炸物品，坚持“信、快、判、细”四字方针。“信”就是“宁可信其有，不可信其无”。不能心存侥幸而不信，甚至不采取行动。“快”就是一定要在最短时间内消除爆炸隐患，做好安全保卫工作。“判”就是要判断出是爆炸物及其可疑物现场、持爆炸物劫持人质或扬言自爆现场、匿名威胁爆炸现场、安定性爆炸现场等哪一种涉爆现场，以及所处区域的敏感程度，高度警惕戒备，机智、沉着、冷静，及时、全面地向知情人、报案人和周围群众调查询问有关信息，及时掌握与可疑爆炸物有关的情况，如发现时间、地点、有无人员动过、何人放置、有无可疑人员等，尽可能弄清爆炸装置的外观特征，报警人的身份，犯罪嫌疑人的作案动机等，为下一步采取措施提供依据。以便现场指挥员和专业排爆人员到达现场后介绍情况，为现场处置提供帮助，为后期处置提供第一手资料，以防发生因调查了解不及时、不仔细，知情人、报案人离开未及时掌握情报信息而造成工作上的被动。“细”就是要对整个现场进行细致检查，不放弃任何可能的线索和证据。

现场警卫人员应迅速保护警卫对象撤离至紧急避险点或安全地带。在重要会议住地和重要会议、重大集会现场，应立即组织疏散会议代表和现场群众至安全区域。同时，要及时将现场详细情况向上级汇报，汇报内容应当包括现场整体情况、所处具体位置、是否已经爆炸、周围建筑物的特征、破坏程度、人员伤亡等情况。

由于涉爆警情发生后，可能会引起群众的恐慌和围观，现场一般比较混乱。因此，做好现场保护，划定警戒范围至关重要。在组织过程中要沉着冷静、注意方法，避免造成群众恐慌。有关部门要及时到场，并做好救护和灭火准备，以便在发生爆炸后能在最短时间内开展工作。

警戒区域的安全距离，可以参照下列标准。已爆现场警戒区域原则上以炸点为中心，以发现的最远抛出物与炸点距离的 1.5 倍为半径划定，一般炸点周围明显遭受爆炸破坏、需要进行现场勘查的区域都应纳入警戒范围；未爆现场警戒区域可参照表 5－5 标准划定。

表 5－5　未爆现场警戒区域参照标准表

爆炸物或可疑物重量	警戒距离
大于 10 千克	大于 200 米
大于 3 千克，小于 10 千克	大于 150 米
小于 3 千克	大于 100 米
邮包炸弹	大于 20 米

若一时无法判断爆炸物大小，警戒距离应大于 80 米；若爆炸物在室内，或在周围有高楼等坚固遮挡物的室外地点，警戒距离可适当缩小；若爆炸物附近存储有大量易燃易爆物品，警戒距离还应视情增大。

(2)临机处置

当发现可疑爆炸物时，在没有完全搞清真实情况以及专业人员到场之前，不进行随意猜测和假定，无论是什么样的疑似爆炸物，在没有判明情况、确保安全之前，原则上不要轻易接近、触动、移动、拆开，以防止犯罪分子在爆炸装置中装有反移动装置，造成不必要的损伤。如果涉爆现场位于人流量较大区域、交通要道、居民区内时，应当在排爆民警到达前对可疑物进行简单处理，可根据爆炸杀伤作用原理(超压、弹片、高热、撞击)采取相应的措施减弱爆炸的威力。

在警卫对象活动现场，当发现身份不明者向警卫对象递送或投掷可疑物品，警卫人员应抢先接过并交现场排爆人员处理，或直接送至空旷地带。如已确定为爆炸物并可能即将发生爆炸时，随身警卫人员应果断处置，确保警卫对象安全。一是携带有防爆器材时，立即以防爆器材遮盖爆炸物或迅速将爆炸物投入防爆罐；二是迅速组成环形人墙保护警卫对象，或保护警卫对象卧倒；三是在情况特别紧急时，应不惜牺牲自己，保护警卫对象安全。

(3)组织专业排爆

在很多涉爆案件中，民警遇到的多是可疑物品或“诈弹”(疑似爆炸物)，民警往往被其外观所蒙骗，对可疑物的检查不细致、不彻底，简单地认为是他人丢弃和遗失的物品，贸然对可疑物进行触碰，从而引发严重的伤害后果。

因此，发现爆炸物或可疑物品，应及时组织专业排爆人员按规定原则和程序移动、排除爆炸物或可疑物品。在处置建筑物或室内爆炸物过程中，要注意做好人员分散、逆向进入等自我保护措施。对无法移动并需就地排除的，应划定警戒范围，组织人员疏散，安排好应急救护及消防措施。

(4)加强警戒，全面检查

发现爆炸物或可疑物品时，务必对核心区域和重点部位加强警戒；爆炸物或可疑物品排除后，应及时组织专业技术人员进行全面的防爆、排爆安全检查。

2. 发生爆炸时的处置

在执行警卫任务中，如果发生爆炸，警卫人员应根据爆炸发生时的具体情况和造成的后果，按照“先搜爆、排爆，再进行现场勘查”的处置原则，进行有针对性的处置。

(1)保护警卫对象安全

发生爆炸时，随身警卫人员要快速反应，以有效的扑救战术，保护警卫对象卧倒，或以携带的安全防护器材进行遮挡，避免警卫对象遭飞散弹片及爆炸冲击波的杀伤。

(2)迅速判明情况

爆炸发生后，警卫人员要在尽可能短的时间内，判明爆炸的具体情况及危害程度，以决定后续处置行动。对非核心区域和非重点部位发生的爆炸，要及时派出有关人员查明情况。

(3)快速掩护撤离

判明情况后，警卫人员应快速保护警卫对象撤离爆炸现场。如果是警卫目标发生爆炸，应先保护警卫对象撤入邻近建筑物或紧急避险点内，然后再乘车撤离爆炸现场，如附近没有建筑物，应先向安全地带转移，然后再乘车撤离。撤离时，随身警卫人员保护警卫对象，机动力量负责打开通道并实施掩护。如果公路路线发生爆炸，由前、后卫警车保护主车，根据情况加速向前冲过爆炸区，或迅速掉头后撤，或向道路两侧撤离，带路车、收尾车等负责掩护。

(4)组织紧急疏散

重要会议住地和重要会议、重大活动现场发生爆炸时，执勤人员要迅速组织与会人员及现场群众，有序地从各个出入口紧急疏散，防止发生拥挤和混乱。如有人员出现伤情，应迅速组织医护人员救治或送往医院抢救。

(5)加强警戒，捕歼敌对分子

如果是警卫目标发生爆炸，在随身警卫人员和机动力量保护、掩护警卫对象撤离的同时，其他警卫和有关执勤人员应坚守岗位，加强警戒控制，搜寻可疑的人员和车辆，并捕歼敌对分子。在警卫对象外出途中，铁路路线发生爆炸并造成停车时，机动力量应加强停车点周围的警戒。公路路线发生爆炸造成主车损坏无法行驶时，主车和前、后卫车警卫人员应迅速保护警卫对象换乘备用车撤离，机动力量应在换车时加强周围警戒。如发现敌对分子，由路线警卫执勤人员负责捕歼。

(6)封锁爆炸现场，实施全面检查

如果警卫目标发生爆炸，在警卫对象安全撤离后，留在现场的警卫人员应立即封锁爆炸现场，并组织专业技术人员，查明爆炸原因，对其他部位进行全面的防爆安全检查，以防再次发生爆炸；非核心区域或非重点部位发生爆炸时，在查明情况后，应有针对性地对核心区域和重点部位进行一次防爆安全检查，以防万一；救治伤员，并收集各种损毁情况向上级报告；通知水、电、燃气等单位及时切断现场的供水、供电和燃气，防止发生衍生、次生灾害。

(7)火灾扑救

如爆炸引起火灾时，火势较小，由随身警卫人员负责保护警卫对象撤离，机动力量及其他警卫人员应立即组织扑救，防止火势蔓延；火势较大且难以控制时，应及时通知当地公安消防部门出警扑救。

(8)专列、包车和专船、班船发生爆炸时的处置

专列、包车行驶和专船、班船航行，专业要求高，机动条件差，发生爆炸时，应根据其特点，区别不同情况采取处置措施。

① 专列、包车发生爆炸时的处置

一是尽快将列车停在安全、开阔和便于施救的地带，凡是靠近爆炸地点的专列路线警卫人员，应迅速向爆炸地点集结，协助列车随卫人员加强警戒；二是迅速保护警卫对象转移至安全地带，并对周围实施警戒，等待增援；三是如果专列发生爆炸，应及时将发生爆炸的车厢与列车分割，如果加挂包车的列车其他车厢发生爆炸，应及时将包车与列车分割。

② 专船、班船发生爆炸时的处置

一是加强专、班船核心区域和重点部位的警戒，防止发生其他意外，如果是专、班船核心区域或重点部位发生爆炸，在保护警卫对象安全的同时，应将警卫对象转移至安全部位，并加强周围警戒，同时进行全面的防爆安全检查，防止再次发生爆炸。二是迅速查明爆炸的具体情况及危害程度，以决定后续处置行动。三是对爆炸引起的火灾应首先判明方位、火势，危及主宾安全时，随卫人员应迅速掩护警卫对象脱离险区。现场警卫执勤人员负责应立即组织人员扑救，防止火势蔓延。四是在专、班船损坏无法航行、有可能沉没或火势较大无法控制时，应立即保护警卫对象向护航船转移或乘救生艇撤离。如是班船，同时要注意组织疏散群众，防止发生拥挤和混乱。

3. 发生扬言爆炸事件

(1)现场执勤民警负责加强戒备，注意发现可疑人员和物品。

(2)发生紧急情况时，组织疏散现场人群。

(3)立即启动检测程序，对相关重点部位进行全面防爆安全检测。

(4)对扬言爆炸的纸条、信件、录音、电话等进行排查，及时明确侦察方向，追查扬言爆炸的犯罪嫌疑人。

(5)如发现可疑或爆炸物品，迅速组织专业力量采用搜爆、排爆设备及时排除和转移。开辟应急通道，做好警卫对象转移时的路线保障准备，并及时通知医疗、消防、水、电等部门和单位，做好救援准备工作。

(二)枪击事件

枪击是指敌对分子采用常规或特制枪械对警卫对象实施的突然袭击，是敌对分子暗杀警卫对象的惯用手段之一。它具有隐蔽突然，便于携带，命中率高，易于伏远射击，杀伤力强，方式多样等特点，是警卫工作防范的重点。例如，1995 年 11 月 4 日，以色列总理拉宾在特拉维夫市国王广场演讲后准备离开时，从人群中窜出一犹太青年，对拉宾实施枪击，致使拉宾中弹身亡；1999 年巴拉圭副总统阿加尼亚和尼日尔总统迈纳拉提也是死于枪击之下。

遇到枪击事件，警卫人员要迅速判明情况，发现犯罪分子，实施还击，随车警卫人员应迅速辨明方位，前卫人员负责掩护转移，保护警卫目标马上离开危险地区，如主车司机负伤随卫人员应设法接替主车司机开离出事现场。现场警卫执勤人员应迅速制服凶手，控制要害部位，维护群众秩序，配合随卫人员完成转移任务。需要注意的是警卫人员的核心任务是保护警卫对象的绝对安全而不是去抓获犯罪分子，所以警卫人员不可恋战，应保护警卫对象迅速离开。主车内的警卫人员应采用避弹装置必要时可用身体保护警卫对象。若警卫对象受伤，应火速送到附近医院进行救治。同时，还要及时向上级报告，请调增援，以便统筹处置。

具体处置中，按照敌对分子实施枪击的方式，可分为远距离俯射、潜入枪击、强行攻击和伏击等。

1. 对远距离俯射及潜入枪击的处置

远距离俯射，是敌对分子利用警卫住地、现场周围及警卫路线两侧的制高点，居高临下，向警卫对象实施的枪击。这种袭击方式隐蔽性强，便于事后逃逸。特别是警卫对象在户外活动时，目标明显，暴露时间长，敌对分子可从容实施俯射，极易造成人身伤害。潜入枪击是指敌对分子潜入警卫目标，伺机向警卫对象实施的近距离枪击。警卫对象遭到敌对分子的远距离俯射和潜入枪击时，警卫人员应快速反应，果断处置。

（1）掩蔽保护，有序撤离

在敌对分子枪响的瞬间，警卫人员应做出迅速反应，以有效的掩蔽、隐蔽与扑救战术，保护警卫对象安全。基本方法：一是迅速收缩护卫圈，形成环形人墙，以身体阻挡敌对分子射来的子弹；二是充分利用车辆、防弹衣、防弹公文包等进行掩蔽和遮挡；三是充分利用周围建筑物或现场避弹物体，保护警卫对象实施隐蔽；四是根据具体情况，采取扑、推、拉等战术动作，保护警卫对象卧倒或进入掩蔽体内。

在判明情况后，随卫人员应迅速保护警卫对象远离枪击杀伤范围。在警卫住地，如果是警卫对象在户外活动时遭枪击，可先撤入邻近建筑物内，然后再撤回主楼；如果是警卫对象在上下车时遭枪击，应迅速将警卫对象推入车内，乘车撤离，或迅速保护警卫对象撤入楼内；在户外现场，可根据情况先撤入邻近建筑物或紧急避险点内，也可就地隐蔽，然后再乘车撤离现场。

（2）快速反击，伺机歼敌

判断射击方向，查找开枪的犯罪嫌疑人；占领现场周边的制高点，形成防线；开展侦查工作，确定和抓捕犯罪嫌疑人；如发现犯罪嫌疑人，立即组织力量进行抓捕。

当警卫对象遭到潜入之敌近距离枪击时，随身警卫人员在保护警卫对象安全的同时，应分兵迅速反击制服敌对分子。如果潜入之敌为小股行动，也可能出现短暂战斗相持的情况。此时，应急机动力量应在实施掩护的同时，分兵加强对敌对分子的反击捕歼。

（3）加强警戒，防止混乱

随身警卫人员及机动力量做出上述处置的同时，其他警卫人员应坚守岗位，加强警戒，迅速封锁现场，组织疏散人群，防止发生混乱。开辟应急通道，做好人群转移和伤员送医院途中的路线保障。如有人员受伤，立即先期救治伤员。

2. 对强行攻击的处置

敌对分子强行攻击警卫目标，是有组织的行动，事先必然经过周密的策划和准备。因此，其参与人数可能会较多，配备的火力装备也可能较强，有时甚至优于警卫人员。对付强行攻击，是与敌对分子进行短兵相接式的战斗，警卫人员必须机智果断，勇敢顽强。

（1）迅速报警，请求增援

遭到敌对分子强行攻击时，控制出入口或警戒线的警卫人员应立即启动报警装置，没有报警装置的，可采用鸣枪或其他方式迅速报警。

（2）顽强阻击，固守要点

控制出入口或警戒线的警卫人员，要立即投入战斗，顽强阻击，应急机动力量应分兵迅速增援，力争消灭敌对分子，为撤离争取时间。如果敌对分子突破出入口或警戒线的阻击，随身警卫人员和重点部位的执勤人员应立即组织反击和抵抗。

（3）快速撤离，确保安全

警卫指挥员在对情况进行明确的判断之后，应及时做出是否撤离的决定。警卫住地遭到强行攻击，应全力阻击破敌，坚守待援，必要时，应尽早保护警卫对象从应急出口撤离；警卫现场遭到强行攻击，在顽强阻击的同时，应迅速保护警卫对象从应急出口或通道撤离。

(三)冷兵器行刺事件

即敌对分子或恐怖分子使用锋利的杀伤性器具，接近警卫对象并直接实施暴力谋害事件。此类谋杀源自古代，手段残忍，危害严重，突发性强，不易防范。

应对此类袭击，一是迅速收缩警卫防线，加密警卫间隙，有效阻止不法之徒接近警卫圈。二是充分发挥三道警卫防线的作用，先由最外层的警卫及早控制现场，有效制服袭击者。第二层警戒圈和核心随卫也应做好准备，以防万一。三是做好掩护撤离，及时脱离危险区域。

(四)群体上访事件

警卫工作中的群体上访事件是指因人民内部矛盾引发的多人(一般 5 人以上)聚集，为了解决某个或多个涉及群体的共同利益，采取拦截警卫车队，围堵警卫目标等违反法律法规的手段集体上访的行为。群体上访事件的成因复杂，群体构成多元，酝酿过程隐蔽，发生和发展具有突然性、扩散性，而且有组织化倾向日益明显，已成为影响警卫安全的一个突出问题。

在警卫勤务中发生群体上访事件时，应在当地党委和政府统一领导下，按照“可散不可聚，可解不可结，可顺不可激”的总要求，根据环境和任务要求采取相应的处置措施，区别情况，妥善处置，力争把问题解决在外围控制区域，不让其造成直接影响。

1. 充分利用多层控制手段，把问题解决在外围

在上访群众尚未接近警卫住地、现场前，当地公安机关应对通往警卫住地、现场的路口、路段，根据需要设置多层控制线，对人群及时进行拦截、劝阻、劝散，收缴标语、横幅等物品，并充分依靠当地党委、政府和有关部门，就地解决问题，平息事态。

2. 严守警卫住地、现场警戒线

如果上访群众已围堵在警卫住地、现场，警卫执勤人员应坚持岗位，严格控制、守卫警戒线，将上访群体阻挡在警戒线之外。应急机动力量应根据指挥员的指挥，负责增援和接应。如果出现骚乱或发生上访群众冲击警戒线等情况，应在严防死守警戒线的同时，设法稳定群众情绪，争取时间，必要时，可对首要分子采取强制措施，控制事态发展。遇有人冲击住地时，要加强围墙、住楼外围和门口警戒采取有效措施，坚决阻拦。对为首分子要带离现场。如有人已闯入或翻墙越入警戒区，应立即组织力量加强重点部位的控制，追捕抓获犯罪分子。如危及主宾安全时，随卫人员应立即保护主宾脱离危险区，并及时派出机动力量，必要时，通知有关部门增援。

3. 加强内部警戒

在进行上述处置的同时，要对住地、现场内部加强警戒，严密控制要害部位，防止发生其他意外。

4. 提前撤离

如果群体上访事件规模较大，一时难以平息，甚至可能发生上访群众冲入住地、现场的情况时，要及时保护警卫对象从紧急通道撤离，必要时，可更换警卫住地或取消警卫对象在现场的活动。

5. 分割处置

如果有部分上访群众突破警戒线，冲入警戒区，应急机动力量应及时出动，组成人墙，强行将警戒线内外的群众分割开。对已冲入的人员，要围堵抓获，交有关部门审查。

6. 警卫对象被围困时的保护与撤离

在处置群体上访事件时，要尽量避免警卫对象被上访群体围困或纠缠，一旦出现这种情况时，警卫人员必须分工负责，密切配合，尽快保护警卫对象撤离。随身警卫人员应收缩护卫圈，组成环形人墙保护警卫对象安全，阻挡上访人员接近；应急机动力量负责打开通道，掩护警卫对象撤离；其他警卫执勤人员应在坚守岗位的同时，积极做好上访群众的工作，设法稳定群众情绪，尽量维护好秩序，防止发生骚乱。

四、检查验收(10 分钟)

每组训练完毕后进行讨论和讲评。

(1)由嫌疑人讲出所见学员的优点和缺点；

(2)由学员自己讲出优点和不足；

(3)由主训教官对受训人员逐一讲评，并提出总体或个别建议。

在分组训练的基础上，教师随机抽取一组进行训练考核验收，按照《现场警卫勤务指挥训练考核评分表》进行打分，检查训练成效。

五、小结讲评(5 分钟)

(一)清理检查训练装备、器材

(二)集中讲评整个训练情况

(三)布置课后练习，宣布下次课的内容及所需装具

(四)将学员交由学员队队长带回，清理训练现场，归还训练装备和器材

科目三　《路线警卫勤务指挥训练》

实训指导书

Ⅰ　〔训练提要〕

一、训练科目

路线警卫勤务指挥训练。

二、训练内容

1. 对警卫路线沿途道路及周边地形的分析及风险评估预判；

2. 路线警卫勤务决心及行动方案的制定；

3. 路线警卫勤务中的警力分工、行动部署、组织指挥及突发情况处置；

4. 路线警卫勤务行动中协同配合及默契训练；

5. 护卫分队路线警卫勤务行动指挥训练法。

三、训练目的

1. 了解路线警卫勤务的特点，熟知路线警卫勤务的基本程序、步骤及要求；

2. 熟练掌握护卫分队路线警卫勤务的主要方法，能灵活运用技战术快速高效地完成路线警卫勤务任务；

3. 掌握路线警卫勤务组织指挥和协同配合要领，通过训练切实提高公安基层指挥员警卫处突指挥水平和临战应变能力；

4. 掌握组织实施路线警卫勤务指挥训练的方法，提升开展此类训练的组织领导能力。

四、训练重点、难点

(一)重点

路线警卫勤务部署及行动组织指挥。

(二)难点

路线警卫勤务行动中指挥默契训练和临战应变能力训练。

五、训练方法

理论提示、讲解演示、分组训练、应变训练、检查验收、小结讲评。

六、训练要求

1. 严肃训练场纪律，遵守训练规范，一切行动听从指挥，做到令行禁止。

2. 严格训练、严格要求、严密组织。坚持练为战的方针，所有训练按实战的要求进行，保质保量完成实训任务。

3. 认真体会、掌握指挥要领和训练方法。刻苦训练，开动脑筋，积极思考，灵活应变，相互探讨，共同提高。

4. 安全第一，防控为先，机智灵活，力争主动。

七、训练考核评判标准

对路线警卫勤务而言，首要环节是考察受训者对沿途道路中可能存在的安全隐患的敏锐观察及及早判明。能够在警卫路线众多车辆和复杂人群中快速准确地辨识出可能存在安全威胁的防范对象，是处置工作的关键点。因此，要求训练过程中受训者必须准确口述出判断处突对象的理由，包括疑点的分析、怀疑的根据、经验的运用和直觉的推断等。这种预先鉴别、快速判明处突对象的能力通过反复训练和相互交流是可以提高的。

路线警卫勤务指挥训练具体考核评判标准详见表 5－6《路线警卫勤务指挥训练考核评分表》。

表 5－6　路线警卫勤务指挥训练考核评分表

项　目	评分标准	分　值	得　分
可疑对象观察甄别及风险评估(15%)	警卫路线沿途地形、社情、天候分析	5	
	可疑对象观察甄别及企图预判	5	
	警卫勤务风险评估	5	
路线警卫勤务行动方案的制定(15%)	上级意图、警卫目的(口述表达清晰、完整)	6	
	警卫战术及谋略运用	3	
	路线警卫勤务方案	6	
警力分工、战斗部署、战斗行动组织指挥及应变(40%)	根据任务、地形合理设置避难点	5	
	警卫行动部署、警力分工与协同配合	10	
	警卫指挥方式、手段	5	
	组织指挥效率及默契程度	5	
	处置战机把握,现场警戒及人、物的控制	5	
	警卫突发情况应急应变	10	
训练方式方法实施效果(30%)	训练方式、方法多样灵活,善于启发创新	10	
	训练纪律作风及训练效果	10	
	训练口令及训练组织指挥调度	10	

八、训练安排

(一)学时分配

本科目实训按照一个区队 50 名学生为基准,安排 2 个课时(90 分钟)。若参训人数有变动,可按实际情况酌情增减训练时数。

1. 准备活动(5 分钟)
2. 理论提示(10 分钟)
3. 对抗训练(25 分钟)
4. 应变训练(35 分钟)
5. 检查验收(10 分钟)
6. 小结讲评(5 分钟)

(二)场地器材

场地:操场跑道及操场附近路面。武器、警械、器材见表 5－7 所示。

表 5－7　武器、警械、器材表

名　称	数　量	单　位	备　注
警卫专用腰带(含手枪、伸缩警棍、手铐、手电筒等)	30	套	
对讲机	10	台	

（续表）

名 称	数 量	单 位	备 注
急救包	6	个	
防毒面具	5	个	
追踪器	2	个	
防爆毯	2	条	
防弹内衣	10	件	
便装上衣	10	件	
彩弹手枪	5	支	
特制警卫公文包(便携折叠可展开式防弹盾牌)	5	个	
红外成像仪	1	个	
反狙击观察镜	1	付	
望远镜	5	付	
墨镜	5	付	
冲锋手枪	5	支	
氧气袋	1	个	
便携阻车器	3	个	

(三)训练对象及人数

一个区队共50名学生，以区队为一个教学单位进行训练。学员接触和从事公安基层工作较少，实战经验不足。

(四)教官分工

主讲教官1名：负责编写训练大纲、计划、教案、实训指导书，组织训练。

助讲教官2名：负责布置检查场地、训练器材保障，配合示范，分组指导训练；担任训练现场指挥和导调人员；安排情况显示员；配合主讲教官教学并做好训练事故防范与处置等工作。

辅助教官2名(从学生中选出)：协助教官做好场地器材布置、保障，配合示范、训练；担任小教官指导学员训练；训练时根据教官安排担任情况显示员。

Ⅱ〔训练进程〕

第一阶段：准备活动(5分钟)

一、学员区队长负责将队伍集合，清点人数并向教官报告，教官下达命令整理服装及装备，进行验枪。

二、教官宣布本次课的训练科目、提要、内容、目的任务、组织形式及要求。

三、情况显示员的选定及任务安排：由辅助教官担任，人数若不足时可继续抽调学员补充，并单独安排具体任务。

四、进行热身运动

跳绳比赛：50名学生，分成5组，每组10人，每人一根记数跳绳。计时3分钟内，记数最多者获胜，倒数后3名学生每人做20下俯卧撑。

第二阶段：实施部分(85分钟)

一、理论提示(10分钟)

路线警卫勤务是指警卫部队为保证警卫对象乘坐汽车外出活动时的安全、准时，在行经路线上实施的一种警卫勤务。路线警卫勤务包括公路路线、铁路路线和航行路线警卫。根据当前的实际并结合警卫工作的重点，应以公路路线警卫为主。早在二十世纪五十年代初期，随着中央领导同志外出视察活动的不断增加，路线警卫勤务就已形成。从建国初期的人海战术到强化基础、科学选择哨位、合理部署警力，发展至今天已经越来越成熟，越来越规范。

路线警卫勤务对于保证警卫对象外出活动的安全起着重要作用。在当前我国机动车数量猛增、道路交通压力日趋增大的情况下，路线警卫勤务工作中的首要环节是科学合理地选择适当的行进路线。其中最理想的警卫路线应该做到：既能以最小的警力确保警卫对象行车途中的绝对安全，又能最大限度地减少警卫车队行进时对社会面的干扰和影响。从路线警卫的特点来看，一是目标明显。路线警卫规律性强、保密性差，容易被敌对分子摸清规律进行破坏，也容易发生上访人员拦路告状等突发问题。二是情况复杂。当前的道路环境、交通安全形势及沿线治安状况等复杂多变，令人担忧。所以说路线警卫工作责任重大，不能有丝毫懈怠，稍有疏漏就会酿成不可挽回的后果。据统计，从1835年至2014年，全世界443起政要遇刺事件中，有39%发生在路上，所占比例最大。这些遇刺事件都直接或间接与警卫路线选择失误有关，如1963年美国总统肯尼迪在路线上遭狙击身亡、1978年意大利总理莫罗在行车途中遭绑架后遇害、1986年智利总统皮诺切特的车队遭武装伏击等。从警卫对象来看，无论是党和国家领导人视察、参观，还是重要外宾来华访问，首先涉及的就是路线警卫工作，路线警卫工作不但肩负着安全重任，而且还应考虑行车是否畅通、时间是否准时等重要问题。

(一)坚持安全保卫与政治保卫相统一

新中国成立后历任党和国家领导人都要求警卫工作要注重“安全保卫”与“政治保卫”相统一。“安全保卫”是指在首长警卫勤务组织实施过程中，警卫部门须通过严密的部署和安全措施来确保党和国家领导人的绝对安全。在任何时间、任何情况下，警卫部门都要采取切实有效措施，以确保党和国家领导人的绝对安全。“政治保卫”是指公安警卫部门在组织实施首长警卫勤务过程中，必须在保证安全的前提下，最大限度地为党和国家领导人接触群众创造条件，在部署各项安全措施时，最大限度地考虑群众的利益，为党和国家领导人接触人民联系群众创造方便，尽可能地减少警卫工作对人民群众正常生活和工作的影响。

不难看出,政治保卫是保持党同人民群众血肉联系的重要途径。由此可见,安全保卫讲任务,政治保卫讲影响。安全保卫与政治保卫高度统一,相辅相成,不得割舍。各级公安警卫部门在组织实施警卫勤务时,应坚持安全保卫与政治保卫相统一的理念,从党和国家领导人的随身警卫到路线警卫,从住地警卫到现场警卫,以及专机、专船、专列警卫,每一项安全警卫措施都需要在安全保卫与政治保卫相统一的理念下实施,尽量不干扰或少干扰群众的正常工作和生活秩序,努力做到既确保安全,又方便首长联系群众,实现安全保卫与政治保卫"双赢"。

(二)优选最佳警卫路线

安全是警卫工作的出发点和落脚点。作为路线警卫工作的首要环节,路线选择也必须把安全放在首要位置去考虑。然而,在实际警卫工作中警卫部门在选择警卫路线时经常会受到"非安全"目标的影响,比如有的地方党委和政府为了展示地方经济建设发展成就,会对警卫车队行进路线提出选择建议。对此,警卫部门不能盲目听从,而是要从安全的角度对路线进行分析评估。如果能够保证安全,可以采纳,如果难以保证安全,要向地方党委和政府主要领导说明情况,建议选择更有利于保证安全的路线,并争取地方党委和政府的支持。

我国警卫工作的方针是,"在党委和政府领导下,实行专门机关与依靠群众相结合,既要保证安全,又不脱离群众"。该方针前半部分讲的是工作方法,后半部分讲的是要达成的警卫工作目标。警卫工作方法是在长期的警卫工作实践中探索出来的,其与我党根本的工作路线——群众路线是一脉相承的。而警卫工作目标与我党"全心全意为人民服务"的根本宗旨是高度一致的,其实质是实现安全保卫与政治保卫有机统一。在当前警卫工作中最容易对人民群众正常工作和生活产生干扰和影响的就是路线警卫工作。公安机关为了保证警卫车队行驶安全,势必会采取一定的交通管制措施,势必在一定程度上影响社会交通的正常运行,群众对此意见较大。2012年中共中央出台的八项规定第五条明确指出:"要改进警卫工作,坚持有利于联系群众的原则,减少交通管制,一般情况下不得封路,不清场闭馆。"其核心思想就是减少警卫工作对社会面的干扰和影响。因此,在保证安全的前提下,选择一条对社会面干扰和影响小的路线就成为警卫部门需要着重考虑的问题。这不仅反映了我国警卫工作独特的价值观,而且符合我国国情。

1. 评估比较警卫路线的安全性

路线的安全性主要取决于两方面:一是路线上面临的安全风险,二是公安机关化解风险的能力,是二者矛盾运动的结果。如果路线上没有任何风险,不论公安机关化解风险的能力如何,路线都是安全的;如果路线上风险较大,而公安机关化解风险的能力很强,能够进行有效的风险化解,警卫路线也必然是安全的;如果路线上有一定的风险,而公安机关化解风险的能力又较弱,那么路线安全就得不到有效保证。因此,评估路线的安全性需要对以上两方面因素进行全面细致地分析。其中,路线上的风险主要取决于敌情、地形、路况、交通流量、天候、社情等因素带来的不利影响。首先要对敌情进行分析判断,而对敌情进行分析判断通常根据警卫对象的安全威胁、当地社会治安状况和对敌斗争与反恐怖斗争形势进行,需要搜集掌握威胁警卫对象安全的深层次情报信息,进行科学研判,得出敌情判断结论。其次,分析警卫路线的地形、路况、交通流量等因素可能带来的安全风险。地形复杂容易被敌利用,如路线高低起伏、两侧制高点、高密植被较多容易遭敌伏击；桥梁涵洞多容易被敌利用采取预设爆炸物袭击方式进行阴谋暗害；路况差、车流量大不仅容易造成交通事故，而且易遭敌驾车冲撞。反之，如果路线地势平坦、两侧便于通视、路况良好、车流量小且有封闭隔离设施，则便于观察与防护，有利于保证警卫车队安全。再次，分析天候对行车安全的影响，尤其是评估分析雨、雪、风、沙尘暴等恶劣天气对行车安全的影响。最后，分析路线所经区域的社情因素可能带来的风险，主要包括社会治安状况、人民内部矛盾化解情况以及其他不安全、不稳定因素等，如附近村镇社区有无涉恐涉暴、群体性上访事件等情况。化解行车路线风险的能力主要取决于我情，即沿线公安机关及参与警卫执勤的有关力量的战斗力。具体体现在以下几个方面：一是沿线公安机关执行路线警卫任务的经验是否丰富；二是警卫基础工作是否扎实，对路线及其两侧有关情况是否掌握，有无常备警卫工作方案和应急处突预案等；三是警卫技战术训练水平如何，是否具备警卫防控和应急处突能力；等等。

通过对以上矛盾运动的两方面因素的定性与定量相结合的评估可得出警卫路线的安全系数。如果几条警卫路线在安全性比较方面能够分出高低，需要优先选择有利于保证安全的路线；如果备选路线都能保证安全，就需要比较采取路线警卫措施对社会面干扰和影响的大小，在保证安全基础上优先选择对社会面影响小的路线。

2. 评估比较备选路线对社会面的干扰和影响

路线警卫对社会面的干扰和影响主要取决于道路交通流量的大小和公安机关管控措施的科学性，是二者矛盾运动的结果。一方面，当道路交通流量较大时，公安机关采取管控措施就会对社会交通产生较大影响，而当道路交通流量较小时，采取管控措施则对社会面的干扰和影响相对会小；另一方面，如果管控措施科学，即使道路交通流量较大，也能有效地减小对社会面的干扰和影响。比如，提前下发通告分流社会车辆可避免拥堵，在车队行进过程中采用智能交通管控技术和滚动管制等方法可减小对社会交通的影响等；反之，如果管控措施不科学，即使交通流量不大，也会产生较大的社会影响。因此，在评估比较备选路线对社会面的干扰和影响时需要考虑以上两方面因素。其中，交通流量可以通过测算得出数据，容易比较，管控措施的科学性主要由属地公安机关的交通管理能力和警卫执勤经验等因素决定。如果备选路线在社会影响方面能分出大小，需要选择对社会面干扰和影响小的路线；如果备选路线在社会面影响方面难分高低，就需要比较采取管控措施的警卫成本。

3. 计算备选路线的警卫成本

警卫成本主要是指公安警卫部门及参与警卫执勤的有关力量为了确保警卫安全，在执勤准备和勤务组织实施过程中所投入的人力、物力和财力。而这种投入又是受路线地形复杂程度、路程远近、途经地区敌情、警卫基础工作情况等因素影响的。路线的地形、敌社情越复杂，路程越长，警卫基础工作越薄弱，为了保证安全所投入的警卫成本就会越高。当警卫成本高到当地公安机关难以承受时，就会对保证安全产生负面影响。

具体来说，人力包括公安警卫部队、公安机关有关警种、武警、军队、政府有关部门力量、安保志愿者等；物力主要指执勤所需要的装备器材、警用设施、武器装备，如防爆安检装备器材、警卫通信装备器材、阻车防撞器材以及道路隔离设施等等；财力主要是指警卫任务所需的各项经费投入，既包括通常意义上的“人吃马喂”，也包括各项装备器材购买、租用、维护等经费投入。人力、物力、财力三者之间具有复杂的关联关系：通常情况下，人力投入越大，相应的经费保障越大；物力投入与经费保障也成正比关系；而物力投入与人力投入在某种程度上成反比关系，如道路基础设施好、警卫装备器材性能优良、应用智能交通技术有利于减少路线警卫工作中的人力投入。计算警卫成本既要考虑任务准备阶段的投入（如基础工作、人员培训等投入），也要考虑任务执行阶段的投入，还要考虑一次投入长远受益情形（如警卫基础设施建设、装备器材建设投入等）。通过对上述投入进行客观评估比较，做出科学选择。

（三）路线警卫战术

1. 突如其来

突如其来的警卫战术，要求警卫执勤人员不过早上岗或封路戒严，不给犯罪分子以先兆，警卫对象突然出现而又突然离去，如此，既缩短了警卫执勤时间，又会加大安全系数。突如其来战术的延伸是，警卫部门根本就不做任何警力部署，在外界无端倪可察的情况下，警卫对象已行经某一路线或活动在某一场合。美国律师理查德·摩尔也在《论暗杀》一文中指出："在事先安排好的群众集会上，即使是实行保护圈的做法也是危险的，而在一条未经宣布的路线上，随便停留或走入人群反而相当安全。"但这种战术不宜多用，因为毕竟没有部署警力，没有基础工作，"冒险"一次可以，多了势必要出问题。

2. 声东击西

声东击西的警卫战术是指事先虚张声势、戒备森严、煞有其事、像模像样地部署一条路线或一个现场，而实际上悄悄采用另外一条路线或前往另外一个现场。

3. 心理震慑

心理震慑的警卫战术是指警卫部门或警卫人员，用强大的声势、坚不可摧的气势，用军警林立、戒备森严、警容严整、武备精良的强大阵势，达到心理威慑的效果。此战术奠定心理优势，在心理上战胜敌对分子，迫使其丧失成功的信心甚至放弃犯罪的念头。正如柯林斯所说："从实质上说，心理战就是有计划地利用宣传工具，必要时辅之以其他手段，对敌方、己方或中立方的舆论、感情、态度或行为施加影响，以利于达成既定的目标。"

4. 金蝉脱壳

《三十六计》对这一战术做了详尽的说明："存其形，完其势；友不疑，敌不动；异而止蛊。"这一战术尤其适用于混乱现场或复杂情况下的警卫工作之中。当警卫对象被良莠不分的人群围困或警卫车辆陷入困境时，近距离警卫人员可保持原来的警卫队形，而卫士长或随身警卫员悄悄掩护警卫对象脱离现场或换乘其他车辆离开。当然，无论是国家领导人还是重要外宾，都容易被群众或敌对分子认出，从而难以脱身。这就需要警卫人员想尽千方百计，或衣帽遮掩乔装改扮，或利用地形地物，或利用边门和后门，或用相同型号和牌照的车辆来得以"金蝉脱壳"。

（四）路线警卫注意事项

与其他警卫勤务相比，路线警卫目标明显，道路及两侧情况错综复杂，各种不确定因素多，安全隐患多，整个警卫工作过程中面临的环境复杂、任务艰巨、责任重大。从国际上发生的谋杀案例来看，有相当一部分发生在警卫对象外出途中；同时，重大交通事故不断，交通事故频发，给路线警卫工作带来了较大的安全隐患，是路线警卫工作不得不考虑的一个严峻问题，尤其处于当前“不封路”的新形势下，警卫车队与社会车辆交织行驶，任何交通事故的发生都有可能在一定程度上影响到路线警卫车队的行车安全。警卫对象乘坐车辆一旦发生交通事故，后果不堪设想。目前，路线警卫工作中存在着机动车、非机动车、行人管控难的情形，稍有不慎，就有可能造成社会车辆与警卫车辆相撞、刮、碰现象的发生。此外，涉嫌超载的大型货车、违规押运化学物品、易燃易爆物品等车辆严重威胁着警卫对象的行车安全。路线警卫由于涉及面广，点多线长，对群众正常生活产生的影响也多。如果措施不当或者方法不好，不仅不利于安全，还会在群众中造成不好影响，损害警卫工作的形象。在警卫工作中，群众印象最深刻的往往是公路路线警卫，最容易形式张扬的也是路线警卫。因此，如何把握好二者的平衡关系，在保证绝对安全的前提下，切实改进警卫形式，特别是改进路线警卫形式，把对群众正常生活的影响降到最低限度，是新形势下整个公安警卫工作的重点，也是党和国家领导人对警卫工作更高、更严格的要求。

1. 确保重点

路线警卫工作必须切实落实“确保重点”的原则。一是坚持全面部署和重点部署相结合、以重点部署为主的原则，对通道、桥梁、涵洞、交叉路口、制高点、繁华街道、复杂地段及可能被犯罪分子利用进行破坏的地形地物，采用固定哨实施重点控制，对较为安全的地段，以游动哨为主加强巡逻。同时，执勤人员着装应该警便结合，以便衣为主，最大限度地减少不必要的执勤人员。二是在定点的范围内，要注意检测监控周边任何可能对警卫对象构成威胁的地点，防止狙击手从远距离对警卫对象造成伤害，必要时，在警卫对象车队经过期间，附近所有高楼大厦的窗户要保持关闭状态。例如，2007 年在悉尼 APEC 峰会期间，有当地居民称，时任美国总统的小布什车队路过城区时，附近的手机网络都遭到屏蔽。三是各单位特别是派出所要落实好对重点人员的监控措施，即对政嫌、刑嫌分子，“两劳释解”人员，老上访户，疯痴呆傻人员落实包保责任制，监护人、主管部门保证警卫任务期间看死盯牢，减轻住地、路线、现场的警卫工作压力，为改进警卫形式创造宽松的社会环境。

2. 适度管控时空

警卫形式的隐蔽程度与采取警卫措施控制空间范围成反比，既警卫控制范围越大，面越宽，警卫形式就越张扬。因此，在确保安全的前提下，尽量缩小控制空间范围，是改进警卫形式的重要措施。

采取同样的警卫控制措施，部署相同的警力，警卫控制时间越长，社会感知面就越大，警卫形式就越张扬。因此，必须严格做好时间控制，严格上岗时间；及时撤出勤务，不随意提前上岗或拖延撤岗时间。要提高警卫工作精细化、信息化、科学化水平，精确掌握警卫车队出行路线和时间，加强统筹调度指挥，最大限度地减少通行时间。在各项工作准备充分，确保安全的情况下，尽量缩短警卫控制时间是改进警卫形式的又一重要措施。

3. 严守警卫秘密

习总书记在视察警卫部队时，提出了“四个必须”的重要指示，要求警卫部队必须做到绝对忠诚、万无一失、业务过硬和严格自律。由于工作性质的关系，警卫人员可能会对警卫对象的家庭情况、所在地址、生活习惯、健康状况，以及活动日程涉及的住地、路线、现场及未公开的活动安排等情况有所掌握。从警卫安全保卫角度来讲，以上这些信息都属于严格保密的范畴，一旦泄露都有可能直接或者间接影响警卫对象的人身安全，可能会给党和国家造成重大损失。因此，在执行公安警卫勤务时，警卫人员必须严守警卫秘密，对警卫对象的家庭情况、所在地址、机动车型号、生活习惯、健康状况、保健措施及医疗方案、饮食用品来源和运输储存供应情况，活动日程涉及的住地、路线、现场及未公开的活动安排等信息予以严格保密。此外，警卫人员还要特别防范由于粗心而导致的无意识泄密。例如，2007 年 9 月，一名警卫人员想把包含英国首相戈登·布朗 6 日前往布里斯托尔市行程细节的 4 个语音邮件和 1 个文本信息发送给布朗的一名工作人员，但他弄错了手机号码，结果把信息发给了一名 19 岁的法律专业学生。若首相未公开日程落入不法分子手中，足以引发首相安全问题，后果将不堪设想。

4. 公秘结合，缓和自然

路线警卫涉及范围大、接触群众多，既要减少管制不封路，又要确保安全不出事，是一个难度很大的课题，需要交警等有关部门很好的研究，形成切实可行的工作机制和模式。当前，路线警卫勤务的新模式是：常态管理为基础，智能交通为依托，摩托车开道为手段，加强主车途中护卫为重点。要注意改进路线警卫形式，做到公开管理和秘密警戒相结合。

在路线警卫中要坚持做到形式缓和自然，工作严谨细致。一是减少不必要的警卫形式，使外观缓和自然，如开道车或带路车要严格按照领导要求，除非必要，不开警灯，尽量少用警笛和喊话器，尽量避免闯红灯和逆行，把对正常交通秩序和市民正常生活的影响减小到最低；在复杂路口和复杂路段安排交警执勤，确保该路口、路段畅通无阻，其他沿线的路口和路段不一定非要安排交警执勤，以免给群众造成“全城皆兵”的印象。二是在准确把握时间、确保畅通的同时，尽量减少封路和大规模的道路管制；尽量不用警车开道。重点应结合道路交通网络的延伸性，准确掌握路况条件，采取区域定位、远程疏导、外部分流的形式，加强“隐形”管控，逐层分解、“无形”减少任务设定主路线的人流、车流量，严格控制警卫车队警车数量和行进距离，科学计算路线里程，精准控制卡口时间，合理安排行车时间和通行节奏，适时采取“绿波带”(以城市智能交通系统为基础，在警卫车队行经路线上给予绿灯通行)交通管理措施，确保路线警卫的缓和自然，力求实现执行警卫任务“零差错”、对道路交通秩序及群众生产生活“零影响”的最佳效果。三是用警车开道时，开启警灯，尽量减少鸣警笛，少使用喊话器，以降低警卫车队的暴露与张扬。需要喊话时，应按照《公安部关于进一步规范公安民警驾驶警车执行警务活动及执勤用语的通知》(公通字〔2006〕20 号)的规定，使用规范用语，真正做到依法、依规、规范、文明执勤。四是在减少路面、街面“着装警察”的情况下，可以在警卫车队停留的地方派出部分“便衣警察”承担安全警卫，以减少在上级领导检查时引起不必要的社会负面影响。要按照“减量不断流、控大不控小、控货不控客、控远不控近”的工作方法，改变过去“远距离分流、中距离疏导、近距离控制”的执勤模式，变为“远距离分流、中距离控制、近距离放行”的交通管控模式，对警卫线路上的主要路口、车流量大且复杂地段进行综合管控，根据道路状况、警卫等级、安全威胁等客观因素，科学运用“挡”“控”“放”，将车流量临时削减，在不中断交通的情况下，加大疏导分流力度，始终保证警卫车队安全顺畅通行，不断探索研究改进警卫形式。总之，要因地制宜、因时制宜，结合警卫基础工作，区分不同的地段和不同的时间而灵活运用警卫方法。要把困难想得多一些，把问题想的超前一些，把工作做得更细一些，用精心细致、超前意识和勤奋工作来弥补当前交通现状的不足。

5. 依托高科技和先进装备，确保安全

路线警卫各控制点的警力要加强纵深控制、远端疏导，加强随行处突、科技运用，最大限度增大安全系数。同时，警卫车队始终应保持在 60 公里左右的时速开行，因为这一速度能最大限度地干扰刺客的“定点伏击”。

警卫装备是公安警卫部队战斗力形成的重要物质基础，也是其战斗力的重要组成部分。在科学技术高度发达的今天，一支没有先进武器装备的公安警卫部队根本就不可能完成任何一项警卫任务。反之，装备有先进武器装备的公安警卫部队在与敌对势力对抗时，就会抢占先机，立于不败之地。2003 年 12 月 14 日，巴基斯坦前总统穆沙拉夫结束了对南部城市卡拉奇的视察，19 时 15 分乘专机到达伊斯兰堡机场，总统车队载着穆沙拉夫及随行人员向伊斯兰堡附近的重镇拉瓦尔品第奔驰而去。总统车队刚通过一座桥梁，后面就传来巨大的爆炸声，桥梁被炸毁，总统穆沙拉夫幸免于难。事后，经专家分析，此次爆炸物为预先埋设的遥控炸弹，炸药量为 200kg 左右的 TNT。穆沙拉夫之所以能躲过这一劫，是因为总统车队装备的电子屏蔽仪屏蔽了车队周围 200m 的电子信号，使爆炸装置未能按恐怖分子的指令启爆。由此可见，警卫装备对于警卫对象的生命安全、警卫工作的成败具有至关重要的作用。当前，国际恐怖主义活动猖獗，国内恐怖主义威胁日益严重，与此同时，党和国家对警卫工作提出了更高标准：不仅要保证首长和重要外宾安全，也要方便领导同志密切联系人民群众，在保证安全的前提下，一般不得封路、清场、闭馆。这就要求警卫工作的环境是开放式的，警卫手段是隐蔽的。只有在充分调动和发挥全体警卫人员个人和整体能力基础上，加强公安警卫部队装备建设，通过提高公安警卫部队装备的科技含量，打牢公安警卫部队战斗力的物质基础，才能高标准完成各项警卫任务。

6. 注重非致命性武器的运用及训练

我国警卫工作的指导思想是“安全第一”，警卫工作原则是“内紧外松”。公安警卫部队在执勤过程中，要讲究警卫形式，密切联系群众，如果大量配备重型、进攻性比较强的武器执勤，会对周围带来较大压力，容易给人一种如临大敌之感，会不经意间割断党和国家领导人与群众间的联系。即使在执行警卫任务时遇到紧急情况，警卫人员首先要做的是保护警卫对象快速脱离危险，迅速撤离到安全地带，而不是使用杀伤和破坏性武器压制和消灭危险因素。在警卫工作中“压制”和“消灭”不是目的，只是保证“撤离”的手段。因此，防御性武器装备、非致命性武器更符合警卫工作的指导思想和原则。

非致命性武器，亦称为非杀伤性武器或失能武器，是利用声、光、电磁及化学、生物等技术手段，使人员暂时或部分丧失作战能力的武器。此类武器具有杀伤精确、杀伤范围可控、附带毁伤小等特点，在警卫工作中的应用越来越普及，并日益发挥重要作用。非致命性武器在减轻负面影响、减小附带毁伤、缓和警卫形式方面具有较大应用价值。

(1)减轻负面影响

经过不断改良革新和发展，非致命性武器的实用价值越来越高，由打击效果的可控性、打击伤害的可逆性、打击范围的广泛性决定其在警卫工作中发挥着重要作用。适度运用“柔性措施”，合理使用非致命性武器，及时驱散或控制相关人员，维护路线、住地、现场秩序，既能确保警卫对象、警卫目标安全，又能最大限度地减轻社会负面影响。

(2)减小附带毁伤

保护人民群众生命及财产安全是公安警卫部队义不容辞的责任。执行警卫任务过程中，在确保警卫对象、警卫目标绝对安全的同时，应坚持“最小使用武力”原则，尽量避免对无关人员和建筑设施造成附带毁伤。应对个人上访或者弱势非法群体是警卫人员必须妥善处理的一项工作，非致命性武器具有安全系数高、附加伤害小的特点，在功能上为警卫人员处置突发事件提供了更为多样的选择。在应对此类事件时，使用“太妃糖枪”(子弹如“糖衣炮弹”粘住对方)、耳光弹(如同被扇耳光，疼痛难忍、头昏眼花)等一些非致命性武器，不仅能够迅速遏制群体性事件的发展势头，确保警卫对象、警卫目标安全，同时可以有效减小附带毁伤，避免对警卫对象、无关人员和建筑设施造成严重毁伤。

(3)缓和警卫形式

执行警卫任务过程中，警力投放多少、管控时间长短、警戒范围大小、装备使用优劣以及精神状态好坏是警卫形式的综合体现，直接展示出警卫工作的水平，要求必须充分结合任务条件，合理谨慎地采取措施。相对而言，由于其外观的多样性、工作性能的优越性、良好的适用性，非致命性武器既方便警卫人员隐蔽配备，缓和警卫形式，又能达到预期的实施效果。随着“尾刺”非致命手榴弹(8 颗子母弹含 200 颗橡皮子弹，进行散射，作用范围达 200m)、激光致盲弹(破坏视网膜，但不会造成永久性失明)、黏稠弹(与空气接触后凝固，粘住人使其无法动弹)、辣椒粉射弹(释放粉末 OC 刺激剂，引起眼鼻和肺部的不适)、蛛网弹(10 米宽、特殊纤维制成，可缠住人员)、润滑剂(无毒副作用，洒在道路表面，使车辆、人员寸步难行)、俄罗斯的“溪流”激光器(重 300g，长 15cm，击倒目标仅需一秒)、我国的 BMQ 匕首麻醉枪(安全可靠、隐蔽性好)和 SD88 休克手枪(体积小、重量轻、能发射多种子弹)等微型、小型非致命性武器投入警卫工作，为改进警卫形式创造了更加有利的条件。

通过训练，使警卫人员熟练掌握非致命性武器使用的法律依据，不断深化对相关法条的理解、掌握和运用，熟悉武器效能，明确非致命性武器使用的合理时机和法定程序，减小非致命性武器使用的随意性。

二、对抗训练(25 分钟)

[情景设定] 路线(详见图 5-3)警卫勤务。受训区队共 50 人。10 名同学扮演袭击者。35 名同学组成路线警卫分队，担负路线警卫勤务。其中现场指挥员 1 人，现场警戒组 20 人，外围控制组 9 人，机动增援组 5 人，构成一个完整的路线警卫方阵并呈梯次分布。剩余的 5 名男生分别扮演围观群众。

(一)情报分析与风险评估

训练由一名助讲教官担任现场指挥员进行组织。助讲教官(可酌情选定学员参与)在路线警卫勤务行动前，对各类可能的突发事件并结合现场行进路线及周边环境情况进行勘察分析，展开风险评估。首先，要加强气象信息的收集研判，提防气象灾害对警卫安全的影响。我国幅员辽阔，各地的气候变化差异较大。警卫车队在出行时，容易受到恶劣天气的影响，如暴雨(雪)、暴雷、大风、龙卷风、台风、冰雹、大(浓)雾、结冰等，尤其在云贵高原地区，天气变化多端，

图 5－3　警卫路线图(图中虚线代表警卫车队行进路线)

警卫车队出行必须要考虑天气因素带来的影响,把各种恶劣天气因素的影响控制在最小的范围内,确保警卫车队的行车安全。其次,在遇到强烈自然灾害时,党和国家领导人经常性的深入到灾区一线进行救灾指挥、慰问,这时警卫车队的行车安全势必受到冰雪、滑坡、泥石流等灾害的严重威胁,稍有不慎,就有可能造成十分严重的后果,伤害到警卫对象的人身安全。

(二)制定路线警卫勤务执勤方案

在现场勘察和风险评估的基础上,制定路线警卫勤务执勤方案。执勤方案的主要内容应包括基本情况、任务与要求、勤务部署、组织与实施、联络与保障、突发事件处置等。

(三)警力分工及勤务部署

现场指挥员依照路线警卫勤务行动方案的要求,根据道路情况、现场态势、警卫队员的个人情况和特长,进行科学合理的分组、分工,定岗、定人、定责。值得提出的是,要注意依照自然环境的不同,合理地分配部署警力。

自然环境包括的范围较为广泛,影响警卫工作的主要因素有地形、地貌、天候、季节等。地形和地貌主要指地球表面形态、物体、植被、地表等条件;城市和乡村、平原和山地、高速公路和普通公路、柏油路和土路等都有着不同的地形条件。这些不同的地形条件会对警卫工作产生一定的影响,要求警卫人员必须遵循因地制宜的原则,根据不同的地形采取不同的部署和措施。以路线警卫为例,有的道路处于一望无际的戈壁滩,行车几十公里不见村庄和人家,其路线警力的密度就应小一些;而对于车辆行人较多,道路纵横交错的城市道路,其路线警力密度就应大一些。城区公路和高速公路车流量、人流量、红绿灯设置差别较大,在路线警卫工作措施方面也有很大不同。例如,在城区公路采取远端疏导、中距分流、近距管控、腾道指挥、错峰出行、交通信号灯调控和避让繁忙路段等措施,科学合理地进行交通管理,最大限度地减少对人民群众的影响;高速公路是封闭性道路,行车方向一致,没有交通信号灯,可采取动态管理、重点控制的措施,双向不封闭交通,加强交通巡逻等。

天候季节对警卫工作也有一定影响。白天黑夜、夏秋冬等都不同程度地影响警卫工作。一般来说,季节与室外人员活动情况存在着关联。北方的冬季天气寒冷,室外活动人员相对较少,人们在室外活动时穿衣较多,易于隐藏危险物品;春夏季天气炎热,室外活动人员相对较多，且穿衣较为单薄，不易隐藏危险物品。此外，季节与执勤人员的视线也有着一定关联。北方冬季树叶枯萎，视线良好，便于观察；夏季树林茂密，视线受限，影响观察。这要求警卫人员要针对不同的天候季节在警力部署的密度上有所区别：北方的冬季路线警力可适当减少一些而夏季路线警力就可适当增加一些。

明确各自的具体职责、任务后，现场指挥员进行战前部署与检查，整理装备、验枪，检查调试通信器材，统一频道，对表。

（四）勤务组织指挥与实施

1. 路线警卫分队就位

依照路线警卫勤务方案，警卫分队根据现场地形情况和勤务战术要求，立即排好路线警卫预定队形并在预定区域就位。

2. 其他人员就位

情况显示员、围观群众等进入预定位置待命。

3. 组织指挥、实施

(1)指挥路线警卫分队按预定方案行动

现场指挥员组织警卫分队按预定方案行动。在执勤过程中，警卫人员应注意观察，及时发现、甄别可疑情况和嫌疑对象，做好事前防范。

(2)突发情况处置

一旦出现袭击、冲击等威胁警卫对象的突发事件，现场指挥员应及时启动突发事件应急处置预案，迅速反应，有序指挥，高效处置，确保整个赛事安全顺利。

（五）执勤结束后的工作

1. 清点人员、武器、器材；

2. 清理现场，移交收队。

三、应变训练(35分钟)

目前，公安警卫人员大多为二三十岁的年轻人，正是血气方刚的年龄，在处置情况复杂的突发事件过程中，往往会产生急躁心理，不够沉着冷静，甚至有可能会因感情用事而盲目地开展行动。因此，要针对路线警卫勤务中可能出现的突发情况，采取灵活多样的方法，展开处突应变训练。

一是着眼情境设置训练，培养敏锐的观察能力。例如，创设可能发生的突发状况等情境，让公安警卫人员在其中进行训练。这样的训练可以很好地增强公安警卫人员心理适应能力，锻炼其敏锐的观察能力，使其懂得在真正的事件中应当从哪些方面进行观察，怎样才能捕捉到细微的关键因素。情境设置应当精确还原现场设施、环境，同时在其中加入各类型的危险人物，这样才能让公安警卫人员有身临其境之感，懂得观察现场环境，注意人的言谈举止、细微表情等。

二是进行适应性训练，培养稳定的心理素质。紧张的气氛、失控的局面会使公安警卫人员产生心理波动，影响其处突表现。要着力开展各类警卫勤务演练、模拟各种警卫突发事件训练，多选择环境恶劣和地势复杂之处进行野外警卫处突训练，并设置袭击声、烟火、爆炸、高分贝噪音等真实可能发生的场景和元素。让学生在近似实战的危险的模拟演练中培养沉稳心理以及心理承受能力，使其懂得如何保持激扬的斗志和沉稳的心态，全面提高处置警卫突发事件的能力。

(一)反伏击训练

伏击是指敌对分子预先埋伏在警卫车队或警卫对象乘坐的专列、包车必经之路，对警卫车队或专列、包车实施的有组织的突然袭击。敌对分子的伏击可能在枪击为主的同时，辅以爆炸、冲撞或设置障碍等其他作案手段。反伏击具有敌暗我明、被动应战、对抗性强等特点。对警卫车队的伏击可分为正面和侧面伏击，侧面伏击又有单侧伏击和双侧夹击。

1. 正面伏击

当敌对分子对警卫车队实施正面伏击时，带路车、前卫车警卫人员和机动力量应快速做出反应，抢占有利地形，或利用座车在警卫车队前筑起一道防御屏障，并迅速进行有效反击，以掩护主车撤离。主车警卫人员应全力保护警卫对象安全，后卫车负责保护并带领主车迅速掉头撤离，或先直接倒车退出伏击区，再择机掉头后撤，如果条件允许，也可向两侧撤离。主车无法进行后撤或侧翼撤离时，带路车警卫人员和机动力量应集中火力压制敌对分子，前、后卫车警卫人员应边还击边保护主车强行突围。无法强行突围或强行突围有更大危险时，也可根据情况，由主车、前卫车、后卫车警卫人员保护警卫对象暂时弃车向道路两侧安全地带迅速转移。在撤离或突围中，如果主车损坏无法行驶，主车、前卫车、后卫车警卫人员负责保护警卫对象换乘备用车，带路车警卫人员及机动力量负责反击掩护。

2. 侧面伏击

反击侧面伏击有两种战术选择。一是前冲越过伏击区。前卫车、后卫车警卫人员应边还击边保护主车加速前冲，尽快越过伏击区，带路车警卫人员及机动力量负责实施反击、断后，掩护主车前冲，待主车越过伏击区后，再边打边撤，迅速向主车靠拢。采取前冲越过伏击区的战术时，必须对在前方可能遭到第二次伏击做好充分的准备。二是后撤脱离伏击区。带路车、前卫车警卫人员及机动力量负责组织反击与掩护，主车、后卫车警卫人员负责保护并带领主车迅速掉头撤离，或先直接倒车退出伏击区，再择机掉头后撤。如果主车损坏无法行驶，主车、前卫车、后卫车警卫人员负责迅速保护警卫对象换乘备用车或其他车辆撤离，带路车警卫人员及机动力量负责反击、掩护。

(二)驾车冲撞事件应急处置

驾车冲撞事件是指敌对分子为达到谋害警卫对象的目的，驾驶机动车冲撞警卫对象座车、警卫目标或活动现场的突发事件。此类袭击往往事发突然、冲击力强、伤害后果严重、防御难度大。敌对分子通常抱着以命相搏、孤注一掷的心态，丧心病狂，不顾后果，不惜车毁人亡也要达到目的。

1. 驾车冲撞警卫车队

(1)正面冲撞

正面冲撞有两种情况：一是从正前方直接冲撞警卫车队；二是让过带路车、前卫车和其他车辆，在与主车会车时突然实施挤撞。前一种情况的主要特点是：冲撞车与警卫车队相对行驶，冲撞发生突然、速度快、能量大、难以躲避。但因有带路车、前卫车或其他车辆阻隔，一般情况下难以直接冲撞主车。而后一种情况的特点与侧面冲撞类似。

① 迅速拦截

当敌对分子驾车欲对警卫车队实施正面冲撞时，带路车、前卫车应迅速进行拦截，或直接撞击敌车，或以车体作“盾牌”实施阻截，保护主车免遭冲撞；如果主车前还有其他车辆，指挥员应组织指挥这些车辆形成第二道阻截护卫屏障，保护主车，必要时，可开枪射击，以火力阻截敌车。

② 保护主车撤离

当带路车、前卫车等车辆采取拦截行动时，主车警卫人员应采取一切措施保护警卫对象安全，后卫车迅速带领主车向道路两侧撤离，或掉头后撤，机动力量负责掩护、断后。如果敌车突破拦截的车辆逼近主车，或在与主车会车时突然实施挤撞，主车驾驶员应沉着冷静，尽量避开冲撞，后卫车、机动力量车应及时超前拦截、阻隔或火力阻截，保护主车，带路车、前卫车应带领主车加速前行，尽快摆脱险境。

③ 换车与救护

如果主车因无法躲避而被直接冲撞，要尽量减轻冲撞造成的危害；如果主车被撞起火或损坏无法行驶，主车和后卫车警卫人员应迅速保护警卫对象换乘备用车或其他车辆撤离。

④ 加强现场警戒，捕歼敌对分子

冲撞发生后，机动力量要根据当时的具体情况，分兵对冲撞地点实施警戒，防止有人乘机暗害警卫对象。路线执勤警力要迅速加强警戒，指挥交通，必要时，可采取禁止车辆和行人通行的紧急措施。主车安全撤离后，一方面要保护好现场，另一方面要伺机捕歼驾车冲撞的敌对分子。

(2)侧面冲撞

侧面冲撞有左侧和右侧之分。敌对分子采取侧面冲撞的方式，一般选择警卫车队行经的十字路口、丁字路口和行车缓慢的路段或警卫车队途中停车的时机。侧面冲撞的主要特点是：警卫车队两侧一般没有护卫车辆阻隔，直接冲撞主车的可能性较大，而且在一般情况下，机动车辆两侧防护能力较差，在高速行驶稳定性也较差的情况下被冲撞，易造成主车损坏和颠覆、翻滚、起火爆炸等险情。其属于驾车冲撞中危害最大的一种冲撞方式，是抵御驾车冲撞的防范重点。由于侧面冲撞与正面冲撞特点不同，在抵御侧面冲撞时，护卫车辆的分工也不同。处置方法应注意以下几点。

① 拦截敌车

当敌车对警卫车队实施侧面冲撞时，一般情况下，带路车、前卫车很难快速折回拦截敌车。因此，拦截敌车由后卫车、机动力量车负责，带路车、前卫车则负责保护主车撤离。

② 以前冲撤离为主，侧翼撤离为辅，尽可能少用或不用掉头后撤。

③ 险情救护

如果主车因无法躲避而被直接冲撞并发生颠覆、翻滚等重大险情，主车警卫人员应尽可能保护警卫对象生命安全，前卫车、后卫车警卫人员应迅速采取措施，将警卫对象救离主车，换乘备用车或其他车辆撤离现场。

(2)尾追冲撞

尾追冲撞有两种情况：一是突然提速直接从警卫车队后方冲撞警卫车队；二是突然提速超越警卫车队中的后卫车和其他车辆，行驶到主车左侧或右侧，对主车实施挤撞。前一种情况的特点是:因为有后卫车、收尾车或其他车辆阻隔,冲撞速度较慢,力量较小。但由于机动车油箱一般均置于车辆尾部,有时可能造成被冲撞车辆起火爆炸。而后一种情况与侧面冲撞的特点相类似,危害性大,也是抵御驾车冲撞的重点之一。

① 强行别压

当敌车尾追警卫车队,欲实施尾追冲撞时,后卫车、机动力量车应减速别压敌车,使其无法得逞。同时,机动力量要利用座车采取一切措施阻隔、迫停敌车并捕歼敌对分子,带路车、前卫车保护、带领主车加速前行,尽快摆脱险境。

② 反挤撞

当尾追警卫车队的敌车突然提速超越警卫车队中的后卫车或其他车辆,欲对主车实施侧面挤撞时,后卫车、机动力量车应加速插入敌车与主车之间,对敌车实施反挤撞,尽可能隔开敌车,保护主车,必要时,可以开枪阻击。带路车、前卫车应迅速保护、带领主车加速前行。

③ 其他处置措施与抵御正面和侧面冲撞相同。

2. 驾车冲撞警卫目标

敌对分子驾车冲撞警卫目标,或敌对分子在车上放置炸药、汽油等易燃易爆物品后进行冲撞,则会对警卫安全带来严重伤害。因此,必须认真防范、抵御敌对分子驾车冲撞警卫目标,特别是冲撞“开放式”警卫现场。

(1)迅速阻截

当发现有敌车企图冲撞警卫目标时,处于出入口或警戒线的警卫执勤人员应迅速做出反应,以阻车器、阻车钉阻截,或命阻截车迅速出击,阻截敌车。

(2)保护与撤离

随身警卫人员发现有敌车冲撞时,应迅速收缩护卫圈,保持警惕,防止有人乘机暗害,同时保护警卫对象从应急通道撤离;随卫机动力量负责掩护。

(3)封锁与救护

现场执勤人员及应急机动力量应立即封锁现场,协助、掩护警卫对象撤离,组织疏散群众,捕歼敌对分子。

(三)拦车事件

拦车事件是指拦车人在警卫对象乘坐汽车、火车的行进途中,用身体实施拦截行为,造成紧急刹车的事件。它可以分为三种情况:一是敌对分子或恐怖分子以拦车为手段,以接近警卫对象并实施谋害;二是上访人员拦车告状,反映解决个人问题;三是群体堵路事件,特指人民内部矛盾引起的,为达到共同的目的而聚集在一起,以扰乱破坏公共秩序的形式,以期望引起警卫对象的关注。主要表现为:围堵警卫对象、集体上访请愿、堵塞公路、铁路,拦截首长座车、专列等。此类事件组织化程度高、规模大、行为激烈,对当前的警卫工作有直接的现实威胁,且容易被敌对分子或恐怖分子所利用。

群体堵路事件大多由于不同群体、不同阶层、不同利益主体的利益冲突而引起,其特点是组织程度高、聚集时间长、人员多、情绪起伏大、言辞和行为激烈,甚至实施打、砸、抢、烧,局面不易控制。

警卫对象外出途中发生群体堵路事件,一般有两种情况:一是堵断公路交通,阻碍警卫车队行进；二是堵断铁路干线，影响警卫对象乘坐的专列、包车正常运行。这时，要根据公路和铁路的不同特点进行处置。

1. 对堵断公路交通，阻碍警卫车队行进的处置

（1）早报告，早处置。路线警卫执勤人员一旦发现堵路群众有堵断公路交通的迹象，应及时向警卫车队报告情况，同时会同有关部门采取措施控制、疏散人群，保证警卫车队顺利通行。

（2）如果群体堵路事件规模较小，警卫车队可按照原定方案行进，由随行机动力量会同路线警卫执勤人员打开前进通道，带路车、前卫车、后卫车警卫人员保护警卫车队快速通过被堵路段。

（3）如果群体堵路事件规模较大，一时难以处置，应改走备用路线，如果没有备用路线可走，应果断取消既定行动方案，及时掉头返回。

（4）如果出现警卫车队被围困的情况，前卫车、后卫车警卫人员要保护并带领主车撤离，带路车警卫人员及机动力量要迅速打开通道，掩护主车撤离，路线警卫执勤人员应迅速向警卫车队靠拢，劝阻堵路群众，并协助做好掩护主车撤离的工作。行车途中遇到群体性堵路事件时，要把握主车不停车、不开车门、更不能轻易下车的原则。如果已经造成主车停车，前卫车、后卫车应迅速下车，形成保护圈保护主车，并打开通道保护主车离开现场。

（5）行车途中遇有拦车造成主车停车时，随车警卫人员应立即锁紧车门，前卫车和主车应立即开离现场，其他警卫人员迅速下车处理。拦车人应交执勤人员处理，如没有执勤人员或需要留人时，由后卫人员负责。

（6）警卫对象在参观游览场所或行车途中下车，发生群众围观拥挤、道路阻塞等影响正常活动或危及安全的情况时，随卫人员应迅速与现场警卫人员在其周围形成保护圈，并做好宣传、疏导工作，全力打开通道，保护其尽快脱离现场。

（7）乘车途中如遇穿插、冲击、强行超越车队时，前卫车除鸣警报外，前卫人员应用话筒令其礼让。对不听劝阻的，执勤交通民警应及时处理；对拒不避让的，可采取强制措施，迫使其停车，交由执勤交通民警处理；危及主车安全的，应强行护卫拦截。

2. 对堵断铁路干线的群体堵路事件的处置

铁路沿线警卫执勤人员发现堵路群众堵断铁路干线后，应及时报告，同时尽快采取措施，恢复铁路交通。如果群体堵路事件规模较大，一时难以处置，列车应考虑在就近车站停靠、减速行驶或就地临时停车，待秩序恢复后再行通过。临时停车时，要加强列车周围警戒，防止发生其他意外。

四、检查验收（10分钟）

每组演习完毕及时讨论和讲评。

（1）由嫌疑人讲出所见学员的优点和缺点；

（2）由学员自己讲出优点和不足；

（3）由主训教官对受训人员逐一讲评，并提出总体或个别建议。

在分组训练的基础上，教师随机抽取一组进行训练考核验收，按照《路线警卫勤务指挥训练考核评分表》进行打分，检查训练成效。

五、小结讲评(5 分钟)

(一)优化路线警卫指挥模式

首先,路线警卫指挥要遵循“扁平化”高效指挥模式,才能有效克服指挥层次冗繁,上传下达和横向联系上不畅,指挥层级不够精简等问题。新形势下路线警卫工作的开展涉及十多个部门共同参与安保执勤,包括警卫、交警、巡警、治安、国保、网安、科信、反恐、武警部队等相关安保部门,单位众多,分工不一,通信手段多样,要实现统一组织指挥,最大功效地发挥出整体战斗力和凝聚力,还存在一定的难度。警卫指挥有三重境界:上—把对的事情做好;中—无论对错,把事情做好;下—把错误的事情做得看起来正确。为此,要保持前场心态,中场视野,全场思维。所谓前场心态,就是一切指挥活动是为一线警卫业务做支撑;所谓中场视野,就是站在中场,左右协调,承上启下;所谓全场思维,就是树立全局观,打破部门、单位壁垒。同时,要优化警卫指挥体系,由中央主管警卫部门会同属地公安机关统一协调行动,统筹部署组织工作。属地公安机关依托指挥中心平台,成立联勤指挥部,组织警卫、交管、治安等相关部门、警种捆绑作业,协调联动。各级指挥员要定岗、定位、定责,不得层层随车队活动。其次要充分运用科技手段,不断提高指挥效率和科学化水平,组建警卫、交警、巡警“三位一体”工作小组,主要负责路线警卫勤务各执勤单位的点名、路线备勤警力的调用、路线沿线的视频巡视检查及全线情况的搜集汇总。通过优化指挥体系不断加强各单位的协调沟通,利用视频或无人机巡控,实时掌握道路动态以及督导沿线执勤警力,提高新形势下路线警卫工作的执勤效率。

(二)加强警卫信息技术应用

随着社会的发展和科学技术的进步,信息化建设在公安警卫部队建设和发展中的地位和作用日益凸显。用先进的科技手段推进警卫工作的不断创新,是警卫部队紧跟公安信息化建设大形势、适应现代警务变革的必然选择,也是信息化时代对警卫工作的必然要求。新形势下的路线警卫工作的统一性、时效性、计划性等特点离不开信息技术的支撑。装备技术的科技含量和水平是战斗力的重要组成部分,它影响着警卫部队的执勤方式、方法以及实际作战样式和效率。目前,信息技术在路线警卫工作的应用上还有待加强,包括警卫专业车辆改造、车载视频装备、通信系统、警卫地理信息系统的运用等,因此,应不断强化警卫信息化建设,加大对信息化建设的投入,结合警卫任务的实际需求研发新的技术产品,不断拓宽信息化技术装备应用在路线警卫工作中的深度和广度,向现代化技术装备要战斗力,才能变被动为主动,做到“内紧外松”,缓和警卫形式。

(三)增强警卫勤务计划的弹性

在公安警卫勤务中,许多东西都是相对的,唯一确定的就是不确定性。某些时候,会出现计划赶不上变化的情形。为此,一是在制定警卫计划时要全面考虑可能的突发情形及变量,增强计划的弹性和可操作性;二是执行警卫勤务之前,要确定目标一原则一方法:上级定目标,部门(单位)负责人(指挥员)定原则,执行层找方法;三是执行中要灵活变通,根据具体情况变化做好取舍。

第六章 指挥要图实训

将公安情报信息和警务战术情况用警用标号和文字标记在各类地图、地形图上的过程，叫警察战术标图。标成的图，统称警用要图。标图在公安各项警务工作中应用十分广泛，作用很大，效果良好。警用要图是各级各类公安机关组织警务活动的重要依据，也是辅助公安决策指挥的一种有效手段，更是顺利完成勘查破案、扫黑除恶、反恐处突、执勤巡逻等警务实战的科学方法和优良助手。

地图是反映某一区域地理环境特征的载体，是“指挥员的眼睛”“警务作战行动的向导”。即使是在现代高技术条件下，分析研究地图也是指挥员决策前的首要工作。在海湾战争中，短短的 40 天，美军就印制了 1 亿多张地图。可见，地图在高技术条件下也是一件必不可少的武器。指挥员在分析研究战场形势、制定作战方案时，总是先审视地图，因为地图记录了作战地域内的自然和人文状况。通过地图，指挥员可以了解作战地域内的地形、地质、水文、植被、土壤、气候以及交通状况、人口、资源、城镇村落、关隘要塞等。在此基础上，指挥员还可以分析出该地域的地理形势，继而制定出正确的作战方案。在作战中，指挥员还要根据在地图上标绘出的敌情和我情，及时采取随机应变的措施，并根据地图上标示的不断变化的战场形势，预测战斗的进展，制定相应的对策。

警务实战中常用的指挥要图包括犯罪情况显示图、战斗现场地形略图、室内平面结构图、指挥决心图等。美国图论学者啥拉里有一句名言，叫作“千言万语不如一张图”。大数据(big data)，按照维基百科的解释，是指无法在一定时间内用常规软件工具对其内容进行抓取、管理和处理的数据集合，这些数据集大小常超出人类在可接受时间下的收集、庋用、管理和处理能力。在公共安全领域，其实在大数据和互联网诞生以前，美国纽约警察就采用“地图墙”(Map Wall)的方式将治安案件发生的时间和地点记录并描绘出来，形成可视化图案，成为能够有预测价值的“未来图表”(Charts of the Future)，大大提高了案件侦破率，降低了案件发生率。后来，这一手段演变为治安信息管理系统(Comp Stat)和“地图映射和数据驱动的治安管理”(Crime Mapping and DataDriven Management)。可见，采用数据分析法和地图都是有助于公安工作的。

在警务实战指挥中，学会运用地图来有效利用地形和正确分析决策，是保证战斗胜利的重要因素。纵观以往的一些公安执法战斗，由于参战人员缺乏利用地形意识而导致战斗失利的教训令人扼腕、发人深思。在互联网和大数据技术已经广泛应用的今天，警方有必要将大数据的理念和技术融入日常实战中。在平时就要收集数据，形成可视化 4D 地图，对重点区域进行重点盯防。当问题出现时，与刑事侦查相关的技侦、网侦、情报、图侦等部门可以迅速发挥各自优势，提供各种数据支撑，对犯罪分子进行精确定位，在发现犯罪分子后，通过专业情报快速研判，通过各类情报信息系统快速布控，从而达成快速精准抓捕。因此，要从公安实战需要出发，本着以最小的代价争取战斗胜利的原则，学会研究地图、分析利用地形和绘制指挥要图，才能科学决策、正确指挥、扬长避短、克敌制胜。

科目一　《标绘犯罪情况显示图》

实训指导书

Ⅰ　〔训练提要〕

一、训练科目

标绘犯罪情况显示图。

二、训练内容及步骤

1. 设计常用案件标号。
2. 在现场地形图上根据警情通报标绘犯罪情况要图。
3. 分析归纳犯罪规律特征。

三、训练对象及人数

警察指挥与战术专业本科生，一个区队 50 人。学生学习过警察战术学、警察参谋工作和警察谋略学等专业课程，掌握一定的战术、指挥素养和绘图技能，但对警用要图及标图掌握不够熟练，对标号设计接触较少，实战经验较为欠缺。

四、训练目的

1. 掌握地图比例尺，学会识别、判读地形，学会识别和设计警用标号，提高公安基层指挥员所必备的识图、绘图、用图综合素质与能力。

2. 提升分析研究地形的能力，增强巧用地形的意识，能结合地形灵活运用战术、战法，能熟练使用警用要图指挥执法战斗。

3. 学会标绘犯罪情况要图，掌握分析归纳犯罪规律及特点的方法。

4. 提高利用要图组织实施指挥训练的能力，为今后分配到公安基层担任小教官奠定扎实的基础。

五、训练方法

讲解启发、分组讨论、独立作业。

六、训练地点

警务作战指挥实验室。

七、学时分配

本次实训共 2 学时(90 分钟),具体分配如下：

1. 讲解启发(10 分钟)
2. 分组讨论(10 分钟)
3. 标号设计(25 分钟)
4. 课间讲评(5 分钟)
5. 标图作业(35 分钟)
6. 交互评分(5 分钟)

八、训练要求

1. 开动脑筋,勇于创新,大胆发言。
2. 认真听讲,严格要求,认真完成训练任务。
3. 评分要公开、公正、公平。各组组长、评委要科学合理打分。

Ⅱ 〔训练进程〕

一、讲解启发(10 分钟)

犯罪情况显示图是公安指挥与实战的常用警用要图之一。从目前一些公安机关绘制的警用要图和设计使用的案件标号来看,存在着标准不统一、图标不规范和设色过多、过杂等突出问题。案件标号通用性、概括性、科学性的不足,容易在实战应用中造成不便和误读。因此,结合当前警务实战需要,探讨确立案件标号的设计原则,设计出一套简明清晰、直观形象、通俗易懂、规范统一且便于广大民警学习掌握的案件标号,对于有效指导警务决策活动,提高公安指挥效率和战斗力,促进和推动警用要图应用研究更上台阶,具有重要的意义。

(一)犯罪情况显示图及其作用

常见多发违法犯罪案件情况显示图(以下简称犯罪情况显示图),是指各级各类公安机关采用特定的专用标号,将辖区内某时期(年、季度、月、周)发生的常见多发违法犯罪案件标示在辖区地图上而形成的警用要图。

犯罪情况显示图是常见刑事案件和多发治安案件的发案态势图,在公安实战中得到普遍应用。例如,有抢劫案件分布图、电诈(电信诈骗)案件高发区域图、入室盗窃案件高发小区及作案时段图、盗窃电动车案件高发区域分布图等。犯罪情况显示图能够帮助公安机关各级指挥员直观简便地找出某类案件的高发点、高发时段、高发区和高发分布的区域及作案规律特点等,以便有针对性地把握打击防控犯罪的重点,并借此制订警方在一定时期内的应对方案和战斗计划,提升公安机关快速打击和科学防控的效能。

近年来,随着我国改革开放的进一步深化和“一带一路”倡议的实施,各类大型国际、国内论坛或会议相继在国内各大城市召开,大型活动的安保任务也日趋增多。公安机关和各级警卫部门在策划、参与大型安保活动过程中,对安保区域及相关场馆的社会治安状况、发案情况都必须详细了解掌握并实时跟踪。同时,要在公安各级指挥中心电子地图上对重点安保目标、案件高发地点、重点高危人员(上访专业户、涉恐嫌疑人员等)分布点及道路交通易堵路段等常见警情作出醒目且突出的标记。这样,必然会涉及警用标号的设计与使用。

(二)标号与案件标号

标号是指以图形为主要特征,用以传递某种信息,表达一定事物或概念,具有简化、直观和概括特征的视觉形象符号。它可以指导人们的行动,提醒人们注意或给以警告等。标号广泛应用在社会生产和日常生活的各个领域,涉及各个部门、各个行业。

常见多发案件标号(简称案件标号)就是利用特定、专用的警用标号将各类常见多发案件图形化、形象化、概括化和规范化地表现出来,具有直观简明、清晰醒目、易懂易记、便于共享等特点。一张图胜过千言万语。语言叙述和文字材料难以说清楚的内容,利用警用要图可以一目了然;许多用文字材料表述冗长、很烦琐复杂的事项,使用简单易懂的警用标号就能清晰地表现出来;使用传统的数据图表进行违法犯罪统计分类,也可以利用警用标号将常见多发性案件的动态发展和规律性特征在警用要图上直观形象地全方位展示出来。

二、分组讨论(10 分钟)

警用要图的作用之一,就是通过在地图上标定警用标号,来直观清晰地帮助使用者获取警务情报信息。警用标号特别是案件标号的设计,一定要便于判读,便于情报信息的传递,做到一目了然、形象直观、过目难忘,使不同年龄,具有不同文化水平和使用不同语言的人都容易接受和使用。从目前一些公安机关绘制、使用的警用要图及其案件标号来看,不同程度地存在有案件标号不统一、规范不足、随意性较强和设色过多、过杂等突出问题。一些警务实战部门设计使用的案件标号图案过于简单,直观形象化不足,很难引发联想和共鸣,欠缺认同感;一些警务实战部门设计使用的案件标号图案又过于繁杂,设色过多,图案颜色五花八门,缺少简捷性、实用性,给绘制要图和警务实战应用带来诸多不便。

通过讨论,将同学们的观点归纳小结如下:案件标号的设计必须具备科学性、通用性,严格规范性,突出实用性,体现概括性,兼顾美观性。从公安机关警务实战应用的角度出发,案件标号设计应遵循以下四大原则。

1. 统一规范原则

案件标号应该在公安机关内相对统一。如果各地有各地的标号,就难以实现不同地区、不同部门和单位之间在公安情报信息中的共享与交流。因此,有必要加强顶层设计和研究,建立一套符合公安实战要求的案件标号库,以此实现对案件标号的统一规范和科学管理。

2. 直观易记原则

在案件标号设计中,必须对各类标号进行科学概括,对相同类别的标号进行合理分类和合并简化,使设计出的案件标号尽可能反映该类案件的特征,做到形象醒目,直观易记,清晰美观,容易理解、识别,贴近公安实战。

3. 联想衍生原则

案件标号设计的最高境界是利用尽量少的图案来表达各类复杂的案件,但又不会造成使用者的误读或歧义。因此，要在案件标号设计中抓住共性，区别个性，利用联想思维，找出各类案件之间的相互有机联系和内在衍生关系；要在满足通用性和约定俗成的基础上，用最简捷易读的符号衍生渐变出同类案件的系列标号，让用图者看到标号很容易就能联想到它所代表的案件，能够轻易地举一反三，触类旁通。

4. 简便实用原则

案件标号设计应力求图形、线条简练明确，规范清楚，可要可不要的线条尽量去掉。在构图上，多用直线少用曲线，多用简单规范的几何图形少用复杂偏僻的特殊图形，做到简便易画，以有效提高标图的速度和清晰度，保证标绘方便和满足计算机绘图的需要。在标号的色数上，为便于标绘作业和图上识别判读，标号颜色通常不应超过三种，否则容易导致标号设色过多造成的图面干扰，并给规范标图和判读带来不便。

三、标号设计(25 分钟)

同学根据上述标号设计的原则，独立完成指定标号的设计。

四、课间讲评(5 分钟)

教师针对同学们标号设计的完成情况进行分析、小结、讲评。

公安机关常用要图案件标号设计，必须顺应现代科技发展要求，满足信息化、大数据、人工智能等技术在警务实战领域应用的现实需要。目前，在这方面的研究尚处于婴儿期。因此，这是一项具有开拓性、探索性和挑战性的研究课题。教师可根据上述案件标号的设计原则并结合当前公安实战需要，按照下列设计构想及思路，初步设计出下列一些常见案件标号(详见附表一)以抛砖引玉，启发思维，激发创新。

(一)标号尽量保持统一、规范

常见警用标号可按照案件的类型、性质等，将标号设计中的具体符号分解成人(犯罪嫌疑人、被害人)、财物(车辆、手机、钱等)、作案场所及工具、犯罪行为等四大类。我们的设计初衷是，各类标号自成体系并保持统一标准和科学规范，以便于今后全国公安机关的相互沟通及警务实战推广应用。例如，所有案件标号中，均用线条粗细一致、相同大小的蓝色圆圈表示违法犯罪嫌疑人。又如，案件标号中，统一用蓝色符号“￥”来表示人民币，以突出某些严重侵财案件(抢劫、扒窃、电诈案件)的特点。

(二)图案力求形象、易读

设计案件标号，不仅仅是设计者自身能看懂，更关键是要基层警务实战单位的使用者能在没有文字说明的前提下，见形如物，一看便知，易读易记。因此，我们的设计思路就是力求多采用形象直观、通俗易懂的大众化图案来进行适当的排列组合，尽量不用少见、复杂的图案。例如，赌博案件用骰子图形来直观表示；盗窃电动车案件标号中用“×”来代表盗窃嫌疑人破坏或非法打开车锁系统；摩托车飞车抢夺案件标号中用两个蓝色圆圈表示两名抢夺嫌疑人分别坐在摩托车的前后座上实施抢夺行为；扒窃案件标号用从蓝色圆圈中伸出的两根夹角直线来形象地代表作案用的镊子或其他扒窃行为(工具)。所有这些，都是力求通过大众普遍认可的图形符号来实现案件标号设计的通俗易懂、好认好记。

(三)标号间建立内在联系与转换

如上所述,我们将标号设计中的具体符号分解成人、财物、作案场所及工具、犯罪行为等四大类。随着形势的发展和警务实战的需要,警用标号的数量将不断增多。标号的增加必将会造成标图和判读的困难,并对使用推广带来不利影响。如何解决和控制好标号数量,就涉及标号之间如何建立科学的内在联系及其相互转换等问题。对此,我们的设计思路是,探索标号之间的内在图形及逻辑关系,实现同类标号间的有机繁殖和互换。力争以尽量少的符号来衍生新的标号,将大量警务行动和案件情况在地图上有效、醒目地标识出来。例如,将电动车符号的线条加粗后,即可衍生为摩托车符号。又如,在殴打他人案件标号中,箭形符号代表攻击行为。如果是寻衅斗殴案件,则标号中箭形符号所代表的攻击行为内外各有一个分别代表斗殴双方嫌疑人的蓝色圆圈。这样,通过在箭形符号外增加一个代表斗殴嫌疑人的蓝色圆圈,殴打他人案件标号就转换为寻衅斗殴案件标号,使两种既有区别又相类似的违法犯罪案件标号通过建立内在联系实现衍生转换,达成共享共通、举一反三的效果。

(四)图案简约、美观实用

警用标号的三大构成要素分别是图形符号、颜色及文字注记。在解决好图形符号设计问题后,标号颜色便成为一个亟待统一规范的大问题。为适应规范标图需要,方便标绘作业和图上识别判读,我们在标号设计过程中,设色相对较少。通常情况下,在常见多发案件标号设计中,我们只设黑色和蓝色两种颜色,力争做到图案简约、美观大方,便于操作使用(详见表 6－1)。

表 6－1　常见多发案件标号设计

常见案件类型		标　号	备　注
1	拦路抢劫		圆圈表示抢劫嫌疑人,“¥”表示人民币,长条平行四边形符号用于表示道路
2	入室盗窃		圆圈表示盗窃嫌疑人,外形符号表示建筑物室内
3	赌博	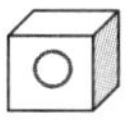	圆圈表示参赌嫌疑人,外形的骰子用于表示赌博行为
4	盗窃电动车		圆圈表示盗车嫌疑人,“×”代表破坏车锁系统,外形符号表示电动车
5	飞车(摩托车)抢夺		2 个圆圈表示 2 名抢夺嫌疑人,外形符号表示摩托车
6	扒窃	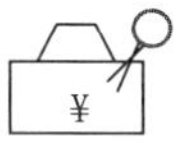	圆圈表示扒窃嫌疑人,两根夹角线代表镊子,“¥”表示人民币,外形符号表示箱包
7	卖淫嫖娼	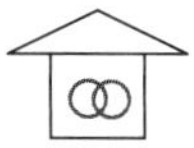	两个圆圈分别表示卖淫、嫖娼嫌疑人,外形符号表示屋内

（续表）

常见案件类型		标　号	备　注
8	殴打他人	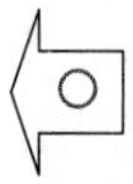	圆圈表示暴力嫌疑人，箭形符号表示攻击他人
9	寻衅斗殴	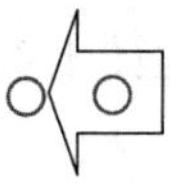	箭头内、外的圆圈表示寻衅斗殴嫌疑人，箭形符号表示攻击
10	电信诈骗	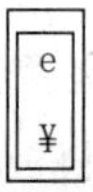	“e”代表电信，“￥”表示人民币，外内两个矩形方框表示手机

说明：为便于清晰显示，上表中的标号特意用较大的图案来标示，圆圈均为蓝色。在实际标图作业时，可依据需要自行选择大小恰当的标号，使整个警用要图比例协调，示例见图 6－1 和附表 6－2。

图 6－1　违法犯罪情况显示图

表 6-2　违法犯罪情况统计表

福州市某公安分局某派出所辖区 2017 年 8 月第 2 周(8.7—8.13)违法犯罪情况统计表					
案件类型	发案数	发案时间	案件类型	发案数	发案时间
拦路抢劫	1 起	8.7.16.35	扒窃	1 起	8.12.09.51
入室盗窃	1 起	8.12.02.21	卖淫嫖娼	1 起	8.8.22.11
赌博	2 起	8.11.19.35 8.13.20.21	殴打他人（同一地点）	2 起	8.10.10.14 8.12.18.20
盗窃电动车	1 起	8.9.12.07	寻衅斗殴	1 起	8.11.11.09
飞车抢夺	0	8.10.10.27	电信诈骗	1 起	8.7.15.21

说明：若同一地点发生 2 起以上相同类型的案件，则在案件标号右下角处用括号来表示，发案数量用阿拉伯数字标注在括号内，发案时间则分别标注在案件标号下方。不同地点发生的相同类型的案件，则分别标绘出案件标号和发案时间。

五、标图作业(35 分钟)

让同学们在给定的地形图上依据案情，标绘犯罪情况显示图。

六、交互评分(5 分钟)

标图作业完成后，先由学生个人对照标图成绩评分表(见表 6-3)给自己打分，接下来将本讨论组同学的作业交由另一讨论小组评阅。经讨论小组集体协商后确定作业分数，实现小组间的交互评分。小组交互评判得分完成后，要与作业者本人见面。若学生本人对作业分数有异议，可提请教师介入评判。最后将全区队的作业收齐，交由教师综合衡量、统筹把关后，得出教师评判分即标图作业的最终得分。

表 6-3　标图成绩评分表

姓名：　　　　　　学号：　　　　　　成绩：

序　号	评分项目及标准	分　值	成绩评定得分		
			个人	小组	教师
1	标图要素完整、清晰	25			
2	标号设计合理、形象、规范、易读	20			
3	位置准确	10			
4	标号及标注合理、醒目	15			
5	用色正确	7			
6	文字说明简明扼要	8			
7	比例恰当	7			
8	图面整洁美观	8			
总计分数					

科目二 《绘制战斗现场地形略图》

实训指导书

Ⅰ 〔训练提要〕

一、训练科目

绘制战斗现场地形略图。

二、训练内容及步骤

1. 现地勘查,分析地形,撰写勘查报告。
2. 确定比例尺并根据勘查报告绘制战斗现场地形略图。
3. 评比小结。

三、训练对象及人数

警察指挥与战术专业本科生,一个区队 50 人。学生学习过警察战术学、警察参谋工作和警察谋略学等专业课程,掌握一定的战术、指挥素养和绘图技能。但绘图技能不足,实战经验较为欠缺。

四、训练目的

1. 熟练掌握地图比例尺,学会识别、判读地形,学会识别和设计地图符号,提高受训者的识图、绘图、用图综合素质与能力。

2. 通过现地勘查,提高观察判断、分析研究地形的能力,增强利用地形意识,能结合地形灵活运用战术、战法,能熟练使用地图指挥执法战斗。

3. 学会绘制战斗现场地形略图,掌握现地快速绘图的基本功。

4. 提高利用战斗现场地形略图组织实施战斗指挥训练的能力,为今后分配到公安基层担任小教官奠定扎实的基础。

五、训练方法

现场训练、理论提示、独立作业、评比小结。

六、训练地点

野外战术实训场、警务作战指挥实验室。

七、学时分配

本次实训共 2 学时(90 分钟),具体分配如下:

1. 现地勘查(35 分钟)
2. 理论提示(5 分钟)
3. 独立作业(40 分钟)
4. 交互评分(5 分钟)
5. 小结讲评(5 分钟)

八、训练要求

1. 开动脑筋,积极思考。
2. 认真观察、分析地形,保质保量完成训练任务。
3. 评分要公开、公正、公平。各组组长、评委要科学合理打分。

Ⅱ 〔训练进程〕

一、现场勘查(35 分钟)

受训者统一集合带队,前往教师预先选取的战斗现场展开现地勘查。现地勘察是参战指挥员对于战斗对象可能出现的区域的地形进行现地校勘和现地侦察敌情。现地勘察是战斗行动的重要基础工作,是制订决策的重要依据。实地勘察可集中进行,也可分组轮流进行。勘察的内容有战斗目标可能出现地点的周围道路、河溪、地形和环境,开进道路和秘密接敌路线,观察员的位置选择,靠前指挥的位置选择,攻击点、围控点、设卡点的选择等。勘查的重点应放在如下方面:出入口,制高点,嫌疑人所在房屋内部结构、分布、门锁情况、门窗防盗网安装情况及开合方向,现场周边道路情况及人流车流规律,室内家具陈设及电路开关控制位置等。最后根据勘查情况撰写出勘查报告。

勘查报告示例:某年 9 月 12 日夜间 9 时许,据现场勘查,持枪毒枭张×力正在上街乡小桥村东头自建的三层小院内打麻将。三层小院为钢混结构,坚固结实,围墙高 4 米,易守难攻。毒枭张×力之父居住的单层平房位于其所在三层小院的南侧,其兄所居住的两层房屋位于其所在三层小院的东侧。现场周围社情、环境复杂,院墙互联,容易逃匿。小桥村村北面紧邻县道有一集市,村西头为 95 号高地。现场一带均为老居民区,以低矮楼房、成片连接、巷道狭窄、通道交错、人员混杂为基本特点。三层小院南面 30 米为一片松树林,小院东边 25 米有一小湖泊,小院西侧 20 米处有一县道呈西偏北约 45 度贯穿小桥村。

二、理论提示(5 分钟)

战斗现场地形略图是公安指挥与实战的常用警用要图之一。警察在执法战斗过程中,各级指挥员、参战人员一般都十分重视现地地形环境情报,通常采用现地勘查等方法预先监控,观察了解敌情动态,分析研究地形,做到心中有数,趋利避害。但是为了防止惊动犯罪嫌疑人,一般不太可能让所有参战民警都去现地查看,而通常是由监控民警将现地情况绘制在地形略图上,指挥员借助略图,可了解目标的位置关系,掌握警情动态,根据地形环境条件做出决策，定下决心，并利用地图进行战术方案设计，进而部署警力，组织协同，按设计好的战术方案进行指挥，实施战斗。战斗任务完成后，还可利用地图回顾战斗经过，总结经验教训。例如，贵州省仁怀市警方接到举报，称辖区一家小旅社内，夜间可能有吸毒人员成群出没。民警先期勘查发现，该旅社楼道、廊道七弯八拐，形同迷宫，初次进入很容易走错方向。旅社内的楼道没有栏杆，夜晚也没有电灯。抓捕时，吸毒人员万一惊逃，可能造成伤亡。返回后，勘查民警根据记忆绘制了一张旅社内部和外部的地形图，并标明了危险地点。这张"手绘地图"，后来被放大，发给了所有参与抓捕的民警。随后，警方调集警力，根据手中的地图对旅社形成包围。抓捕组按图找路，在没有惊动任何人的情况下，顺利进入旅社内。接着，对应地图上的门牌号，在三个房间内控制了 15 名正在吸毒的男女（周舜，黄黔华．仁怀市民警凭借手绘地图围堵抓获 15 名涉毒者[N]．贵阳晚报，2014－12－16.）。

教师结合受训者的勘查情况和绘图水平，讲解绘图要领，强调作业要求，提醒注意事项。

1. 认真分析地形，找出绘图要点。对于图面占整个纸张的多大面积，图的名称写在什么位置，图例放在何处，指北针尖标放在哪里等问题，在动笔前，都要事先安排好，做到条理分明，精心构思。

2. 在分析判断地形的基础上先画出草图，并依据纸张尺寸制定适当的比例尺。通常情况下，图上应注明：图的名称、方位、测量方法、比例尺、图例说明、绘制日期、绘图人、校对人等。

3. 绘图要突出重点，切勿忽略对战斗行动有影响的地形、地物。

三、独立作业(40 分钟)

给每名学生发 1 张 A4 纸张，独立完成绘制作业。

四、交互评分(5 分钟)

绘图作业完成后，先由学生个人对照绘图成绩评分表（见表 6－4）给自己打分，接下来将本讨论组同学的作业交由另一讨论小组评阅。经讨论小组集体协商后确定作业分数，实现小组间的交互评分。小组交互评判得分完成后，要与作业者本人见面。若学生本人对作业分数有异议，可提请教师介入评判。最后将全区队的作业收齐，交由教师综合衡量、统筹把关后，得出教师评判分即标图作业的最终得分。

五、小结讲评(5 分钟)

1. 教师针对作业完成情况进行分析、小结、讲评。
2. 表扬训练过程中的好人好事。
3. 提出存在的问题，说明解决的方法。
4. 布置课后练习，宣布下次课的内容及所需装具。
5. 将学员交由学员区队长报告后统一带回，清理训练现场。
6. 教师通过 PPT 展示参考答案（详见图 6－2）。

表 6-4　绘图成绩评分表

姓名：　　　　　　　　　　　　学号：　　　　　　　　　　　　成绩：

序　号	评分项目及标准	分　值	成绩评定得分		
			个人	小组	教师
1	绘图要素完整、清晰	15			
2	符号设计合理、形象、规范、易读	10			
3	位置准确	20			
4	标号及标注合理、醒目	15			
5	用色正确	15			
6	文字说明简明扼要	10			
7	比例恰当	10			
8	图面整洁美观	5			
总计分数					

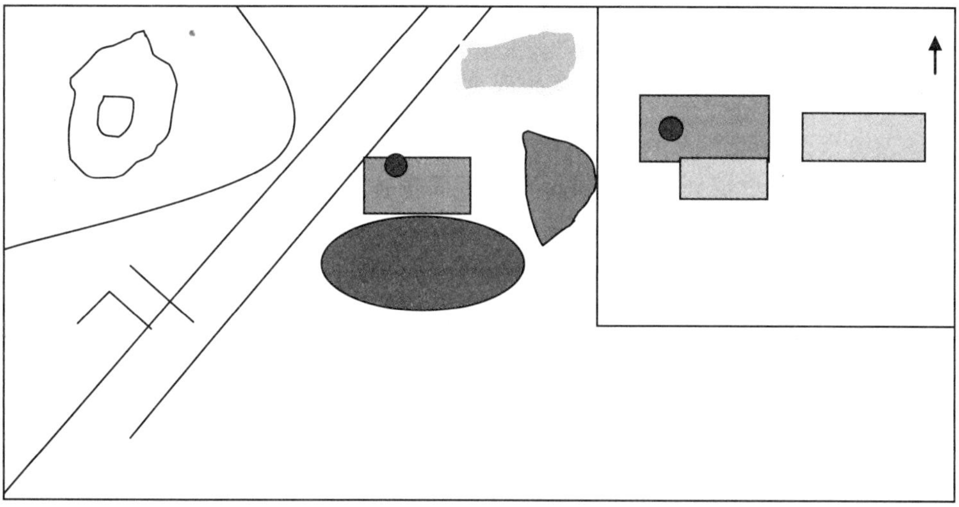

图 6-2　某公安分局“9.12”上街乡缉捕持枪毒枭张×力现场地形略图

科目三　《绘制现场平面图》

实训指导书

Ⅰ〔训练提要〕

一、训练科目

绘制现场平面图。

二、训练内容及步骤

1. 现地勘查，分析地形。

2. 绘制战斗现场平面图。

3. 评比小结。

三、训练对象及人数

警察指挥与战术专业本科生，一个区队 50 人。学生学习过警察战术学、警察参谋学和警察谋略学等专业课程，掌握一定的战术、指挥素养和绘图技能，但绘图技能不足，实战经验较为欠缺。

四、训练目的

1. 掌握地图比例尺，学会识别、判读地形，学会识别和设计地图符号，提升受训者识图、绘图、用图综合素质与能力。

2. 通过现地勘查，提高观察判断、分析研究地形的能力，增强利用地形意识，能结合地形灵活运用战术、战法，能熟练使用地图指挥执法战斗。

3. 学会快速准确地绘制战斗现场平面图，掌握现地快速绘图的基本功。

4. 提高利用战斗现场平面图组织实施战斗指挥训练的能力，为今后分配到公安基层担任教官奠定扎实的基础。

五、训练方法

现场训练、理论提示、独立作业、评比小结。

六、训练地点

野外战术实训场、警务作战指挥实验室。

七、学时分配

本次实训共 2 学时(90 分钟)，具体分配如下：

1. 现地勘查(15 分钟)
2. 理论提示(5 分钟)
3. 标号设计(25 分钟)
4. 独立作业(35 分钟)
5. 交互评分(5 分钟)
6. 小结讲评(5 分钟)

八、训练要求

1. 开动脑筋，积极思考，刻苦钻研。
2. 认真观察、分析地形，保质保量完成训练任务。
3. 评分要公开、公正、公平。各组组长、评委要科学合理打分。

Ⅱ 〔训练进程〕

一、现场勘查(15 分钟)

受训者统一集合带队，前往教师预先选取的战斗现场展开现地勘查。

平面图能够反映出与执法战斗有关的房屋、场馆、门窗、阳台、家具陈设、通路、出入口等的形状、大小和具体位置。如果执法战斗发生在室内，具体画法是设想将所需画的一幢房屋的有关部分，沿门洞和窗洞的水平方向切开，移去上面房盖部分这时再由上往下看，就直接地反映出室内陈设和作战对象的实际位置等；如果执法战斗发生在楼房里，作战对象具体位置不清，需逐层搜索，即可以根据现地实际情况和战术需要，分层绘制平面图。快速准确地绘制能够形象客观地反映嫌疑人所在房屋实地实情实景的现场平面图，是基层民警和指挥员的基本功之一。

现地勘查应注重把握以下三大要点。

(一)出入口的位置、地形特点及利弊分析

通过对嫌疑人住所周边地形环境和房屋结构的细致勘查，分析研究现场地形的特点和利弊，熟知出入口的位置及分布情况，评估地形环境对战斗行动的影响。

(二)门窗的材质、厚度、坚固程度、开合方向及开锁难易

了解门窗的材质、厚度、坚固程度、防弹性能、开合方向、开锁难易及其开锁方法，对于抓捕破门行动的顺利实施无疑是十分重要的。因此，在勘查和绘制现场平面图过程中，务必要重点标出上述情况，以便于现场指挥员和民警在行动中预有准备、有的放矢，快速、顺利地进入现场，完成抓捕战斗任务。

以门为例，目前常见的主要有钢(铁)质防盗门、木质门、铝合金玻璃门等。在刑侦抓捕中，快速入门的破门器材主要有破门锤、液压开门器(一种轻型开门千斤顶)，先将楔状张开器插入门缝，用铁锤敲打，产生一个较大缝隙也可以用撬棍开缝，然后将液压扩张器插入门缝。一般的防撬门 10 秒打开，防盗门约 20 秒打开，天地锁 30 秒打开。常见的工具有电剪、液压剪(剪断粗钢筋和大型挂锁)、定向炸药和塑性炸药(炸断门闩、门锁和铰链或者在楼层墙壁、地板、天花板开一个人能进入洞)、电锯(油锯)、多用途丁字镐(有背带方便携行，直角镐头可将门窗撬开；叉形镐可以撬开螺钉、螺栓)、电钻、全自动开锁器、钛合金钥匙杠、破门霰弹枪、破障弹、技术开锁等。在前期现地勘查过程中，必须认真观察门锁的种类，需要时，还可以请技术开锁专家帮助，以确认抓捕时能够迅捷开门的方式。

(三)墙体的性质、厚度、防弹程度及破拆难易

在现地勘查时，应根据抓捕行动的需要，了解掌握建筑物和墙体的性质、厚度、防弹程度及破拆难易，以便在情况急需时快速破拆墙体进入室内展开抓捕行动。

二、理论提示(5 分钟)

警务实战特别是抓捕持枪持爆嫌疑人战斗是刑侦办案中应急最烈、变数最多、风险最大的环节。抓捕行动是否到位、顺利，很大程度上取决于前期勘查与准备工作的准确性、精细

度。在事先勘查和抓捕行动前，若能快速准确地绘制出抓捕现场周边的地形略图和嫌疑人所在房屋的平面图，则会为后续的抓捕行动提供指导和便利，为勘查抓捕战前合理部署警力、把握指挥协同要点和加强现场风险控制奠定坚实的基础。

（一）熟知并活用地形是警务实战夺取胜利的基础

警务实战特别是复杂多变的抓捕行动要想取得成功，源自天时、地利、人和的完美配合。我们唯一可以做的就是培养人和（吃透敌情、社情，注重协同配合），最大限度地利用地利，耐心等待把握天时（战机）。地图是行动的最好向导。在一些城乡接合部和复杂村落、街区实施抓捕时，对地形环境的了解和熟知往往决定了整个行动的成败。例如，一天，某公安分局民警赶到上海市金山区张堰镇百家村抓捕一名犯罪嫌疑人。车子开到村口时，看着四通八达的乡间小路和像迷宫一样街区，民警没有了方向。恰好，上海市公安局金山分局张堰镇派出所社区民警卫峥嵘手中有两本手绘地图，详细标记了该辖区每户人家的地理位置和房屋建筑特征，简直比卫星导航还要精确。勘查员按照卫峥嵘的指点，抓捕非常顺利（陈晨．卫警官的手绘地图[N]．新民晚报，2015－03－16.）。

（二）有助于避免抓捕中的对抗及减轻战斗风险

抓捕行动具有对抗性强、危险性高、情况多变、可控度差等特点。在错综复杂、紧张激烈，敌我零距离接触的抓捕中，民警受伤的概率较大。当前，暴力犯罪有增无减，民警在抓捕行动中遭遇暴力抗法、顽抗拒捕，导致行动受挫和伤亡的情况时有发生。近日，笔者在公安信息网上输入“抓捕、受伤”两组关键词，共有 61088 条结果。在百度上输入“民警、抓捕、受伤”三组关键词，共找到相关结果约 844,000 个。党的十八大以来，因公牺牲民警 2105 人、受伤民警 22977 人，仅 2016 年，因公牺牲民警人数有 362 人，负伤 4913 人（王梦遥．公安部：去年 362 名民警因公牺牲[N]．新京报，2017－03－07.）。其中，在抓捕行动和处置各类暴力事件中遭遇犯罪嫌疑人暴力袭击是民警负伤的主要原因之一。

准备工作做得好坏，很大程度上决定了抓捕行动的成败。在现实情形中，民警抓捕时所面对的很有可能是凶残暴躁、顽固不化、孤注一掷、不顾后果的亡命之徒。其中的危险和不测可想而知。不打无把握之仗。最好的抓捕，是在行动之前，就已经赢得了主动。这就是行动的确定性。有效降低战场风险，努力扩大自身的能力圈，进一步加强快速绘制现场地形图的训练，把抓捕现场诸多不确定变为确定的过程，就是不断走向胜利的过程。

对办案民警而言，抓捕行动不仅需要较高的身体素质、心理素质、法律意识、战术素养、谋略胆魄和指挥协同水平，还必须具备分析、研判现场地形的能力。换句话说，不但要有高智商、高情商和高体商，还要有高图商。所谓图商，即识图、用图商数，是反映了人对于各类图形（包括地形图、建筑结构图等）进行识别、记忆、想象、研判、推理的基本素质和运用技能，是衡量一个人识图、用图、绘图并运用图形解决实际问题的能力和效率的指标。具备上述“四高”，将有助于做好抓捕前的各项准备；有助于加强行动中的指挥协同，消除视觉死角，克服行动中的盲目性，有效实施对现场的全方位把控；有助于指挥员分析现场地形，做到趋利避害，进而牢牢掌握行动的主动权，减少对抗和降低战斗风险。

（三）识图用图绘图是增强公安战斗力的迫切要求

抓捕最重要的就是要做到隐秘、突然。即在对方防范松懈、意想不到之际，隐蔽、秘密地贴近，突然、迅速地出手，以期快速果断地达成行动目的，完成对嫌疑人的完全控制。因此，出其不意，攻其不备，是抓捕战术设计的出发点和关键点，也是确保缉捕行动成功的关键环节。但在公安实战抓捕中，能够满足突袭抓捕、伪装智取和设计诱捕条件的只占其中的一部分，还有相当部分的抓捕行动是在嫌疑人可能已事先察觉或有所防备的情况下实施的。在这种公开抓捕的情形下，研究分析地形并选择适当的战术方法就显得尤为重要。

当前，公安刑侦大队（中队）普遍存在任务繁重、警力不足等问题。同时，年龄老化、体能弱化、抓捕技能粗糙、战术意识淡薄、专项训练欠缺、战术手段单调、协同配合生疏、绘图水平不高等问题也时常困扰着我们。抓捕行动看似"手到擒来"，实际上却是一门对智力、体力、悟性、洞察力、实战技能、心理素质、战术涵养、心智水平、指挥协同等要求很高的高技术活。谁抢占了能力的制高点，谁就赢得了先机和主动。抓捕行动中，民警不可避免地会遭受来自各方面的显性与隐性、可知与不可预见、确定与不确定的危害与风险。此时，民警没有资本，更没有权力试错。一步之错，就是生与死、失败与胜利的永隔。抓捕过程是一个待机、寻机、择机的互动过程，民警要善于在既定意图的指引下创造性地把握机会。有时，需要以时间换空间；有时，则需要以空间换时间；有时，还需要巧妙伪装，佯顺敌意，麻痹对手。良好的战机，必须是综合了警力优势、信息优势、社情优势、地形优势、站位优势、天候优势、先发优势等主要优势，有利于我方以最小阻力、最小代价夺取行动成功的最佳时空点。这意味着办案民警必须综合考虑当时的现场地形环境，通过绘制和研究地形图熟悉所处的环境，利用好地利且占据优势的位置。同时，在正面接触嫌疑人之前，还要在地形图上尽可能地找出嫌疑人的相关信息，以应对即将到来的危险。例如，可以从嫌疑人的角度提前考虑他将对警方的抓捕可能会采取怎样的反制行动？可能会隐藏在什么地方？有可能会往哪里逃窜？在接近嫌疑人时，我们可以用什么方法有效控制嫌疑人？

三、标号设计（25 分钟）

绘制抓捕行动现场平面图，是勘查办案的通常作法。但从目前情况看，在绘制现场平面图过程中，往往存在标号不统一、标绘不简明、重点不突出、比例不协调等问题，容易给后续的分析判读及指挥协同带来不便甚至误判。因此，有必要统一规范绘制现场平面图的标准和图式符号（标号），建立一套满足警务实战需要，能有效指导抓捕行动，提高指挥效率，简明扼要、通俗易懂且便于广大民警学习掌握的绘制标准和方法，使现场略图真正成为抓捕行动的帮手和制胜的向导。

人类形成知识系统依赖两个主要工具：模式识别、符号系统。前者，表现在对图像、声音、触觉、味觉、嗅觉等感官识别能力；后者，体现在运用语音、文字、手势标记符号系统的能力。这两大基础能力，反复迭代，沟通与代际传承，才搭建起属于人类的知识系统。地形符号和警用标号也是人类知识系统中的重要一环，规范科学的标号有助于识别、运用和推广。绘制现场平面图需要设计标号，用来表示墙体、门窗的材质、厚度、开合等情况。例如，强行进入窗户的方法主要有攀爬（登）、人梯、云梯、绳降、机（直升机）降等，可以先让学生自行设计相关的标号，然后进行规范统一，如可以将各类墙体、门窗以及相应的开门（窗）方式用以表 6－5 中符号标绘。

表 6-5 各类墙体、门窗以及相应的开门(窗)方式标绘表

<table>
<tr><td rowspan="2">各种类门</td><td colspan="20">防盗(安全)门</td><td colspan="20">木门</td><td colspan="20">铝合金玻璃门</td></tr>
<tr><td colspan="20"></td><td colspan="20"></td><td colspan="20"></td></tr>
<tr><td rowspan="4">开(破)门方式</td><td colspan="20">破门锤</td><td colspan="20">液压开门器</td><td colspan="20">液压剪</td></tr>
<tr><td colspan="20">锤</td><td colspan="20">压</td><td colspan="20">剪</td></tr>
<tr><td colspan="15">定向炸药</td><td colspan="15">电锯</td><td colspan="15">电钻</td><td colspan="15">技术开锁</td></tr>
<tr><td colspan="15"></td><td colspan="15">锯</td><td colspan="15">钻</td><td colspan="15">技</td></tr>
<tr><td rowspan="2">强行入窗</td><td colspan="12">攀(登)爬</td><td colspan="12">人梯</td><td colspan="12">云梯</td><td colspan="12">绳降</td><td colspan="12">机降</td></tr>
<tr><td colspan="12">登</td><td colspan="12">人</td><td colspan="12">云</td><td colspan="12">绳</td><td colspan="12">机</td></tr>
<tr><td rowspan="2">墙体</td><td colspan="30">砖(钢混)或剪力墙</td><td colspan="30">木质或石膏(轻体)墙</td></tr>
<tr><td colspan="30"></td><td colspan="30"></td></tr>
</table>

四、独立作业(35 分钟)

给每名学生发 1 张 A4 纸,独立完成绘制作业。学生要携带 HB 铅笔,红、篮、黑色水笔、直尺等。

五、交互评分(5 分钟)

绘图作业完成后,先由学生个人对照绘图成绩评分表(见表 6-6)给自己打分,接下来将本讨论组同学的作业交由另一讨论小组评阅。经讨论小组集体协商后确定作业分数,实现小组间的交互评分。小组交互评判得分完成后,要与作业者本人见面。若学生本人对作业分数有异议,可提请教师介入评判。最后将全区队的作业收齐,交由教师综合衡量、统筹把关后,得出教师评判分即标图作业的最终得分。

表 6-6 绘图成绩评分表

姓名:　　　　学号:　　　　成绩:

序号	评分项目及标准	分值	成绩评定得分		
			个人	小组	教师
1	内容完整、要素完备、区分清晰	15			
2	符号设计合理、形象、规范、易读	15			
3	位置准确、方位真实	10			
4	标号及标注合理、醒目	15			
5	主次关系协调、用色正确	10			
6	取舍得当、文字说明简明扼要	10			

（续表）

序　号	评分项目及标准	分　值	成绩评定得分		
			个人	小组	教师
7	层次分明、比例尺恰当、重点突出	10			
8	关键细节显示到位，图面整洁美观	8			
9	比例关系正确、线条粗细恰当	7			
总计分数					

六、小结讲评(5分钟)

一张图胜过千言万语(图6－3是某刑侦大队“7.18”入室抓捕持枪嫌疑人现场平面图)。掌握简明便捷的绘制现场平面图的方法，有助于克服以往图式符号杂乱、绘制标准不统一所带来的判读困难、标号容易混淆等问题。抓捕行动是最讲究以变应变、从容进退的，掌握主动、赢得先机，以最迅捷的动作、最小的代价，方为考察战术得失的客观标准。一张翔实全面、重点突出、简明扼要的现场平面图，可以极大程度地帮助指挥员和民警分析研究现场地

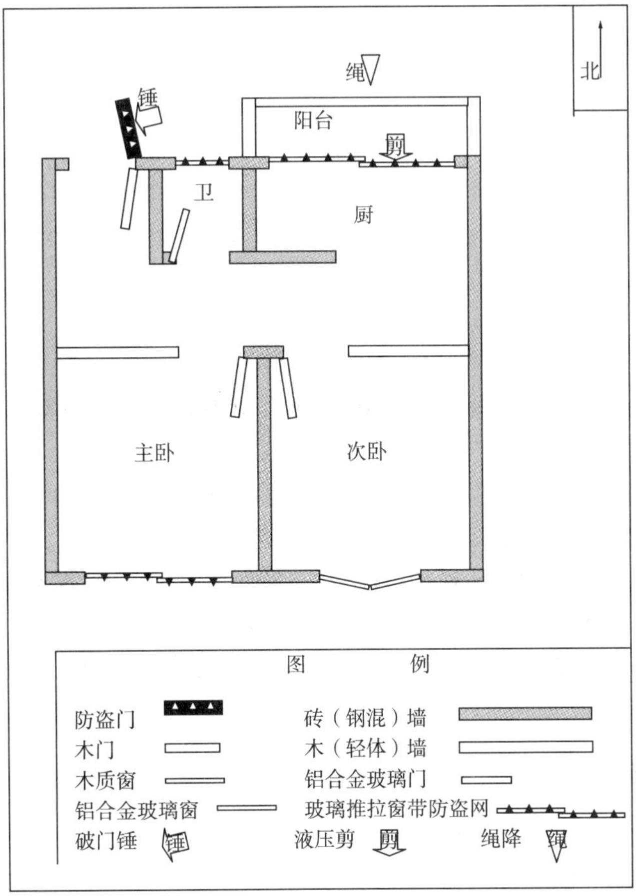

图6－3　某刑侦大队“7.18”入室抓捕持枪嫌疑人现场平面图

形环境，进而有效制定出完善的抓捕方案，做到抢占先机，力争主动，最大限度地化解抓捕行动中的不确定因素和未知潜在威胁，充分发挥出情报信息的先导作用和制胜效能，提高抓捕成功率和安全性，以最少的代价获取最大的执法效益。

科目四　《标绘指挥决心图》

实训指导书

Ⅰ　〔训练提要〕

一、训练科目

标绘指挥决心图。

二、训练内容及步骤

1. 现地勘查并绘制战斗现场地形略图和平面图。
2. 标绘指挥决心图。
3. 评比小结。

三、训练对象及人数

警察指挥与战术专业本科生，一个区队 50 人。学生学习过警察战术学、警察参谋学和警察谋略学等专业课程，掌握一定的战术、指挥素养和绘图技能，但绘图技能不足，实战经验较为欠缺。

四、训练目的

1. 掌握地图比例尺，学会识别、判读地形，学会识别和设计地图符号，提升受训者识图、绘图、用图综合素质与能力。

2. 通过现地勘查，提高观察判断、分析研究地形的能力，增强利用地形意识，能结合地形灵活运用战术、战法，能熟练使用地图指挥执法战斗。

3. 学会快速准确地绘制战斗现场地形略图、平面图，并能在此基础上标绘指挥决心图。掌握现地快速绘图的基本功。

4. 提高利用指挥决心图组织实施战斗指挥训练的能力，为今后分配到公安基层担任教官奠定扎实的基础。

五、训练方法

现地勘查、理论提示、独立作业、评比小结。

六、训练地点

野外战术实训场、警务作战指挥实验室。

七、学时分配

本次实训共2学时(90分钟),具体分配如下:

1. 现场勘查(10分钟)
2. 绘图作业(30分钟)
3. 理论提示(5分钟)
4. 标图作业(35分钟)
5. 交互评分(5分钟)
6. 小结讲评(5分钟)

八、训练要求

1. 开动脑筋,积极思考,刻苦钻研。
2. 认真观察、分析地形,保质保量完成训练任务。
3. 评分要公开、公正、公平。各组组长、评委要科学合理打分。

Ⅱ 〔训练进程〕

一、现场勘查(10分钟)

受训者统一集合带队,前往教师预先选取的战斗现场展开现地勘查。

案情通报:某年12月3日,在某小区住宅楼一层101室发生一起5名持刀暴恐分子身绑自制爆炸物劫持2名女性人质案件。

作业要求:请你以特警大队作战参谋的身份,认真阅读理解案情通报,仔细观察现场地形、室内外交通和空间分布情况;在画出101室现场地形略图和平面图的基础上(见图6-4),标绘指挥决心图。

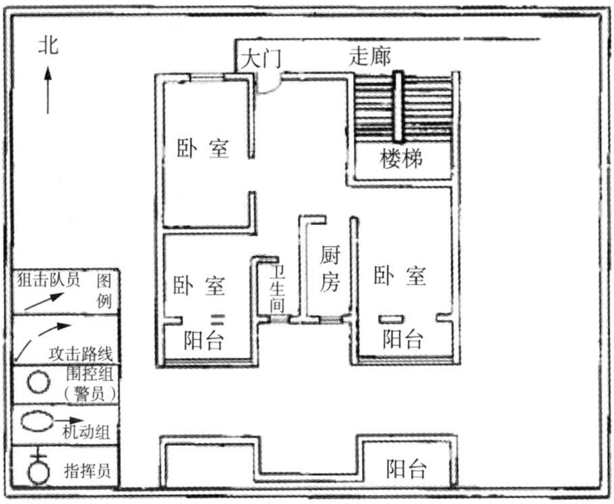

图6-4　某住宅小区101室现场地形图和室内平面图

二、绘图作业(30 分钟)

给每名学生发 1 张 A4 纸,在现地勘查的基础上绘制战斗现场地形略图和平面图。

三、理论提示(5 分钟)

地图具有直观、醒目、操作简便、易于交流的特性。在警务实战中,地图是“警种合成作战的共同语言”“执法行动的无声向导”和“指挥员的眼睛”。特别是战斗现场地形略图和平面图,在警务实战行动中起到举足轻重的作用。指挥决心图是指标绘有指挥员作战或处置决心的要图。其特点是:决心明确、任务明了、部署清楚、阶段分明。它是表达指挥员决心的主要形式,是进行作战准备工作、拟制战术方案及组织实施执法战斗的重要依据。例如,公安机关作为最重要的反恐部门,在 2008 年北京奥运会期间,曾走访了各个比赛场馆和训练场所,并绘制出图片输入电脑。若发生案件,就能调出该建筑的结构图和照片,迅速标绘出指挥决心图并据此制定出切实可行的战斗方案。

指挥决心图是根据各级地方党委政府或上级公安机关的作战命令和处置意图、本级指挥员的决心标绘的,通常由公安机关各警种参谋人员或指定专人标绘,一般要求在指挥员定下初步决心时开始,定下正式决心后完成。其具体内容依据执法战斗类型及需要而定,主要以能正确反映指挥员决心和作战部署为基本要求。

近年来,随着犯罪活动的暴力性、跨区域性及利用现代化交通工具逃窜等特点日益显著,各类恶性案件时有发生,对公安指挥中心和各级指挥员实施图上指挥调度提出了更多更大的挑战。相当一些民警及公安基层科、所,甚至一些公安指挥机关的中、高级指挥员,对实施图上作业及按图指挥都不太熟悉,造成警务实战工作上的诸多弊端,影响了公安机关战斗力和执法效能的提高,有时甚至付出了惨重的代价。例如,1997 年 7 月 15 日凌晨,江西省某市公安分局在围捕杀人潜逃犯万光绪的执法战斗中,由于行动前没有利用现场勘查略图详细了解缉捕对象所处的房屋结构及周围环境,对现场地形环境特点及其对缉捕战斗的影响分析判断不够,风险评估不足,即仓促制定方案,采取行动。结果,因战术方案设计不合理,警力部署不当,指挥失调,协同动作配合不密切等诸多失误。尽管最后击毙了犯罪嫌疑人万光绪,但在战斗中,造成三名民警和一名武警牺牲,三名群众死亡,三名民警和一名武警负重伤的不应有的伤亡。

标绘指挥决心图,然后根据决心图开展图上想定作业,是警察战斗指挥训练的重要方法。它是根据设想的情况,正确运用战术理论和原则,在地图上进行战术组织实施的研练,是提高指挥员组织指挥能力和协同作战能力的一种有效方法。图上想定作业的优点是:训练课目可大可小,不受天候场地等条件的限制;方法简便易操作,节约人力物力,便于选择各种不同的地形环境进行反复研练;还可结合执法战斗任务,在战前进行有针对性的演练,发现缺陷和不足,并及时修改战斗方案,力争以最小的代价夺取战斗胜利。

四、标图作业(35 分钟)

要求受训者在完成的战斗现场地形略图和平面图上,标绘指挥决心图,以完整体现上级的战斗意图与要求、指挥决心、警力部署(指挥员、警员占领控制的位置和左右邻的关系)等。

(一)指挥决心图的标绘内容

在标绘指挥决心图时,其具体标绘内容,要根据战斗样式和各种战术方法需要而定,主要应能正确反映指挥员在攻击路线、方式,攻击点的选择以及警力部署、指挥方式与手段等方面的战术意图为基本要求。

1. 敌情

敌情通常包括:犯罪嫌疑人藏身落脚点及具体位置;可能出没的区域和位置;可能的逃跑方向、路线和交通工具情况;大致的隐藏区域;犯罪嫌疑人的人数、凶器和武器类型及数量;当前的具体位置和敌情动态;被攻击后可能的逃窜通道口、路线和方式;可能的暴力反抗手段和方法;犯罪嫌疑人的关系人等情况。

2. 我情

我情是指挥决心图的重点部分,主要标绘本作战单位所属警队组和警员、配属的武警、民兵预备队、特情、我方关系人及战术行动方案。其内容可概括为"五条线""四个位置"。

"五条线",即开进路线、战斗(任务)分界线、搜索路线、接敌路线、攻击路线。

"四个位置",即监控观察位置、警队组和警员位置、机动警力位置、指挥所位置。

(二)指挥决心图的标绘方法及要求

1. 敌情的标绘

敌情通常根据案情通报、现场勘察情况和监控点的报告材料等标绘。对已知的敌情力求标绘详细,特别是在已明确犯罪嫌疑人藏身落脚点时,具体位置更应准确无误。对于犯罪嫌疑人可能出没的位置,逃窜的方向、路线和地点等,均用虚线标示;对于已明确逃窜的方向、路线、地点和目前位置等,均用实线标示;对于犯罪嫌疑人数量、武器凶器种类、爆炸物品、作战对象的关系人以及可能的暴力反抗手段和方法等,若使用标号过于集中拥挤,可以用文字加框线说明。

2. 案情的标绘

群体性治安事件的地点,以"群体性治安事件现场"队标标示,时间应按事发的准确时间标绘,规模以在其队标内注记大致人数来体现,其组织核心以我方指挥机构的标号用蓝色标示在真实位置上,行动方向、路线、区域、企图及已经掌握的其他情报,以我方同类性质的标号用蓝色标示在实际位置上。对已发生的情况,用实线队标标绘;对判断对方可能的行动路线、企图等队标则用虚线标示。

3. 我情的标绘

(1)开进路线

开进路线是指警队组由配置地点向待机行动地点公开或秘密机动的路线。

标绘开进路线时,其开进标号长径不依比例尺标绘,只起示意作用,但应与其他标号和图而彼此协调相称,并保持关系位置基本正确。对于公开或秘密开进形式,采用徒步、骑摩托车、乘汽车等开进方法,各警队组或警员的开进顺序和节奏等,用相应队标标示,并在适当位置注明警队组号和相关文字注记。

(2)战斗或任务分界线

战斗或任务分界线在《警察常用标号》中规定名称为“战斗、勤务分界线”，通常在缉捕执法战斗中称其为“战斗分界线或围控线”，在处置群体性治安事件中称其为任务分界线。它是由含号、连线、级别符号和保障箭标号四个要素组成。当上级命令中明确相邻警队组的界线时，应当标绘战斗或任务分界线。战斗或任务分界线通常只标绘到本级作战单位和所属警队或警员。

(3)含号

分界线上标示地形点归属的含号应标为半圆，含号开口方向朝向本部为含，反之为不含。在同一幅决心图上，同一级的含号半径应相等，不同级别的，上级大于下级。地形点为点状符号的，半圆弧两端连线应通过地形符号的定位点；地形点为面状符号的，半圆弧两端连线应与地形符号外边缘相切。

(4)连线

分界线的连线应与半圆弧端点相接，一般依实际地形标绘。每条分界线后部两个含号连线中间应留一空间隔，以便标绘队号。

(5)保障箭标

在野外围捕时，接合部保障的归属用保障箭标标示。箭标通常标在分界线后部连线的明显位置上，并与连线垂直，指向负责保障的作战单位，其长度与该分界线含号的直径基本相等。

(6)展开线

展开线，是参加任务的警队组处于行动位置的队形。在缉捕战斗中常称为“接敌、攻击、搜索战斗队形”，在处置群体性治安事件中常称为“驱赶、分割战斗队形”。一般将展开线标绘在接敌、攻击、搜索、驱赶、分割行动区域的前方边缘，警队组或警员的展开线应结合实地地形标示。

当明确展开正面和方向时，应依比例按实际方向标绘；当地图比例尺较小或现地情况正在变化，只能概略明确展开位置时，应视警力多少概略标绘，并与其他队标相互协调，且要结合现地地形标绘。

标示接敌、攻击、搜索、驱赶、分割方向的箭标，一条展开线只标绘一个，并力求同展开线垂直。

(7)当前任务线、后续任务线

通常在处置群体性治安事件指挥决心图中标绘。

当前任务线是指处置的警队组第一步处置任务，以第一步任务队标标示。其队标为单虚线，每一线段的长度及其间隔应一致，两端接的任务分界线。无任务分界线时，应标至任务地域的边缘，走向结合对方情况与地形。

后续任务线是指处置的警队组第二步的处置任务，以第二步任务队标标示。其队标为平行双虚线，线段的长度及其间隔与第一步任务队标基本一致。

(8)接敌、攻击、搜索、驱赶、分割行动方向线

接敌、攻击、搜索、驱赶、分割行动方向线是指主要的(或辅助、佯攻的)接敌、攻击、搜索、

驱赶、分割行动方向线。在缉捕战斗中常称为“接敌、攻击、搜索方向线”，在处置群体性治安事件行动中常称其为“驱赶、分割方向线”。具体标绘方法如下。

当区分主要和辅助、佯攻行动方向时，为突出重点，主要方向用“双线箭形”队标标示，辅助或佯攻方向用“单线箭形”队标标示，但主要方向的队标应明显粗于辅助或佯攻方向的队标。箭头用实线，箭身一般断开 2 至 3 处，断处不宜过长。

——箭端

箭端应指到接敌、攻击、搜索、驱赶、分割方向的最后一点。该点为地物或作战对象时，箭端指到其定位点；该点为面状地物或聚集的人群时，箭端指到实际部位，不应指过或不够。

——箭身

标绘“双线箭形”时，应将行动路线含在箭身内，并力求位于轴线上，当标绘“单线箭形”时，箭身力求与行动方向、路线一致。

——箭尾

“双线箭线”箭尾宽度可概略标绘，“单线箭型”箭尾用“齐尾”或“斜尾”，其位于中心线上。

(9)警队组和警员配置位置

警队组和警员配置位置是指执法战斗前或过程中的警力、武器装备配置。通常根据实际情况用“警队组和警员占领(集结)地域”标号标示，有时直接用“警队组和警员”基本队标标示，并在居中位置注记队号和警员姓氏。持警械、防暴弹和阻击枪等特殊武器装备的警队组和警员，可在队号边注记。

(10)卡哨、封锁、围控、警戒等位置

在缉捕执法战斗中，设立卡哨，先行围控，警戒，监控以及设立火力控制位置或狙击位置，都是相当重要的。在标绘要图时，应依据地形和战术方案相应标绘在具体位置上。

在处置群体治安事件或暴乱骚乱行动中，封锁、控制行动是指封锁控制事发区域周围各进出道路，将事发区域与其他区域相隔离，严禁无关人员进入，堵截企图逃离封锁、控制区的核心成员或主要暴乱骚乱分子。另外，在封锁控制时，也可以只准出不准入，从而控制或缩小事件规模，为我方在该区域平息事态的一种基本处置手段。根据警力部署情况，分别用“警戒”“堵卡哨”“徒步巡逻”“乘摩托车巡逻”“乘汽车巡逻”等队标。

(11)攻击、驱赶、分割警队组配置位置

攻击、驱赶、分割警队组配置位置，通常只标本级，使用相应标号，应按实际位置结合地形标示。应标绘三点：一是配置位置，用“攻击警队组”等标号标示，箭标指向行动方向；二是行动路线；三是任务明确时用相应标号标示，如“抓捕为首的闹事分子”，则以相应队标标示。

(12)预备警队组的配置位置

各种预备警队组的配置位置，通常用相应的队标标绘在指定位置上。应标绘两点：一是配置位置。二是预定展开区域和路线以及编号队号。

(13)指挥所、指挥队组长、监控观察所位置

按相应标号标在具体位置上，应注意不要与相邻队标重叠。

(14)后勤配置

在处置群体性治安事件中,常需要后勤保障。后勤配置包括后勤配置地域、后勤指挥所等。

4. 标绘友邻

友邻标绘可概括为“两条线”“一个位置”。

两条线:

(1)展开线

就是友邻占领的攻击出发地线。

(2)接敌、攻击、搜索、驱赶、分割行为方向线

其要求同我情中“主要或辅助、佯攻等行动方向”标号基本相同。

一个位置:

只概略标绘其警队组配置位置。

5. 校对、整饰

标绘完毕后,即进行校对,补漏纠错,而后整饰。其格式内容是:地图注记式或指挥决心图,通常应有图名、编号、密级、执法战斗编成表、署名、图例、附记、图廓。以地形略图为底图的指挥决心图还应加绘比例尺及指北矢标。作为执法战斗命令附件的指挥决心图,可省略编号、密级、执法战斗编成表及签署。

(三)标绘指挥决心图的注意事项

1. 必须遵循一定的原则与要求

标绘指挥决心图的原则要求是:正确体现指挥员决心,做到内容完整、决心明确、任务清楚、标号规范、注记简明、图面整洁、格式规范。

要达到上述要求,首先必须根据指挥员在组织指挥的执法战斗中的决心和敌情、我情、友邻及地形等情况,完整地、科学地确定标绘内容;其次针对标绘内容,要通盘考虑,合理布局,准确灵活,规范地标绘各种队标,简明工整地注记队号,使之达到真实准确、迅速及时、简明美观的效果。

2. 必须正确使用实线、虚线

通常处置(战斗)行动前完成的配置和行动,除预备的、临时的、假的用虚线队标标示外,其余均用实线队标标示;战斗发起后的配置和行动,用虚线队标标示。

3. 必须按照队标的精度要求标绘队标

标绘敌(我方行动对象)我情况,图上位置与实地基本一致,如有偏离,其范围应以符合战术要求,而不使阅者产生误判为原则。

(1)依比例尺标绘的队标

依比例尺标绘的队标。在标绘时,队标轮廓线应明显标示所指点的含或不含。所指点含时,队标轮廓线应包含该点(高地,轮廓线应包含其主体;面状地物,轮廓线应切于其外边缘;独立地物,轮廓线应包含其定位点)。所指点不含时,队标轮廓线不应包含该点。队标轮廓线与所指点的图上距离(除高地外),应小于5mm。

(2)半依比例尺标绘的队标

半依比例尺标绘的队标在标绘时,队标的定位线或端点与所指点的图上偏离宜小

于 3mm。

(3)不依比例尺标绘的队标

不依比例尺标绘的队标在标绘时，队标定位点应标在指定点位置上。例如，指定点为独立地物或高地时，图上偏离应小于 3mm。指定标在某点的某方位时，其方位误差以指定方向线为基准向两侧不应大于 22.5 度。队标标在面状地物的一侧时，队标定位点不应进入地物轮廓内，偏离图上地物符号边缘应小于 3mm。

4. 正确处理准、快、好的关系

由于警务实战情况变化迅速，战机稍纵即逝。因此，作为用于上级决策的指挥决心图必须与指挥员实施指挥同步，既要准确体现上级的战斗意图和决心，又要迅速及时，便于实施及保障指挥，还要简明美观、便于使用，力求准中求快，快中求好，同时还要根据标图的时间来确定，时间多就整饰得好一些，时间少则可简略一些。

5. 决心图通常不衬色，以任务线来区分当前任务和后续任务

为保持指挥决心图部署清晰、任务明确、要点突出、阶段分明和简明易懂的特点，决心图通常不衬色。当需要区分当前任务和后续任务时，可通过队标的单、双虚线来区分之。

五、交互评分(5 分钟)

标图作业完成后，先由学生个人对照绘图成绩评分表(见表 6－7)给自己打分，接下来将本讨论组同学的作业交由另一讨论小组评阅。经讨论小组集体协商后确定作业分数，实现小组间的交互评分。小组交互评判得分完成后，要与作业者本人见面。若学生本人对作业分数有异议，可提请教师介入评判。最后将全区队的作业收齐，交由教师综合衡量、统筹把关后，得出教师评判分即标图作业的最终得分。

表 6－7　标绘指挥决心图成绩评定表

姓名：　　　　　　　　　　学号：　　　　　　　　　　成绩：

序　号	评分项目及标准	分　值	成绩评定得分		
			个人	小组	教师
1	内容完整、要素完备、区分清晰	15			
2	符号设计合理、形象、规范、易读	15			
3	位置准确、方位真实	10			
4	标号及标注合理、醒目	15			
5	主次关系协调、用色正确	10			
6	取舍得当、文字说明简明扼要	10			
7	层次分明、比例尺恰当、重点突出	10			
8	关键细节显示到位，图面整洁美观	8			
9	比例关系正确、线条粗细恰当	7			
总计分数					

六、小结讲评(5 分钟)

(一)关于标图要点

教师分析讲评:标图时要注意标出敌我态势、位置、人数、武器、攻击线路与方法、警戒区(线)、指挥所等要点。

(二)关于加强地形思维品质培养与训练问题

分析地形及绘图过程中的"地理信息的提取、认定、分析、比较、判断、反思、评价和创新"这一思维过程,也是培养和训练地形思维品质的过程。我们可以通过下列方法加强训练,提升"图商"。

1. 设计提问,提高地形思维的敏捷性

问题,是激励思考、推动创新的密钥。带着问题、寻找答案,是思维升级的有效手段。提升自我的最佳方法之一,就是不断地问自己问题,而不是想当然地相信某种观点。启发式教学,本质上就是用一个又一个问题去刺激学生提升思维能力。培养创新思维最好的方法,就是扔给学生一个问题,甚至,这个问题是前人未能解决的。当学生尝试着硬着头皮、顶着困难去解决现实问题时,不具备的知识结构要自己去学习,不懂的方法要自己去掌握。时间久了,训练多了,初学者也会变成精通者甚至专家,仅此而已。在这个反复发现问题、解决问题的过程中,自律精神和坚韧不拔的毅力,是基本功,是抗压抗挫训练锻炼出来的基本素质和成功密码。因此,标图训练中可结合现实生活和公安实战中的疑难问题,采用边训边提问、边练边启发的方式,调动、开发学生的地形思维。例如,雨雾天通见度较低时如何勘查嫌疑人住所内的建筑结构和室内陈设?山林茂密地区进行围捕战斗应设置几道封锁线?等等。

2. 注重动手,培养地形思维的探究性

实战训练中亲力亲为往往会深化人的思维程度,同时有助于激发创造灵感和潜能。对可以用地图、图表、地形符号、标号等形式表达的地理事物,引导学生动手绘制,能够使学生得到探索性的尝试体验。例如,要求学生将地形图、现场平面图、重点部位立面图、指挥决心图等集成在一张图上,从而表现出战斗现场的详细情况和指挥协同保障等相互关系,有助于指挥员综合分析、快速决策、科学指挥和高效协同。

3. 活学活用,培养地形思维的独创性

人类思维是符号思维。符号思维体系,是基于心理表征为核心的认知系统。在人类大脑中,所有的概念,都建立在符号基础上。符号与逻辑,成为驱动人类思维运行的根本。在绘图、标图中,鼓励学生采用简图、示意图、甚至象征性符号的方式加以表现,活化地图、活用标号,从而活用地形知识,将形象思维与逻辑思维、发散思维与创新思维有机结合起来,左右脑并用,手眼思一体,做到举一反三、善于联想、活学活用。

4. 讲求结构,开拓地形思维的深刻性

人类思维,是一种"很可怕的武器"。自然进化赋予人类的生理功能,延伸出自然语言以及对应的符号思维体系。这种体系,可以让人类去定义客观事物、行为并交流与分析。通过这种方法,人类不断定义知识、创造知识、积累知识,最终形成人类掌控的知识体系。思维的深刻性与知识架构、分析理解能力和思考深度密切相关。浅层思维往往只看到表象,无法有效抓住问题的核心和主要矛盾。而深层思维通常能够洞察本质，预见未来，进而把握事物发展的脉动和规律。引导学生尝试采用图形能力结构（知识结构）的方式进行绘图训练总结，有助于帮助学生开拓思维的深度，使之从浅层思维逐渐过度到深层思维，进一步加深对所学地图知识和绘图作业的实质理解与把握。

5. 质疑辩论，培养地形思维的批判性

绘图训练中，要让出一部分时间让学生参与有关热点、难点问题的讨论。通过质疑辩论和思维体操，有助于增强学生的表达能力和逻辑条理性，提升其批判性、创造性地形思维能力。

6. 广泛互联，培养地形思维的人文性

学生在学习地形知识时，既要考虑到地图和地形、地貌、地物的自然性，也要意识到其社会性、人文性的一面，要学会运用历史的、全局的、运动的和辩证的观点来分析研究，学会从单一要素到综合要素、从简单维度到复杂维度的多重判断。

科目五　《标绘现场警卫勤务部署图》

实训指导书

Ⅰ　〔训练提要〕

一、训练科目

标绘现场警卫勤务部署图。

二、训练内容及步骤

1. 调取警卫现场地形略图、平面图、立面图等，并结合警卫任务、要求展开现地勘查，补充完善相关地形图。

2. 标绘现场警卫勤务部署图。

3. 评比小结。

三、训练对象及人数

警察指挥与战术专业本科生，一个区队 50 人。学生学习过警察战术学、警察参谋学、公安警卫工作和警察谋略学等专业课程，掌握一定的战术、指挥、警卫素养和绘图技能，但绘图技能不足，实战经验较为欠缺。

四、训练目的

1. 掌握地图比例尺，学会识别、判读地形，学会识别和设计地图符号，提升受训者识图、绘图、用图综合素质与能力。

2. 通过现地勘查，提高观察判断、分析研究地形的能力，增强利用地形意识，能结合地形灵活运用警卫战术，能熟练使用地图指挥部署警卫勤务。

3. 学会快速准确地绘制警卫现场地形略图、平面图，并能在此基础上标绘现场警卫勤务部署图。掌握现地快速标绘的基本功。

4. 提高利用现场警卫勤务部署图组织实施公安警卫训练的能力，为今后分配到公安基层担任小教官奠定扎实的基础。

五、训练方法

现地勘查、理论提示、独立作业、评比小结。

六、训练地点

市区某大型体育场馆、警务作战指挥实验室。

七、学时分配

本次实训共2学时（90分钟），具体分配如下：

1. 调取地图（20分钟）
2. 现场勘查（15分钟）
3. 理论提示（5分钟）
4. 标图作业（40分钟）
5. 交互评分（5分钟）
6. 小结讲评（5分钟）

八、训练要求

1. 开动脑筋，积极思考，刻苦钻研。
2. 认真观察、分析地形，保质保量完成训练任务。
3. 评分要公开、公正、公平。各组组长、评委要科学合理打分。
4. 标绘作业过程中，要善于从警卫安全的角度开展风险评估，并在图上以醒目方式标注出可能影响警卫安全及勤务的相关情况。

Ⅱ 〔训练进程〕

一、调取地图（20分钟）

学生到达警卫训练现场——某市区大型体育场馆后，从场馆相关科室借阅调取该场馆周边的地形略图和场馆平面图、内部结构分布图和立面图等所需地图资料，作为标图的作业底图备用。

二、现场勘查（15分钟）

结合警卫任务、勤务要求展开现地勘查，补充完善场馆相关地形图，特别是对出入口、过道拐角、卫生间的位置等细节处，应重点进行现地勘量。

三、理论提示(5分钟)

改革开放以来，随着中国经济的腾飞和国际地位的不断提高，来访重要外宾日益增多，在我国举行的重大国际会议也不断增加。与此同时，国际暴力恐怖活动日趋活跃；境内外法轮功分子、民运分子、民族分离分子和宗教极端分子等对我国的颠覆、破坏活动仍然十分猖獗；同时，由人民内部矛盾引发的群体性事件日益增多，社会治安不容乐观。各种复杂、不安全因素给公安警卫工作带来了极大的压力和挑战，大大增加了警卫工作的难度。在这种形势下，为确保警卫对象和在我国举行各种国际会议、重大活动的顺利进行，应制定出严密的警卫工作部署方案。同时，为方便各级公安机关指挥员组织指挥和快速理解并不折不扣地严格按照方案部署警卫力量，有必要根据警卫勤务要求和警卫部署方案绘制出细之又细、严之又严、图文并茂的警卫要图。

2006年2月，公安部警卫局在北京召开了全国公安警卫部队警卫基层基础工作会议，明确提出，在全国范围内强化和规范警卫基础工作。各级领导对警卫要图的制作十分重视。警卫中的"三个一"即"一套方案"，指行政管辖区域的警卫总体方案和应急预案，各住地、路线、现场的常备方案和预案等；"一套示意图"，指行政管辖区域的警卫总体示意图，具体的路线、现场、住地的方位图、平面图、警力部署示意图等；"一套表格"，指各住地、现场、路线基本情况一览表及各类人员情况登记表等。

警卫要图是指标绘有警卫执勤情况及相关事项的成图的统称。警卫要图是警卫部门在完成警卫任务前，根据任务的危险程度、警卫级别、组织领导、日程安排、住地、现场、活动路线、警力部署、证件管理、背景资料等情况，按照时间和活动现场以及行车、步行路线的先后顺序，遵照上级领导的要求，利用现代办公技术，将众多的文字方案进行综合提炼和浓缩，以最简洁的图表形式绘制出来，分电子版和印刷版两种。它既可以成为一种独立文书，也可作为其他文件的附件。

警卫要图具有形象直观、概括力强、图文并茂、一目了然、简明易懂、清晰醒目、美观、快捷、方便工作等特点。它不仅可以弥补文字材料难以说明的复杂情况，而且可以代替烦琐的文字材料。利用要图，便于上级领导和本级指挥员了解掌握警卫工作的基本情况，分析判断警卫部署和各项安全措施的严密性和合理性；便于组织计划、协调控制警卫执勤活动；便于对一些重大执勤行动进行资料积累与保存。因此，要图是各级公安警卫部门组织实施警卫勤务或其他工作的有效工具。

公安现场警卫勤务，是公安机关在警卫对象外出时的活动现场、重要会议会场、重大政治文体活动现场部署的警卫安全保卫任务。其执勤部署方案及预案一般根据警卫对象数量、警卫规格，当地社会治安环境和现场治安状况，会议级别和活动规模，上级的要求等情况而制订的。通常在主席台、贵宾休息室、出入口、停车场、卫生间、活动中心、播音室、监控室、电房、分隔区带、制高点等重要部位设哨，在外围要点和重要地段酌情部署警力，必要时布置区域内交通管制任务。

其标绘内容及方法有以下几个方面。

(一)基本情况

基本情况包括执行任务区域(路线)的地形环境及重点地物的名称。例如,现场警卫中的主席台、出入口、停车场、活动中心、制高点等。常以文字注记或加绘相应的地物符号的方式标示。警卫目标重要部位、警卫对象活动位置、所乘车队运动路线等均以相应的队标标绘。

(二)警力部署

警力部署,包括公安机关和友邻各警队(科、所)、警组的任务区分,设哨位置、种类、编号及执勤编组情况,警械、武器、器材、装备的配置,机动警力的数量、配置位置、使用时机和机动方向等内容。

具体内容有以下几个方面。

1. 公安机关和友邻各警队、警组的任务区分

任务区分以“勤务分界线”队标标示。

2. 设哨位置、种类、编号及执勤编组

设哨位置、种类、编号及编组,各种哨及执勤组以相应的队标按实际配置位置准确标示,必要时,注记人数和编号编组。常用的标号是“临时哨”“便衣哨”“民警哨”“武警哨”“干部哨”“观察哨”“巡逻哨”“实警警戒线”。

3. 警械武器、器材装备的配置

警械武器、器材装备的配置,包括公安机关装备的各种警械、武器、车辆等。以相应的队标标绘在实际配置位置上,方向依实际情况标绘。常用的标号是“指挥通信车”“望远镜”“催泪弹发射器”“防爆车”“排爆车”“救护车”等。

4. 机动警力的数量、警种名称、配置位置

机动警力的数量、警种名称、配置位置等,以相应的标号标示在实际位置上。常用的标号是“机动警”“预备队”“警队(组)集结地域”等队标标绘。

5. 指挥位置

指挥位置,包括联合指挥所、前方指挥所、观察所的开设及指挥员的指挥位置等内容。以相应的标号按实际位置标绘。常用的标号是“指挥所”“观察所”“指挥员”“指挥车”等。

6. 情况处置

可能发生的情况及处置方法。例如,当警卫对象遭暴力袭击,或发现爆炸物品,或有人拦车上访,或在某区域静坐、游行、示威以及其他意外发生等情况的处置。常用的标号是“爆炸物”“爆炸地点”“事件现场”“非法游行队伍”“制造事件的人或人群”“攻击、搜索、驱赶方向”等战斗队形等。

7. 协同动作

协同动作,包括协同单位、协同方法及各种信(记)号规定等内容,通常可以用文字注记加框线绘注在图内空白位置处。

(三)有关保障

有关保障,包括通信、车辆、救护、后勤等保障内容。以相应的队标标绘在实际位置上。常用的标号是“对讲机”“电台车”“救护车”等。

（四）校对、整饰

标绘完毕，即进行校对，补绘并纠正错误，最后进行整饰。其内容包括队标线条、图廓、图名、图例、指北矢标、地图比例尺、签署、密级等。一般而言，图名的格式可表述如下：

1. 任务加“部署图”字样，如《某地“两会”现场警卫执勤部署图》《某地春节晚会现场警卫执勤部署图》；

2. 警种警队名称加任务性质再加“部署图”，如《柳州市公安局现场警卫执勤部署图》。

（五）标绘执勤部署图注意事项

1. 符合指挥员的意图并与执勤方案内容相一致

在接受标图任务时，上级所做出的批示和要求，是实施标图的基本准则，符合指挥员的意图才能准确反映指挥员对勤务组织与实施的决心。同时，执勤方案是指执勤的具体计划，是组织与实施勤务的基本依据，必然也是标绘执勤部署图的根据。

2. 标绘内容准确无误

执勤部署图是执勤方案的重要组成附件，准确地加以标绘是保证勤务工作能否胜利地组织、指挥与实施的关键要素。通常要求做到：体现执勤部署的原则、要求准确；标绘的情况准确；标绘的位置准确；标号使用准确。

3. 部署清楚，任务明确

执勤部署图是属于指挥图的范畴。具体标绘时，应清楚地反映执勤部署情况，如哨位、警队组位置、机动警力配置位置、指挥位置等。同时，要让各警队组和哨的责任区域（路段）及其任务职责明确。标绘的内容要恰到好处，注记则要简明扼要，使整个要图具有清晰、简明、美观的特点。

4. 按照不同勤务性质特点和要求进行标绘

公安机关各警种单位执勤的种类较多，性质不同，规模大小不一，特点与要求也不同，其执勤部署和执勤方案差别也较大。因此，在标图作业时，应具体情况具体分析，不能生搬硬套。

5. 实线与虚线的使用要准确、客观

正常执勤部署队标用实线。非正常情况下，或者出现意外情况，如路线警卫执勤部署图中，当前方路面发生交通事故引起的交通堵塞时，或前方有人静坐、示威、游行时，所设计的临时通行路线队标用虚线标示。

6. 标绘中要关注警卫安全防范的细节

一是出入口的位置、地形特点及利弊分析；二是明确标示警卫目标所在建筑物的门窗材质、厚度、坚固程度、开合方向；三是墙体的性质、厚度、防弹程度及破拆难易。

若遇标号不能显示的特殊情况时，可自行设计标号或用文字加以说明。但是，凡自行设计的标号，必须在图例中注明。整个事件处置情况，可根据需要，整理出简要的综合注记，注记在图幅内的适当位置。

四、标图作业（40 分钟）

在作业底图（见图 6 - 5 和图 6 - 6）上，结合现场勘查所掌握的情况，绘制警卫执勤部署图。

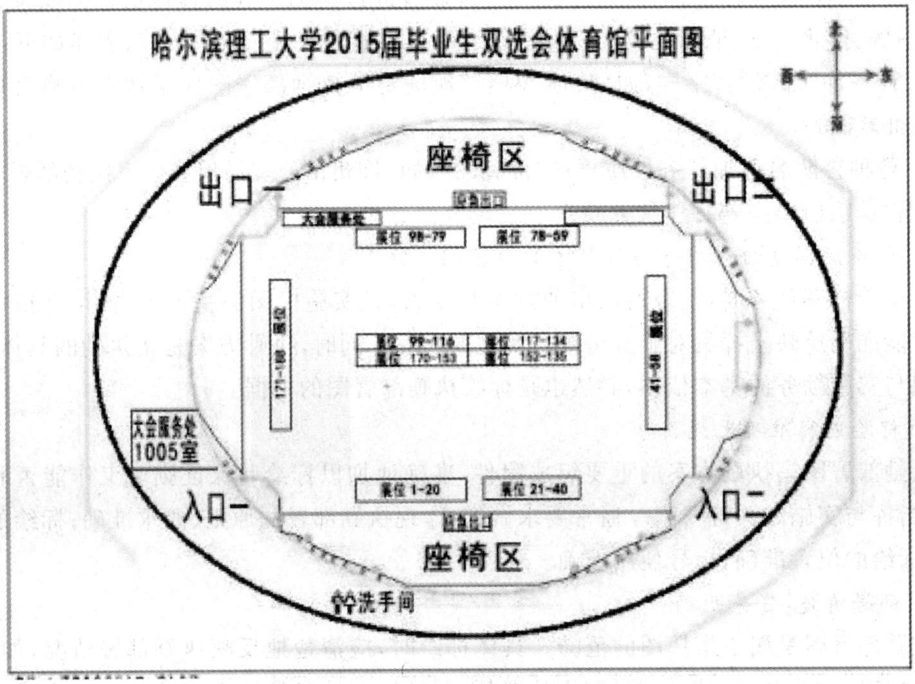

图 6 - 5　教育部领导视察某大学现场警卫执勤部署图作业底图

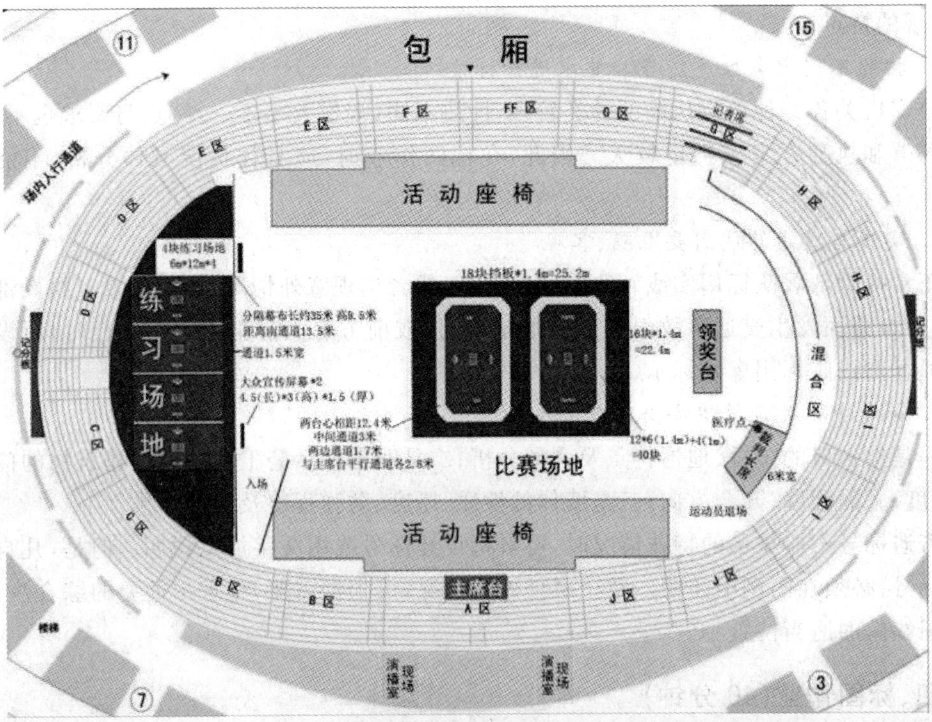

图 6 - 6　某地大型国际 A 级赛事现场警卫执勤部署图作业底图

五、交互评分(5 分钟)

标图作业完成后，先由学生个人对照绘图成绩评分表(见表 6 - 8)给自己打分，接下来将本讨论组同学的作业交由另一讨论小组评阅。经讨论小组集体协商后确定作业分数，实现小组间的交互评分。小组交互评判得分完成后，要与作业者本人见面。若学生本人对作业分数有异议，可提请教师介入评判。最后将全区队的作业收齐，交由教师综合衡量、统筹把关后，得出教师评判分即标图作业的最终得分。

表 6 - 8　标绘警卫执勤部署图成绩评定表

姓名：　　　　　　　　　　　学号：　　　　　　　　　　　成绩：

序　号	评分项目及标准	分　值	成绩评定得分		
			个人	小组	教师
1	内容完整、要素完备、区分清晰	15			
2	符号设计合理、形象、规范、易读	15			
3	位置准确、方位真实	10			
4	标号及标注合理、醒目	15			
5	主次关系协调、用色正确	10			
6	取舍得当、文字说明简明扼要	10			
7	层次分明、比例尺恰当、重点突出	10			
8	关键细节显示到位，图面整洁美观	8			
9	比例关系正确、线条粗细恰当	7			
总计分数					

六、小结讲评(5 分钟)

1. 教师针对作业完成情况进行分析、小结、讲评。
2. 表扬训练过程中的好人好事。
3. 提出存在问题，指出解决办法。
4. 布置课后练习，宣布下次课的内容及所需装具。
5. 将学员交由学员区队长报告后统一带回，清理训练现场。

参考文献

1. 上海市公安局．应急警务实战指挥教程[M]．北京：中国人民公安大学出版社,2008.

2. 姚淑新．重要会议安全警卫工作手册[M]．北京：群众出版社,2008.

3. 王勇．警察战斗指挥学[M]．北京：中国人民公安大学出版社,2012.

4. 赵国烨．警卫人员心理训练[M]．北京：人民公安出版社,2014.

5. 王勇．警察战术学应用基础[M]．北京：中国人民公安大学出版社,2013.

6. 刘开吉,黄子坚．警察参谋学[M]．北京：中国人民公安大学出版社,2015.

7. 公安部警卫局．警卫人员训练教程[M]．北京：中国人民公安大学出版社,2002.

8. 公安部警卫局．警卫勤务战术学[M]．北京：群众出版社,2007.

9. 张治平,李明．警务实战训练理论研究[M]．北京：中国人民公安大学出版社,2011.

10. 范伟,陈勇．特种警卫格斗技术[M]．成都：四川科学技术出版社,2008.

11. [美]克林特·埃默森．特工训练手册[M]．北京：民主与建设出版社,2018.

12. 高厚满．外国军警处置突发事件选评[M]．北京：解放军出版社,1992.

13. 王仁法．侦查逻辑能力[M]．广州：广东人民出版社,2005.

14. 朱永彪,任彦．国际网络恐怖主义研究[M]．北京：中国社会科学出版社,2014.

15. 胡文祥．反恐技术方略[M]．北京：化学工业出版社,2013.

16. 沈培菊．公安执法规范化建设的基本环节[J]．公安教育,2015(12).

17. 程琳．警察法学研究(第一辑)[M]．北京：中国人民公安大学出版社,2013.

18. [美]帕林斯．现代社会的结构与过程[M]．梁向阳,译．北京：光明日报出版社,1988.

19. [美]罗伯特·A·达尔．现代政治分析[M]．王沪宁,陈峰,译．上海：译文出版社,1987.

20. [法]孟德斯鸠．论法的精神(上)[M]．许明龙,译．北京：商务印书馆,2012.

21. 高文英,姚伟章．警察法教程[M]．北京：中国人民公安大学出版社,2008.

22. 卢信仿．警察武力使用的等级研究[D]．北京：中国人民公安大学,2017,(4).

23. 叶青云．论人民警察使用武器的法律考量[D]．广州：中山大学,2009.

24. 余凌云．警察盘查论[M]．北京：中国人民公安大学出版社,2011.

25. 彭聆龄,张必隐．认知心理学[M]．杭州：浙江教育出版社,2004.

26. 徐永新．治安管理学[M]．北京：中国人民公安大学出版社,2013.

27. 殷相印．警察言语修辞研究[M]．南京：东南大学出版社,2012.

28. 高文英,邢捷. 警察法学[M]. 北京:中国政法大学出版社,2017.

29. 哈特穆特·毛雷尔. 行政法学总论[M]. 高家伟,译. 北京:法律出版社,2000.

30. 罗锋,李健和. 中国警学理论[M]. 北京:中国人民公安大学出版社,2017.

31. 杨宗科. 公安法论丛第1册[M]. 北京:法律出版社,2017.

32. 尹伟. 现代警察的防卫与控制[M]. 北京:中国人民公安大学出版社,2015.

33. 陈秋玲. 社会风险预警机制[M]. 北京:经济管理出版社,2010.

34. 海泽尔·肯绍尔. 解读刑事司法中的风险[M]. 李明琪,译. 北京:中国人民公安大学出版社,2009.

35. 王保安. 边防战术学[M]. 北京:中国人民公安大学出版社,2012.

36. 薛宝利. 警务实战战术行动与案例教程[M]. 北京:中国人民公安大学出版社,2006.

37. 公安部刑事侦查局. 刑警抓捕实用手册[M]. 北京:群众出版社,2004.

图书在版编目(CIP)数据

警务作战指挥学实训指导/黄子坚著．—合肥：合肥工业大学出版社，2019.9
ISBN 978－7－5650－4632－2

Ⅰ．①警…　Ⅱ．①黄…　Ⅲ．①警察—作战指挥—高等学校—教材　Ⅳ．①D035.30

中国版本图书馆 CIP 数据核字(2019)第 198835 号

警务作战指挥学实训指导

黄子坚　著　　　　责任编辑　许璘琳　权　怡

出　版	合肥工业大学出版社	**版　次**	2019 年 9 月第 1 版
地　址	合肥市屯溪路 193 号	**印　次**	2019 年 9 月第 1 次印刷
邮　编	230009	**开　本**	787 毫米×1092 毫米　1/16
电　话	编 校 中 心：0551－62903004	**印　张**	17.5
	市场营销部：0551－62903198	**字　数**	408 千字
网　址	www.hfutpress.com.cn	**印　刷**	安徽昶颉包装印务有限责任公司
E-mail	hfutpress@163.com	**发　行**	全国新华书店

ISBN 978－7－5650－4632－2　　　　定价：48.00 元